惩治网络暴力违法犯罪案件实务指引

余双彪 主 编

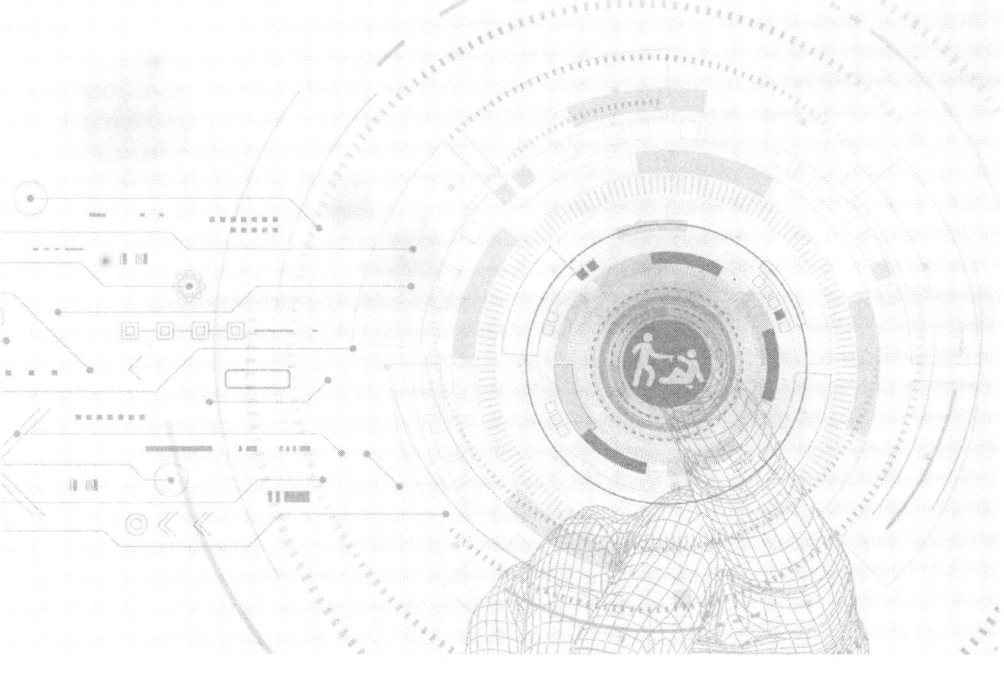

中国检察出版社

图书在版编目（CIP）数据

惩治网络暴力违法犯罪案件实务指引 / 余双彪主编
. -- 北京 : 中国检察出版社 , 2024.3
ISBN 978-7-5102-3004-2

Ⅰ . ①惩… Ⅱ . ①余… Ⅲ . ①互联网络－科学技术管理法规－研究－中国 Ⅳ . ① D922.174

中国国家版本馆 CIP 数据核字（2024）第 039552 号

惩治网络暴力违法犯罪案件实务指引
余双彪　主编

责任编辑： 吕亚萍
技术编辑： 王英英
封面设计： 徐嘉武

出版发行： 中国检察出版社
社　　址： 北京市石景山区香山南路 109 号（100144）
网　　址： 中国检察出版社（www. zgjccbs. com）
编辑电话：（010）86423787
发行电话：（010）86423726　86423727　86423728
（010）86423730　86423732
经　　销： 新华书店
印　　刷： 北京联兴盛业印刷股份有限公司
开　　本： 710 mm × 960 mm　16 开
印　　张： 24
字　　数： 342 千字
版　　次： 2024 年 3 月第一版　　2024 年 3 月第一次印刷
书　　号： ISBN 978 – 7 – 5102 – 3004 – 2
定　　价： 78.00 元

《惩治网络暴力违法犯罪案件实务指引》
编委会

主　编： 余双彪

编　委： 纪丙学　吴峤滨　赵　玮

撰稿人： 丁灵敏　叶锡银　田　坤　杨　程

张　烽　张高媛　陈禹橦　罗　娜

周峻毅　郭树正　高　路　黄　铭

黄若波　彭　星　操宏均

目　录

文件解读

第一章　惩治网络暴力违法犯罪概要与法律规范体系

习近平总书记强调："网络空间天朗气清、生态良好，符合人民利益。网络空间乌烟瘴气、生态恶化，不符合人民利益"[①]，并要求以时代新风塑造和净化网络空间，共建网上美好精神家园。2023年7月，习近平总书记对网络安全和信息化工作作出重要指示，强调坚持依法管网、依法办网、依法上网。

近年来，网络技术的迅速发展在给生活带来便利的同时，有时也被违法犯罪分子利用，特别是网络暴力违法犯罪活动频频发生，不仅严重侵害当事人的人格权、人格尊严，导致受害者出现心理健康问题，甚至引发抑郁、自杀等严重后果，也严重污染网络生态、毒化网络风气，人民群众反映强烈，社会各界高度关注。为深入贯彻习近平法治思想和习近平总书记关于网络强国的重要指示精神，积极主动适应网络时代人民群众新要求新期待，在惩治网络暴力及相关违法犯罪行为时，要准确把握网络时代的新特点、新变化，强化顶层设计和总体布局，坚持高质效履职办案。

一、网络暴力违法犯罪概述

究竟何为"网络暴力"目前尚未形成明确的定义，理论界从不同角

---

① 习近平：《在网络安全和信息化工作座谈会上的讲话》，载《人民日报》2016年4月26日，第2版。

度对其作出了解读。早在2011年就有学者对网络暴力的内涵作了概述，认为可以从描述性界定、实质性界定等方面进行思考。[①] 有学者从网络暴力的异化原因、主体特征、行为特征、侵害对象等角度综合分析作出界定，认为其具有群体性、煽动性、攻击性、持续性等特征。[②] 也有学者提出，网络暴力犯罪不是规范意义上的刑法学概念，而是一类犯罪现象的统称，本质是网络言语信息类暴力犯罪。[③] 目前并无规范性文件对“网络暴力”这一概念给出定义，但是对与之相关联的违法犯罪行为，在现有法律框架下基本可以得到规制。

有学者对已经出现和可能出现的网络暴力行为作出类型化界定：硬暴力与软暴力；个人信息暴力与数据暴力；秩序型暴力与权利型暴力；组织严密暴力与个体松散暴力；网络语言暴力与传播虚假信息暴力。[④] 也有学者认为，要从信息内容、危害程度、扩散范围这三个因素对网络暴力信息进行分类，从而建立分类处置机制。[⑤] 就犯罪类型而言，网络暴力行为人的核心行为表现包括侮辱谩骂型、造谣诽谤型、寻衅滋事型、泄露信息型；此外还有一些相对边缘化的延伸行为，比如：非法经营、敲诈勒索；给网络暴力事件发展提供平台或者技术支持的核心行为表现包括拒不履行信息网络安全管理义务、非法利用信息网络、帮助信息网络犯罪活动。

---

① 陈代波：《近年来我国网络暴力问题研究综述》，载《青少年犯罪问题》2011年第2期。

② 刘宪权、周子简：《网络暴力的刑法规制困境及其解决》，载《法治研究》2023年第5期。

③ 周立波：《网络暴力犯罪的刑事法治理》，载《法治研究》2023年第5期。

④ 孙道萃：《网络暴力犯罪：一个刑法的规范分析》，载《中国应用法学》2023年第5期。

⑤ 刘艳红：《理念、逻辑与路径：网络暴力法治化治理研究》，载《江淮论坛》2022年第6期。

深究网络暴力事件形成的原因，无疑与互联网时代的匿名化、煽动性、无边界、传播广等特性有关。有学者从信息传播视角分析，认为在匿名性心理导致的去抑制化效应、“沉默的螺旋”效应以及拟态环境的作用下，网络暴力的形成经历“零星负面信息发布—社会热点事件促成观点激化—网络暴力事件发生—个人信息泄露扩大网络暴力事件损害结果”这四个阶段。① 也有学者指出，转型期的社会矛盾通过网络释放是社会起因，网络匿名机制下网民的随心所欲是技术起因，道德标准的差异性是心理起因。②

了解网络暴力行为的成因才能针对互联网的特点开展多元共治，更好推进源头治理，有针对性地开展违法犯罪预防与惩治工作，形成依法惩治工作合力。网络暴力案件普遍存在行为跨区域、调查取证对象范围广、体量大，行为定性难等问题，尤其是自诉案件当事人面临“取证难、举证难、证明难”等问题。检察机关要加强与有关部门互相配合、互相制约，引导公安机关及时、规范、全面侦查取证、查清事实，在证据标准、程序适用上强化沟通，增强打击合力。同时，持续推动落实“六号检察建议”③，督促有关行政主管部门加强网络犯罪预防和治理。

然而，受网络波及面广、涉及人员众多，认定网络暴力导致严重后果时往往难以判断因果关系等因素的影响，目前的网络治理尚未取得理想效果。有学者提出，我国现有法律法规尚未搭建起足够完善的网络暴

① 赵精武:《异化的网络评论——再论网络暴力信息的阶段化治理》，载《北方法学》2023 年第 5 期。

② 刘晓航:《网络暴力的刑法规制困境及应对》，载《北京社会科学》2023 年第 5 期。

③ 2020 年 11 月，最高人民检察院向工业和信息化部发出检察建议书，同时抄送中央网信办、公安部，围绕网络黑灰产业链条整治、App 违法违规收集个人信息、未成年人网络保护等问题提出治理建议。

力治理框架，网络暴力治理的法治路径存在制度规范疏漏、法治理念滞后与制度运行不畅等弊端，建议制定反网络暴力法，完善网络暴力治理配套法律法规制度，构建起网络暴力治理领域的专门性立法体系。[①] 司法机关一直在跟随时代发展，积极出台规制网络暴力的相关规范指引。2013 年，最高人民检察院与最高人民法院联合制定《关于办理利用信息网络实施诽谤等刑事案件适用法律若干问题的解释》，明确了利用网络实施诽谤、寻衅滋事、敲诈勒索等刑事案件的定罪量刑标准和司法认定问题。此外，为了规范办理网络犯罪案件、健全网络综合治理体系、切实提高综合履职能力，最高人民检察院单独或者会同有关部门先后制发了《人民检察院办理网络犯罪案件规定》《关于办理信息网络犯罪案件适用刑事诉讼程序若干问题的意见》等规范性文件。从整体上看，我国惩治网络暴力犯罪的法律规范内容有了相应的规范，但散见于多部法律法规中。

二、我国惩治网络暴力犯罪的法律规范梳理

为了有效打击和遏制网络暴力行为，我国的立法、司法和行政机关早在 2009 年就不断修订相应规定。如全国人大常委会先后制定《刑法修正案（七）》，《关于维护互联网安全的决定》，《关于加强网络信息保护的决定》，《刑法修正案（九）》；最高人民法院、最高人民检察院联合出台的《关于办理利用信息网络实施诽谤等刑事案件适用法律若干问题的解释》，《关于办理侵犯公民个人信息刑事案件适用法律若干问题的解释》；2023 年 7 月，国家互联网信息办公室就《网络暴力信息治理规定（征求意见稿）》向社会公开征求意见，2023 年 9 月，最高人民法院、最

① 刘艳红：《网络暴力治理的法治化转型及立法体系建构》，载《法学研究》2023 年第 5 期。

高人民检察院、公安部联合印发《关于依法惩治网络暴力违法犯罪的指导意见》。以下重点介绍司法实践中常用的规定。

（一）2022年11月4日中央网信办印发的《关于切实加强网络暴力治理的通知》和2023年7月7日国家互联网信息办公室发布的《网络暴力信息治理规定（征求意见稿）》

为切实加大网暴治理力度，进一步压实网站平台主体责任，健全完善长效工作机制，有效保障广大网民合法权益，维护文明健康的网络环境，中央网信办2022年11月4日印发《关于切实加强网络暴力治理的通知》（以下简称《网络暴力治理通知》），对建立健全网暴预警预防机制、强化网暴当事人保护、严防网暴信息传播扩散等提出要求。国家互联网信息办公室2023年7月7日发布《网络暴力信息治理规定（征求意见稿）》（以下简称《网络暴力信息治理规定》），其中再次明确，网络信息服务提供者应当履行信息内容管理主体责任，建立完善网络暴力信息治理机制，健全账号管理、信息发布审核、监测预警、举报救助、网络暴力信息处置等制度。

关于网络暴力的内涵。《网络暴力治理通知》明确，网络暴力是针对个人集中发布侮辱谩骂、造谣诽谤、侵犯隐私等违法信息及其他不友善信息，侵害他人合法权益，扰乱正常网络秩序的行为。《网络暴力治理规定》将网络暴力定义为"网络对个人集中发布的，侮辱谩骂、造谣诽谤、侵犯隐私，以及严重影响身心健康的道德绑架、贬低歧视、恶意揣测等违法和不良信息"。"违法"和"不良"信息的区别可以参考《网络信息内容生态治理规定》第6条和第7条的规定，该规定对其进行了区别化列举，总体来看违法信息比不良信息、不友善信息严重。

关于网络信息服务提供者。有学者认为，网络信息服务提供者是平台，网络内容提供者是用户，这是相对应的概念。比如在微博上发布信息，微博平台只是提供网络服务，它不产生内容，但是用户在微博上发布信息，内容提供者就是用户自己。① 有的认为，平台治理是网暴问题的“牛鼻子”。以平台为媒介，短时间集聚海量的仇恨言论，会对个体及其家庭带来巨大的精神压力。从这个意义上来说，没有平台就没有网络暴力，网暴监管和执法应聚焦平台的不作为，以及利用算法、借网络暴力事件实施恶意营销炒作的行为。② 有的认为，要充分尊重真实世界中网络服务提供者的正当利益诉求，明确网络服务提供者的网暴治理参与者地位，其应承担的网暴治理义务的性质应属协助义务。③

关于网络暴力预警机制。预警机制是当前网络暴力治理的一项重要措施，可以有效预防和减少网暴信息的聚集和爆发，提前切断网暴黑手。《网络暴力治理通知》和《网络暴力信息治理规定》均规定了网络暴力信息监测预警内容，加强内容识别预警。网站平台要建立网暴信息分类标准和典型案例样本库，在区分舆论监督和善意批评的基础上，明确细化涉网暴内容标准，增强识别预警准确性。建立涉网暴舆情应急响应机制，网站平台要组织专门工作力量，及时收集网暴相关热点话题和舆情线索，强化网暴舆情事前预警，做到防微杜渐、防患于未然。网络信息服务提供者应当建立健全网络暴力信息预警模型，综合考虑事件类别、针对主体、参与人数、信息内容、发布频次、环节场景、举报投诉等维度，及

① 《网信办发布新规：首次定义“网络暴力”》，载微信公众号“BRTV 新闻建外 14 号”，2023 年 7 月 7 日。

② 《防治网暴，平台的责任边界在哪里？》，2023 年 9 月 17 日，https://baijiahao.baidu.com/s?id=1777288685018443686&wfr=spider&for=pc。

③ 敬力嘉：《网络服务提供者网暴治理义务的体系展开 》，载《北方法学》2023 年第 5 期。

时发现预警网络暴力风险。

为强化网暴当事人保护，《网络暴力治理通知》要求网站平台根据自身特点，建立完善紧急防护功能，提供一键关闭陌生人私信、评论、转发和 @ 消息等设置。用户遭遇网暴风险时，网站平台要及时发送系统信息，提示其启动一键防护，免受网暴信息骚扰侵害。向用户提供针对网暴信息的一键取证等功能，方便当事人快速收集证据。《网络暴力信息治理规定》更是进一步作出硬性规定，要求网络信息服务提供者应当建立完善网络暴力防护功能，提供一键关闭陌生人私信、评论、转发和消息提醒等设置。用户面临网络暴力风险时，应当及时发送系统信息，提示其启动一键防护。该规定进一步加强了对特殊当事人的保护，即网络信息服务提供者发现以下情况时，应当及时协助当事人启动一键防护，切实强化当事人保护：一是网络暴力当事人涉及未成年人、老年人等的；二是当事人在公开环节表示遭受网络暴力的；三是若不及时采取强制介入措施，可能造成严重后果的其他情形。该规定还强调了网络信息服务提供者协助调查取证的义务。网络信息服务提供者应当向用户提供针对网络暴力信息的一键取证等功能，提高证据收集便捷性；依法依规为用户维权，司法机关、有关部门调查取证工作等提供及时必要的技术支持和协助。

为进一步保护未成年人免受网络暴力危害，上述两个文件都明确了“坚持最有利于未成年人的原则”，要求加强对于未成年人用户的特殊、优先保护。网络信息服务提供者应当优先处理涉未成年人网络暴力信息举报。发现未成年人用户存在遭受网络暴力风险的，应当立即处置违法违规信息，提供保护救助服务，并向有关部门报告。

（二）2013年9月10日起施行的最高人民法院、最高人民检察院《关于办理利用信息网络实施诽谤等刑事案件适用法律若干问题的解释》

信息网络的普及，不仅促进了经济社会快速、平稳发展，也方便了人们的工作、学习和生活，还推动了人民群众依法积极行使表达权和监督权。与此同时，一些不法分子将信息网络作为一种新的犯罪平台，恣意实施诽谤、寻衅滋事、敲诈勒索、非法经营等违法犯罪活动。有的在信息网络上捏造事实恶意诽谤他人，损害他人名誉；有的利用社会敏感热点问题，炮制谣言，误导民众，造成公共秩序混乱，甚至引发群体性事件；有的以在信息网络上发布、删除负面信息相要挟，索取被害人或者被害单位财物，聚敛钱财；还有一些专门从事造谣、炒作、删帖等活动的所谓“网络公关公司”及“网络推手”，违反国家规定，以营利为目的，有偿提供删帖、发帖等服务，牟取巨额非法利益。上述违法犯罪活动侵犯了公民的名誉权、财产权等合法权益，破坏了社会公共秩序和市场管理秩序。广大人民群众深受其害，社会各界对此反映强烈，要求依法惩治利用信息网络实施的各类违法犯罪活动。

虽然刑法对采用传统手段实施的诽谤、寻衅滋事、敲诈勒索、非法经营等犯罪早已作出了规定，但对于利用信息网络实施的上述犯罪，尚缺乏有针对性的、明确的、具体的规定。为确保法律适用统一，依法惩治、有效防范利用信息网络实施的诽谤等犯罪，最高人民法院会同最高人民检察院对群众反映比较强烈的利用信息网络实施的诽谤、寻衅滋事、敲诈勒索、非法经营犯罪的法律适用问题进行了深入调研，广泛征求立法机关、行政机关和专家学者等社会各方面的意见，起草了《关于办理利用信息网络实施诽谤等刑事案件适用法律若干问题的解释》。2013年

9月5日最高人民法院审判委员会第1589次会议、2013年9月2日最高人民检察院第十二届检察委员会第9次会议分别审议通过了《关于办理利用信息网络实施诽谤等刑事案件适用法律若干问题的解释》（以下简称《网络诽谤案件解释》）。

《网络诽谤案件解释》共10个条文，主要包括六个方面的内容：（1）利用信息网络实施诽谤犯罪的行为方式、入罪标准、适用公诉程序的条件；（2）利用信息网络实施寻衅滋事犯罪的行为方式及具体认定；（3）利用信息网络实施敲诈勒索犯罪的行为方式及具体认定；（4）利用信息网络实施非法经营犯罪的行为方式及数额标准；（5）所涉共同犯罪和犯罪竞合的处理；（6）对信息网络的含义进行了明确界定，包括以计算机、电视机、固定电话机、移动电话机等电子设备为终端的计算机互联网、广播电视网、固定通信网、移动通信网等信息网络，以及向公众开放的局域网络。

《网络诽谤案件解释》顺应了新时期广大人民群众对依法惩治信息网络犯罪、规范信息网络秩序的普遍期待和迫切要求，严密了刑事法网，依法打击此类犯罪行为，有助于维护社会公共秩序，为广大人民群众创造良好的社会环境。《网络诽谤案件解释》对相关犯罪“情节严重”的认定标准、共同犯罪的认定标准等也作出明确规定，为依法惩治上述犯罪提供了明确的司法解释依据，有助于统一司法标准，规范司法行为，确保严格依法办案。《网络诽谤案件解释》厘清了在信息网络上发表言论的法律边界，也严格区分恶意造谣、恶意传谣行为与不明真相发帖、转帖行为之间的界限，有助于确保公众依法、充分行使宪法赋予的表达权和监督权，最大限度地保护公众的言论自由。《网络诽谤案件解释》具有教育、引导作用，有助于促使广大网民自觉规范上网言行，营造健康、积极的网络环境，实现良好的社会效果。同时，《网络诽谤案件解释》立足当前实际，依法打击公众反映强烈的利用信息网络实施的相关犯罪，有助于促进相关部门加强对信息网络的日常管理，完善网络违法犯罪防范机制，推动信息网络健康、有序发展。

（三）2019年11月1日起施行的最高人民法院、最高人民检察院《关于办理非法利用信息网络、帮助信息网络犯罪活动等刑事案件适用法律若干问题的解释》

互联网的深入发展使得犯罪手段逐渐由传统方式向互联网迁移，网络犯罪呈上升趋势，严重危害国家安全、社会秩序和人民群众合法权益。为进一步严惩网络犯罪，维护正常网络秩序，2015年11月1日起施行的《刑法修正案（九）》增设了《刑法》第286条之一和第287条之一、之二，规定了拒不履行信息网络安全管理义务罪、非法利用信息网络罪和帮助信息网络犯罪活动罪。《刑法修正案（九）》施行以来，各级公检法机关依据修改后的刑法规定，严肃惩处相关网络犯罪。

但是，在查办案件过程中，有意见反映，《刑法修正案（九）》新增相关网络犯罪的定罪量刑标准较为原则，不易把握；另有一些法律适用问题存在认识分歧，影响了案件办理。鉴此，为保障法律正确、统一适用，依法严厉惩治、有效防范网络犯罪，最高人民法院会同最高人民检察院，在公安部等部门的大力支持下，经深入调查研究、广泛征求意见、反复论证完善，起草了《关于办理非法利用信息网络、帮助信息网络犯罪活动等刑事案件适用法律若干问题的解释》。2019年6月3日最高人民法院审判委员会第1771次会议、2019年9月4日最高人民检察院第十三届检察委员会第二十三次会议审议通过了《新型网络犯罪解释》（以下简称《新型网络犯罪解释》）。

《新型网络犯罪解释》贯彻刑法修改精神，依法严惩网络犯罪。网络犯罪不仅严重侵害公民的人身安全和财产安全，而且严重影响社会秩序甚至国家安全，依法有效惩治网络犯罪已经成为当前及未来一段时期的重要任务。基于当前网络犯罪的态势，根据修法精神，《新型网络犯罪解释》相关条文彰显了对网络犯罪的严惩立场：设置较低的入罪门槛，以适当降低取证工作难度，对网络犯罪“打早打小”；规制为网络犯罪提供技术支持和其他帮助的行为，对网络犯罪全链条惩治；在自由刑的基础上进一步加大职业禁止、禁止令和财产刑的适用力度，防止相关犯罪分子重操旧业。

《新型网络犯罪解释》坚持问题导向，有效解决司法实务问题。司法实务中，拒不履行信息网络安全管理义务罪、非法利用信息网络罪、帮助信息网络犯罪活动罪的定罪量刑标准尚不明确，网络服务提供者的范围、经政府有关部门责令采取改正措施而拒不改正的认定、非法利用信息网络罪中“违法犯罪”与帮助信息网络犯罪活动罪中“犯罪”的把握等法律适用问题存在较大争议，亟须通过司法解释加以明确。《新型网络犯罪解释》相关条文根据司法实践具体情况，全面解决办案实际中的难题，切实提升打击实效。

《新型网络犯罪解释》坚持安全与发展并重，兼顾网络安全和网络服务业发展的需要。网络服务提供者依法切实履行信息网络安全管理义务，是维护网络安全的前提和基础。《新型网络犯罪解释》明确了拒不履行信息网络安全管理义务罪的入罪标准，以充分发挥刑法的威慑和教育功能，促进网络服务提供者认真履行防止违法信息传播、保护用户信息安全、留存刑事案件证据等义务，切实维护网络安全。《新型网络犯罪解释》坚持实事求是和刑法谦抑原则，以确保相关刑事责任的追究依法、妥当、合理，确保网络服务业的健康、有序发展。

依照刑法、刑事诉讼法的规定，该解释对拒不履行信息网络安全管理义务罪、非法利用信息网络罪、帮助信息网络犯罪活动罪的定罪量刑标准和相关法律适用问题作了较为全面、系统的规定，大致可以归纳为8个方面的问题：（1）拒不履行信息网络安全管理义务罪的主体范围；（2）拒不履行信息网络安全管理义务罪的前提要件；（3）拒不履行信息网络安全管理义务罪的入罪标准；（4）非法利用信息网络罪的客观行为方式；（5）非法利用信息网络罪的入罪标准；（6）帮助信息网络犯罪活动罪的主观明知推定规则；（7）帮助信息网络犯罪活动罪的入罪标准；（8）其他问题：单位实施相关网络犯罪的定罪量刑标准；相关网络犯罪的认罪认罚从宽规则；相关网络犯罪的数量数额累计规则；相关网络犯罪的职业禁止和禁止令适用规则；相关网络犯罪的罚金刑适用规则。

（四）2023年9月20日印发的最高人民法院、最高人民检察院、公安部《关于依法惩治网络暴力违法犯罪的指导意见》（以下简称《惩治网络暴力意见》）

近年来，在网络暴力事件中，大量侮辱、诽谤、人肉搜索、煽动引战、恶意营销炒作、推广引流等行为让网络空间充斥着令人不悦的气氛。施暴者、利用炒作获取关注度的营销号、网络水军以及未能履行监管职责的网络平台等行为受到公众的强烈谴责。同时，随着数字技术和流量经济的普及和发展，网络黑灰产业的网络暴力现象逐渐蔓延到不同的平台和社交圈层，甚至从线上延伸至线下。网络暴力的发展态势引起了人们的担忧，每个人都有可能成为被网暴的对象。[①] 一方面，网暴信息快速扩散、发酵，形成舆论风暴，令被害人承受巨大的精神压力和痛苦，有的造成“社会性死亡”甚至精神失常、自杀等严重后果，“按键伤人”“按键杀人”的悲剧不断；另一方面，相关网暴信息扰乱网络秩序、破坏网络生态，致使网络空间戾气横行，严重影响社会公众安全感。

网络暴力行为主要触犯的罪名为侮辱罪、诽谤罪。司法实践中，对于侮辱、诽谤犯罪通常需要被害人提起刑事自诉，适用公诉程序的情形较少。统计数据显示，近年来，侮辱、诽谤刑事案件增长明显，其中不少是网络侮辱、诽谤案件。以诽谤刑事案件为例，2022 年人民法院一审收案 618 件，较 2013 年（126 件）增长了 390.48%；其中公诉只有 29 件，仅占 4.69%。与案件数量逐年增长形成明显反差的是，作出有罪判决的案件较少。仍以 2022 年诽谤刑事案件为例，当年共审结此类案件 587 件，大致情况如下：不予受理的 271 件，占 46.17%；驳回起诉的 110 件，占 18.74%；准予撤诉的 97 件，占 16.52%；作出判决的只有 79 件，仅占 13.46%，其中，被判决有罪的则仅有 43 人。案件数量逐年增多、有罪判决人数极少的巨大反差，一方面缘于自诉人在确认网络暴力侵害人、收集证据等方面存在现实困难，另一方面也与侮辱、诽谤犯罪案件的公诉标准缺乏细化指引、“门槛过高”有关。依法严惩网络暴力犯罪，关键在于要适应网络侮辱、诽谤的特点、危害，进一步明确法律适用标准，畅通刑事追诉程序，为网暴被害人及时提供有效法律救济，彰显法律威严，

① 任文岱:《网络暴力无休止 治理困局待破解》，载《民主与法制时报》2023 年 7 月 14 日，第 1 版。

让人民群众充分感受到人格权益获得保障、公平正义就在身边。[①]

《惩治网络暴力意见》对网络暴力的类型、适用的刑法分则条文、相关罪名公诉条件、程序问题进行了阐明，并强调坚持严格执法司法原则，具有重要意义：一是保障公民合法权益。《惩治网络暴力意见》的发布体现了国家对网络暴力问题的高度重视，强调了依法打击网络暴力犯罪行为的必要性和紧迫性。通过选择适用刑法条文并明确入罪门槛，严厉打击网络暴力行为，加强公民合法权益保护，有助于预防和遏制网络暴力行为，为受害人提供有效的法律救济，维护社会公众的安全感。二是加大网络暴力打击力度。《惩治网络暴力意见》统一对网络暴力行为的定性和案件处理程序，明确了人民法院、人民检察院、公安机关之间的协调配合，为实现自诉程序与公诉程序的顺畅衔接，以实现案件的高效侦查、起诉和审判起到积极作用，有助于净化网络环境，保持网络秩序的良好状态。三是提升公民自觉守法意识。《惩治网络暴力意见》明确了严厉打击网络暴力的意义、阐述了相关执法司法规定和标准，向社会明确传达了一个重要信息，即在网络空间中，法律的权威和约束是不可逾越的，有利于引导人们正确理解和遵守法律，培养自觉守法的意识和行为习惯，从而减少违法行为和不良网络行为的发生。

《惩治网络暴力意见》积极回应人民群众关切，聚焦破解受害人维权困境，依法惩治网络暴力违法犯罪，立足执法、司法职责，不断提升广大人民群众在网络空间的获得感、幸福感、安全感。

---

① 周加海、喻海松、李振华：《〈关于依法惩治网络暴力违法犯罪的指导意见〉的理解与适用》，载《中国应用法学》2023年第5期。

1.《惩治网络暴力意见》提出要坚持零容忍态度，切实矫正“法不责众”错误倾向

网络暴力事件往往参与人数众多、因果关系复杂，导致在责任认定上存在一定困难。对此，该意见要求坚持严格执法，依法严肃追究责任，让人民群众充分感受到公平正义。同时明确，要重点打击恶意发起者、组织者、恶意推波助澜者以及屡教不改者；对于构成犯罪的依法追究刑事责任，尚不构成犯罪但符合治安管理处罚法等规定的，依法予以行政处罚。

2.《惩治网络暴力意见》细化网络暴力违法犯罪类型

《惩治网络暴力意见》再次重申，网络暴力行为是在网络上针对个人肆意发布谩骂侮辱、造谣诽谤、侵犯隐私等信息的行为，但同时对当前现实生活中多发易发的新问题进行了及时关注，对网络暴力行为作出了类型化区分。通过细化分类，有利于增强对网络暴力违法犯罪行为的识别，有助于加强法治宣传教育和司法机关对网络暴力行为的精准认定。除网络诽谤和网络侮辱两种网络暴力行为外，另外明确以下三类犯罪行为：

一是“人肉搜索”行为。通过“人肉搜索”“开盒”等，在网络上非法曝光他人隐私、发布公民个人信息，极易使相关个体直接成为海量网络言论的标靶，进而遭受网络暴力的侵害，甚至引发线下滋扰、伤害，对人身权益造成更加严重的损害。例如，有的行为人非法购买他人身份证号码、肖像、工作单位、住址等个人信息，在网络上大肆散布，不仅严重侵害他人的个人信息权益，而且由于真实身份、职业和住址被暴露于公众视野，使得他人在线下也遭受各种滋扰、伤害，人身、财产权益亦被严重侵害。《惩治网络暴力意见》根据实践情况，对组织“人肉搜

索”等公开隐私型网络暴力适用侵犯公民个人信息罪的规则作出指引，规定:“组织‘人肉搜索’，违法收集并向不特定多数人发布公民个人信息，情节严重，符合刑法第二百五十三条之一规定的，以侵犯公民个人信息罪定罪处罚；依照刑法和司法解释规定，同时构成其他犯罪的，依照处罚较重的规定定罪处罚。”

二是借网络暴力事件实施的恶意营销炒作行为。当前，网络暴力乱象不止，很大程度上与个别网络用户故意炒作舆论热点、收割流量牟利相关。一些恶意炒作成为助燃网络舆论、引发网络暴力的导火索，甚至有的网络暴力本身就是为了营销炒作而被恶意炮制、煽动而成。炒作者借助网络暴力事件获得海量关注，推广营销、牟取暴利；受害者深陷网暴旋涡，人格受损、无力挣脱、无从对抗。《惩治网络暴力意见》坚持问题导向，针对此类借助网络暴力恶意营销炒作的行为，明确相应处理规则，规定:“基于蹭炒热度、推广引流等目的，利用互联网用户公众账号等推送、传播有关网络暴力违法犯罪的信息，符合刑法第二百八十七条之一规定的，以非法利用信息网络罪定罪处罚；依照刑法和司法解释规定，同时构成其他犯罪的，依照处罚较重的规定定罪处罚。”

三是拒不履行信息网络安全管理义务行为。根据有关法律法规的规定，网络服务提供者负有相应的信息网络安全管理义务。例如，《网络安全法》第47条规定:“网络运营者应当加强对其用户发布的信息的管理，发现法律、行政法规禁止发布或者传输的信息的，应当立即停止传输该信息，采取消除等处置措施，防止信息扩散，保存有关记录，并向有关主管部门报告。”网络服务提供者依法履行信息网络安全管理义务，对及时阻断网暴信息传播和有效遏制网络暴力违法犯罪具有重大意义。实践中，网络服务提供者对有关网络暴力违法犯罪的信息，不依法履行信息网络安全管理义务的情况仍然存在。为强化网络暴力源头治理,《惩治网络暴力意见》对拒不履行信息网络安全管理义务罪的相关适用情形作出指引，规定:“网络服务提供者对于所发现的有关网络暴力违法犯罪的信息不依法履行信息网络安全管理义务，经监管部门责令采取改正措施而拒不改正，致使违法信息大量传播或者有其他严重情节，符合刑法第二百八十六条之一规定的，以拒不履行信息网络安全管理义务罪定罪处罚；依照刑法和司法解释规定，同时构成其他犯罪的，依照处罚较重的规定定罪处罚。”

3.《惩治网络暴力意见》明确“从严”惩治要求

《惩治网络暴力意见》规定:“坚持严格执法司法，对于网络暴力违法犯罪，依法严肃追究，切实矫正‘法不责众’的错误倾向。”同时，根据实践反映，强调:“要重点打击恶意发起者、组织者、恶意推波助澜者以及屡教不改者。”在此基础上,《惩治网络暴力意见》结合当前网络暴力的特点，明确了五种依法从重处罚的具体情形，具体而言:（1）针对未成年人、残疾人实施的;（2）组织“水军”“打手”或者其他人员实施的;（3）编造“涉性”话题侵害他人人格尊严的;（4）利用“深度合成”等生成式人工智能技术发布违法信息的;（5）网络服务提供者发起、组织的。

4.《惩治网络暴力意见》明确落实公安机关协助取证的法律规定

司法实践中，对于侮辱、诽谤行为通常需要被害人提起自诉，并承担相应的证明责任。就网络侮辱、诽谤而言，由于网络空间的虚拟性和前台账号的匿名性，被害人自己通常难以开展信息溯源、查明扩散路径，甚至无法确认行为人的真实身份，常面临维权困境。针对网络侮辱、诽谤案件自诉人的取证难题,《刑法修正案（九）》专门在《刑法》第 246

条增加第3款，规定："通过信息网络实施第一款规定的行为，被害人向人民法院告诉，但提供证据确有困难的，人民法院可以要求公安机关提供协助。"这一规定对于弥补自诉人取证能力的不足，为被害人提供维权救济具有重要价值。《惩治网络暴力意见》要求落实公安机关协助取证的法律规定，就协助取证规则作出进一步细化：

（1）明确公安机关协助取证的条件。《惩治网络暴力意见》规定："根据刑法第二百四十六条第三款的规定，对于被害人就网络侮辱、诽谤提起自诉的案件，人民法院经审查认为被害人提供证据确有困难的，可以要求公安机关提供协助。"落实上述规定，需要注意把握以下三点：一是准确把握公安机关协助取证的前提条件。根据《惩治网络暴力意见》的规定，公安机关协助取证的前提是"人民法院经审查认为被害人提供证据确有困难"。如果被害人已经提供了足够证据，或者自行收集有关证据并无困难，则无须由公安机关协助取证。二是避免将人民法院受理侮辱、诽谤刑事案件的条件与自诉人提起自诉的条件混同。最高人民法院《关于适用〈中华人民共和国刑事诉讼法〉的解释》第316条规定"有明确的被告人"和"有证明被告人犯罪事实的证据"是人民法院受理自诉案件的条件，但并非自诉人提起自诉的条件，即不能因为确定不了被告人或者缺乏证据而将自诉人挡在刑事自诉程序之外。受制于网络侮辱、诽谤的现实情况，被害人一般能够提供相关网络视频、网页截图等证明网络暴力事实的初步证据材料，但是对于实施网络侮辱、诽谤行为人的真实身份信息，以及相关网暴信息具体转载、阅读数量等证据材料，被害人往往无法完全自行提供。依照传统自诉案件的条件，上述情形难以进入自诉程序，但在网络侮辱、诽谤案件之中，被告人提起自诉的，法院可以根据案件具体情况要求公安机关协助取证。作此处理，可以促使人民法院在第一时间向公安机关提出协助取证要求，最大限度地维护被害人的合法权益和确保证据的完整性。三是畅通人民法院与公安机关的对接程序。公安机关的立案侦查作为公诉程序的最前端，对网络侮辱、诽谤协助取证制度的真正落地，发挥着不可替代的重要作用。层出不穷的海量网络信息极易掩盖原先的信息，特别是对于相关网络黑灰产深度参与的网络暴力，行为人本身具有一定的反侦查能力，及时协助取证对于顺利锁定行为人、有效收集相关证据材料意义重大。这就要求公安机关强化履职力度，在收到人民法院的通知后迅速启动协助取证程序。

（2）明确公安机关协助取证的对象。《惩治网络暴力意见》规定："公安机关应当根据人民法院要求和案件具体情况，及时查明行为主体，收集相关侮辱、诽谤信息传播扩散情况及造成的影响等证据材料。"据此，公安机关协助取证的对象，主要包括实施网络侮辱、诽谤的行为主体，相关侮辱、诽谤信息的传播、扩散路径、范围，转载、评论、阅读数量等。需要特别注意的是，公安机关对网络侮辱、诽谤案件的协助取证在刑事立案之前，而相关侦查取证措施的前提条件是刑事立案。故而，公安机关协助取证不应直接适用刑事侦查取证的相关规定。实际上，协助取证与调查核实均处于刑事立案之前，二者在属性上具有一定相似性，故对协助取证所能采取的措施，可以参照适用调查核实的相关规定。

（3）明确网络服务提供者依法提供技术支持。网络违法犯罪具有较强的技术性，相关案件取证需要网络服务提供者提供必要的技术支持和协助。对此，法律法规作了相关规定，例如，《网络安全法》第28条规定："网络运营者应当为公安机关、国家安全机关依法维护国家安全和侦查犯罪的活动提供技术支持和协助。"《惩治网络暴力意见》根据相关法律规定，明确"网络服务提供者应当依法为公安机关取证提供必要的技术支持和协助。”

5.《惩治网络暴力意见》进一步明确网络侮辱罪、诽谤罪公诉条件相关程序

侮辱、诽谤刑事案件自诉人取证存在现实困难，加之两罪公诉标准缺乏细化指引、“门槛过高”，形成案件数量逐年增多、有罪判决人数极少的巨大反差，一定程度上制约了公诉程序的功能发挥和网络暴力犯罪的治理成效。深化网络暴力犯罪治理，亟须进一步明确两罪公诉标准，畅通刑事追诉程序，为被害人及时提供有效法律救济。鉴于此，《惩治网络暴力意见》根据刑法和相关司法解释规定，针对实践突出问题，采用“概括 + 列举”方式对网络侮辱、诽谤犯罪的公诉标准作出明确。一方面，对网络侮辱、诽谤犯罪适用公诉程序的一般原则作出明确规定：“对于网络侮辱、诽谤是否严重危害社会秩序，应当综合侵害对象、动机目的、行为方式、信息传播范围、危害后果等因素作出判定。”另一方面，为便于实践操作把握，进一步细化适用标准，除兜底项外，列举了网络侮辱、诽谤犯罪适用公诉程序的四种具体情形：（1）造成被害人或者其近亲属精神失常、自杀等严重后果，社会影响恶劣的；（2）随意以普通公众为侵害对象，相关信息在网络上大范围传播，引发大量低俗、恶意评论，严重破坏网络秩序，社会影响恶劣的；（3）侮辱、诽谤多人或者多次散布侮辱、诽谤信息，社会影响恶劣的；（4）组织、指使人员在多个网络平台大量散布侮辱、诽谤信息，社会影响恶劣的。

6.《惩治网络暴力意见》明确网络侮辱、诽谤刑事案件的自诉转公诉程序

根据刑法规定，侮辱罪、诽谤罪告诉的才处理，但是严重危害社会

秩序和国家利益的除外。就网络侮辱、诽谤而言，实践中通常由被害人提起自诉，符合“严重危害社会秩序”条件的，适用公诉程序。为进一步畅通诉讼程序，做好相关案件程序协调、转换，《惩治网络暴力意见》对网络侮辱、诽谤案件的自诉转公诉程序作出指引：（1）明确依法及时立案的要求，规定“对于严重危害社会秩序的网络侮辱、诽谤行为，公安机关应当依法及时立案”。（2）针对符合公诉标准的网络侮辱、诽谤刑事案件，被害人同时向人民法院提起自诉的情形，规定“人民法院可以请自诉人撤回自诉或者裁定不予受理；已经受理的，应当裁定终止审理，并将相关材料移送公安机关，原自诉人可以作为被害人参与诉讼”。（3）对于被害人在公安机关立案前提起自诉的情形，规定“人民法院经审查认为有关行为严重危害社会秩序的，应当将案件移送公安机关”。（4）对于被害人或者其近亲属向公安机关报案，公安机关经审查认为已构成犯罪但不符合公诉条件的情形，明确“可以告知报案人向人民法院提起自诉”。

7.《惩治网络暴力意见》明确了被害人民事维权途径

据统计，2022 年侮辱、诽谤刑事案件一审收案共 1032 件；同年，名誉权纠纷民事案件一审收案 20086 件，接近上述两个罪名的 20 倍。[①] 这从一个侧面反映出，充分发挥民事诉讼功能，对有效救济网络暴力受害人的合法权利，切实追究侵害他人名誉权等网络暴力行为人的法律责任，意义不可低估。为进一步支持网络暴力受害人通过民事手段依法维权，《惩治网络暴力意见》规定：“针对他人实施网络暴力行为，侵犯他人名誉

① 周加海、喻海松、李振华：《〈关于依法惩治网络暴力违法犯罪的指导意见〉的理解与适用》，载《中国应用法学》2023 年第 5 期。

权、隐私权等人格权，受害人请求行为人承担民事责任的，人民法院依法予以支持。”

此外，网络暴力借助信息技术手段实施，其强度及其对被害人合法权益的损害程度，与网暴信息的传播速度、规模直接相关。基于此，阻断网暴信息扩散、发酵往往具有急迫性，需要采取紧急措施，避免对合法权益造成难以弥补的损害。鉴于此，《惩治网络暴力意见》明确对网络暴力依法适用人格权侵害禁令，规定：“权利人有证据证明行为人正在实施或者即将实施侵害其人格权的违法行为，不及时制止将使其合法权益受到难以弥补的损害，依据民法典第九百九十七条向人民法院申请采取责令行为人停止有关行为的措施的，人民法院可以根据案件具体情况依法作出人格权侵害禁令。”实践中，在民事侵权诉讼过程中，根据权利人申请，及时依法裁定作出人格权侵害禁令，对制止行为人继续实施侵害名誉权等行为，避免权利人合法权益受到难以弥补的损害，具有重要意义。

8.《惩治网络暴力意见》明确网络暴力案件的公益诉讼规则

根据未成年人保护法、妇女权益保障法、个人信息保护法等法律的有关规定，侵害未成年人、妇女合法权益或者处理个人信息侵害众多个人的权益，导致社会公共利益受损的，人民检察院可以依法提起公益诉讼。为强化特定群体网络空间权益保护，保障众多网络用户个人信息安全，《惩治网络暴力意见》衔接相关前置法律规定，对网络暴力案件的公益诉讼规则作出明确：一是规定“网络暴力行为损害社会公共利益的，人民检察院可以依法向人民法院提起公益诉讼。”二是为进一步夯实网络服务提供者的法律责任，规定“网络服务提供者对于所发现的网络暴力信息不依法履行信息网络安全管理义务，致使违法信息大量传播或者有其他严重情节，损害社会公共利益的，人民检察院可以依法向人民法院提起公益诉讼。”三是规定“人民检察院办理网络暴力治理领域公益诉讼案件，可以依法要求网络服务提供者提供必要的技术支持和协助。”

9.《惩治网络暴力意见》提出网络暴力的诉源治理

《惩治网络暴力意见》专门就网络暴力的诉源治理工作作出规定，涉及受害人权益保障、衔接配合、法治宣传、综合治理等多个方面的内容。（1）有效保障受害人权益。网络暴力治理的宗旨在于保障公民合法权益。对网络暴力违法犯罪的行为依法追究责任乃至判处刑罚，当然是实现公平正义的重要手段，但并不意味着对被害人权益的维护完全到位。基于此，《惩治网络暴力意见》基于恢复性司法的要求规定：“针对相关网络暴力信息传播范围广、社会危害大、影响消除难的现实情况，要依法及时向社会发布案件进展信息，澄清事实真相，有效消除不良影响。依法适用认罪认罚从宽制度，促使被告人认罪认罚，真诚悔罪，通过媒体公开道歉等方式，实现对受害人人格权的有效保护。”（2）促进网络暴力的综合治理。网络暴力的成因十分复杂，综合治理、建立长效机制应当成为网络暴力治理的基本思路，要考虑事后追责，更要考虑事前的防范和事中的救济。在当前网络暴力的蔓延态势尚未得到明显控制的背景下，需要刑法充分发挥威慑作用以守住行为底线，同时也需要各方共同发力，深化网络暴力源头治理、综合治理。基于此，《惩治网络暴力意见》将促进网络暴力综合治理作为重要内容，要求充分发挥执法办案的规则引领、价值导向和行为规范作用，教育引导广大网民自觉守法，引领社会文明风尚；深入分析滋生助推网络暴力发生的根源，促进对网络暴力的多元共治，从根本上减少网络暴力的发生，营造清朗网络空间。

第二章 侮辱罪

一、罪名概述

侮辱罪是从我国1979年刑法的侮辱罪延续而来。我国《刑法》第246条规定:“以暴力或者其他方法公然侮辱他人或者捏造事实诽谤他人,情节严重的,处三年以下有期徒刑、拘役、管制或者剥夺政治权利。前款罪,告诉的才处理,但是严重危害社会秩序和国家利益的除外。通过信息网络实施第一款规定的行为,被害人向人民法院告诉,但提供证据确有困难的,人民法院可以要求公安机关提供协助。”

考虑到随着信息网络的兴起,利用信息网络对被害人进行侮辱成为常态,但侮辱罪一般情况下告诉才处理,被害人在维权或希望追究行为人刑事责任时,往往面临取证困难、被告不明确等情况,为有力保护被害人的合法权益,《刑法修正案(九)》增加了第3款,明确对于被害人难以取证的情形,人民法院可以要求公安机关提供必要的协助。

二、典型案例

【案例一】岳某侮辱案①

被告人岳某(男)与被害人张某(女)系同村村民,自2014年开始交往。交往期间,岳某多次拍摄张某裸露身体的照片和视频。2020年2月,张某与岳某断绝交往。岳某为报复张某及其家人,在自己的微信朋

---

① 此案例为最高人民检察院第三十四批指导性案例(检例第138号)。

友圈、快手App散布二人交往期间拍摄的张某裸体照片、视频，并发送给张某的家人。后岳某的该快手账号因张某举报被封号。2020年5月，岳某再次申请快手账号，继续散布张某的上述视频及写有侮辱文字的张某照片，该快手App散布的视频、照片的浏览量达到600余次。上述侮辱信息迅速在当地散布、发酵，造成恶劣社会影响。同时，岳某还多次电话、微信骚扰、挑衅张某的丈夫。张某倍受舆论压力，最终不堪受辱服毒身亡。

2020年7月6日，张某的丈夫以张某被岳某强奸为由到公安机关报案。7月7日，河北省肃宁县公安局立案侦查。7月13日，肃宁县公安局以岳某涉嫌强奸罪向河北省肃宁县人民检察院提请批准逮捕。

肃宁县人民检察院经过仔细分析案情后审查认为，应以侮辱罪追究岳某刑事责任，应当适用公诉程序。7月20日，肃宁县人民检察院以岳某涉嫌侮辱罪对其批准逮捕。

2020年9月18日，肃宁县公安局以岳某涉嫌侮辱罪移送审查起诉。肃宁县人民检察院受理后，根据审查情况，要求公安机关向腾讯、快手公司补充调取岳某的账号信息及发布内容，确定发布内容的浏览量，以及在当地造成的社会影响。审查后，肃宁县人民检察院于10月9日以岳某涉嫌侮辱罪提起公诉，并结合认罪认罚情况，对岳某提出有期徒刑二年八个月的量刑建议，肃宁县人民法院采纳了检察机关指控的犯罪事实和量刑建议，以侮辱罪判处岳某有期徒刑二年八个月。判决宣告后，岳某未提出上诉，判决已生效。

实践中，网络侮辱事件时有发生。当事人在不正当关系或者男女朋友交往期间，甚至是夫妻关系存续期间拍摄裸照、私密视频等，产生矛盾后，其中一方将对方的裸照、私密视频等发布到网络上，有的出于泄愤报复，有的是要挟对方继续交往，造成被害人隐私大范围扩散，名誉、荣誉受到严重损害，有的造成被害人羞愤自杀，有的造成被害人出现精神疾病等，不但扰乱网络社会秩序，在现实社会也造成了恶劣影响。

根据《刑法》第246条的规定，参照《网络诽谤案件解释》的规定，被告人以破坏他人名誉、贬低他人人格为目的，故意在网络上对他人实施侮辱行为，造成被害人自杀，属于情节严重，应当认定为侮辱罪。被告人在网络上散布被害人裸照、视频等严重侵犯他人隐私的信息，造成恶劣社会影响的，不仅侵害被害人人格权，而且严重扰乱社会秩序的，可以认定为“其他严重危害社会秩序的情形”，按照公诉程序依法追诉。

【案例二】常某一等侮辱案[①]

2018年8月20日，被告人常某一之子（时年13岁）在德阳某游泳馆游泳时，与同泳道相向而游的被害人安某某发生身体碰撞，常某一之子随即朝安某某游走方向作出吐口水的动作。在岸边的乔某某（系安某某丈夫）看见后，扑向常某一之子，将其头部按入水中，并打了其一耳光后予以训斥，致双方发生口角。闻讯赶来的常某一与安某某、乔某某发生争吵，后常某一查看游泳池监控视频后情绪激动冲进游泳馆女更衣室内，与安某某发生肢体冲突。公安民警接警后赶到现场了解情况，并登记了双方当事人的工作单位等身份信息，随后将双方当事人带至派出所进行调解，因常某一认为乔某某道歉态度不诚恳，不接受赔礼道歉，调解未果。当晚，常某一从游泳馆处获取事发现场的监控视频资料。

次日上午，常某一等人前往乔某某所在单位反映游泳池冲突情况，要求立即对乔某某进行处理，乔某某所在单位表示待公安机关查处后再

① 此案例为最高人民法院发布的依法惩治网络暴力违法犯罪典型案例。

行处理。常某一从单位公示栏拍摄乔某某的姓名、单位职务、免冠照片等内容。当日下午，常某一和被告人常某二（系常某一堂妹）等人前往安某某所在医院反映游泳池冲突情况，要求立即对安某某进行处理，安某某所在医院表示待公安机关查处后再行处理。常某一、常某二在安某某所在医院吵闹并针对安某某发表侮辱性语言，引发群众围观。常某一通过安某某所在医院微信公众号获取安某某的姓名、单位、职务、免冠照片截图。

8月21日至23日，常某一、常某二和被告人孙某某（系常某一表妹）将获取的乔某某为公务员、安某某为医生等个人信息与游泳池事发视频关联，配注带有明显负面贬损，侮辱色彩的标题，分别通过微信、微博等方式推送给他人及媒体记者进行爆料，并通过网络发布带侮辱性的标题贴文和恶意评论，引导网民对乔某某、安某某作出负面评价。8月22日至25日，涉及乔某某、安某某的游泳池事件被多家媒体大量报道、转载，引发广大网民对乔某某、安某某诋毁、谩骂。在此期间，乔某某、安某某通过他人与常某一联系协商解决未果。8月25日，安某某因不堪网络舆论压力而服药自杀，经抢救无效死亡。

乔某某2018年8月27日到公安机关报案。公安机关于同年9月2日以侵犯公民个人信息罪立案侦查，于10月24日移送检察机关审查起诉。检察机关审查后，于2019年4月15日以三名被告人涉嫌侵犯公民个人信息罪提起公诉。

人民法院于2021年8月6日作出一审判决，以侮辱罪判处被告人常某一有期徒刑1年6个月，判处被告人常某二有期徒刑1年，缓刑2年，判处被告人孙某某有期徒刑6个月，缓刑1年。宣判后，被告人常某一提出上诉，某中级人民法院于2021年11月3日裁定驳回上诉，维持原判。

三名被告人将获取的乔某某为公务员、安某某为儿科医生等个人信息与游泳池视频关联，配注带有明显负面贬损、侮辱色彩的标题，分别通过微信、微博等方式推送给他人及媒体记者进行爆料，并通过网络发布侮辱性标题贴文和评论，引导网民对乔某某、安某某作出负面评价。后涉及乔某某、安某某的游泳池冲突情况被多家媒体大量报道、转载，引发广大网民对乔某某、安医生诋毁、谩骂。

根据《刑法》第 246 条的规定，参照《网络诽谤案件解释》的规定，三名被告人利用信息网络平台煽动网络暴力公然侮辱他人，致被害人安某某自杀身亡，情节严重，其行为均已构成侮辱罪。

三、侮辱罪在网络暴力犯罪中的特征

（一）行为人往往具有群体性、多元化的特点

网络暴力行为发生在网络空间，相对隐蔽，任何人只需要通过手机或者电脑等连接上互联网即可发表言论，使得行为主体的数量和规模较为庞大。另外，网络暴力事件往往由特定人组织、策划或领导。由于普通民众具有盲从心理，大多数人在没有了解事件全貌的情况下随意附和、发表言论，使得网络暴力现象的行为主体既有特定发起者，也有更多的不特定附和者，这使得受害者和司法机关难以确定责任主体。大多数网络侮辱犯罪，往往是一人发布、多人传播的方式，形成“多对一”的侮辱模式，甚至“多对多”的模式。确定不同行为人的责任是司法机关需慎重把握的问题。

作为“首发者”的行为人在对被害人实施侮辱行为前，会搜集、汇总并编辑与被害人有关的图片、言论、基本信息等，无论其获得行为是

否合法，是否征得被害人同意，只要是恶意对外散布，均应承担相应法律责任，情节严重的，要依法追究刑事责任。实践中，侮辱信息的“转发者”“点赞者”，评论区中的“跟风者”“起哄者”往往也是侮辱信息传播的“凶手”，而大多数人已然形成了“法不责众”的思维定式，觉得只要自己随大流就不会受到惩罚，如粉头发女生被网暴自杀事件、疫情期间上海女子打赏外卖员自杀事件、武汉被撞身亡小学生母亲网暴自杀事件等。对于这类传播者的行为是否需要追究刑事责任，司法机关需要综合行为人的动机、目的、行为方式、危害后果等综合评价判断，要重点打击恶意推波助澜者以及屡教不改者，体现从严惩治精神，切实矫正“法不责众”的错误倾向，让人民群众充分感受到公平正义。

（二）网络侮辱行为具有公然性

所谓“公然”侮辱，是指当着第三者甚至众人的面，或者利用可以使不特定人或多数人听到、看到的方式，对他人进行侮辱。公然并不一定要求被害人在场，只要实施的侮辱行为有受众的对象即可。网络侮辱行为当然具有“公然性”。网络本身就是一个公然、开放的环境，通过网络媒体、微博账号等散播带有侮辱性的语言、文字、图片或视频，导致被大量粉丝浏览，甚至“人肉搜索”，借助网络实施侮辱行为后放任不管，让其肆意传播，正是利用了网络自身的“公然”性。

（三）网络侮辱行为主要表现形式为语言暴力

网络暴力的表现形式大致可分为：人肉搜索、语言暴力以及网络谣言等。侮辱罪在网络暴力犯罪中的行为特征主要体现为网络语言暴力。具体行为模式是，行为人就网上公开事件（可能是他人隐私）发表评论，或者散布他人隐私（非个人信息）且为真实，发表的言论主要不是事实陈述而属于意见表达，最终导致网民从对事件的道德性的评价转向对个人的谩骂和人身攻击，从而造成对他人人格的侮辱，并因此影响他人正常生活，客观上贬损了他人人格，造成严重危害后果。

（四）网络侮辱行为具有不可控性

不可控性是网络侮辱行为的最大特征之一，这是借助网络媒介侵犯人格权的犯罪普遍存在的问题，也是司法实践中被害人在案发后深受困扰、无法治愈、名誉权无法修复的主要原因。因为网络本身传播速度快、范围广的特点，能让犯罪行为更广泛传播，一旦发生犯罪行为，对被害人人格权侵害将更大、社会影响也将更恶劣。互联网是有记忆的，任何网络活动的参与者都可能主动或被动地接收到这些侮辱信息，事件结束后侮辱行为的影响无法彻底消除。以岳某侮辱案等为例，在案发后不仅线上有传播、在线下更是成为人们的谈资。

（五）网络侮辱行为危害后果具有现实性

通过网络语言暴力侮辱他人的社会危害性主要体现在：一是语言暴力会对他人名誉权，包括人格尊严，造成显著侵害。人格尊严是个人人格权保护的重要内容，对人格尊严的践踏具有相当的社会危害性。二是当语言暴力与某些违背传统道德观念的事件相联系时，尤其是被错误地强加于网络语言暴力的对象时，会造成他人社会评价的降低。即使施加语言暴力的行为人并没有捏造或传播虚假事实，可能只是对某些未经证实的事件发表言论，但由于网络环境的传播效应，也会在客观上对被评价对象的社会评价产生巨大的影响。三是网络语言暴力可能致使他人的人身权与财产权受损。如当个人受到来自网络上的人身攻击而造成精神失常，其无法进行正常的社会生活，进而可能导致他人的人身权、财产权受到现实损害。这是网络语言暴力的危害结果向现实的延伸，亦是网络语言暴力对被害人造成的实害后果。因此，网络语言暴力不仅直接对他人名誉造成侵害，而且还可能造成他人财产等其他权益的损害。

四、证据收集与审查要点

（一）网络侮辱案件中“以暴力或者其他方法”的认定及证据收集

侮辱罪，是指以暴力或者其他方法公然侮辱他人，情节严重的行为。侮辱他人行为的主要手段有：（1）暴力侮辱，这里所讲的暴力，是指作为侮辱的手段而言。例如，以粪便泼人，以墨涂人，强剪头发，强迫他人做有辱人格的动作等，而不是指殴打、伤害身体健康的暴力。（2）其他方法侮辱，包括：①言语侮辱，即用恶毒刻薄的语言对被害人进行嘲笑、辱骂，使其当众出丑，难以忍受，如口头散布被害人的生活隐私、生理缺陷等。②文字侮辱，即以大字报、小字报、图画、漫画、信件、书刊或者其他公开的文字等方式泄露他人隐私，诋毁他人人格，破坏他人名誉。③网络侮辱，在信息网络上采取肆意谩骂、恶毒攻击、披露隐私等方式，公然侮辱他人。相较于通常的侮辱行为而言，由于网络侮辱行为并不直接作用于被害人人身，应当认定为“暴力”以外的“其他方法”，具体是指在网络上以语言、文字、图片或视频等方法侮辱某个特定的人或群体。这些侮辱信息的发布者和传播者在一定程度上对舆论的导向具有支配性，使得被害人面对大量侮辱信息的散播无所适从，无法反抗。

最终，导致被害人名誉、荣誉受到侵害。

在实务中证实网络侮辱行为的客观证据，即在网络上传播的语言、文字、图片、视频等，多为被害人及其亲朋好友在看到后进行的截图留存。此外，还需调取相关证据以证实该侮辱行为在网络上的散播范围，如“浏览次数”“转发次数”“点赞次数”等。

（二）网络侮辱行为是否达到“情节严重”的审查要点

《惩治网络暴力意见》对网络侮辱行为作出了明文规定。关于行为人利用网络侮辱他人的行为是否达到“情节严重”的标准，司法办案中可以参照《网络诽谤案件解释》第 2 条的规定，即：（一）同一侮辱信息实际被点击、浏览次数达到五千次以上，或者被转发次数达到五百次以上的；（二）造成被害人或者其近亲属精神失常、自残、自杀等严重后果的；（三）二年内曾因侮辱受过行政处罚，又侮辱他人的；（四）其他情节严重的情形。

（三）侮辱行为是否符合公诉情形的审查要点

侮辱罪原则上属于自诉案件，但“严重危害社会秩序和国家利益”的，可以提起公诉。一般来说，普通侮辱犯罪常发生于家庭成员、邻里、同事朋友之间，被害人基于羞耻心也不希望自己受侮辱的事实被其他人知晓。但是对于“严重危害社会秩序和国家利益”的侮辱犯罪行为，不仅对被害人造成损害，而且对社会秩序、善良风俗习惯有很大的影响，应当依法提起公诉。为了依法严惩网络暴力违法犯罪活动，有效维护公民人格权益和网络秩序，《网络诽谤案件解释》规定了利用信息网络诽谤他人“严重危害社会秩序和国家利益”的七种情形，在办理利用信息网络侮辱他人的案件中可以参照适用上述解释，其中第七种情形是“其他情形”。对于“其他情形”如何理解，应当综合侵害对象、动机、目的、行为方式、信息传播范围、危害后果等因素综合判断。《惩治网络暴力意见》第 12 条进行了细化规定，明确实施网络侮辱、诽谤行为，具有下列情形之一的，应当认定为《刑法》第 246 条第 2 款规定的“严重危害社会秩序”：（1）造成被害人或者其近亲属精神失常、自杀等严重后果，社会影响恶劣的；（2）随意以普通公众为侵害对象，相关信息在网络上大范围传播，引发大量低俗、恶意评论，严重破坏网络秩序，社会影响恶劣的；（3）侮辱、诽谤多人或者多次散布侮辱、诽谤信息，社会影响恶劣的；（4）组织、指使人员在多个网络平台大量散布侮辱、诽谤信息，社会影响恶劣的；（5）其他严重危害社会秩序的情形。

对此，司法机关应当重点收集可以证实“严重危害社会秩序”的证据：一是被害人或者其近亲属精神失常、自杀等严重后果的证据。二是犯罪以普通公众为侵害对象，可以重点收集所引发的违背公序良俗的评论，以证实破坏网络生态，致使网络空间戾气横行。收集证人证言，以证实严重影响社会公众安全感等。三是收集侵害多人或者多次散布的证据。四是收集散布诽谤、侮辱信息的次数，以及是否有组织、指使他人大量散布的证据。

（四）对被害人情况的审查要点

侮辱对象，即被害人必须是特定的人。特定的人既可以是一人，也可以是数人，但必须是具体的，可以确认的。在大庭广众之下或者在网络上进行无特定对象的谩骂，不构成侮辱罪。死者不能成为本罪的侮辱对象，如果行为人表面上侮辱死者，但在实际上是侮辱死者家属的，则可以认定为侮辱罪。

五、实务认定中的其他问题

（一）把握侮辱罪与侵犯公民个人信息罪、寻衅滋事罪的区别

1. 保护法益不同

侮辱罪保护的法益是公民基本的人格权和名誉权；侵犯公民个人信息罪保护的法益是个人信息安全；寻衅滋事罪保护的法益是社会公共秩序。

2. 客观行为不同

（1）侮辱罪，是指以暴力或者以其他方法，公然贬损他人人格、破坏他人名誉，情节严重的行为。具体有：①暴力侮辱人身，这里所讲的暴力，是指作为侮辱的手段而言。②采用言语进行侮辱，即用恶毒刻薄的语言对被害人进行嘲笑、辱骂，使其当众出丑，难以忍受，如口头散布被害人的生活隐私、生理缺陷等。③文字侮辱，即以大字报、小字报、图画、漫画、信件、书刊或者其他公开的文字等方式泄露他人隐私，诋毁他人人格，破坏他人名誉。

（2）侵犯公民个人信息罪，客观行为有：①出售或提供公民个人信息。出售，即行为人有以此进行牟利的目的而进行公民个人信息的交易行为。“提供”行为不以牟利为目的，行为人只要实施了提供行为，即使没有营利，也涉嫌构成本罪。具体来说，提供行为包括向特定人的提供和向不特定人的提供（如通过信息网络或其他途径发布）。同时，最高人民法院、最高人民检察院《关于办理侵犯公民个人信息刑事案件适用法律若干问题的解释》（以下简称《办理侵犯个人信息案件解释》）第 3 条第 2 款还规定，即使行为人先行的收集行为是征得被收集者同意的，但

其后续的提供行为是违反“国家有关规定”的，行为人并不能就其收集行为的合法性而主张其提供行为的合法性，仍然可被认定为侵犯公民个人信息犯罪。除非行为人能主张并证明收集的信息在经过其处理后“无法识别特定人”且“不能复原”。②获取公民个人信息。除了窃取行为，根据《办理侵犯个人信息案件解释》第4条的规定，获取行为包括但不限于“购买、收受、交换”等方式，只要行为人没有获取公民个人信息的法律依据或者法律规定的获取资格而实施获取行为的，即可被认定为“非法获取”。

（3）寻衅滋事罪，客观行为有：利用信息网络辱骂、恐吓他人；编造虚假信息，或者明知是编造的虚假信息，在信息网络上散布，或者组织、指使人员在信息网络上散布，起哄闹事。

3. 关于“情节严重”的认定标准不同

（1）侮辱罪中“情节严重”认定标准：《网络诽谤案件解释》第2条对利用信息网络实施的诽谤行为“情节严重”的情形作出了具体规定，包含社会影响范围、导致的严重后果、行为人的主观恶性等标准，可参照适用于侮辱罪。

（2）侵犯公民个人信息罪中“情节严重”认定标准：根据《办理侵犯个人信息案件解释》的规定，主要有以下内容：①出售或者提供行踪轨迹信息，被他人用于犯罪的；②知道或者应当知道他人利用公民个人信息实施犯罪，向其出售或者提供的；③非法获取、出售或者提供行踪轨迹信息、通信内容、征信信息、财产信息五十条以上的；④非法获取、出售或者提供住宿信息、通信记录、健康生理信息、交易信息等其他可能影响人身、财产安全的公民个人信息五百条以上的；⑤非法获取、出售或者提供第三项、第四项规定以外的公民个人信息五千条以上的；⑥数量未达到第三项至第五项规定标准，但是按相应比例合计达到有关数量标准的；⑦违法所得五千元以上的；⑧将在履行职责或者提供服务过程中获得的公民个人信息出售或者提供给他人，数量或者数额达到第三项至第七项规定标准一半以上的；⑨曾因侵犯公民个人信息受过刑事处罚或者二年内受过行政处罚，又非法获取、出售或者提供公民个人信息的；⑩其他情节严重的情形。

（3）寻衅滋事罪中“造成公共秩序严重混乱”认定标准：网络暴力犯罪中的寻衅滋事“造成公共秩序严重混乱”首先是指该行为造成网络空间的混乱，同时也可能会造成现实公共秩序的混乱。如受到全民关注的社会公共事件，行为人编造虚假信息并在网络上散布，起哄闹事，导致该虚假信息被大量转发、评论，其行为不仅造成网络空间的混乱，也在现实社会引发不明真相群众的不满，扰乱了相关部门的善后工作，造成公共秩序严重混乱。

（二）把握公诉程序的操作要点

根据《刑法》第246条的规定，侮辱、诽谤案件一般属于自诉案件，应当由公民个人自行向人民法院提起诉讼，只有在侮辱、诽谤行为“严重危害社会秩序和国家利益”时，公安机关才能按照公诉程序立案侦查。

办理侮辱罪刑事案件时，对于不具备“严重危害社会秩序和国家利益”这一要件的，不得作为公诉案件立案侦查。检察机关发现不应当立案而立案侦查的，应当认真审查，认为立案理由不成立的，经检察长或者检察委员会决定，应当通知公安机关撤销案件。

检察机关在接到公民对侮辱行为的报案、控告或者公安机关应当立案不立案的举报后，要认真审查，判明是否属于应当公诉的案件。《惩治网络暴力意见》明确指出，侮辱犯罪是否适用公诉程序应严格按照《刑法》第 246 条第 2 款之规定，考虑网络侮辱行为是否严重危害社会秩序，“应当综合侵害对象、动机目的、行为方式、信息传播范围、危害后果等因素作出决定”。如检察机关在岳某侮辱案的办案过程中就是从以上几个方面严格考虑，并且及时做好提前介入工作，引导公安机关对相关证据进行调取与固定，并向社会发布案件进展信息，有效消除不良影响。

重大网络暴力案件中，侮辱信息不仅侵犯了受害者的人格权，还会通过信息网络给广大公众造成不安全感，导致网络空间的秩序混乱，公权力应当及时介入。对于严重危害社会秩序的网络侮辱犯罪，公安机关应当依法及时立案。被害人同时向人民法院提起自诉的，人民法院应当说服自诉人撤回自诉或者裁定不予受理；已经受理的，应当裁定终止审理，原自诉人可以作为被害人参与诉讼。对于网络侮辱行为，被害人提起自诉，人民法院经审查认为有关行为严重危害社会秩序的，应当将案件移送公安机关。

（三）准确把握罪与非罪的认定标准

对于网络暴力违法犯罪，应当依法严肃追究，切实矫正“法不责众”的错误倾向。要重点打击恶意发起者、组织者以及屡教不改者。对网络暴力违法犯罪，应当体现从严惩治精神，让人民群众充分感受到人格权、隐私权受到应有的保护。对于实施网络暴力违法犯罪，具有下列情形之一的，应当从重处罚：（1）针对未成年人、残疾人实施的；（2）组织“水军”“打手”实施的；（3）编造“涉性”话题侵害他人人格尊严的；（4）利用“深度合成”技术发布违法或者不良信息，违背公序良俗、伦理道德的;（5）网络服务提供者发起、组织的。

需要注意的是，通过信息网络对他人言行发表评论、提出批评，即使观点有所偏颇、言论有所过激，只要不是肆意谩骂、恶意诋毁的，就不应当认定为侮辱违法犯罪。

（四）及时通过制发检察建议促进诉源治理

实施网络暴力行为，有下列情形之一的，检察机关可以向网络信息服务提供者、网信部门制发检察建议:（1）网络信息服务提供者发现侮辱谩骂、造谣诽谤等网络暴力信息，未及时采取删除屏蔽、断开链接、限制传播等处置措施，造成恶劣社会影响或其他严重后果的;（2）网络信息服务提供者发现以文字、图片、音视频等形式，对未成年人实施侮辱等网络欺凌行为或者泄露未成年人私密信息，未及时采取有效保护措施的;（3）网信部门不依法履职或者怠于履行职责，致使个人、组织合法权益或者社会公共利益受到损害。

第三章　诽谤罪

一、罪名概述

我国1979年刑法设立了诽谤罪。1997年刑法延续了这一规定,《刑法》第246条规定，以暴力或者其他方法公然侮辱他人或者捏造事实诽谤他人，情节严重的，处3年以下有期徒刑、拘役、管制或者剥夺政治权利。前款罪，告诉的才处理，但是严重危害社会秩序和国家利益的除外。《刑法修正案（九）》为适应网络诽谤的情况，更有效地保护被害人合法权益，增设了第3款，明确了被害人向人民法院告诉，但提供证据确有困难的，人民法院可以要求公安机关提供协助。2013年,《网络诽谤案件解释》对利用信息网络实施诽谤刑事案件适用法律作出了明确规定，尤其是明确了“捏造事实诽谤他人”“情节严重”，以及适用公诉程序的“严重危害社会秩序和国家利益”的情形，大大丰富了我国有关诽谤罪的刑事立法。

二、典型案例

【案例一】郎某、何某诽谤案（女子取快递被造谣出轨案）[①]

2020年7月7日18时许，郎某在杭州市余杭区某小区东门快递驿站内，使用手机偷拍正在等待取快递的被害人谷某，并将视频发布在某微信群。后郎某、何某分别假扮快递员和谷某，捏造谷某结识快递员并多

① 此案例为最高人民检察院第三十四批指导性案例（检例第137号）。

次发生不正当性关系的微信聊天记录。为增强聊天记录的可信度，郎某、何某还捏造“赴约途中”“约会现场”等视频、图片。7月7日至7月16日期间，郎某将上述捏造的微信聊天记录截图39张及视频、图片陆续发布在该微信群，引发群内大量低俗、侮辱性评论。

8月5日，上述偷拍的视频以及捏造的微信聊天记录截图27张被他人合并转发，并相继扩散到110余个微信群（群成员约2.6万）、7个微信公众号（阅读数2万余次）及1个网站（浏览量1000次）等网络平台，引发大量低俗、侮辱性评论，严重影响了谷某的正常工作生活。

8月至12月，此事经多家媒体报道引发网络热议，其中，仅微博话题“被造谣出轨女子至今找不到工作”阅读量就达4.7亿次、话题讨论5.8万人次。该事件在网络上广泛传播，给广大公众造成不安全感，严重扰乱了网络社会公共秩序。

10月26日，谷某委托诉讼代理人向浙江省杭州市余杭区人民检察院提出刑事自诉，并根据法院通知补充提交了相关材料。12月14日，法院立案受理，并对郎某、何某采取取保候审强制措施。因案件情势发生变化，同年12月25日，经检察机关建议后公安机关对郭某、何某涉嫌诽谤罪立案侦查。

12月25日，余杭分局对郎某、何某涉嫌诽谤案立案侦查。12月26日，谷某向余杭区人民法院撤回起诉。2021年1月20日，余杭分局将该案移送审查起诉。

2月26日，余杭区人民检察院依法将郎某、何某涉嫌诽谤罪向人民法院提起公诉。4月30日，余杭区人民法院公开开庭审理本案，并当庭宣判，判处被告人郎某、何某有期徒刑一年，缓刑二年。宣判后，被告人郎某、何某均认罪服判，未提出上诉，判决已生效。

被告人郎某、何某出于寻求刺激、博取关注等目的，捏造损害他人名誉的事实，在信息网络上散布，造成该信息被大量阅读、转发，严重侵害了被害人谷某的人格权，影响其正常工作生活，使其遭受一定经济损失，社会评价也受到一定贬损，属于捏造事实通过信息网络诽谤他人且情节严重，二被告人的行为均已构成诽谤罪。而且，二被告人的犯罪行为并非仅仅对被害人谷某造成影响，其对象选择的随机性造成不特定公众恐慌和社会安全感、秩序感下降；诽谤信息在网络上大范围流传，引发大量淫秽、低俗评论，虽经公安机关辟谣，仍对网络公共秩序造成很大冲击，严重危害社会秩序。所以，本案应当适用公诉程序，由检察机关依法对二被告人提起公诉。

【案例二】吴某某诽谤罪[①]

2021 年 11 月 19 日，吴某飞在“小红书”平台上浏览到被害人沈某于 2019 年 4 月 9 日发布的“其与外公的日常”贴文中的图片并下载，然后捏造“73 岁东莞清溪企业家豪娶 29 岁广西大美女，赠送礼金、公寓、豪车”的不实信息，利用其个人账号“飞哥在东莞”在《今日头条》平台上发布，后被各大网络媒体和个人转载，造成较大网络热度。经查，吴某飞发布的该条造谣信息阅读量为 19090 次，评论量为 283 条，点赞量为 123 次，分享量为 10 次；一些网络平台各个相关链接的阅读量为 47054.059 万次，讨论量为 75608 条、转发量为 31485 次，上述造谣诽谤行为严重侵犯了被害人的名誉权，对被害人造成了极大的精神困扰，严重扰乱社会公共秩序。

2021 年 11 月 22 日，公安机关以涉嫌寻衅滋事罪对吴某飞立案侦查，

① 此案例为最高人民法院发布的依法惩治网络暴力违法犯罪典型案例。

吴某飞当日被抓获。同年12月29日，检察机关对吴某飞作出批捕决定。2022年2月25日，公安机关将吴某飞涉嫌寻衅滋事罪一案移送检察机关审查起诉。同年6月8日，检察机关以被告人吴某飞涉嫌诽谤罪向人民法院提起公诉。经依法开庭审理，9月23日，人民法院依法作出判决，以诽谤罪判处被告人吴某飞有期徒刑1年。宣判后，被告人吴某飞认罪服判，未提出上诉，判决已生效。

被告人吴某飞为开展地产销售吸引粉丝、增加流量，将被害人沈某某发布的“与外公的日常”帖文下载并利用帖文图片，捏造“73岁东莞清溪企业家豪娶29岁广西大美女，赠送礼金、公寓、豪车”，引起网民对沈某某肆意谩骂、诋毁，造成极恶劣社会影响。被告人吴某飞在信息网络上捏造事实诽谤他人，情节严重，且严重危害社会秩序，已涉嫌构成诽谤罪，且应当适用公诉程序处理。

三、诽谤罪在网络暴力犯罪中的特征

（一）网络诽谤传播内容的真假难辨性

诽谤罪需有捏造某种事实的行为，网络诽谤亦是如此，即在网络空间中诽谤他人的内容是虚假的。但不同的是，网络上散布的消息有时是真假难辨的，如果散布的不是凭空捏造的，而是客观存在的事实，即使有损于他人的人格、名誉，也不构成本罪，有可能构成侮辱罪。需要注意的是，诽谤罪强调诽谤他人的内容是虚假的，而非指散布所有的信息内容均是虚假的。为了增强诽谤内容的可信性、增加可传播性，行为人往往会在部分真实信息的基础上虚构捏造需要诽谤的内容，尤其是在互联网空间中，通过计算机合成等人工技术，可以将图片、声音、文字、视频等进行任意修改和拼接，然后在网络空间中传播。这就需要司法机关对行为人所捏造、传播的信息内容进行整体审查，只要可以认定其传播的内容主旨是虚构捏造的，即符合诽谤罪的行为特征。例如，在吴某飞诽谤案中，吴某飞在网络上寻找有话题点的照片，完全无视照片本人发布照片的前因后果，直接捏造照片中人物的各类“小故事、小作文”，编造子虚乌有的信息后大肆传播。

网络诽谤中，被告人明知自己编造的信息是虚假的，仍然通过网络空间故意传播散布，故意在社会公开扩散。有的是主动在信息网络上散布，或者组织、指使他人在信息网络上散布；有的明知是捏造的损害他人名誉的事实，仍在信息网络上散布，同样应以捏造事实诽谤他人论处。无论是哪一种方式，传播的内容都是虚假的，通过传播虚假内容，达到所追求的效果。在网络环境中，有人故意捏造事实恶意诽谤他人，损害他人名誉；有人利用社会敏感热点问题，借题发挥，误导大众，造成公共秩序严重混乱；有人则跟风传播，吸引流量，恶意炒作，谋取利益。郎某、何某诽谤案和吴某飞诽谤案中的行为人，均不认识上述案件中的被害人，传播虚假内容的直接目的就是吸引眼球，博得大多数人关注，在网络上吸引流量从而引起话题。从对法益侵害的主观故意而言，行为人对被害女性的人格、名誉权造成严重损害持放任甚至是积极追求的心态。

（二）网络诽谤传播速度快、范围广

随着科技的不断进步，智能手机的普及，微信、微博、抖音等社交自媒体平台的推广，我们不仅生活在当下传统社会，更是生活在虚拟社会中。web3.0 时代的网络社会早已“脱虚向实”，并不“虚拟”，已经被赋予社会意义，成为人类生存、生活、生产的实实在在的现实场域。网络社会信息传播具有迅速、高效、便捷等特点，网络犯罪行为与后果往

往呈现出集聚扩散与增值效应。传统社会的诽谤行为往往发生在熟人之间，多为邻里、同事之间，传播形式多为口口相传，例如，张贴含有不实信息的布告，主要局限于侵害个人法益，在多数场合可以通过调解方式解决。诽谤造谣一旦借助信息网络，就会被无限放大，暴露在网络社会中，网络造谣出现一传十、十传百，给网络传播真实、合法的有序状态造成严重损害。

在网络时代，由于网络信息传播方式不受时空限制，在时间上具有即时性，空间上具有广泛性，所以网络诽谤言论一经生成后就会通过各种网络媒介快速向各种终端设备（手机、电脑等）输出，网民可以在第一时间内浏览全世界的网络信息，使得诽谤信息可能在几个小时甚至是短短几分钟、几十秒钟内浏览量快速增长。可见，基于网络发布的诽谤言论很有可能会在发表后的第一时间内就造成被害人人格、名誉严重受损，甚至严重危害社会秩序。

（三）网络诽谤传播主体的隐蔽性

网络诽谤是以信息网络为工具实施的侵害公民名誉权的诽谤行为。较之传统诽谤，网络诽谤呈现出传播速度快、影响范围广等特点，随着手机自媒体软件及平台的大规模发展，传播效应和能量效应呈几何式增长。诽谤罪成立的核心要素并非受众是否“特定”，而是散发、传播范围的大小以及受众人数的多少，最主要的是传播性。其中存在两种模式：一种是行为人将有害于他人人格名誉的不实信息向少数人传播，但是少数人进而将不实信息向多数人传播，造成被害人名誉尊严受到贬损、诋毁的结果，这种方式是口口相传，可以称之为“传统线下模式”，传统社会中的诽谤罪往往是以这种模式发生的；另一种是行为人将诽谤信息散布在一个大多数人都可以接受到的信息平台、容易广而告之接受到的领域，可以称之为“新型线上模式”，这一模式的最典型体现就是将信息发布在网络等易于被大多数人知晓的媒介之上，进而造成被害人名誉受损。相较于“传统线下模式”，“新型线上模式”具有较强的隐蔽性。现在，人们使用各大网络平台以及各种社交软件，具有高度隐名或者匿名倾向，网络阅读者一般很难知道网络传播者的真实姓名或者性别，这就催生了网络隐蔽性的特点。

郎某、何某诽谤案中，被告人在微信上以匿名的方式传播诽谤性言论，被害人想要靠自己维权自诉，存在取证难、举证难等困难，从源头上确定网络诽谤的传播者，需要查清其真实身份，查找 IP 地址和服务器来源，固定保存证据，需要借助司法机关的人力、物力和技术资源，利用高级现代技术手段进行侦查，花费的成本也会很大。因此，网络环境下的诽谤犯罪相比于传统方式实施的诽谤犯罪更具隐蔽性。

（四）网络诽谤传播主体的多元化

互联网的发展使得实施诽谤罪的主体变得更加多元化。在网络社会中，每个人既有可能是网络信息的传播者，也有可能是接收者。当诽谤信息被最初的传播者散布在网络上时，每个人都有可能点击、浏览、转发，对于是否点击、浏览、转发的原因较为复杂，每个人的内心真实想法不得而知。在网络诽谤行为中，诽谤行为传播的第一主体，毫无疑问是最初的诽谤信息的制造者或者传播者，但是进一步传播还有其他主体，例如其他网民。除了最初的诽谤制造者，网络上第三人的传播、转发行为在网络空间领域并不异常，因为网络空间中每个网络使用者对于网络信息都有可能浏览、转发、评论，当信息传播在网络空间时被他人转发的行为再正常不过，并且第三人传播、转发后，接下来可能由无数个第三人传播、转发，网络平台监管者如不加以规制，也会进一步加剧网络诽谤信息的传播。

与传统诽谤犯罪的主体相比，网络环境下的诽谤罪同样存在捏造者、传播者与散布者，并且基于网络的特殊性，每个网络平台的管理者都负有一定的监督责任，网络平台的管理者也可能成为诽谤行为的责任主体。在网络诽谤犯罪中，网络诽谤信息的发布者是捏造者，发布者将诽谤信息发布于互联网平台，再由平台作为媒介散布于互联网空间中，使得信息被大众所接收，再由其他接收、浏览诽谤信息的人进一步点击、浏览、转发。在整个行为链条中，作为网络服务提供者需要承担一定的管理、监督、审核职责。根据《网络诽谤案件解释》第 8 条的规定，如果平台明知上传的信息属于诽谤信息，仍然提供网络技术支持，以共同犯罪论处。《惩治网络暴力意见》第 6 条的规定，网络服务提供者对于所发现的有关网络暴力违法犯罪的信息不依法履行信息网络安全管理义务，经监管部门责令采取改正措施而拒不改正，致使违法信息大量传播或者有其他严重情节，符合《刑法》第 286 条之一规定的，以拒不履行信息网络安全管理义务罪定罪处罚。

（五）网络诽谤危害后果的严重性

随着互联网飞速发展，网络已不是完全虚拟的空间。现实空间发生的违法犯罪现象，在网络空间也会同样发生，危险性甚至还会被急剧放大。网络空间造成的危害后果也有别于对网下诽谤造成的危害后果，因为，网络空间信息具有不可删除性，一旦在网上流传，相关信息则可能会在网络留下印痕，被害人要长期承受网络诽谤造成的伤害。诽谤信息在网络上大范围散布，被大量阅读、转发、评论，首先严重侵害了被害人的合法权益，影响其正常工作生活，使其遭受一定经济损失。同时，诽谤信息充斥于信息网络，特别是大量低俗评论，损害了社会公众正常利用信息网络的权利，也造成网络秩序混乱。

传统社会的诽谤罪经常发生在熟人之间，多为亲朋邻里、同事之间，传播形式多为口口相传，例如“造谣、以讹传讹、大字报”等情形会严重侵害公民名誉权和人格尊严，但主要局限于侵害个人名誉和人格尊严。网络社会信息传播具有迅速、高效、便捷等特点，网络犯罪行为与后果往往呈现出集聚扩散与增殖效应。网络诽谤一旦发生，很容易产生不可控制的影响，不仅给被害人带来的负面影响难以预料，也会破坏网络传播的有序状态，而网络秩序属于社会秩序的重要领域，网络诽谤行为达到一定程度必然会侵害社会公共秩序。诽谤造谣一旦借助信息网络，就会被无限放大，并且会出现裂变效应，点击、浏览、转发、评论的阅读数与次数不可估量，给网络传播真实、合法的有序状态造成严重损害，侵害社会公共秩序。

（六）网络诽谤因果关系认定的复杂性

诽谤犯罪在网络环境中，因果关系的认定往往较为复杂，尤其是针对不特定对象的过程中，往往有其他因素的直接或者间接参与。

在网络诽谤犯罪中，人与人之间的联系从传统的接触性到新型的非接触性，并且是从一到多、从点到面。在信息传播过程中，一旦上传网络，好比一石激起千层浪，容易引发蝴蝶效应。传统诽谤罪中因果关系的认定，行为实施主体并不会有什么特殊性，行为方式上，即“捏造”和“散布”行为不会分离，口口传播的过程中二者相结合，因果关系认定较容易判断。而网络环境下信息传播途径的多元化会使网络诽谤因果关系的认定呈现复杂性。诽谤信息的最初发布者显然是第一主体，但该行为人发布的诽谤信息最后造成的重大负面影响和严重损害结果是否还要“归功于”那些恶意传播者和未负相应监督管理责任的网络服务管理者，后两者主体对损害结果的进一步扩大起到什么样的作用，上述三个因素作用力大小，在实践中比较难区分。如郎某、何某诽谤案中，2 名被告人仅在微信群发布视频、聊天截图，相关内容的广泛传播是由第三方将视频和聊天截图打包转发给其他微信群或者微信公众号冠以博眼球标题营销需求导致。在本案中，有三个行为主体，2 名诽谤信息捏造者，第三方网民和网络平台监管者。本案不排除多因一果的可能，但是最后认定 2 名被告人需要承担刑事责任，主要考虑到诽谤行为在网络环境中的特性，如一旦诽谤信息上网，除非有效阻却，否则很难期待第三人不会点击、浏览与转发，也很难期待网络平台能尽到有效、及时的监管审查义务。

四、证据收集与审查要点

（一）网络诽谤证据呈现新特点

与传统的以当面、当众辱骂诋毁的诽谤行为相比，网络语言更具多样性和隐蔽性。女子取快递被造谣出轨案与吴某飞诽谤案中，被告人均是通过虚构“小作文”的形式对被害人进行诽谤：前者将被害人塑造成轻浮、滥情的寂寞富婆，后者则将被害人塑造成通过不劳而获、钱色交易获取成功的拜金主义、享乐主义者。上述行为方式与传统的诽谤行为有较大不同，司法机关应结合语境及相关暗示性语言，审查诽谤内容是否给被害人造成人格贬损和负面影响。在近年来其他的网络暴力公共事件中，部分更为隐蔽的网络暴力同样对被害人造成了巨大的负面影响，如武汉被撞身亡学生之母遭遇网暴自杀案，部分网络信息对死亡学生母亲接受媒体采访的仪态进行冷嘲热讽，导致该母亲遭受严重心理影响而自杀。《惩治网络暴力意见》将网络暴力归纳为，通过网络对个人集中发布的侮辱谩骂、造谣诽谤、侵犯隐私，以及严重影响身心健康的道德绑架、贬低歧视、恶意揣测等违法和不良信息。因此，司法机关应掌握网络诽谤的新特点，对于何种网络信息属于对被害人的诽谤应保持高度的识别力。

（二）网络诽谤证据收集的难点

在上述两个案件中，被害人均面临着难以在自诉程序中进行大量网络证据搜集工作的困境，这也是该两个案件由自诉转公诉的重要考量因素之一。从被害人个人维权取证的角度来看，主要面临如何对诽谤行为人进行溯源、如何固定诽谤行为的客观表现、如何确定诽谤行为造成的危害后果等三个问题。首先，针对个人的网络诽谤行为，往往会出现被害人知晓网络诽谤侵权行为时，该行为已经传播了相当广泛的范围，甚至出现跨平台、跨专业领域的情况，导致被害人无法溯源追踪始作俑者，有些有组织的诽谤网暴行为甚至可以操纵若干“僵尸”账号同时发布虚假信息，以致溯源工作难上加难。其次，即使溯源成功，被害人也难以获取诽谤行为人的个人信息及相关信息传播后果，往往只能向平台进行投诉举报。最后，即使被害人成功运用司法救济途径对诽谤行为人提起民事诉讼，其名誉权、人格权受损以及可能导致的经济损失也难以量化。因此，要求被害人对此类网络诽谤案进行自诉，难以达到良好的维权效果。

（三）充分利用技术手段进行取证

网络诽谤案件往往涉及多个平台、多名证人，取证难度大、要求高，因此，会涉及远程取证的问题。2017年，最高人民法院《关于全面推进以审判为中心的刑事诉讼制度改革的实施意见》第14条规定，根据案件情况，证人可以实行远程视频作证。2021年最高人民法院《关于适用〈中华人民共和国刑事诉讼法〉的解释》第650条也规定了人民法院讯问被告人，宣告判决，审理减刑、假释案件等，可以根据情况采取视频方式。女子取快递被造谣出轨案就采用了上述视频取证的形式。该案中，因证人遍布全国各地，取证时间紧、任务重，且侦查期间因“新冠疫情”防控，人员跨区域流动受阻，异地取证风险增加，故在前期实践的基础上，公安机关对于部分证人证言采用“云上取证”系统制作，该系统可以通过支付宝App直接进行访问，办案人员利用网络创设“云上”取证室，被害人、证人通过支付宝搜索“云上取证”小程序进入网络取证室，即可进行询问笔录制作、证据展示、证据上传、笔录阅看及签字确认等程序，彻底打通异地询问取证的时间和空间壁垒。关于“远程视频询问”证据的证据能力与证明力，应当注重审查主体合法性，确保使用的系统具有多重身份认证，确保对象真实；注重审查程序合法性，严格落实法律规定，确保取证有效性，如询问人应当依法出示证件，告知其身份，出示询问通知书等文书，并向被询问人告知其在本案中的权利义务。如果遇到被询问人不能理解的情况，应当结合具体案件向其解释清楚，并告知其全程录音录像的情况，核对视频信号以及清晰状况。根据远程视频制作的笔录、调取的书证，取证主体、取证程序、取证形式均应符合法律规定，且搜集的证据与在案其他证据能够相互印证，才可作为刑事证据使用。

（四）网络诽谤行为是否达到“情节严重”的审查要点

根据《刑法》第246条的规定，诽谤罪必须达到“情节严重”的程度。《网络诽谤案件解释》第2条第1款规定，利用信息网络诽谤他人，具有下列情形之一的，应当认定为刑法第246条第1款规定的“情节严重”:（1）同一诽谤信息实际被点击、浏览次数达到五千次以上，或者被转发次数达到五百次以上的;（2）造成被害人或者其近亲属精神失常、自残、自杀等严重后果的;（3）二年内曾因诽谤受过行政处罚，又诽谤他人的;（4）其他情节严重的情形。一般情况下，散布范围越广，被害人人格权受损害的程度则越严重。随着网络传播形式的多样化，诽谤信息除了发布在微博、网站等传统平台，也逐渐开始在微信群、朋友圈、小红书等新兴平台散布。需要注意的是，在收集被“点击、浏览、转发”的证据时，应尽量获取各网络平台的后台数据，如无法调取后台数据，建议对以其他方式收集的证据进行公证，在确认排除重复数据后方可认定。此外，还有一种情形需要重点考虑，即针对相关话题引起的讨论次数是否一并予以认定？如吴某飞诽谤案中，辩护人提出，案发后主流新闻媒体的批判性报道、总结性报道的点击数、浏览量不应当被计算在内，理由是这些报道并非造谣信息的传播散布，而是权威部门对该传播行为作出的总结性判断。我们认为，网络诽谤的特征就是通过诽谤信息不断被点击、阅读和转发得以快速传播，行为人主观上也希望信息能够引起关注，以达到引流吸粉的作用。行为人对发布到网络上的诽谤信息被他人点击、浏览及转发承担刑事责任具有客观与主观根据。客观上，诽谤信息被发布到网上是该信息被点击、浏览及转发的前提，不能否定二者的因果关系；主观上，行为人对其在信息网络平台上发布的诽谤信息可能被点击、浏览及转发，从而给被害人的名誉造成损害是有认识能力及认识义务的。所以，应当计入点击、浏览量。

（五）网络诽谤行为与危害后果之间因果关系的审查要点

网络诽谤行为中，除了行为人自身的诽谤行为，往往有他人的点击、浏览行为，甚至有第三方转发、媒体报道，如果行为人诽谤内容的广泛传播是由第三方将诽谤信息转发给其他人导致，那么这些危害后果能否评价为由行为人引发，需要进一步审查。网络诽谤与实害结果中间往往介入了第三人的传播行为。因此，在网络诽谤犯罪中因果关系的判断上，需要重点分析他人的点击、转发行为能否导致行为人与侵害结果之间因果关系的中断，尤其是他人的转发行为能否导致危害结果进一步扩大，从而阻断结果归责于诽谤信息制造者。如女子取快递被造谣出轨案中出现的一个扩大因素就是第三人的合并转发和公众号冠以博眼球标题后转发，但是无论是何种形式的转发扩散，在网络空间散布的本质仍然是由拍摄的视频和捏造的聊天记录截图组成的诽谤信息，故在该案中被告人的诽谤行为与最终诽谤信息在网络空间散布程度具有刑法上的因果关系。办理该类案件，如果有介入因素，则要考虑介入因素异常性的大小和介入情况对结果发生作用的大小，来判断是否阻断行为与结果的因果关系。因此，应当审查第三人的传播、转发行为在网络空间领域是否异常。一般来说，因为网络空间中每个网络使用者对于网络信息都有可能浏览、转发、评论，他人转发的行为再正常不过，并且第三人传播、转发后，接下来可能有无数第三人传播、转发，除非网络平台管理者加以规制，否则他人的传播、转发行为无法阻断因果关系，但具体到个案，仍需审查是否有异常的第三人传播行为，如有人出于某种利益故意雇佣水军造势闹事等。

（六）网络诽谤行为是否符合公诉情形的审查要点

诽谤罪，原则上属于“告诉才处理”的自诉案件，但在特定情况下也可以转为公诉案件。《刑法》第 246 条第 2 款规定：“前款罪，告诉的才处理，但是严重危害社会秩序和国家利益的除外。”《网络诽谤案件解释》规定了“严重危害社会秩序和国家利益”的七种情形，其中在前六种情形中，利用信息网络实施诽谤，必须造成诽谤多人、公共秩序破坏或者国家利益受损的现实结果，第七种情形是“其他情形”。对于“其他情形”如何认定，应当综合侵害对象、动机目的、行为方式、信息传播范围、危害后果等因素作出判定，根据《惩治网络暴力意见》第 12 条的规定，实施网络侮辱、诽谤行为，具有下列情形之一的，应当认定为《刑法》第 246 条第 2 款规定的“严重危害社会秩序”：（1）造成被害人或者其近亲属精神失常、自杀等严重后果，社会影响恶劣的；（2）随意以普通公众为侵害对象，相关信息在网络上大范围传播，引发大量低俗、恶意评论，严重破坏网络秩序，社会影响恶劣的；（3）侮辱、诽谤多人或者多次散布侮辱、诽谤信息，社会影响恶劣的；（4）组织、指使人员在多个网络平台大量散布侮辱、诽谤信息，社会影响恶劣的；（5）其他严重危害社会秩序的情形。对于如何证实“严重危害社会秩序”，应当重点收集涉案信息网络后台数据及网络信息浏览者、点击者的相关证人证言，尤其是调取网络平台中犯罪嫌疑人的行为所引发的违背公序良俗的评论，以证实破坏网络生态，致使网络空间戾气横行；制作证人证言，以证实严重影响社会公众安全感等，从而综合全案事实、性质、情节和危害程度予以评价。

（七）罪名认定的审查要点

利用信息网络诽谤他人，可能涉嫌寻衅滋事罪或者诽谤罪，可以根据侵害对象目标是否明确、是否侵害双重法益等综合考虑。

如吴某飞诽谤案中，对于该案，公安机关最初以寻衅滋事罪立案侦查，主要理由是犯罪嫌疑人利用在网络上随意搜集的图片，编造虚假信息故意发布在社交平台上，目的是增加账号粉丝数及热度，符合寻衅滋事罪中在公共场所起哄闹事的特征。此外，犯罪嫌疑人与被害人素不相识，并非特别针对被害人而发起的有预谋诽谤行为，其编造谣言的主观目的就是随意盗用别人照片编造能够容易引起社会热度的故事而引起关注，从而增加自己的账号流量和热度，符合寻衅滋事罪中的无事生非、随意挑衅的犯罪主观方面特征；吴某飞发布帖子的标题、内容，极具煽动性、误导性和冲击性，对象选择随机，已造成不特定公众的心理恐慌和社会安全感、秩序感下降，低俗的内容严重违背了社会的伦理道德、公序良俗，不仅使被害人的个人声誉受到影响，也使社会公众都可能成为潜在的侵害目标。因此，从社会危害性来看，符合寻衅滋事罪关于“造成公共秩序的严重混乱”的后果要求。

检察机关经审查后认为本案应当定性为诽谤罪。一是从行为对象来看，犯罪嫌疑人侵犯的对象更偏向于个人。根据《网络诽谤案件解释》第 5 条第 2 款的规定，编造虚假信息，或者明知是编造的虚假信息，在信息网络上散布，或者组织、指使人员在信息网络上散布、起哄闹事，造成公共秩序严重混乱的，以寻衅滋事罪定罪处罚。检察机关认为，上述编造的虚假信息应当是针对社会事件、公共对象，引发的是公共秩序严重混乱，如在重大灾害事故中编造虚假信息，引发混乱等。吴某飞编造的虚假信息针对的是具体的自然人，更符合诽谤罪的特征。二是从侵犯法益来看，寻衅滋事罪侵害的法益是社会秩序，而诽谤罪侵害的法益是公民的人格权，在特定条件下有双重法益，即自诉转公诉条件中的双重法益，侵害公民个人名誉权和严重危害社会秩序。本案中，即使吴某飞不知道造谣对象的真实身份，但其盗用被害人个人照片而进行造谣，社会大众更关注照片中的人物是否真有如拜金、奢靡、享乐等行为，侵害的更多是照片中女性的人格名誉，由此引发的网络社会广泛关注，则同时严重危害了网络社会秩序。三是从司法处理效果而言，吴某飞通过盗用被害人沈某、闵某等的照片，捏造事实，编造虚假信息在信息网络上散布，严重损害了被害人的名誉权，将之定性为诽谤罪并由检察机关提起公诉，能更好体现国家公权力对公民个人权利的保护和社会秩序的修复。

（八）自诉转公诉程序衔接的审查要点

网络诽谤的对象往往具体针对公民个人，只有诽谤的行为影响或者结果溢出到公共利益时，才会触发国家公诉权的启动。在网络诽谤中，被害人被侵权，当然可以提起自诉，但是当出现“除外”情形时，会出现两个起诉主体，即被害人与检察机关。如果被害人先提起自诉，法院已经立案受理，检察机关是否还可以公诉介入，或者公诉能否吸收自诉，自诉与公诉如何转化。对此，曾有三种观点：一是采行自诉优先的做法，除非自诉人撤回自诉或者被驳回自诉，否则不能启动公诉程序；二是采行公诉优先的做法，一旦开始刑事立案侦查，不应再受理自诉。如果已经受理自诉，可以采取公诉吸收自诉的办法，即法院终止自诉案件的审理，被害人以当事人身份参与诉讼；三是自诉与公诉并行，启动公诉程序后，自诉案件中止审理，待提起公诉后将公诉与自诉合并审理。理论上，“自诉转公诉”有充分的法理依据，公诉权所追求目标和自诉权追求的目标是相同的，在目标一致的情况下，以公诉程序处理可以同时实现自诉人的目标，更有利于保护被害人的权益，维护良好的社会秩序。对于严重危害社会秩序的网络侮辱、诽谤犯罪，公安机关应当依法及时立案。被害人同时向人民法院提起自诉的，人民法院应当说服自诉人撤回自诉或者裁定不予受理；已经受理的，应当裁定终止审理，原自诉人可以作为被害人参与诉讼。对于网络侮辱、诽谤行为，被害人提起自诉，人民法院经审查认为有关行为严重危害社会秩序的，应当将案件移送公安机关。

五、实务认定中的其他问题

（一）准确把握网络诽谤犯罪“严重危害社会秩序”的认定条件

网络诽谤涉及面广、浏览量大，一旦扩散，往往会造成较大社会影响，特别是与传统的发生在熟人之间、社区传播形式的诽谤案件不同，通过网络诽谤他人，诽谤信息经由网络广泛传播，严重损害被害人人格权。网络诽谤如果破坏了公序良俗和公众安全感，严重扰乱网络社会公共秩序的，应当认定为《网络诽谤案件解释》第 3 条规定的“其他严重危害社会秩序和国家利益的情形”。对此，可以根据犯罪方式、对象、内容、主观目的、传播范围和造成后果等，综合全案事实、性质、情节和危害程度等予以评价。

（二）坚持能动司法，依法惩治网络诽谤犯罪

网络诽谤传播广、危害大、影响难消除，被害人往往面临举证难、

维权难的困境，通过自诉很难实现权利救济，更无法通过自诉有效追究犯罪嫌疑人刑事责任。如果网络诽谤犯罪严重侵害了社会公共利益，达到公诉条件的就应当适用公诉程序处理。检察机关要适应新时代人民群众对人格尊严保护的更高需求，针对网络诽谤犯罪的特点，积极主动履职，加强与其他执法司法机关沟通协调，依法启动公诉程序，及时有效打击犯罪，加强对公民人格权的刑法保护，维护网络社会秩序，营造清朗网络空间。

（三）已提起自诉的网络诽谤犯罪案件，因同时侵害公共利益需要适用公诉程序办理的，应当依法处理好程序转换

对于严重危害社会秩序的网络侮辱、诽谤行为，公安机关应当依法及时立案。对于符合公诉标准的网络侮辱、诽谤刑事案件，被害人同时向人民法院提起自诉的情形，人民法院可以请自诉人撤回自诉或者裁定不予受理；已经受理的，应当裁定终止审理，并将相关材料移送公安机关，原自诉人可以作为被害人参与诉讼。对于被害人在公安机关立案前提起自诉的情形，人民法院经审查认为有关行为严重危害社会秩序的，应当将案件移送公安机关。对于被害人或者其近亲属向公安机关报案，公安机关经审查认为已构成犯罪但不符合公诉条件的情形，可以告知报案人向人民法院提起自诉。

（四）强化衔接配合，促进网络暴力综合治理

在依法惩治网络暴力违法犯罪过程中，人民法院、人民检察院、公安机关要加强沟通协调，统一执法司法理念，统一对网络暴力行为定性和案件处理程序的认识，有序衔接自诉程序和公诉程序，确保案件顺利

侦查、起诉、审判。要认真贯彻“谁执法谁普法”普法责任制，做好法治宣传，适时发布涉网暴的典型案例，向公众传导“网络空间不是法外之地”，营造清朗的网络空间。对于发现存在的普遍性、整体性问题，应结合办案，通过及时提出检察建议等方式，促进诉源治理。

第四章　网络寻衅滋事罪

一、罪名概述

寻衅滋事罪，根源于我国1979年刑法中的流氓罪，主要包括聚众斗殴、寻衅滋事、辱骂妇女以及其他流氓活动等破坏公共秩序，情节恶劣的行为。1997年刑法废除了流氓罪，从中分离出了包括寻衅滋事罪在内的五个罪名。

我国《刑法》第293条对寻衅滋事罪作了规定。有下列寻衅滋事行为之一，破坏社会秩序的，处五年以下有期徒刑、拘役或者管制：（1）随意殴打他人，情节恶劣的；（2）追逐、拦截、辱骂、恐吓他人，情节恶劣的；（3）强拿硬要或者任意毁损、占用公私财物，情节严重的；（4）在公共场所起哄闹事，造成公共场所秩序严重混乱的。这是我国刑法对于传统寻衅滋事罪客观方面的规定。

随着信息技术的快速发展，以互联网为主体包括通信网、广播电视传输覆盖网在内的信息网络[①]日益普及，并呈现出“三网合一”的趋势。一些不法分子把网络当作“虚拟空间”“法外之地”，网络暴力信息充斥。在网络上肆意侮辱、发帖谩骂他人；无中生有，散布虚假信息，起哄闹事，严重扰乱社会秩序。这些行为已经严重扰乱了社会管理秩序，具有

---

① 关于“信息网络”的概念，《关于办理利用信息网络实施诽谤等刑事案件适用法律若干问题的解释》第十条作了界定：“本解释所称信息网络，包括以计算机、电视机、固定电话机、移动电话机等电子设备为终端的计算机互联网、广播电视网、固定通信网、移动通信网等信息网络，以及向公众开放的局域网络。”

严重的社会危害性，应当依法惩处。网络寻衅滋事的主要特点：

一是行为主体的普遍性与虚拟空间的特殊性。由于信息技术的发展和互联网的普及，无论是年龄、性别还是职业背景，所有接入网络的人都可能成为网络寻衅滋事的行为主体。而受众基本涵盖了所有的网络用户，因为网络空间没有物理边界，信息传播迅速且范围广。同时，网络寻衅滋事是在虚拟的网络空间中发生的，行为地与结果地通常是分离的，即使行为人与被害人在现实中没有任何接触，也可以通过网络进行寻衅滋事。

二是危害结果的严重性与广泛性。一旦信息恶意发布，瞬息就可能被无数人浏览、转发，其负面影响迅速扩散。这些行为不仅对个人精神心理产生严重伤害，还可能破坏社会秩序，影响公共安全。而在广泛性方面，由于网络的普及和便利性，网络寻衅滋事可以针对任何一个网络用户进行，无论是个人、组织还是企业都可能成为受害者。这种广泛性使得网络寻衅滋事的影响力大大超过了传统的寻衅滋事罪。

三是网络证据收集和认定的困难性。在互联网上，行为人可以通过各种手段隐藏自己的真实身份，包括使用假名、虚假账号等进行操作，因此往往很难追查到犯罪人。这种隐蔽性不仅增加了打击网络寻衅滋事的困难，也使得一些人更容易冒险采取此类行为。同时，隐蔽性也增加了被害人的恐惧感，使得其承受更大的心理压力。

为规制网络寻衅滋事行为，《网络诽谤案件解释》第 5 条规定："利用信息网络辱骂、恐吓他人，情节恶劣，破坏社会秩序的，依照刑法第二百九十三条第一款第（二）项的规定，以寻衅滋事罪定罪处罚。编造虚假信息，或者明知是编造的虚假信息，在信息网络上散布，或者组织、指使人员在信息网络上散布，起哄闹事，造成公共秩序严重混乱的，依照刑法第二百九十三条第一款第（四）项的规定，以寻衅滋事罪定罪处罚。”亦即，“辱骂恐吓型”和“虚假信息型”，这些行为称为“网络寻衅滋事行为”。

二、典型案例

【案例一】黄某奕寻衅滋事案[①]

2019年3月30日，四川凉山州木里县发生森林火灾，在抢险救灾的过程中，27名森林消防指战员和3名地方扑火队员牺牲。2019年4月2日至5日期间，被告人黄某奕为发泄不满情绪、引起社会关注，多次使用QQ账号在群名“梁静茹”“周杰伦”等10余个QQ群内随意辱骂四川凉山救火牺牲的消防指战员、四川籍明星等，影响网民人数共计10000余人，同时使用微信号在群名“张杰小可爱”的微信群内随意辱骂四川消防烈士，引起网民强烈愤慨。

人民检察院依法提起刑事附带民事公益诉讼。2019年8月20日人民法院公开开庭审理本案。庭审中，被告人黄某奕主动向英雄烈士家属及社会公众道歉。经审理，人民法院认为，被告人黄某奕公然藐视国家法纪和社会公德，在互联网上对救火牺牲的消防指战员及他人发表带有侮辱性质的不当言论，引起网民强烈愤慨，造成了恶劣的社会影响，破坏了社会秩序，其行为已构成寻衅滋事罪。检察机关指控的事实和罪名成立。被告人黄某奕在互联网上对救火牺牲的消防指战员发表带有侮辱性质的不当言论，亵渎了英雄烈士的事迹和精神，侵害了英雄烈士的名誉权和荣誉权，损害了社会公共利益，在承担刑事责任的同时，还应依法

① 此案例为2019年度福建省法院十大典型案例。

承担民事侵权责任。附带民事公益诉讼起诉人要求被告人黄某奕在国家级媒体上书面公开赔礼道歉、消除影响的诉讼请求，符合法律规定，予以支持。

最终，人民法院依照最高人民法院、最高人民检察院《关于办理利用信息网络实施诽谤等刑事案件适用法律若干问题的解释》第5条第1款等规定，判处被告人黄某奕犯寻衅滋事罪判处有期徒刑7个月并判令被告人黄某奕在10日内在国家级媒体上书面公开赔礼道歉、消除影响。2019年8月22日被告人黄某奕在《检察日报》上公开赔礼道歉。

27名森林消防指战员和3名地方扑火队员为保护国家森林资源和人民群众生命财产安全而壮烈牺牲。被告人在微信群、QQ群等互联网新媒体发布不当言论，亵渎英烈事迹和精神贬损英烈名誉，超出了言论自由的范围，其行为不仅损害了英烈的个人人格利益，而且伤害了社会公众的感情，损害了社会公共利益依法应当承担相应的法律责任。人民法院依照《网络诽谤案件解释》第5条第1款等规定依法判决。本案公正高效地审理，不仅是在个案中实现公平正义的要求，更是利用法治手段规范人们的网络行为，治理网络违法违规现象，保护公民合法权益的重要手段。

需要关注的是，由于在信息网络上歪曲事实，对英雄、烈士发表侮辱性、诽谤性言论的事件时有发生，对社会风气造成严重负面影响，为维护社会公共利益，传承和弘扬英雄烈士精神、爱国主义精神，有效维护社会公共利益和英雄烈士名誉、荣誉，《刑法修正案（十一）》特别增设侵害英雄烈士名誉、荣誉罪。自2021年3月1日起，类似行为应该以“侵害英雄烈士名誉、荣誉罪”定罪处理。在《刑法修正案（十一）》生效当日，江苏省南京市建邺区人民检察院以侵害英雄烈士名誉、荣誉罪对仇某某（网名“蜡笔小球”）提起公诉，这成为首个适用该罪名的刑事案件。

【案例二】彭某寻衅滋事案

2011 年 12 月以来，彭某任某合行监事长（后某合行等单位合并组建某银行），彭某因职级待遇和未进入某银行领导班子而心生不满，多次通过不正当手段谋求职级和职务上的不正当利益。省某信用社、某银行等单位针对其信访事项分别进行了调查反馈或答复，但彭某仍不满意。2019 年 5 月，为向某银行等单位施加压力，引起舆论关注，彭某主动联系并雇用“网络推手”王某见（另案处理），二人共谋网络炒作方案，后彭某两次付给王某见共计 12 万元。

2019 年 6 月，彭某将道听途说、主观推测的不实材料，交由王某见加工并经彭某同意后，二人通过某微信公众号、某今日头条账号、某百度百家号、某微博账号在网上公开发布文章、信息 50 余篇。其中含有“某银行隐瞒涉及金融诈骗案，从而造成银行资产损失近 30 亿元”“丁某某与宗某、王某某与鲁某均有不正当两性关系并生育子女”“彭某被违规降级、信访举报无回应”“省某信用社资金中心存在‘小金库’未予追责、向某源公司的贷款造成损失”等虚假信息。上述文章、信息在十余家网络媒体上被转载报道，引发网民大量点击、转发及负面评论，点击量超过千万次，造成公共秩序严重混乱。

人民法院经审理认为，根据彭某犯罪的事实、性质、情节和对于社会的危害程度，依照《中华人民共和国刑法》第 293 条第 1 款第 4 项、第 25 条第 1 款、第 64 条及最高人民法院、最高人民检察院《关于办理利用信息网络实施诽谤等刑事案件适用法律若干问题的解释》第 5 条第 2

款的规定，判决被告人彭某犯寻衅滋事罪，判处有期徒刑四年。宣判后，彭某上诉。二审法院同意一审法院裁判意见，维持了一审判决。

彭某为谋求职级和职务上的不正当利益，借故生非，伙同他人编造虚假信息，在信息网络上肆意散布，起哄闹事，被多家媒体转载报道，引发网民大量点击、评论，混淆视听，蛊惑群众，造成公共秩序严重混乱，其行为已构成寻衅滋事罪。

《刑法》第293条和《网络诽谤案件解释》第5条第2款，明确了寻衅滋事罪的构成要素和处罚依据。该罪的两个要素包括编造或散布虚假信息，并引发起哄闹事、扰乱公共秩序的情况。当在网络空间中传播虚假信息并达到起哄闹事标准时，严重扰乱了互联网空间的秩序，就构成了寻衅滋事罪。本案中，彭某雇佣网络推手在网络上散布未经核实的虚假信息，并发布了大量文章，引发多家媒体报道和点击量超过千万次，导致多人参与并扰乱公共秩序。根据以上事实，可以认定彭某的行为符合寻衅滋事罪的构成要件，因此被追究刑事责任。

【案例三】秦志晖（微博名称“秦火火”）诽谤、寻衅滋事案[①]

被告人秦志晖，微博名称“秦火火”，2013年9月18日因涉嫌寻衅滋事罪被逮捕。

（一）诽谤的事实

1.秦志晖明知罗援（男，中国战略文化促进会常务副会长兼秘书长）系军人，于2013年2月25日使用昵称为“东土秦火火”的新浪微博账户，捏造“罗援之兄在德国西门子公司任职”的事实，无端质疑罗援及其家人搞“利益交换关系”，并在信息网络上散布。该信息被转发2500

① 参见《刑事审判参考》第966号案例。

余次，引发大量网民对罗援的负面评价。2. 秦志晖明知“杨澜（女，阳光媒体集团控股有限公司董事局主席）向希望工程虚假捐赠”系捏造的事实，于 2013 年 7 月 15 日使用昵称为“淮上秦火火”的新浪微博账户在信息网络上散布。该信息被转发 700 余次，引发大量网民对杨澜的负面评价。3. 秦志晖在信息网络上看到了“兰和（男,35 岁）被老女人包养”的不实信息后，将上述信息篡改为“兰和被老女人周某某包养”，并于 2013 年 7 月至 8 月使用昵称为“3662708328_307”的新浪微博账户多次在信息网络上散布。该信息累计被转发 900 余次，引发大量网民对兰和的负面评价。4. 秦志晖于 2012 年 11 月 27 日，使用昵称为“炎黄秦火火”的新浪微博账户，捏造“张海迪（女，中国残疾人联合会主席）具有德国国籍”的事实并散布。后经网友举报，新浪公司判定上述信息为不实信息。张海迪亦于 2012 年 11 月 28 日通过微博发布澄清声明。秦志晖又于 2012 年 12 月 31 日使用昵称为“炎黄秦火火”的新浪微博账户再次发布有关上述信息的博文，在短时间内被转发 20 余次，引发网民对张海迪的负面评价。

（二）寻衅滋事的事实

2011 年 7 月 23 日，甬温铁路浙江省温州市相关路段发生特别重大铁路交通事故（即“7・23”甬温线动车事故）。在事故善后处理期间，秦志晖为了利用热点事件进行自我炒作，提高网络关注度，于 2011 年 8 月 20 日使用昵称为“中国秦火火 _fqz”的新浪微博账户编造并散布虚假信息，称原铁道部向“7・23”甬温线动车事故中的外籍遇难旅客支付 3000 万欧元高额赔偿金。该微博被转发 11000 次，评论 3300 余次，引发大量网民对国家机关公信力的质疑，原铁道部被迫于当夜辟谣。秦志晖的行为对事故善后工作的开展造成了不良影响。

该案经公安机关侦查，检察机关提起公诉后，人民法院依照最高人民法院、最高人民检察院《关于办理利用信息网络实施诽谤等刑事案件适用法律若干问题的解释》第5条第2款等规定，判处被告人犯诽谤罪，判处有期徒刑2年；犯寻衅滋事罪，判处有期徒刑一年六个月；决定执行有期徒刑三年。一审宣判后，被告人未提起上诉，公诉机关亦未抗诉，该判决已发生法律效力。

秦志晖无视法律规定，在信息网络上捏造事实诽谤他人，情节严重，且系诽谤多人，造成恶劣社会影响，其行为构成诽谤罪；秦志晖在重大突发事件期间，在信息网络上编造、散布对国家机关产生不良影响的虚假信息，起哄闹事，造成公共秩序严重混乱，其行为还构成寻衅滋事罪，依法应予数罪并罚。秦志晖在较长时间段内在信息网络上多次肆意实施违法犯罪行为，根据其所犯诽谤罪、寻衅滋事罪的事实、性质、情节和社会危害程度，本应对其酌情从重处罚，但鉴于秦志晖归案后能够如实供述所犯罪行，认罪悔罪态度较好，可以对其从轻处罚。

三、网络寻衅滋事罪在网络暴力犯罪中的行为特征

网络寻衅滋事并非规范的罪名，而是寻衅滋事罪在网络领域的表现形式，是社会现实中的寻衅滋事行为在网络领域的延伸。它是指行为人将信息网络当成工具，在信息网络上实施辱骂、恐吓他人，起哄闹事，严重危害公共秩序，情节恶劣的行为，或者编造、传播虚假信息，通过信息网络传播，组织、指使他人传播，情节严重的行为。

信息网络具有明显的公共属性和社会属性。网络社会已融入现实社会，成为人们现实生活的重要组成部分。网络信息必然会对现实生活和社会造成直接、实实在在的影响。利用信息网络编造、故意传播虚假信

息并造成公共秩序严重混乱的行为具有现实的社会危害性，构成犯罪的，应当以寻衅滋事罪追究刑事责任。[1]《网络诽谤案件解释》第5条结合信息网络的上述两种属性，明确了利用信息网络实施寻衅滋事犯罪的两种行为方式。[2] 即辱骂、恐吓型网络寻衅滋事罪和编造、传播虚假信息型网络寻衅滋事罪两种。

（一）利用信息网络辱骂、恐吓他人的认定

《网络诽谤案件解释》第5条第1款规定，利用信息网络辱骂、恐吓他人，情节恶劣，破坏社会秩序的，以寻衅滋事罪定罪处罚。该款规定反映出信息网络的工具性特征，即通过信息网络辱骂、恐吓他人，情节恶劣，严重扰乱社会秩序的行为。在本罪中，“辱骂”是指行为人通过信息网络，公然羞辱他人，侵害他人的人格或名誉的行为。实践中需要把握以下两点：

一是注意与侮辱罪、诽谤罪区分。侮辱罪、诽谤罪是针对个人实施的犯罪；寻衅滋事罪属于扰乱公共秩序的犯罪。如果行为人利用信息网络侵害的是公民个人权益，如公然侮辱他人，或者捏造事实诽谤他人，情节严重的，应当依法以侮辱罪、诽谤罪定罪处罚；如果行为人利用信息网络实施的有关行为针对的是不特定对象，侵害的是社会秩序，则应当依法以寻衅滋事罪定罪处罚；如果利用信息网络辱骂、诽谤特定的个

---

① 参见最高人民法院刑事审判第三庭：《〈关于办理利用信息网络实施诽谤等刑事案件适用法律若干问题的解释〉的理解与适用》，载《人民司法（应用）》2013年第21期；最高人民检察院法律政策研究室：《〈关于办理利用信息网络实施诽谤等刑事案件适用法律若干问题的解释〉解读》，载《人民检察》2013年第23期。

② 最高人民法院刑事审判第三庭：《〈关于办理利用信息网络实施诽谤等刑事案件适用法律若干问题的解释〉的理解与适用》，载《人民司法（应用）》2013年第21期；最高人民检察院法律政策研究室：《〈关于办理利用信息网络实施诽谤等刑事案件适用法律若干问题的解释〉解读》，载《人民检察》2013年第23期。

人，则可能存在寻衅滋事罪与侮辱罪、诽谤罪的竞合。如果辱骂、诽谤他人情节恶劣，破坏社会秩序的，应按照《网络诽谤案件解释》第9条的规定，依照处罚较重的罪即寻衅滋事罪定罪处罚。另外，当辱骂他人情节严重的行为，同时触犯寻衅滋事罪与侮辱罪时，按照想象竞合犯的原则“从一重处断”即可。不必在两者之间寻找所谓关键区别。[①]

二是注意“恐吓”这一新增行为方式。恐吓是《刑法修正案（八）》新增加的行为类型，是指以威胁的语言、行为吓唬他人，如适用统一标记、身着统一服装、摆阵势等方式威震他人，使他人恐慌或屈从。[②] 在我国刑法中，恐吓行为既可以是抢劫罪、敲诈勒索罪等的犯罪手段，也可以是寻衅滋事罪的行为方式，故行为人利用信息网络恐吓他人，应结合其犯罪目的及侵犯的法益等进行综合判断。通过信息网络恐吓他人，并索取财物的，应认定构成敲诈勒索罪，同时符合寻衅滋事罪构成要件的，应按照想象竞合犯从一重罪处断。行为人出于取乐、无聊、耍威风、寻求精神刺激等目的，无故无理地对他人进行恐吓，未索取数额较大的财物的，应以寻衅滋事罪论处。[③]

（二）在信息网络上编造、散布虚假信息，起哄闹事的认定

当前“公共信息网络”已成为公共场所的一种新的“形式”，利用信息网络编造、故意传播虚假信息并造成公共秩序严重混乱的行为，可以适用《刑法》第293条第4项规定，即“在公共场所起哄闹事，造成公

① 张明楷:《寻衅滋事罪探究（下篇）》，载《政治与法律》2008年第2期。

② 全国人大常委会法制工作委员会刑法室编:《〈中华人民共和国刑法〉修正案（八）条文说明、立法理由及相关规定》，北京大学出版社2011年版，第161页。

③ 戴长林:《网络犯罪司法实务研究及相关司法解释理解与适用》，人民法院出版社2014年版，第167页。

共场所秩序严重混乱”以寻衅滋事罪定罪处罚。《网络诽谤案件解释》第5条第2款规定:“编造虚假信息，或者明知是编造的虚假信息，在信息网络上散布，或者组织、指使人员在信息网络上散布，起哄闹事，造成公共秩序严重混乱的，依照刑法第二百九十三条第一款第（四）项的规定，以寻衅滋事罪定罪处罚。”这里规定的编造行为，即行为人“无中生有，凭空制造虚假的事实”。这里规定的“虚假信息”，不是针对特定的自然人而捏造的虚假事实，而是针对不特定的自然人或者单位、公共事件而编造的虚假信息。如果针对特定的自然人，捏造损害其名誉的虚假事实，并在网络上散布的，应当适用《网络诽谤案件解释》第1条的规定处理。这里规定的“虚假信息”也不包括以发生爆炸威胁、生化威胁、放射威胁、劫持航空器威胁、重大灾情、重大疫情等严重威胁公共安全的事件为内容，可能引起社会恐慌或者公共安全危机的不真实信息（即“虚假恐怖信息”），若为虚假恐怖信息的，则成立编造、传播虚假恐怖信息罪等。[①]

寻衅滋事罪的保护法益是社会秩序，其中包括公共场所秩序和人们应遵守的共同准则。随着互联网的发展，信息网络空间也被视为公共场所，因此，在网络空间中的不法行为可以受到寻衅滋事罪的规制。对上述《网络诽谤案件解释》第5条第1款“破坏社会秩序”和第2款“造成公共秩序严重混乱”，进一步语义剖析为两种结果：一是破坏网络秩序或造成网络空间秩序严重混乱。二是破坏现实社会秩序或造成现实社会秩序严重混乱。最高人民法院、最高人民检察院就《网络诽谤案件解释》答记者问中就指出:“网络空间属于公共空间，网络秩序也是社会公共秩

① 戴长林:《网络犯罪司法实务研究及相关司法解释理解与适用》，人民法院出版社2014年版，第168页。

序的重要组成部分。随着信息技术的快速发展，信息网络与人们的现实生活已经融为一体，密不可分”。[1]

传统上，寻衅滋事罪被理解为只是在现实的公共场所才能发生，而随着人类全面迈向网络社会，网络空间寻衅滋事行为所造成的危害也越来越大，将网络空间解释为“社会公共场所”，将“造成网络空间秩序严重混乱”解释为“造成社会公共秩序严重混乱”，没有超出国民可预测性，能够被《刑法》第293条的规范所涵摄。具体理由：一是网络社会作为一种特殊的“虚拟空间”，实际上也是现实社会的一部分，网络公共秩序也是社会公共秩序的重要组成部分。特别是随着信息技术的快速发展和信息网络的普及，信息网络与人们的工作、生活、生产、经营活动已经密不可分、融为一体，成为现实生活的重要延伸和组成部分，互联网门户网站、公共微博平台等网络空间同样具有“公共场所”属性。二是从字面含义来看，公共场所是指属于社会的、公共公有的场所。公共场所既可以包括现实社会真实存在的“车站、码头、民用航空站、商场、公园、影剧院、展览会、运动场”等场所，也可以包括门户网站、面向公众开放的论坛等互联网上开放性的电子信息交流“场所”。将微博、门户网站等开放性的网络公共平台作符合信息社会形势变化的解释，没有超出刑法用语可能具有的含义，也未超出社会民众的预测可能性。三是司法解释有相关规定的先例。最高人民法院、最高人民检察院《关于办理利用互联网、移动通讯终端、声讯台制作、复制、出版、贩卖、传播淫秽电子信息刑事案件具体应用法律若干问题的解释》对“淫秽物品”这一传统的物化概念作了信息化解释。对于“淫秽物品”，若根据刑法规

① 《两高负责人就办理网络诽谤等刑案司法解释答问》，载人民网2013年9月10日，http://politics.people.com.cn/n/2013/0910/C70731-22570133.html。

定时的字面含义，只能是淫秽书刊、影片、录像带、录音带、图片等制品，但该解释将信息网络上的“视频文件、音频文件、电子刊物、图片、文章、短信息”等淫秽电子信息以及声讯台淫秽语音信息均解释为“淫秽物品”。[①]

四、证据收集与审查要点

（一）网络寻衅滋事行为电子数据证据的基本特性

网络寻衅滋事行为作为网络空间中的犯罪行为，需要特别注意证据收集的特殊性与困难性。如黄某某寻衅滋事案中，公诉机关提供了聊天记录截图、证人证言、鉴定意见、搜查笔录、现场照片及被告人供述等证据，附带民事公益诉讼起诉人提交了县退役军人事务局的报告、微信群聊天记录截图、证人证言、公告等证据；秦某某诽谤、寻衅滋事案中，通过微博账户注册IP地址或涉案微博文发布IP地址查询及UID号码比对，并综合秦某某的供述及微博账户所发布的微博文内容，确定涉案微博文均系秦某某所发布；彭某寻衅滋事案中，被告人系通过昵称为“副监事晓某”的微信公众号、“彭某某”的今日头条账号、“副监事晓某”的百度百家号、“济南农商行举报人彭某某”的微博账号在网上公开发布题为《实名举报山东厅级干部生活淫乱，银行资产损失近30亿元》等文章、信息50余篇。从实践上，网络电子证据有以下特点：

第一，以网络电子数据为载体的信息具有可删除性，行为人可以轻易地删除自己网络寻衅滋事行为的证据。而网络空间中数据的快速更新

① 最高人民检察院法律政策研究室：《〈关于办理利用信息网络实施诽谤等刑事案件适用法律若干问题的解释〉解读》，载《人民检察》2013年第23期。

也可能导致信息被覆盖，造成证据灭失。第二，网络电子数据信息的庞杂繁多也增加了获取证据的难度。比如某地办理一起网络寻衅滋事案过程中，发现其涉案的数据信息极其繁杂，分别储存在涉案的数个网站与软件中，包括音视频文件、聊天记录等不同种类，只能通过人工的方式对其进行逐条筛选和审查，费时费力。第三，网络寻衅滋事行为的行为人往往是匿名实行犯罪行为的，不得不需要特定的技术手段如 地址追踪等来确认行为人的身份，而在此期间，行为人往往有充足的时间对数据信息进行删除和掩盖。第四，网络寻衅滋事行为的证据，往往属于电子数据信息，极易被故意泄露或意外损毁。如储存电子数据证据的计算机被黑客入侵、计算机病毒的爆发、计算机硬盘损坏、停电等。这些都使网络寻衅滋事行为证据的获得和保存难度大大增加，形成对人力、物力等司法资源的严重消耗，导致对其他违法犯罪行为处理的效率下降。[①]

（二）网络寻衅滋事行为电子数据审查认定方式

对于网络寻衅滋事案件中电子数据的认定，应当坚持以下几个工作路径[②]：一是应坚持存储介质优先。按照最高人民法院、最高人民检察院、公安部《关于办理网络犯罪案件适用刑事诉讼程序若干问题的意见》的规定，收集、提取电子数据，能够获取原始存储介质的，应当封存原始存储介质，并制作笔录，由于存储介质也属于高科技事物，必要时可以会同相关技术人员进行真实性、完整性等方面的认定。二是应遵循配合义务的办案方式。大数据时代，大量的电子资料储存在第三方后

① 参见武泓全：《网络寻衅滋事罪探究》，西南大学2015年硕士学位论文。

② 樊崇义、李思远：《论我国刑事诉讼电子证据规则》，载《证据科学》2015年第5期。

台中，如行为人发帖的痕迹，回复、转发、评论等的痕迹，因而对于电子证据的调查、提取、认定等工作也离不开第三方的支持，必要情况下，由第三方履行一定配合义务能使案件的办理事半功倍。三是应及时进行技术鉴定。电子数据的专业性、复杂性、易修改性经常会给办案人员带来困扰。因此，借助专业机构的鉴定能力，能够及时固定证据，发挥该类证据的证明能力。四是坚持私权保障的基本原则。由于电子数据存储的特点，难以避免出现公民合法信息与涉案电子数据混同存储的情况，办案人员也很容易接触涉及个人隐私、商业秘密的信息，在认定电子数据的过程中，应当坚持“完整性”与“有限性”的统一，既要力求完整，也要根据办案需要适度有限地收集电子数据，维护公民、企业等的合法权益。

五、实务认定中的其他问题

（一）严格把握入罪标准

如前所述，网络空间可以扩大解释为“社会公共场所”，“网络空间秩序”可以扩大解释为“社会公共秩序”，但要注意严格掌握入罪标准。

对于《网络诽谤案件解释》第 5 条第 1 款的规定，行为人利用信息网络辱骂、恐吓他人，必须是达到“情节恶劣”程度，同时必须是对社会秩序造成了现实的破坏才可入罪。这里的“情节恶劣”，可以根据最高人民法院、最高人民检察院《关于办理寻衅滋事刑事案件适用法律若干问题的解释》相关规定予以认定。立法机关认为，主要是指造成恶劣影响或者激起民愤，造成其他后果，等等。[①] 对于一些网民在网络上发泄不满、

① 全国人大常委会法制工作委员会刑事室编：《〈中华人民共和国刑法〉修正案（八）条文说明、立法理由及相关规定》，北京大学出版社 2011 年版，第 161 页。

辱骂他人的，未对现实的社会秩序造成实际破坏的，要重在教育，强化管理，一般不宜追究刑事责任。

对于《网络诽谤案件解释》第5条第2款的规定，行为人在信息网络上散布虚假信息，若没有造成现实社会生活及公共场所秩序严重混乱，或者说没有达到“严重混乱”的程度，能否仅仅参照《网络诽谤案件解释》第2条第1项规定的同一虚假信息“实际被点击、浏览次数达到五千次以上，或者被转发次数达到五百次以上”，便认定符合《网络诽谤案件解释》第5条第2款的规定，以寻衅滋事罪定罪处罚？“造成公共秩序严重混乱”，应该被理解为，或者造成了信息网络秩序严重混乱，或者导致了现实社会公共秩序的严重混乱。在理解与把握“造成公共秩序严重混乱”时，应基于客观主义立场从严把握，准确查明造成现实“公共秩序严重混乱”是否是行为人在信息网络上散布虚假信息所致，避免不适当扩大打击面。即在造成信息网络秩序严重混乱的同时，也一并引发了重大群体性事件，或者引发民族、宗教冲突的，等等，才有必要动用刑罚这一“最后手段”。①

（二）加强被害人权利救济

《惩治网络暴力意见》第9条规定：“依法支持民事维权。针对他人实施网络暴力行为，侵犯他人名誉权、隐私权等人格权，受害人请求行为人承担民事责任的，人民法院依法予以支持。”就网络寻衅滋事案件来说，往往涉及被害人名誉权、荣誉权、隐私权等权利的侵害，在刑事附带民事诉讼中，赔礼道歉、消除影响往往是被害人要求权利救济的重要

---

① 戴长林：《网络犯罪司法实务研究及相关司法解释理解与适用》，人民法院出版社2014年版，第172页。

方式。如，可以要求网络服务者（即发布侵权言论、图片信息的网络平台）及时删除、屏蔽、断开相关链接，避免影响扩大；可以要求行为人在媒体上为其错误行为向被害人公开道歉，澄清误导，消除对被害人名誉的不良影响。

（三）提起精神损失赔偿[①]

当前《民法典》颁布实施背景下，被侵害人的名誉权、荣誉权等受到网络暴力侵害时，依法请求精神损失赔偿有了明确法律依据，对被害人的心灵起到了一定抚慰作用[②]。结合《民法典》第1183条第1款的规定，主张精神损害赔偿须注意以下几点：一是侵害他人人身权益可以请求精神损害赔偿。《民法典》规定的人身权益包括生命权、健康权、姓名权、名誉权、肖像权、隐私权、监护权等权利及相应利益。精神损害赔偿的范围是侵害自然人人身权益，侵害财产权益原则上不在精神损害赔偿的范围之内。二是须造成被侵权人严重精神损害。如果因网络寻衅滋事，延伸至线下滋扰等行为，造成公民身体权、健康权的侵害，一般应以达到伤残标准作为构成严重精神损害的主要依据。如果是侵害的生命权，则有必要以精神损害赔偿方式抚慰家属等相关人员。如果是线上寻衅滋事造成精神性人格权益被侵害的情形，由于存在个体差异性，因此，在确定是否达到严重标准时，应综合考虑侵权人的主观状态、客观行为手段以及被侵权人的精神状态等具体情节加以判断。而对于死者来

① 陶琛、黄湘宜：《微信群内散布未经核实负面信息，判了！》，载微信公众号“山东高法”2023年9月15日。

② 法院认为，被告未经核实的内容散布在人数众多的微信群中，客观上造成了原告的社会评价降低和社会形象贬损。被告的行为构成对原告名誉权的侵害，使原告遭受了精神损害，应承担相应的法律责任，依法判决被告小帅在“某行业群”微信群中连续一周发布道歉声明，并支付原告袁某精神抚慰金2000元。

说，最高人民法院《关于确定民事侵权精神损害赔偿责任若干问题的解释》第3条规定："死者的姓名、肖像、名誉、荣誉、隐私、遗体、遗骨等受到侵害，其近亲属向人民法院提起诉讼请求精神损害赔偿的，人民法院应当依法予以支持。"三是侵害行为与精神损害后果有因果关系。在认定上应持谨慎从严的态度，依法准确判断侵害行为与精神损害后果之间是否存在因果关系。有观点倾向于采用必然因果关系说。所谓必然因果关系，是指侵害行为与损害结果之间具有内在的、本质的、必然的联系。如果侵害行为与损害结果之间只有外在的、偶然的联系，就不能认定二者之间具有因果关系。[①]

（四）承担民事责任

最高人民法院《关于适用〈中华人民共和国刑事诉讼法〉的解释》第201条规定："人民法院审理附带民事诉讼案件，除刑法、刑事诉讼法以及刑事司法解释已有规定的以外，适用民事法律的有关规定。"《民法典》第179条规定，承担民事责任的方式主要有：（1）停止侵害；（2）排除妨碍；（3）消除危险；（4）返还财产；（5）恢复原状；（6）修理、重作、更换；（7）继续履行；（8）赔偿损失；（9）支付违约金；（10）消除影响、恢复名誉；（11）赔礼道歉。被告人在提起刑事附带民事诉讼。人民法院可以在判决被告人承担寻衅滋事刑事责任的同时，判决其停止侵害、赔礼道歉、消除影响。

① 《被侵权人请求精神损害赔偿的基本条件》，载微信公众号"山东高法"2023年9月15日。

（五）加强检察公益诉讼

网络暴力行为损害社会公共利益的，人民检察院可以依法向人民法院提起公益诉讼。《惩治网络暴力意见》第16条规定，依法提起公益诉讼。最高人民法院、最高人民检察院《关于检察公益诉讼案件适用法律若干问题的解释》第20条第1款规定："人民检察院对破坏生态环境和资源保护，食品药品安全领域侵害众多消费者合法权益，侵害英雄烈士等的姓名、肖像、名誉、荣誉等损害社会公共利益的犯罪行为提起刑事公诉时，可以向人民法院一并提起附带民事公益诉讼，由人民法院同一审判组织审理。"如黄某某寻衅滋事案中，黄某某通过互联网络多次辱骂四川消防烈士，涉及网民人数共计10000余人，引起网民强烈愤慨，亵渎了英雄烈士的事迹和精神，侵害了英雄烈士的名誉权和荣誉权，损害了社会公共利益，人民检察院对本案提起刑事附带民事公益诉讼，要求黄某某在国家级媒体上书面公开赔礼道歉、消除影响。

检察机关履行这类公益诉讼职责，应当依法公告，公告期间为30日；公告期满，法律规定的机关和有关组织、英雄烈士等的近亲属不提起诉讼的，人民检察院可以向人民法院提起诉讼。人民检察院办理侵害英雄烈士等的姓名、肖像、名誉、荣誉的民事公益诉讼案件，也可以直接征询英雄烈士等的近亲属的意见。办理该类案件，除围绕侵权责任构成要件收集、固定证据外，要就侵权行为是否损害社会公共利益这一结果要件进行调查取证，证明侵权行为产生的不良社会影响及其严重性，还应当考虑行为人的主观过错程度、社会公共利益受损程度等，充分履行职责，实现政治效果、社会效果和法律效果的有机统一。

第五章　侵犯公民个人信息罪

一、罪名概述

根据《刑法》第253条之一规定，侵犯公民个人信息罪是指违反国家有关规定，向他人出售或者提供公民个人信息，或者将在履行职责或者提供服务过程中获得的公民个人信息，出售或者提供给他人，情节严重的行为。

《网络暴力信息治理规定》对网络暴力下的定义包含通过网络对个人集中发布侵犯隐私的违法或不良信息。《惩治网络暴力意见》第4条规定："依法惩治侵犯公民个人信息行为。组织'人肉搜索'，违法收集并向不特定多数人发布公民个人信息，情节严重，符合刑法第二百五十三条之一规定的，以侵犯公民个人信息罪定罪处罚；依照刑法和司法解释规定，同时构成其他犯罪的，依照处罚较重的规定定罪处罚。"

广义的人肉搜索是利用人工参与筛选搜索引擎提供的信息，包括网络寻人、在线问答等通过网络社区寻求帮助的行为。[①] 在实践中，人肉搜索概念外延逐渐缩窄，后仅指以网络为平台，由广大网友搜索整理各种信息，追查某些事件真相线索或查找具体人物身份并给予曝光的活动。[②] 有学者指出，网络暴力的次生损害也大多来源于"人肉搜索"等方式对

---

① 参见陈秋心、年欣：《人肉搜索信息传播机制变迁研究（2001—2021）》，载《新闻记者》2022年第11期。

② 参见付琳：《人肉搜索私力救济性对公权力的补足作用》，载《学习论坛》2017年第5期。

敏感个人信息的无序攫取，经过二次加工之后会对公民个人信息自决权造成严重损害。[①] 正是通过人肉搜索导致公民个人信息被公开，随之而来的侮辱谩骂、造谣诽谤，甚至线下的滋扰行为屡见不鲜，带来对人身财产权利的直接损害。早在2006年，“虐猫事件”[②]“铜须门事件”[③] 等事件的发生，让“人肉搜索”行为进入公众视野，2008年“北飞的候鸟死亡博客事件”[④] 更可谓是受害者进行诉讼的“网络暴力第一案”。为此，《刑法修正案（七）》起草过程中关注到该问题，但是最终并未明确作出规定，有立法机关同志表示，“人肉搜索”的概念涉及其界限如何确定，仍有待研究和讨论。近几年，人肉搜索事件仍然显见于报端，重庆公交车坠江事件中与司机互殴的乘客被“人肉”，其父母被迫搬到朋友空闲的房子居住；疫情期间成都新冠确诊患者信息遭泄露，不断收到陌生电话短信……“人肉搜索”具有强大的放大功能，可以把模糊、分散的线索迅

---

① 刘艳红:《理念、逻辑与路径：网络暴力法治化治理研究》，载《江淮论坛》2022年第6期。

② 2006年2月28日，网民“碎玻璃渣子”在网上发布了一组残忍的虐猫视频截图，被激怒的网民们通过信息比对、发出“通缉令”等手段展开人肉搜索，短短6天时间就将虐猫事件的三个嫌疑人基本确定。

③ 2006年4月12日，魔兽世界中一位玩家在网上发帖表示，自己结婚六年的妻子因沉迷游戏加入附属公会，然后和他们的会长“铜须”产生感情并且最终发生关系。帖子点击量在一天内达到十几万次，后来网友们通过原帖中的线索和关键词，查出“铜须”的真实身份，其照片、手机、家里电话等信息被曝光。

④ 2007年年底，姜某从24层楼的家中跳楼身亡，在自杀前她将丈夫与其他女子的合影照片贴在博客中，认为二人有不正当关系。自2008年1月开始，大旗网刊登了此事件相关专题；姜某的朋友注册“北飞的候鸟”网站，刊登相关文章；天涯虚拟社区网也出现相关帖子。每篇网文后都有大量网友的讨论谴责谩骂，一些网友动用“人肉搜索”，迅速搜查出姜某丈夫王先生的工作单位、电话等资料，甚至有网友将此事闹到王先生的单位，王先生因此遭到辞退，王先生父母的住宅被人多次骚扰。

2008年3月，王先生不堪忍受网友自发的长期对其及家人的恐吓谩骂和威胁的短信、邮件及现实中的骚扰，工作更是没有用人单位敢接收。将“北飞的候鸟”、大旗网、天涯社区三网站告上法庭，要求恢复名誉，并索赔精神抚慰金和工资损失。该案成为受害人首次通过司法手段解决“人肉搜索”和“网络暴力”带来的不利影响，被称为“网络暴力第一案”。

速清晰、集中起来，在趋向集中的过程中可能失控，[①] 造成个人信息被不断深挖出来。网民利用网络搜索技术对他人进行曝光式惩罚，间接将当事人推向社会性死亡的结局，因此亟须法律对该类行为作出规制。[②]《惩治网络暴力意见》的出台，明确组织“人肉搜索”可能构成侵犯公民个人信息罪。

二、典型案例

【案例一】刘某某侵犯公民个人信息案 [③]

2019年1月至5月，刘某某为泄愤报复网络主播李某某，从他人处购买李某某及其父母的姓名、年龄、住址、身份证号码、照片等个人信息。刘某某编辑上述照片等信息并添加诅咒文字后，通过几十个网络账号多次发布，称“李某某的身份证号，大家拿去借网贷”，相关网络贴文的阅读量达1万余次，引起大量负面评论。刘某某还利用网络账号大量添加被害人李某某粉丝，以私信发送李某某照片等个人身份信息，并扬言要蹲点杀害李某某。李某某2019年4月、5月直播收入减少4万余元，大量粉丝对其取消关注。

经公安机关侦查，人民检察院提起公诉，人民法院判决认为，被告人刘某某违反国家有关规定，非法获取公民个人信息，造成被害人经济损失，严重影响被害人生活，构成侵犯公民个人信息罪。综合考虑被告人坦白、退赃等情况，以侵犯公民个人信息罪判处被告人刘某某有期徒刑十个月，缓刑一年，并处罚金二万元。该判决已发生法律效力。

---

① 《刑事审判参考》总第101集指导案例第1046号“蔡晓青侮辱案”。

② 刘晓航:《网络暴力的刑法规制困境及应对》，载《北京社会科学》2023年第5期。

③ 此案例为最高人民法院发布的依法惩治网络暴力犯罪典型案例。

网络暴力所涉行为类型多样，侵犯公民个人信息即为类型之一。特别是通过“人肉搜索”“开盒”等，在网络上非法曝光他人隐私、发布公民个人信息，导致网络暴力直接针对具体个体，危害更加严重，甚至还可能转化为网下暴力，进而对人身权益带来直接损害。基于此，对网络暴力所涉侵犯公民个人信息的行为，必须严厉惩治，以有效维护被害人合法权益。

本案即是通过侵犯公民个人信息实施的网络暴力案件，行为人购买个人信息并通过网络对外发布，严重侵犯被害人个人信息权益，且对被害人正常工作、生活造成严重滋扰，应当认定为“情节严重”。基于此，人民法院以侵犯公民个人信息罪对被告人刘某某定罪判刑。

【案例二】陈某甲、于某、陈某乙侵犯公民个人信息案[①]

2018年，陈某甲了解到“私家侦探”获利高。

2020年，陈某甲决定从事“私家侦探”活动，后在网上发布信息，称可找人、查人，并注册了昵称为“专业商务调查”的微信号承揽业务。2020年12月，闵某（另案处理）通过网络搜索，联系到陈某甲，要求陈某甲寻找其离家出走的妻子郭某，并将郭某的姓名、照片、手机号码等提供给陈某甲。陈某甲于2021年1月、3月将郭某的手机号码交给他人（网络用名，正在进一步侦查确认），由该人获得郭某的手机定位后反馈给陈某甲。陈某甲则伙同于某等人采取蹲点守候的方式，确认了郭某的具体位置，并向闵某提供。

2021年6月，闵某再次联系陈某甲要求帮助寻找其妻子。6月17日，陈某甲又采取上述方法获得了郭某的手机定位信息、快递地址信息。6月

① 此案例为最高人民检察院发布的依法惩治侵犯公民个人信息犯罪典型案例。

18日，陈某甲与于某、陈某乙三人驾车与闵某一起蹲点守候到6月23日。待被害人郭某出现后，陈某甲等三人驾车离开。当日13时左右，闵某将郭某杀害。经查，闵某先后支付陈某甲39500元。陈某甲分给于某9000元、分给陈某乙6000元。

陈某甲、于某、陈某乙虽然不能认定为闵某故意杀人罪的共犯，但涉嫌侵犯公民个人信息犯罪，检察机关遂建议公安机关立案侦查。后公安机关以陈某甲、于某、陈某乙涉嫌侵犯公民个人信息罪提请批准逮捕，检察机关依法对三人作出批捕决定。公安机关将该案移送审查起诉。检察机关将三名被告人以涉嫌侵犯公民个人信息罪提起公诉，并提出量刑建议。人民法院采纳检察机关指控事实和量刑建议，认定三名被告人构成侵犯公民个人信息罪，判处陈某甲、于某、陈某乙有期徒刑三年至一年三个月不等，并处罚金。

本案是侵犯公民个人信息并造成被害人死亡严重后果的典型案例。被告人通过采用手机定位、查看快递信息、蹲点守候等手段非法获取被害人郭某的个人信息并提供给闵某，闵某据此信息将被害人郭某找到并杀害。根据《办理侵犯个人信息案件解释》的规定，出售或者提供行踪轨迹信息，被他人用于犯罪的，应当认定为“情节严重”；造成被害人死亡的，应当认定为“情节特别严重”。

【案例三】蔡晓青侮辱案 [①]

被告人蔡晓青因怀疑徐某在其服装店试衣服时偷了一件衣服，于2013年12月2日18时许将徐某在该店的监控视频截图配上“穿花花衣服的是小偷”等字幕后，上传到其新浪微博上，并求“人肉”。该微博

① 此案例为《刑事审判参考》第1046号案例。

发出仅一个多小时，网友迅即展开的“人肉搜索”就将徐某的个人信息，包括姓名、所在学校、家庭住址和个人照片全部曝光。蔡晓青又把这些信息在微博上曝光。一时间，在网络上对徐某的各种批评甚至辱骂开始蔓延。同月4日，徐某因不堪受辱跳水自杀。案发后，蔡晓青的父母与徐某父母达成和解协议，蔡晓青父母一次性赔偿徐某父母人民币12万元，徐某父母出具谅解书，请求司法机关对蔡某某从轻处罚。

一审法院认为，蔡晓青的行为系公然对他人进行侮辱，致徐某因不堪受辱跳水自杀，情节严重，其行为构成侮辱罪。案发后被告人亲属对被害人亲属的经济损失进行赔偿，取得被害人家属的谅解。被告人当庭认罪，确有悔罪表现，依法可以从轻处罚。根据被告人的犯罪事实、情节及对社会的危害程度，依照法律规定，一审法院以侮辱罪判处被告人蔡晓青有期徒刑一年。一审宣判后，被告人蔡晓青不服提起上诉，其认为，其发微博的行为属于正常寻人，不构成犯罪；没有足够证据证明其行为与徐某的自杀行为之间存在因果关系；一审法院量刑过重。其辩护人提出，一审法院认定本案可以提起公诉，属于程序不当，适用法律错误。一审认定上诉人犯侮辱罪的证据不足。

二审法院经审理认为，上诉人利用网络侮辱他人，造成的影响大，范围广，并造成了被害人死亡的严重后果，属于严重危害社会秩序，检察院提起公诉并无不当。一审法院已依法予以从轻处罚，上诉人及其辩护人所提上诉意见，经查不能成立，不予采纳。一审判决认定的事实清楚，证据确实、充分，适用法律正确，审判程序合法，量刑适当，应予维持。最终裁定驳回上诉，维持原判。

本案是因“人肉搜索”诱发的造成被害人死亡严重后果的典型案例。当被搜索的人和负面信息联系在一起时，往往会引发大量负面社会评价，造成被搜索人的名誉权受到严重损害，被搜索的人个人信息被公开后，其在现实生活的人身安全和财产安全也容易受到侵害。本案法院分析认定被告人的侮辱行为与被害人的死亡结果具有刑法上的因果关系，从蔡晓青组织“人肉搜索”到徐某自杀，仅持续了20多个小时。多名证人证言证实，这次微博事件对被害人伤害很大，明显感觉徐某情绪低落。徐某作为在校未成年少女，面对“人肉搜索”的网络放大效应及众多网民先入为主的道德审判，产生极端恐惧，最终导致自杀身亡的严重后果，故蔡晓青人肉搜索行为与徐某的自杀具有刑法上的因果关系。

三、侵犯公民个人信息罪在网络暴力犯罪中的特征

（一）犯罪主体及主观故意

本罪的主体在早期是特定单位的工作人员，后来随着在互联网上获取个人信息愈发简单便捷，刑法将本罪主体扩展为一般主体，且单位也可以构成本罪。本罪的主观方面是故意。

（二）犯罪行为

本罪的行为方式有三种：一是违反国家有关规定，向他人出售或者提供公民个人信息。《办理侵犯个人信息案件解释》第3条规定，向特定人提供公民个人信息，以及通过信息网络或者其他途径发布公民个人信息的，应当认定为“提供公民个人信息”。未经被收集者同意，将合法收集的公民个人信息向他人提供的，属于《刑法》第253条之一规定的“提供公民个人信息”，但是经过处理无法识别特定个人且不能复原的除外。二是违反国家有关规定，将在履行职责或者提供服务过程中获得的公民个人信息，出售或者提供给他人。三是窃取或者以其他方法非法获取公

民个人信息。窃取也是非法获取的一种，因其较为常见，所以法条将其独立规定。[①]《办理侵犯个人信息案件解释》第 4 条规定，违反国家有关规定，通过购买、收受、交换等方式获取公民个人信息，或者在履行职责、提供服务过程中收集公民个人信息的，属于《刑法》第 253 条之一第 3 款规定的"以其他方法非法获取公民个人信息"。

（三）侵犯法益

本罪的犯罪法益是公民个人信息。《个人信息保护法》规定，个人信息是以电子或者其他方式记录的与已识别或者可识别的自然人有关的各种信息，不包括匿名化处理后的信息。《办理侵犯个人信息案件解释》规定，"公民个人信息"是指以电子或者其他方式记录的能够单独或者与其他信息结合识别特定自然人身份或者反映特定自然人活动情况的各种信息，包括姓名、身份证件号码、通信通讯联系方式、住址、账号密码、财产状况、行踪轨迹等。公民个人信息最为突出的特征便是可识别性，个人信息与特定自然人主体相关联，因此经过匿名化处理无法识别特定自然人且不能复原的信息，与特定自然人无直接关联，不属于公民个人信息的范畴。

根据个人信息的私密程度以及获取后对个人产生的影响，司法解释对不同领域的个人信息作出分类。根据《办理侵犯个人信息案件解释》，最内层的行踪轨迹信息、通信内容、征信信息、财产信息属于个人最核心层的隐私领域，私密性最强，非法获取、出售或者提供五十条以上的即可构罪；中间层的住宿信息、通信记录、健康生理信息、交易信息等，私密性有所降低，非法获取、出售或者提供五百条以上的可以构罪；最

① 张明楷:《刑法学》，法律出版社 2021 年版，第 1201 页。

外层的社会领域，司法解释并未列举，而是采取开放式规定，五千条以上的可以构罪。[①] 对个人信息属于何种领域的判断是实践认定中的困难，例如包含姓名、业主楼号、住宅套内面积、联系方式等内容的信息是认定为财产信息还是交易信息。对此要结合具体的使用场景判断，并参考特定共同体的一般标准，根据不同共同体的特点和具体场景中人们的普遍预期加以确定。[②] 若行为人主观上并非利用上述信息实施针对人身或者财产的侵害行为，而是为了进行商品推销，但业主出于对隐私的保护并不希望住房信息被推销者获取，则将其认定为交易信息更为合适。

四、证据收集与审查要点

结合网络暴力中的人肉搜索，办理侵犯公民个人信息案件应当特别注意以下问题：一是对“公民个人信息”的审查认定；二是对“违反国家有关规定”的审查认定；三是对“出售或者提供公民个人信息”的审查认定；四是对“窃取或者以其他方法非法获取”的审查认定；五是对“情节严重”和“情节特别严重”的审查认定；六是对关联犯罪的审查认定。具体审查可参考《检察机关办理侵犯公民个人信息案件指引》（以下简称《指引》）。

（一）对“公民个人信息”的审查认定

1. 证明被侵犯对象系公民个人信息

主要证据包括：扣押物品清单、勘验检查笔录、电子数据、司法鉴

① 欧阳本祺：《侵犯公民个人信息罪的法益重构：从私法权利回归公法权利》，载《比较法研究》2021 年第 3 期。

② 丁晓东：《个人信息私法保护的困境与出路》，载《法学研究》2018 年第 6 期。

定意见及公民信息查询结果说明、被害人陈述、被害人提供的原始信息资料和对比资料等。

2. 证明涉案公民个人信息真实性的证据

被害人陈述、被害人提供的原始信息资料、公安机关或相关单位出具的涉案公民个人信息与权威数据库内信息同一性的比对说明。针对批量的涉案公民个人信息的真实性问题，根据《办理侵犯个人信息案件解释》精神，可以根据查获的数量直接认定，但有证据证明信息不真实或重复的除外。

3. 对企业工商登记中的个人信息认定

对于企业工商登记等信息中所包含的手机、电话号码等信息，应当明确该号码的用途。对由公司购买、使用的手机、电话号码等信息，不属于个人信息的范畴，从而严格区分“手机、电话号码等由公司购买，归公司使用”与“公司经办人在工商登记等活动中登记个人电话、手机号码”两种不同情形。

4. 合理把握个人信息的可识别性

目前《办理侵犯个人信息案件解释》与个人信息保护法中对公民个人信息的定义并不完全一致，存在应当如何进行衔接与适用的争议，[①]《办理侵犯个人信息案件解释》规定的“单独或者与其他信息结合识别”，并不与个人信息保护法的规定冲突，识别到具体自然人的方法既包括直接识别，也包括一定程度的间接识别，间接识别就需要结合其他特征信息进行综合认定。但是对于间接识别的信息需要合理限制认定的范围，

① 刘宪权、郑颖:《侵犯公民个人信息罪中个人信息的界定与法益侵害分析》，载《人民检察》2023年第10期。

需要结合所在领域一般人能否经过日常化处理后识别到特定个体进行判断。大数据时代，对各种纷繁复杂的信息进行分析后一般都可以最终处理成具体识别到个人的信息，特别是有的网络公司可以通过大数据画像的方式进行系统化处理，但是必须要考虑间接信息转化为直接信息这一过程耗费的成本，如果必须要将海量信息结合起来，且耗费大量人力物力财力，经过无数次技术处理才能识别到特定主体，不应当该类信息认为具有可识别性。[①] 网络暴力行为中进行人肉搜索获取的信息多是碎片化的，往往需要结合多个信息进行识别，其中诸如个人购物偏好、饮食习惯、兴趣爱好等信息，难以直接锁定到特定主体，因此不宜认定为具有可识别性的间接信息。

（二）对“违反国家有关规定”的审查认定

《刑法修正案（九）》将《刑法》第253条之一的“违反国家规定”修改为“违反国家有关规定”，后者的范围明显更广。根据《刑法》第96条的规定，“国家规定”仅限于全国人大及其常务委员会制定的法律和决定，国务院制定的行政法规、规定的行政措施、发布的决定和命令。而“国家有关规定”还包括部门规章，这些规定散见于金融、电信、交通、教育、医疗、统计、邮政等领域的法律、行政法规或部门规章中。对证明违反国家有关规定的证据审查，需要明确国家有关规定的具体内容，违反法律、行政法规、部门规章有关公民个人信息保护规定的，应当认定为《刑法》第253条之一规定的“违反国家有关规定”。

① 周光权：《侵犯公民个人信息罪的行为对象》，载《清华法学》2021年第3期。

1. 证明违反国家有关规定的证据

犯罪嫌疑人关于所从事的职业的供述、其所在公司的工商注册资料、公司出具的犯罪嫌疑人职责范围说明、劳动合同、保密协议及公司领导、同事关于犯罪嫌疑人职责范围的证言等。

2. 与个人信息保护相关的国家有关规定

（1）主要法律：刑法，规定了侵犯公民个人信息罪；民法典，在人格权编设专章规定隐私权和个人信息保护；个人信息保护法，这是我国第一部个人信息保护方面的专门法律；网络安全法，规定了个人信息定义，并对网络运营者、网络产品或者服务的提供者侵害个人信息依法得到保护的权利应当承担的行政责任作出规定；反电信网络诈骗法，规定了个人信息处理者应建立个人信息被用于电信网络诈骗的防范机制；电子商务法，对电子商务经营者的个人信息保护义务作出规定；消费者权益保护法，对经营者收集、使用消费者个人信息的原则、履行的义务以及侵犯消费者个人信息依法得到保护的权利应承担的责任；等等。此外，诸如出入境管理法、居民身份证法、护照法等对相关机构及其工作人员在履行职责过程中承担的保护个人信息义务作出规定。

（2）主要行政法规：《征信业管理条例》《关键信息基础设施安全保护条例》《医疗保障基金使用监督管理条例》《社会救助暂行办法》《地图管理条例》等，对负有相关职责的机构及其工作人员在履职中应当履行的义务作出规定。

（3）主要部门规章及规范性文件：《信息安全技术个人信息安全规范》，规定了提供电信服务和互联网信息服务过程中收集、使用用户个人信息的基本遵循；《生成式人工智能服务管理暂行办法》，对提供者依法开展预训练、优化训练等训练数据处理活动，遵守个人信息保护有关规定作出要求；公安部印发的《互联网个人信息安全保护指南》，规定了个人信息安全保护的管理机制、安全技术措施和业务流程；等等。此外，还有诸多部门规章及规范性文件针对特定领域的个人信息保护作出规定。

（三）对“出售或者提供公民个人信息”的审查认定

1. 证明违反国家规定，出售、提供行为的证据

远程勘验笔录及QQ、微信等即时通讯工具聊天记录、论坛、贴吧、电子邮件、手机短信记录等电子数据，证明犯罪嫌疑人通过上述途径向他人出售、提供、交换公民个人信息的情况。公民个人信息贩卖者、提供者、担保交易人及购买者、收受者的证言或供述，相关银行账户明细、第三方支付平台账户明细，证明出售公民个人信息违法所得情况。此外，如果犯罪嫌疑人系通过信息网络发布方式提供公民个人信息，证明该行为的证据还包括远程勘验笔录、扣押笔录、扣押物品清单、对手机、电脑存储介质、云盘、FTP等的司法鉴定意见等。

2. 将合法持有的个人信息出售或者提供给他人的行为认定

向特定人提供、通过信息网络或者其他途径发布公民个人信息、未经被收集者同意，将合法收集的公民个人信息（经过处理无法识别特定个人且不能复原的除外）向他人提供的，均属于《刑法》第253条之一规定的“提供公民个人信息”。应当对相关供述、物证、书证、证人证言、被害人陈述、电子数据等证据种类进行综合审查，全面审查犯罪嫌疑人所出售提供公民个人信息的来源、途径与去向。针对使用信息网络进行犯罪活动的，需要结合专业知识，根据证明该行为的远程勘验笔录、扣押笔录、扣押物品清单、电子存储介质、网络存储介质等的司法鉴定意见进行审查。

3. 将部分已经公开的信息出售或者提供给他人的认定

人肉搜索获取个人信息是指通过深扒、拼凑那些不易为公众广泛知悉的信息并公开发布或大面积暴露特定个人信息，引发群体关注。[①] 这些信息本身就处于人人可见的公开状态，无须通过非法手段获取。有学者指出，网民只是自发收集、整理并再次公布原本公开的信息，如认定为“非法提供公民个人信息”并不合适。[②] 依照个人信息保护法的规定，在合理的范围内处理个人自行公开或者其他已经合法公开的个人信息，并不需要取得个人同意。《民法典》第 1036 条亦认可此种行为不承担民事责任，但是该自然人明确拒绝或者处理该信息侵害其重大利益的除外。然而，这并不意味着从已经公开的信息中获取公民个人信息一概可以作为无罪处理，而是应该结合处理公开信息的目的和用途，看是否属于在合理范围内使用。例如明显违背已公开个人信息的公开目的的，明显改变已公开个人信息的用途的，利用已公开个人信息实施可能危及公民人身或财产安全的违法犯罪行为的，则可能成立本罪。[③]

（四）对“窃取或者以其他方法非法获取”的审查认定

在窃取或者以其他方法非法获取公民个人信息的行为中，需要着重把握“其他方法”的范围问题。“其他方法”，是指“窃取”以外，与窃取行为具有同等危害性的方法，包括购买、收受、交换等方式获取公民个人信息。此外，行为人在履行职责、提供服务过程中，违反国家有关

---

① 石经海:《论网络暴力的实质与刑法适用规则的完善》，载《法律科学（西北政法大学学报）》2023 年第 5 期。

② 陈罗兰:《网络暴力的刑法治理与罪名增设》，载《法律科学（西北政法大学学报）》2023 年第 5 期。

③ 周光权:《侵犯公民个人信息罪的行为对象》，载《清华法学》2021 年第 3 期。

规定，未经他人同意收集公民个人信息，或者收集与提供的服务无关的公民个人信息的，也属于非法获取公民个人信息的行为。

1. 对窃取行为的认定

应当结合犯罪嫌疑人供述、证人证言、被害人陈述，着重审查证明犯罪嫌疑人侵入信息网络、数据库时的IP地址、MAC地址、侵入工具、侵入痕迹等内容的现场勘验检查笔录以及涉案程序（木马）的司法鉴定意见等。

2. 对购买、收受、交换行为的认定

应当结合犯罪嫌疑人供述和辩解、辨认笔录、证人证言等证据，全面审查购买、收受、交换公民个人信息的来源、途径、去向，审查搜查笔录、扣押笔录、扣押物品清单、涉案电子存储介质等司法鉴定意见，明确上述证据同犯罪嫌疑人或公民个人信息购买、收受、交换者之间的关系。

3. 对履行职责、提供服务过程中收集的认定

应当审查证明犯罪嫌疑人所从事职业及其所负职责的证据，结合法律、行政法规、部门规章等国家有关公民个人信息保护的规定，明确犯罪嫌疑人的行为属于违反国家有关规定，以其他方法非法获取公民个人信息的行为。

（五）对“情节严重”和“情节特别严重”的审查认定

1. 关于“情节严重”的认定标准

（1）信息类型和数量。①行踪轨迹信息、通信内容、征信信息、财产信息，公民人身、财产安全直接相关，构成犯罪的数量标准为五十条

以上。对于财产信息，既包括银行、第三方支付平台、证券期货等金融服务账户的身份认证信息（一组确认用户操作权限的数据，包括账号、口令、密码、数字证书等），也包括存款、房产、车辆等财产状况信息。②住宿信息、通信记录、健康生理信息、交易信息等可能影响公民人身、财产安全的信息，构成犯罪的数量标准为五百条以上，此类信息也与人身、财产安全直接相关，但重要程度要弱于行踪轨迹信息、通信内容、征信信息、财产信息。对“其他可能影响人身、财产安全的公民个人信息”的把握，应当确保所适用的公民个人信息涉及人身、财产安全，且与“住宿信息、通信记录、健康生理信息、交易信息”在重要程度上具有相当性。③除上述两类信息以外的其他公民个人信息，构成犯罪的数量标准为五千条以上。

（2）违法所得数额。对于违法所得，可直接以犯罪嫌疑人出售公民个人信息的收入予以认定，不必扣减其购买信息的犯罪成本。同时，在审查认定违法所得数额过程中，应当结合查获的银行交易记录、第三方支付平台交易记录、聊天记录、犯罪嫌疑人供述、证人证言综合予以认定，对于犯罪嫌疑人无法说明合法来源的用于专门实施侵犯公民个人信息犯罪的银行账户或第三方支付平台账户内资金收入，可综合全案证据认定为违法所得。

（3）信息用途。公民个人信息被他人用于违法犯罪活动的，不要求他人的行为必须构成犯罪，只要行为人明知他人非法获取公民个人信息用于违法犯罪活动即可。

（4）主体身份。如果行为人系将在履行职责或者提供服务过程中获得的公民个人信息出售或者提供给他人的，涉案信息数量、违法所得数额只要达到一般主体的一半，即可认为“情节严重”。

（5）主观恶性。曾因侵犯公民个人信息受过刑事处罚或者二年内受过行政处罚，又非法获取、出售或者提供公民个人信息的，即可认为“情节严重”。

2. 关于“情节特别严重”的认定标准

根据《办理侵犯个人信息案件解释》，主要分为两类：一是信息数量、违法所得数额标准。二是信息用途引发的严重后果，其中造成人身伤亡、经济损失、恶劣社会影响等后果，需要审查认定侵犯公民个人信息的行为与严重后果间存在因果关系。

对于涉案公民个人信息数量的认定，根据《办理侵犯个人信息案件解释》第 11 条，非法获取公民个人信息后又出售或者提供的，公民个人信息的条数不重复计算；向不同单位或者个人分别出售、提供同一公民个人信息的，公民个人信息的条数累计计算；对批量出售、提供公民个人信息的条数，根据查获的数量直接认定，但是有证据证明信息不真实或者重复的除外。在实践中，如犯罪嫌疑人多次获取同一条公民个人信息，一般认定为一条，不重复累计；但获取的该公民个人信息内容发生了变化的除外。

对于涉案公民个人信息的数量、社会危害性等因素的审查，应当结合《刑法》第 253 条和《办理侵犯个人信息案件解释》的规定进行综合审查。涉案公民个人信息数量极少，但造成被害人死亡等严重后果的，应审查犯罪嫌疑人行为与该后果之间的因果关系，符合条件的，可以认定为实施《办理侵犯个人信息案件解释》第 5 条第 1 款第 10 项“其他情节严重的情形”的行为。如涉案公民个人信息数量较多，但犯罪嫌疑人仅仅获取而未向他人出售或提供，则可以在认定相关犯罪事实的基础上，审查该行为是否符合《办理侵犯个人信息案件解释》第 5 条第 1 款第 3、4、5、6、9 项及第 2 款第 3 项的情形，符合条件的，可以分别认定为“情节严重”“情节特别严重”。

此外，针对为合法经营活动而购买、收受公民个人信息的行为，在适用《办理侵犯个人信息案件解释》第 6 条的定罪量刑标准时须满足三个条件：一是为了合法经营活动，对此可以综合全案证据认定，但主要应当由犯罪嫌疑人一方提供相关证据；二是限于普通公民个人信息，即不包括可能影响人身、财产安全的敏感信息；三是信息没有再流出扩散，即行为方式限于购买、收受。如果将购买、收受的公民个人信息非法出售或者提供的，定罪量刑标准应当适用《办理侵犯个人信息案件解释》第 5 条的规定。

网络人肉搜索行为通常是针对某一个或者某几个人发动广大网友共同参与查找整合当事人信息。实践中人肉搜索参与者往往难以达到非法获取、出售或者提供个人信息的数量标准，但是符合《办理侵犯个人信息案件解释》第 5 条其他情形的，例如出售或者提供行踪轨迹信息，被他人用于犯罪，知道或应当知道他人利用公民个人信息实施犯罪（如他人掌握个人信息后实施寻衅滋事等犯罪行为）向其出售或提供的，出售获利违法所得 5000 元以上的等，仍然可以认定为此罪。

3. 关于“情节特别严重”中“造成被害人死亡”的因果关系认定

人肉搜索组织者收集到较多个人信息，并通过信息网络发布出来，造成被害人死亡的严重后果，应审查人肉搜索组织者提供公民个人信息的行为与被害人死亡结果之间的因果关系。通过远程勘验笔录及 QQ、微信、微博等信息记录等电子数据，以及扣押笔录、扣押物品清单、对手机、电脑存储介质、云盘、FTP 等的司法鉴定意见，证明行为人有向他人出售、提供、交换公民个人信息的行为；通过法医学鉴定意见、诊断证明、死亡证明等证明被害人死亡结果的发生；通过聊天记录、犯罪嫌疑人供述、证人证言、新闻媒体报道、社会舆论及广大群众的反映综合认定因果关系。

因果关系的判断可参照客观归责理论，按照“归因”和“归责”的方式展开。首先进行“归因”判断，适用“如果没有行为就没有结果”的条件说，找出具有条件关系的行为，确定能够成为事件发生原因的范围。其次进行“归责”判断，采用相当因果关系的判断方式，依据客观规律和经验法则，考虑行为发生结果的通畅性。存在介入因素时，综合判断行为导致结果发生的可能性大小，介入因素的异常与否，介入因素对结果发生的作用大小。

（六）对关联犯罪的审查认定

设立用于实施出售、提供或者非法获取公民个人信息违法犯罪活动的网站、通讯群组，情节严重的，应当依照《刑法》第 287 条之一的规定，以非法利用信息网络罪定罪；同时构成侵犯公民个人信息罪的，应当从一重处。

对于违反国家有关规定，采用技术手段非法侵入合法存储公民个人信息的单位数据库窃取公民个人信息的行为，也符合《刑法》第 285 条第 2 款非法获取计算机信息系统数据罪的客观特征，同时触犯侵犯公民个人信息罪和非法获取计算机信息系统数据罪的，应择一重罪论处。

此外，针对公安民警在履行职责过程中，违反国家有关规定，查询、提供公民个人信息的情形，情节严重的，可以认定为“违反国家有关规定，将在履行职责或者提供服务过程中以其他方法非法获取或提供公民个人信息”。但同时，应当审查除该行为之外有无其他行为侵害其他法益，从而对可能存在的其他犯罪予以准确认定。

五、实务认定中的其他问题

（一）贯彻宽严相济刑事政策

由于“人肉搜索”并非一人独立完成，而是有诸多参与者分享、整合当事人信息，[①] 因此在办案过程中要充分评估各个参与者在整个行为中的作用。《惩治网络暴力意见》明确对组织“人肉搜索”的行为依法打击。对于组织者众多的，要从不同成员的分工、主观恶性程度、获取的个人信息数量、获利程度等方面作出区分，区别对待。对于不明真相仅提供极少被害人个人信息的参与者，即使由于整个“人肉搜索”行为造成被害人死亡的结果，也不宜认定为犯罪行为。

（二）加强个人信息保护领域公益诉讼

最高人民检察院《关于积极稳妥拓展公益诉讼案件范围的指导意见》中明确将个人信息保护作为网络侵害领域的办案重点。通过互联网非法获取、出售公民个人信息，侵害公民个人信息安全，影响网络空间秩序，损害社会公共利益。检察机关作为公共利益的代表，可以对侵犯公民个人信息的违法行为人依法提起刑事附带民事公益诉讼，要求其承担赔偿损失等公益损害责任，提高侵犯公民个人信息违法犯罪成本，更好地维

① 刘晓航:《网络暴力的刑法规制困境及应对》，载《北京社会科学》2023 年第 5 期。

护公民个人信息安全。[①] 实践中，检察机关也在不断探索并办理相关案件，相关工作的检察建议得到行政机关认可，提出的诉讼得到法院支持。

（三）加强源头治理

要加强与网信、工信、公安、市场监管、教育等职能部门在线索移送、信息共享、专业咨询、办案辅助等方面的协作配合，在各自职责范围内加强网络个人信息安全保护和监督管理，督促行政机关健全、强化监管制度，形成个人信息保护合力。[②] 要通过个案办理转向类案治理，指导相关行业优化自律自治，特别是压实互联网平台的主体责任，切实履行《网络暴力信息治理规定》规定的采取删除屏蔽、断开链接、限制传播等处置措施，防止人肉搜索信息扩散传播。要强化法治宣传，结合办理的案件做好个人信息保护宣传教育，提升公民个人信息保护意识，助力网络强国建设。

---

① 《最高检发布检察机关个人信息保护公益诉讼典型案例——斩断个人信息侵权与电信网络诈骗之间的利益链条》，载最高人民检察院官网 2021 年 4 月 22 日，https：//www.spp.gov.cn/spp/xwfbh/wsfbt/202104/t20210422_516357.shtml#1。

② 《最高检发布检察机关个人信息保护公益诉讼典型案例——斩断个人信息侵权与电信网络诈骗之间的利益链条》，载最高人民检察院官网 2021 年 4 月 22 日，https：//www.spp.gov.cn/spp/xwfbh/wsfbt/202104/t20210422_516357.shtml#1。

第六章　拒不履行信息网络安全管理义务罪

一、罪名概述

在网络空间中，网络服务提供者利用其用户数据及算法的优势地位，直接或间接承担着用户信息保护、内容监管、阻断违法信息传播以及各种服务规则的制定和实施的职能，可以说网络服务提供者在网络空间秩序治理当中承担着信息网络安全管理的关键任务。实践中，因网络服务提供者未能全面、合理履行信息网络安全管理义务，成为诸多包括网络暴力在内的网络违法犯罪的诱因。如网络社交平台未能做好数据安全保护，导致海量公民个人信息泄露，再如网络交易平台不能有效履行商户发布的内容审核，导致违禁品、假冒伪劣产品的流通等。近年来，网络暴力违法犯罪频发，与网络服务提供者未能妥当履行信息网络安全管理义务具有很强的关联性，如在网络暴力的识别预警、阻断传播、证据固定、协助调查等环节，网络服务提供者均承担着重要的责任义务，任一环节的义务缺失均可能给被害人造成严重侵害结果。因此，网络服务提供者未能切实履行网络安全管理义务产生了网络空间安全的重大隐患，在符合本罪构成要件情节严重时具有刑事打击的必要性。具体本罪在网络暴力犯罪中的行为特征可以体现在以下几点：

（一）随网络暴力事态发展具有不同的管理义务

2023 年 7 月，国家互联网信息办公室发布的《网络暴力信息治理规定》，根据信息的不同节点为网络服务提供者规定了不同义务。一是网络暴力生成阶段。网络暴力尚未明显爆发，但有迹象和风险。网络服务提供者未建立健全网络暴力信息分类标准、典型案例样本库、网络暴力信息预警模型等，缺乏对网络暴力信息的监测预警识别能力，存在潜在的网络暴力风险。二是网络暴力扩散阶段。网络服务提供者没有采取删除、屏蔽、限流、控评等处置措施，防止网络暴力信息的扩散传播。如服务提供者未尽到对网络暴力事件的应对处置责任，将导致网络暴力行为进一步扩散或持续。同时，网络信息服务提供者应当建立完善网络暴力防护功能，提供一键关闭陌生人私信、评论、转发和消息提醒等设置。三是网络暴力后续阶段。网络暴力事件已结束，但后果和影响仍在持续。网络服务提供者应当向用户提供针对网络暴力信息的一键取证等功能，提高证据收集便捷性。依法依规为用户维权，司法机关、有关部门调查取证工作等提供及时必要的技术支持和协助。

（二）经监管部门责令采取改正措施而拒不改正

网信、公安等依法承担信息网络安全监管职责的部门通常会根据网络暴力事件的严重程度对网络服务提供者以明文形式责令采取改正措施，网络服务提供者如果对此漠视或敷衍处理，则可能引发更严重的社会影响，导致受害人受到更严重的精神和实质损害，对网络暴力起到推波助澜的作用。

（三）网络服务提供者参与或纵容网络暴力行为

在接受监管部门的整改要求后，网络服务提供者如果能履行而拒不履行，则不再是简单的管理疏忽，而是具备了明显的主观恶意，可能具有刑事可罚性。如由于网络服务提供者拒不履行相关义务，导致涉及网络暴力的违法信息大量传播、用户信息泄露并造成严重后果、涉网络暴力刑事案件证据灭失达到严重情节等，可能构成拒不履行信息网络安全管理义务罪。

二、典型案例

【案例一】何某、钟某拒不履行信息网络安全管理义务案[①]

2018年，何某和他人共同出资10万元购买“微信群大全”网站。何某是网站股东和法定代表人，实际负责“微信群大全”网站的运营管理；钟某是网站管理人员，主要负责网站技术和维护。在“微信群大全”经营过程中，何某、钟某为获取非法利益，对未实名登记的会员发布的大量涉赌、涉黄、涉诈违法广告信息进行违规审核通过。2019年4月12日，因“微信群大全”网站未依法履行审核义务，县公安局责令该网站于2019年4月19日前全部整改到位。但何某、钟某仍未对违法广告信息进行全面删除，并采用同音字、符号、图片隐写等方式规避，监测的涉赌、涉黄、涉诈违法广告信息依然长期大量挂于网站显著位置。2019年7月，缪某某开始成为“微信群大全”网站客服，负责审核网站后台的广告信息和在后台操作广告上首页、置顶、热门推荐等特殊模块。至案发，该网站发布的各类违法信息点击量在254395次以上。2019年10月至2020年8月期间，何某等人通过违规审核通过违法犯罪活动广告信息发布非法获利共计121270元以上。

人民检察院依法审查后认为，被告人何某、钟某不履行法律、法规

① 参见江西省赣州市人民检察院官网，http://www.ganzhou.jcy.gov.cn/jchd/dxal/202209/t202209 05_3820316. shtml。

规定的信息网络安全管理义务，经监管部门责令采取改正措施而拒不改正，致使违法信息大量传播，并从中获利，二人行为均涉嫌拒不履行信息网络安全管理义务罪；缪某某明知他人利用信息网络发布违法信息仍提供帮助并从中获利，其行为涉嫌非法利用信息网络罪，遂依法向法院提起公诉。法院经开庭审理，采纳检察机关提出的量刑建议，以拒不履行信息网络安全管理义务罪判处何某判处有期徒刑八个月，缓刑一年六个月，并处罚金六万元；以拒不履行信息网络安全管理义务罪判处钟某有期徒刑六个月，缓刑一年，并处罚金三万元；以非法利用信息网络罪判处缪某某拘役五个月，缓刑八个月，并处罚金三万元。

《网络安全法》第47条规定，网络运营者应当加强对其用户发布的信息的管理，发现法律、行政法规禁止发布或者传输的信息的，应当立即停止传输该信息，采取消除等处置措施，防止信息扩散，保存有关记录，并向有关主管部门报告。因此，作为网站实控人以及具体运营负责人，应当按照法律法规的要求，对网站上用户所发布的信息开展审核工作，履行网络安全保护义务，如果在公安机关责令整改后仍不改正，导致网站仍在传播如网络诽谤、侮辱等网络暴力不良信息，则具备了刑事处罚性。

此外，需要注意的是，本案中针对相关人员不同的犯罪行为类型，进行了分类处理：认定何某、钟某构成拒不履行信息网络安全管理义务罪，缪某某构成非法利用信息网络罪。不同的处理结果源自不同的犯罪行为类型，拒不履行信息网络安全管理义务罪的行为类型系不作为，属“应为而不为”，即负有法律上的信息网络安全管理义务，但是未履行该义务；非法利用信息网络罪的行为类型系作为，属“不应为而为之”，即实施非法设立网站、通讯群组或者发送信息的行为。如果对网站用户发布广告信息的行为、内容具有管理职责，但未实际履行且拒不改正，则考虑构成拒不履行信息网络安全管理义务罪；而参与、帮助他人实施违法犯罪，非法设立网站、通讯群组或者发送信息，则考虑构成非法利用信息网络罪。

【案例二】某电信运营商拒不履行信息网络安全管理义务案

李某某2014年8月在某通信技术有限公司工作，是公司的高级运营总监，2019年3月离职。2018年9月，山东某股份有限公司董事长任某（另案处理）为实现盗取回收卡上绑定的用户个人微信账号，由任某向某通信技术有限公司董事长王某（另案处理）要求将用户停机三个月后被回收的卡进行重新制卡后发送给山东某股份有限公司，王某对此予以同意，并安排李某某负责与山东某股份有限公司对接相关的具体事项。2018年9月，李某某将三四万张行业卡交给山东某股份有限公司挑卡，山东某股份有限公司从中挑出4000张带有公民个人微信的卡号并要求某通信技术有限公司进行制卡。于是，李某某便根据任某挑选的回收卡安排人员进行制卡和发卡工作。山东某股份有限公司在拿到该批回收卡后，将该批回收卡违规实名。在某新能源科技有限公司、某信息科技有限公司名下，并将回收卡卖给林某某（另案处理）用于盗取回收卡上绑定的用户微信账号，导致回收卡上绑定的微信号被大量盗取。

2016年12月21日，某通信技术有限公司因违反《电话用户真实身份信息登记规定》第6条被通信管理局处以三万元人民币罚款，并责令立即改正；2017年1月10日工业和信息化部网络安全管理局在《关于电话用户真实身份信息登记违规行为的通报》中，对抽查某通信技术有限公司部分网点违反实名制问题进行了通报，提出立即进行整改并严格落实电话用户登记工作的有关规定；2017年2月21日工业和信息化部办公厅《关于防范打击通信信息诈骗工作专项督导检查情况的通报》中对某通信技术有限公司检查存在的电话实名工作落实情况问题进行了通报，并要求进行整改。以上相关部门的处罚及责令改正情况均与违反实名制规定有关。

李某某负有查验、评估、审核行业卡使用情况的职责，在明知违反实名制管理规定的情况下，仍然将大量带有公民个人信息的回收卡交给山东某股份有限公司，违反用户实名制进行挑卡，造成严重后果，且在两年内经监管部门多次责令改正而拒不改正。2020年7月14日，经工业和信息化部网络安全管理局证实，某通信技术有限公司将绑定个人微信号的移动电话卡回收制作成行业卡销售给其他公司，为落实行业卡短信功能限制要求，未认真履行行业用户安全评估责任，违反了电话用户实名制、行业卡安全管理等相关规定。

李某某犯拒不履行信息网络安全管理义务罪，被人民法院判处有期徒刑1年3个月，并处罚金5000元。

根据《刑法》第286条之一第1款第2项，网络服务提供者不履行法律、行政法规规定的信息网络安全管理义务，经监管部门责令采取改正措施而拒不改正，致使用户信息泄露，造成严重后果的，处三年以下有期徒刑、拘役或者管制，并处或者单处罚金。《新型网络犯罪解释》第1条规定，利用信息网络提供的通信公共服务的属于《刑法》第286条之一第1款规定的“网络服务提供者”。拒不履行信息网络安全管理义务罪中所提及“网络服务提供者”除字面常见意义的互联网公司外，还可能涉及电信运营商等，如虚拟运行商、增值电信运营商等。此外，像互联网数据中心业务（IDC）、互联网接入服务业务（ISP）、内容分发网络业务（CDN）、虚拟专用网络业务（VPN）等均应引起重视，避免刑事法律风险。

三、拒不履行信息网络安全管理义务罪在网络暴力犯罪中的特征

（一）犯罪主体

本罪犯罪主体为“网络服务提供者”，系特殊主体，不仅包括自然人，而且包括单位等其他网络服务实体。网络服务提供者的认定不以营利为前提条件，也不局限于大型网络运行平台等商事主体，一切以互联网作为媒介向社会主体提供信息服务的自然人或者单位都属于其范围内。实践中网络服务提供者主要有三类：一是网络技术服务提供者，主要提供信息网络接入及保障正常使用、运行等各项配套的软硬件技术服务；二是网络内容服务提供者，主要提供基于网络载体所开发的学习、工作、娱乐、社交及多元场景应用服务；三是网络公共服务提供者，主要向社会公众提供具有公共利用性、普惠性、基础性的网络服务。

（二）侵犯法益

从体系解释角度看，拒不履行信息网络安全管理义务罪所处《刑法》分则第二十三章“妨害社会管理秩序罪”第二节“扰乱公共秩序罪”，因此它所侵犯的法益包含社会管理秩序所涵盖的信息网络安全管理秩序。[①] 拒不履行信息网络安全管理义务罪的规范保护目的在于通过强调网络服务提供者应当履行法律、行政法规所明确规定的信息网络安全管理义务，

① 谢望原:《论拒不履行信息网络安全管理义务罪》，载《中国法学》2017 年第 2 期。

来保障信息网络安全管理秩序。

（三）犯罪行为

拒不履行信息网络安全管理义务罪的主要表现为不履行法律、行政法规规定的信息网络安全管理义务，经监管部门责令采取改正措施而拒不改正，因此本罪属于不作为犯，具体应满足以下三点：

1. 有作为义务

本罪为不作为犯罪，即犯罪主体应当具备信息网络安全管理的作为义务，其作为义务来源是法律、行政法规的前置法规定。需要注意的是，只有现行法律规定的义务直指本罪所保护的法益时，才具有刑法作为义务的适格条件。对网络服务提供者规定有关信息网络安全管理义务的法律和行政法规主要有网络安全法和个人信息保护法等。具体表现在：

一是防止违法信息传播的义务。如《网络安全法》第 47 条规定，网络运营者应当加强对其用户发布的信息的管理，发现法律、行政法规禁止发布或者传输的信息的，应当立即停止传输该信息，采取消除等处置措施，防止信息扩散，保存有关记录，并向有关主管部门报告。《互联网信息服务管理办法》第 15 条规定，互联网信息服务提供者不得制作、复制、发布、传播含有下列内容的信息：（1）反对宪法所确定的基本原则的；（2）危害国家安全，泄露国家秘密，颠覆国家政权，破坏国家统一的；（3）损害国家荣誉和利益的；（4）煽动民族仇恨、民族歧视，破坏民族团结的；（5）破坏国家宗教政策，宣扬邪教和封建迷信的；（6）散布谣言，扰乱社会秩序，破坏社会稳定的；（7）散布淫秽、色情、赌博、暴力、凶杀、恐怖或者教唆犯罪的；（8）侮辱或者诽谤他人，侵害他人合法权益的；（9）含有法律、行政法规禁止的其他内容的。第 16 条规定，互联网信息服务提供者发现其网站传输的信息明显属于本办法第十五条所列内容之一的，应当立即停止传输，保存有关记录，并向国家有关机关报告。

二是防止用户信息泄露的义务。如《网络安全法》第42条规定，网络运营者不得泄露、篡改、毁损其收集的个人信息；未经被收集者同意，不得向他人提供个人信息。但是，经过处理无法识别特定个人且不能复原的除外。网络运营者应当采取技术措施和其他必要措施，确保其收集的个人信息安全，防止信息泄露、毁损、丢失。在发生或者可能发生个人信息泄露、毁损、丢失的情况时，应当立即采取补救措施，按照规定及时告知用户并向有关主管部门报告。《个人信息保护法》第58条规定，提供重要互联网平台服务、用户数量巨大、业务类型复杂的个人信息处理者，应当履行下列义务：（1）按照国家规定建立健全个人信息保护合规制度体系，成立主要由外部成员组成的独立机构对个人信息保护情况进行监督；（2）遵循公开、公平、公正的原则，制定平台规则，明确平台内产品或者服务提供者处理个人信息的规范和保护个人信息的义务；（3）对严重违反法律、行政法规处理个人信息的平台内的产品或者服务提供者，停止提供服务；（4）定期发布个人信息保护社会责任报告，接受社会监督。

三是防止刑事案件证据灭失的义务。《网络安全法》第28条规定，网络运营者应当为公安机关、国家安全机关依法维护国家安全和侦查犯罪的活动提供技术支持和协助。这种技术的支持和协助就包含了对于刑事案件取证的技术支持，对证据具有保存、管理妥当的义务。

2. 违反作为义务

本罪违反作为义务的表现为：经监管部门责令采取改正措施而拒不改正。本罪的前行为是对法律、行政法规定的信息网络安全管理义务的不履行。监管部门基于网络服务提供者不履行义务的开展相应监督、提出合法性、合理性、正当性的责令改正措施，责令改正的内容与网络服务提供者的信息网络安全管理义务范围具有直接相关性。网络服务提供者的义务由最初的狭义层面的管理义务转变为对监管部门行政命令的履行义务，因此，客观行为可以分为两个阶段，第一阶段属于违反管理义务层面，并未上升到需要刑事处罚阶段，第二阶段属于违反履行义务层面，系不作为犯罪。如果拒不改正造成的严重情节与责令改正的事项无关，或者显著超过了责令改正的事项范围，则不构成犯罪。

3. 造成法益侵害结果

监管部门责令改正的内容与网络服务提供者因拒不改正而造成的严重情节应当具有相关性。依据《刑法》第286条之一规定，属于本罪构成要件的侵害结果包括四类：

一是致使违法信息大量传播的。具体而言，具有下列情形之一的，应当认定为“致使违法信息大量传播”：（1）致使传播违法视频文件200个以上的；（2）致使传播违法视频文件以外的其他违法信息2000个以上的；（3）致使传播违法信息数量虽未达到前述规定标准，但是按相应比例折算合计达到有关数量标准的；（4）致使向2000个以上用户账号传播违法信息的；（5）致使利用群组成员账号数累计3000以上的通讯群组或者关注人员账号数累计3万以上的社交网络传播违法信息的；（6）致使违法信息实际被点击数达到5万以上的；（7）其他致使违法信息大量传播的情形。

二是致使用户信息泄露，造成严重后果的。具体而言，具有下列情形之一的，应当认定为“造成严重后果”：（1）致使泄露行踪轨迹信息、通信内容、征信信息、财产信息五百条以上的；（2）致使泄露住宿信息、通信记录、健康生理信息、交易信息等其他可能影响人身、财产安全的用户信息五千条以上的；（3）致使泄露第一项、第二项规定以外的用户信息五万条以上的；（4）数量虽未达到第一项至第三项规定标准，但是按相应比例折算合计达到有关数量标准的；（5）造成他人死亡、重伤、精神失常或者被绑架等严重后果的；（6）造成重大经济损失的；（7）严重扰乱社会秩序的；（8）造成其他严重后果的。

三是致使刑事案件证据灭失，情节严重的。具体而言，具有下列情形之一的，应当认定为“情节严重”：（1）造成危害国家安全犯罪、恐怖活动犯罪、黑社会性质组织犯罪、贪污贿赂犯罪案件的证据灭失的；（2）造成可能判处五年有期徒刑以上刑罚犯罪案件的证据灭失的；（3）多次造成刑事案件证据灭失的；（4）致使刑事诉讼程序受到严重影响的；（5）其他情节严重的情形。

四是有其他严重情节的。具体而言，具有下列情形之一的，应当认定为“有其他严重情节”：（1）对绝大多数用户日志未留存或者未落实真实身份信息认证义务的；（2）二年内经多次责令改正拒不改正的；（3）致使信息网络服务被主要用于违法犯罪的；（4）致使信息网络服务、网络设施被用于实施网络攻击，严重影响生产、生活的；（5）致使信息网络服务被用于实施危害国家安全犯罪、恐怖活动犯罪、黑社会性质组织犯罪、贪污贿赂犯罪或者其他重大犯罪的；（6）致使国家机关或者通信、能源、交通、水利、金融、教育、医疗等领域提供公共服务的信息网络受到破坏，严重影响生产、生活的；（7）其他严重违反信息网络安全管理义务的情形。

（四）主观故意

拒不履行信息网络安全管理义务罪的主观方面为故意，包括直接故意和间接故意。本罪的构成以责令改正作为前提要件，即入罪考量重在责令之后而非责令之前的行为，责令之前不履行信息网络安全管理义务出现的情形尚可能由过失构成，但责令之后即属于明知故犯，特别是“拒不改正”，进一步限制了本罪主观方面系故意。① 行为人必须认识到自己不履行信息网络安全管理义务，经监管部门责令采取改正措施而拒不改正的行为会发生上述构成要件结果之一，并希望或者放任结果的发生。行为人误以为信息不违法而没有采取改正措施的，属于事实认识错误，阻却故意的成立。②

四、证据收集与审查要点

（一）“网络服务提供者”的审查认定

根据《刑法》第286条之一的规定，拒不履行信息网络安全管理义务罪的主体是“网络服务提供者”，因此审查认定是否构成本罪的前提就是明确犯罪主体是否适格。《新型网络犯罪解释》第1条规定提供下列服务的单位和个人，应当认定为《刑法》第286条之一第1款规定的“网络服务提供者”：（1）网络接入、域名注册解析等信息网络接入、计算、存储、传输服务；（2）信息发布、搜索引擎、即时通讯、网络支付、网络预约、网络购物、网络游戏、网络直播、网站建设、安全防护、广告推广、应用商店等信息网络应用服务；（3）利用信息网络提供的电子政务、通信、能源、交通、水利、金融、教育、医疗等公共服务。

实践当中，网络服务提供者往往涉及总公司与子公司、分公司区分

① 喻海松：《网络犯罪二十讲》，法律出版社2022年版，第137—138页。
② 张明楷：《刑法学》，法律出版社2021年版，第1379—1380页。

问题。子公司具有法人资格，具有独立的民事责任能力，可以独立地承担民事责任。同时依据最高人民法院《全国法院审理金融犯罪案件工作座谈会纪要》:“以单位的分支机构或者内设机构、部门的名义实施犯罪，违法所得亦归分支机构或者内部机构、部门所有的，应认定为单位犯罪。”因此拒不履行信息网络安全管理义务的分支机构也可以认定为单位犯罪。对于应当认定为单位犯罪的案件，公安机关只作为自然人犯罪案件移送审查起诉的，应当建议公安机关对犯罪单位补充移送审查起诉。涉嫌本罪的单位被撤销、注销、吊销营业执照或者宣告破产的，应当根据刑法关于单位犯罪的相关规定，对实施本罪犯罪行为的该单位直接负责的主管人员和其他直接责任人员追究刑事责任，对该单位不再追诉。

应当重点审查的证据：涉案单位的营业执照、工商登记材料、章程等法人身份证明材料，用于证明单位性质、组织形式、网络服务类别等。重点核实涉案单位是否属于网络技术服务提供者，网络内容服务提供者，网络公共服务提供者其中之一。单位已被注销或者撤销的，应有注销证明或者撤销机构出具的相关证明；单位为分支机构或者内设机构的，应有其与上级单位关系、被授权权限或者经营范围等的证明材料；单位实施犯罪后，发生分立、合并或者其他资产重组等情况的，应有分立、合并或者其他资产重组以及承受原单位权利义务的资料证明单位的基本情况。

涉案个人的身份信息、任职情况、从业经历、培训经历等证明材料，公司章程、会议纪要等书证材料，以及单位内部人员相互指认身份、工作范畴的言词证据，用于证明拒不履行的犯罪行为是否由单位决策、以及直接负责的主管人员和其他责任人员在犯罪中所起作用的情况。

（二）“经监管部门责令采取改正措施而拒不改正”的审查认定

《新型网络犯罪解释》第2条规定，“监管部门”应限于网信、电信、公安等依照法律、行政法规的规定承担信息网络安全监管职责的部门。网络服务提供者对非上述部门作出的责令整改书面通知拒不执行的，不构成本罪。“责令”应限于以责令整改通知书或者其他文书形式的正式书面责令，书面责令的整改要求应当是具体的、表述清楚的、具有可操作性的，表述模糊不清、只有宏观性要求、与法律、行政法规无关的义务则不属于本罪中的“责令”内容，如要求网络服务提供者要避免发生网络犯罪、发生网络暴力事件此类泛化要求的，则不属于“责令”。“拒不改正”，是指在收到监管部门的正式改正通知后，能够改正而不改正。在两个监管部门责令的改正措施发生冲突的场合，只要网络服务提供者履行了其中一个监管部门责令的改正措施的，或者由于针对一个部门的责令采取改正措施必然违背另一部门的责令内容因而不采取改正措施的，不得以本罪论处[①]。总之，认定“经监管部门责令采取改正措施而拒不改正”，应当综合考虑监管部门责令改正是否具有法律、行政法规依据，改正措施及期限要求是否明确、合理，网络服务提供者是否具有按照要求采取改正措施的能力等因素进行判断。

应当重点审查的证据：证明监管部门性质的相应法律文件、权力清单、负面清单、发出的责令整改文书等证据，用以证明监管部门是否为做出责令整改命令的适格主体。应当注意审查责令整改文书的发出单位是否为网信、电信、公安等依照法律、行政法规的规定承担信息网络安

① 张明楷：《刑法学》，法律出版社2021年版，第1378页。

全监管职责的部门，同时重点考量监管部门的层级问题，层级权限问题以及同层级监管部门的职权划分问题，确保监管部门在依法赋予的职责和权限范围内行使监管权限，如地方各级网络信息监管部门只对相应地方的网络信息具有监管权，不能超越其职权进行网络监督管理。

监管部门发出的责令整改通知书、行政处罚决定书、电子邮件、社交平台联络群组通知、送达回执、社交平台联络群组回复等，用以证明监管部门发出的责令本身具有合法性、合理性、可执行性。责令整改文书的抬头称谓是否准确无误，是否与涉案网络服务提供者一致。应当注意审查审查文书落款时间及网络服务者接收责令整改的时间，用以证明网络服务者是否有合理性的整改时间。责令整改文书整改措施内容是否正当可行，是否与网络服务者违反前置义务具有相当性，是否明显超过网络技术标准及过高的法律义务，是否表明涉案网络服务提供者的何种行为违反了何种法律、行政法规的规定。

网络服务提供者安全事件报告和响应记录、安全检查和审计报告、系统后台修复和更新日志、内部通报及工作报告、与外部第三方安全服务商的合同和沟通记录、网络服务提供者涉案人员的主观态度等证据，用以证明网络服务提供者拒不履行其法定义务的行为表象和主观心态。网络服务提供者的工作人员素质、技术水平、行业地位、财务状况、业务范围等，网络服务提供者是否采取了相应改正措施。

（三）“情节严重”的审查认定

1.“致使违法信息大量传播”的审查

《互联网信息服务管理办法》第15条规定了互联网信息服务提供者不得制作、复制、发布、传播的九类信息，《网络暴力信息治理规定》对网络暴力信息进行了定义，是指通过网络对个人集中发布的，侮辱谩骂、造谣诽谤、侵犯隐私，以及严重影响身心健康的道德绑架、贬低歧视、恶意揣测等违法和不良信息。因此网络暴力犯罪中的“违法信息”应当符合相关规定的概念和内涵。

应当重点审查的证据：网络暴力视频、图片、言论等信息发布的数量、频率以及点击量、转发量、评论内容及数量的相关电子数据、截图等；发布网络暴力信息的账号信息、关注人数、点击数、转发数、点赞数；信息接收者的账号及数量，发布信息群组的群、群号、群组成员账号及数量等；网络暴力被害人报案材料、被害人陈述等，用以证明是否属于网络暴力类的违法信息，以及网络暴力违法信息是否达到大量传播的程度。

2.“致使用户信息泄露，造成严重后果”的审查

“用户信息”是指接受网络服务提供者服务的自然人或者单位的相关信息，包括个人的有关出生、住址、电话、电子邮箱、生活习惯、家庭成员、民族、宗教信仰、价值取向、收入、教育、隐私、QQ号、身份证号、银行卡号等各种信息，也包括单位不宜公开传播的有关信息，如公司内部掌握的营销计划与策略、客户资料、投资意向、发展规划等。[①] 由此应明确用户信息不同于公民个人信息概念，用户信息范围更广，包含公民个人信息。

应当重点审查的证据：远程勘验笔录、检查笔录、司法鉴定意见书、最高人民检察院或公安部指定的机构对电子数据涉及的专门性问题出具的报告、用户信息等，用以证明网络服务提供者通过网站、App、群组等

① 谢望原：《论拒不履行信息网络安全管理义务罪》，载《中国法学》2017年第2期。

泄露用户信息的情况。公安机关受案登记表、相关案件卷宗、公安情况说明、法医精神病鉴定、法医伤残鉴定、经济损失鉴定意见、被害人报案材料、监管部门工作报告、行政处罚决定书、被害人陈述、证人证言等证据，用以证明造成他人死亡、重伤、精神失常或者被绑架、造成重大经济损失的、严重扰乱社会秩序等严重后果。

3.“致使影响定罪量刑的刑事案件证据灭失，情节严重”的审查

《网络安全法》第 28 条明确要求网络运营者应当为公安机关侦查犯罪的活动提供技术支持和协助；第 47 条要求网络运营者在发现其用户发布的信息属于法律、行政法规禁止发布或者传输的信息时，应当保存有关记录。《网络暴力信息治理规定》第 22 条亦要求网络信息服务提供者“依法依规为用户维权，司法机关、有关部门调查取证工作等提供及时必要的技术支持和协助”。据此，对于涉嫌网络暴力违法犯罪的行为，平台有义务将留存的相关证据提交公安机关，但应注意涉及本罪的证据应限定为影响定罪量刑的刑事案件证据。《新型网络犯罪解释》第 5 条主要从相关证据所涉案件重要程度、造成证据灭失的次数、对刑事诉讼程序的影响等方面明确了“致使刑事案件证据灭失，情节严重”的认定标准。

应当重点审查的证据：立案决定书等相关刑事诉讼文书、调取证据通知书、送达回执、公安机关工作说明、现场勘验报告、电子检查笔录、犯罪嫌疑人的供述与辩解、证人证言等证据，等等；因证据丢失导致的重新审查、调查、刑事诉讼中断、终止的相关文书、记录等。

4.“有其他严重情节”的审查

《刑法》第 286 条之一第 1 款第 4 项的规定是一个兜底性条款，要

从网络服务提供者未承担应尽的信息网络安全管理义务的重要程度、前科情况、造成后果等方面把握，《新型网络犯罪解释》第6条对此进行了明确。

（四）主观方面的审查

本罪主观方面为故意，应注意审查以下几个方面证据：一是犯罪嫌疑人供述和辩解、证人证言等，犯罪嫌疑人对监管部门提出的整改措施内容明知；证实犯罪嫌疑人对自身整改能力的明知；犯罪嫌疑人对自己行为带来后果是否明知；证实犯罪嫌疑人对自己行为后果的积极追求。二是行业规范、行业习惯、内部通讯沟通记录、内部会议纪要、责令的执行情况等方面的证据，证明单位、个人对拒不履行管理义务所带来后果的希望或者放任的主观心态。

五、实务认定中的其他问题

（一）准确区分本罪与其他罪名

《惩治网络暴力意见》第8条规定了网络服务提供者发起、组织的网络暴力违法犯罪，应当从重处罚。因此应当注意甄别本罪与网络暴力发起者、组织者、推波助澜者所触犯其他罪名的区别。对于网络服务提供者本身发布违法信息，应当根据信息的性质，以侮辱罪、诽谤罪、寻衅滋事罪、非法利用信息网络罪等进行评价，不能因为发布信息行为本身不构成刑法分则所规定的具体犯罪，就转而以网络服务提供者“拒不改正”为由，将该行为认定为拒不履行信息网络安全管理义务罪。

（二）促进综合治理、源头治理

《惩治网络暴力意见》第 16 条规定：“网络暴力行为损害社会公共利益的，人民检察院可以依法向人民法院提起公益诉讼。网络服务提供者对于所发现的网络暴力信息不依法履行信息网络安全管理义务，致使违法信息大量传播或者有其他严重情节，损害社会公共利益的，人民检察院可以依法向人民法院提起公益诉讼。”因此，检察机关在办理相关案件中，应当注意“四大检察”融合履职，充分运用公益诉讼等方式加强对公共利益的保护。

《惩治网络暴力意见》第 20 条规定：“促进网络暴力综合治理。立足执法司法职能，在依法办理涉网络暴力相关案件的基础上，做实诉源治理，深入分析滋生助推网络暴力发生的根源，通过提出司法建议、检察建议、公安提示函等方式，促进对网络暴力的多元共治，夯实网络信息服务提供者的主体责任，不断健全长效治理机制，从根本上减少网络暴力的发生，营造清朗网络空间。”检察机关在办理相关案件中，应当注意延伸检察履职，通过检察建议等方式与监管部门形成工作合力，督促网络服务提供者切实履行信息网络安全管理义务。

（三）适用职业禁止、禁止令

《刑法修正案（八）》确立了禁止令规定。《新型网络犯罪解释》第 17 条规定：“对于实施本解释规定的犯罪被判处刑罚的，可以根据犯罪情况和预防再犯罪的需要，依法宣告职业禁止；被判处管制、宣告缓刑的，可以根据犯罪情况，依法宣告禁止令。”对判处管制、宣告缓刑的犯罪人员，可以根据犯罪情况，同时禁止犯罪分子在其管制执行期间、缓刑考验期限内从事特定活动，进入特定区域、场所，接触特定的人。《刑法修正案（九）》在《刑法》第37条之后增加了一条“从业禁止”。根据该修正案规定，因利用职业便利实施犯罪，或者实施违背职业要求的特定义务的犯罪被判处刑罚的，人民法院可以根据犯罪情况和预防再犯罪的需要，禁止其自刑罚执行完毕之日或者假释之日起从事相关职业，期限为三年至五年。对有必要禁止网络服务提供者从事相关职业或者适用禁止令的，检察机关在提起公诉时应当提出相应建议。

第七章　非法利用信息网络罪

一、罪名概述

非法利用信息网络罪是《刑法修正案（九）》中新增设的罪名，作为《刑法》第287条之一，刑法分则规定的多数罪名为正犯行为且为既遂模式，本罪实际是通过网络实施犯罪的预备行为正犯化。随着互联网应用的普及，不少传统犯罪出现了网络时代的新特点，实践中打击网络犯罪也面临着新的问题和困难。一方面网络犯罪的数量及其在犯罪总量的占比逐年攀升，尤其是利用信息网络实施的传统型犯罪脱离物理空间并以点对点式向非接触式转化；另一方面网络信息时代利用网络发布违法犯罪信息的行为模式迅速衍变，盖因信息网络具有发布信息不受时空限制、传播信息的覆盖领域广、波及的被害人群数量大等特点，社会危害性已经由“零星单发”向“规模多发”转变。《刑法修正案（九）》增加本条规定，主要是为了解决网络犯罪中具有预备性质的行为如何处罚的问题，将刑法规制的环节前移。非法利用信息网络罪主要规制网站、通讯群组的设立以及利用信息网络发布信息的行为。而网络暴力及其相关违法犯罪更多地表现在通过信息网络或者通讯工具实施，与非法利用信息网络罪的行为模式相比，二者在犯罪手段和信息内容层面表征出一定程度的重合。从分析非法利用信息网络罪的行为模式出发，可探寻网络暴力犯罪治理的优化路径。

一是设立用于实施违法犯罪活动的网站、通讯群组的。《刑法》第287条之一规定的违法犯罪活动指的是诈骗、传授犯罪方法、制作或者销售违禁物品、管制物品以及其他犯罪活动。其他犯罪活动指的是与上述行为具备同等社会危害属性的犯罪活动，如最高人民法院、最高人民检察院《关于办理组织考试作弊等刑事案件适用法律若干问题的解释》(以下简称《组织考试作弊解释》)第11条规定的“设立用于实施考试作弊的网站、通讯群组，情节严重的，应当依照《刑法》第二百八十七条之一的规定，以非法利用信息网络罪定罪处罚；同时构成组织考试作弊罪、非法出售、提供试题、答案罪、非法获取国家秘密罪等其他犯罪的，依照处罚较重的规定定罪处罚。”又如最高人民法院《关于审理毒品犯罪案件适用法律若干问题的解释》(以下简称《毒品犯罪解释》)第14条规定的“利用信息网络，设立用于实施传授制造毒品、非法生产制毒物品的方法，贩卖毒品，非法买卖制毒物品或者组织他人吸食、注射毒品等违法犯罪活动的网站、通讯群组，情节严重的，应当依照刑法第二百八十七条之一的规定，以非法利用信息网络罪定罪处罚。”《新型网络犯罪解释》第8条规定：“以实施违法犯罪活动为目的而设立或者设立后主要用于实施违法犯罪活动的网站、通讯群组，应当认定为刑法第二百八十七条之一第一款第一项规定的“用于实施诈骗、传授犯罪方法、制作或者销售违禁物品、管制物品等违法犯罪活动的网站、通讯群组。”《新型网络犯罪解释》进一步界定了网站、通讯群组的设立目的以及设立之后的运行功能，以便与正常运行的合法网站、通讯群组相区分。需要注意的是，法律规制的是网站、通讯群组的设立行为，而与设立行为相关联的网站维护、系统修复、群组管理等行为是否也应纳入规制存在不同的观点。有观点认为通讯群组建立后事实上负责管理群组的也属于设立。[1] 关于上

---

① 陈志军:《非法利用信息网络罪研究》，载《公安学研究》2018年第5期。

述关联行为的性质，应当根据其对于设立行为的作用作具体分析。如网站维护、系统修复、群组管理等行为系网站、通讯群组设立过程中应用的且直接对网站、通讯群组的设立产生影响，该关联行为可以认定为设定行为的组成部分，也应受到刑法规制。

二是发布信息。发布信息既包括发布违法犯罪信息，也包括为实施犯罪发布信息。《刑法》第287条之一规定的违法犯罪信息指的是发布制作或者销售毒品、枪支、淫秽物品等违禁物品、管制物品或者其他违法犯罪信息。其他违法犯罪信息如《组织考试作弊解释》第11条规定的考试作弊信息、《毒品犯罪解释》第14条规定的涉毒违法信息以及最高人民法院、最高人民检察院《关于办理组织、强迫、引诱、容留、介绍卖淫刑事案件适用法律若干问题的解释》第8条规定的招嫖违法信息等。利用信息网络发布考试作弊信息、贩卖毒品等涉毒违法信息、招嫖违法信息等，依照《刑法》第287条之一的规定，以非法利用信息网络罪定罪处罚，同时构成其他犯罪的，依照处罚较重的规定定罪处罚。《刑法》第287条之一规定的第三种行为方式即为实施诈骗等违法犯罪活动发布信息的。此处的发布信息从信息内容上看可能是违法信息，也可能是不违法的信息。如行为人为实施诈骗发布了真实的车辆买卖信息，但行为人的主观目的是实施诈骗而故意引诱被害人关注，行为人发布真实信息的行为自然产生了刑事违法性。《新型网络犯罪解释》第9条："利用信息网络提供信息的链接、截屏、二维码、访问账号密码及其他指引访问服务的，应当认定为刑法第二百八十七条之一第一款第二项、第三项规定的'发布信息'。"传统意义上的发布信息指的是通过电视、广播、网络等传播媒介向不特定的人或者特定群体的人输入信息的过程。由此可以得知，《新型网络犯罪解释》对"发布信息"的内涵作了扩大解释，对提供指引访问服务的行为也等同于发布信息。实际上，提供链接、截屏、二维码、访问账号密码在本质上与获取信息密切相关，只不过将发布的信息通过技术手段予以固定后再通过点击链接或者输入密码等方式对相关信息进行访问，与直接发布信息具有效果层面的一致性和信息层面的同源性。

二、非法利用信息网络罪在网络暴力犯罪中的特征

网络暴力行为可能会涉嫌非法利用信息网络犯罪。因此，解析非法利用信息网络罪的犯罪构成有助于网络暴力行为的准确定性。

（一）犯罪主体

非法利用信息网络罪的犯罪主体是一般主体，不局限于“网络运营者、网络产品或者服务的提供者”，其他单位和个人都可以构成本罪。基于网络空间具有的隐蔽性、虚拟性、混杂性等独特属性，网络暴力的犯罪主体特征一般趋于匿名性、集群性和开放性。

（二）主观故意

非法利用信息网络罪的主观方面是故意，过失不构成本罪。在判断行为人主观故意的内容时，应根据行为方式的不同分别作出判断:（1）对设立网站、通讯群组的用途具有主观明知，即知晓网站、通讯群组具有实施违法犯罪活动的功能，但不要求行为人明确知道网站、通讯群组必然被用于实施某种犯罪。例如，行为人设立网站是为了实施网络暴力犯罪，即行为人明确知道他人使用网站或者通讯群组必然实施犯罪。行为人的行为性质已经是他人实行行为的组成部分，应以他人犯罪的共同犯

罪论处。（2）对发布信息的内容具有主观明知。如前所述，非法利用信息网络罪的发布信息包含两类：发布违法犯罪信息、为实施犯罪发布信息。一方面，行为人对发布信息的内容具有明知，即发布的内容系违法犯罪信息，例如通过窃取等非法途径获取的他人隐私信息或者捏造的损害他人名誉的虚假信息。在该种情况下，不要求行为人明确知道发布的犯罪信息的种类以及可能涉嫌犯罪的罪名等，只需要行为人知晓发布的信息内容具有违法犯罪的属性。另一方面，为实施犯罪发布信息时，行为人必须明确知道发布的信息系为了实施犯罪所用。例如，行为人在网站发布了一则真实的房产买卖交易信息，而该信息被其他人用于实施诈骗，行为人对此并不知情。行为人主观上没有为了实施犯罪而发布信息的主观故意，故行为人不构成非法利用信息网络罪。

（三）侵犯法益

传统的主流理论认为，非法利用信息网络罪所侵犯的法益是信息网络安全的管理秩序。[①] 非法利用信息网络罪的客观行为的描述使用了“非法利用”的行为表述，体现了行为内容的违法性，即行为人在违反国家有关规定的前提下实施的利用信息网络严重损害信息网络安全的管理秩序的行为。需要注意的是，非法利用信息网络罪保护的法益系一般性的或者兜底性的信息网络安全管理秩序，与其他罪名所保护的网络信息系统安全或者信息系统内电子数据的安全有所区分。例如，破坏计算机信息系统罪保护的法益是计算机信息系统的安全，具体表现为计算机信息系统功能的正常运行以及计算机信息系统中存储、处理或者传输的数据

① 高铭暄、马克昌:《刑法学》，北京大学出版社 2016 年版，第 535 页。

和应用程序的安全。非法利用信息网络罪保护的是网络犯罪领域的一般法益，是其他基于保护网络具体法益设立的网络犯罪罪名的基础性保障，在法益保护层面具有普适性。

（四）客观行为

1. 违法犯罪的认定

《刑法》第 287 条之一第 1 款规定非法利用信息网络犯罪的行为模式中均存在“违法犯罪活动”的表述。结合我国的法律体系框架，刑事违法行为与行政违法行为都属于违法行为这一概念所蕴含的内容。[①] 探寻违法犯罪的内涵是非法利用信息网络罪正确适用的进路。有观点认为，违法犯罪应当是犯罪而不是违法，违法是对犯罪的修饰本身不具有意思，其理由：一是只有犯罪行为的预备行为才可成立犯罪；二是实施犯罪行为的准备工具、制造条件相比较违法行为的预备行为有更高的社会危害性，因此只有犯罪行为的预备行为才可构成本罪。[②]《新型网络犯罪解释》第 7 条规定：“刑法第二百八十七条之一规定的‘违法犯罪’，包括犯罪行为和属于刑法分则规定的行为类型但尚未构成犯罪的违法行为。”可以得知，违法犯罪不仅包括犯罪行为，也包括一般违法行为。一般违法行为仅指刑法规定的行为类型，将刑法没有规定而行政法规定的违法行为排除在违法犯罪行为之外，且需要达到情节严重的程度，实际上是对一般违法行为的限制性解释，一定程度上确保非法利用信息网络罪的准确适用。《网络暴力信息治理规定》规定，网络暴力信息是指通过网络对

① 田宏杰：《行政犯的法律属性及其责任——兼及定罪机制的重构》，载《法学家》2013 年第 3 期。

② 欧阳本祺、王倩：《〈刑法修正案（九）〉新增网络犯罪的法律适用》，载《江苏行政学院学报》2016 年第 4 期。

个人集中发布的侮辱谩骂、造谣诽谤、侵犯隐私以及严重影响身心健康的道德绑架、贬低歧视、恶意揣测等违法和不良信息。以设立用于实施违法犯罪活动的载有网络暴力信息的网站或者通讯群组为例，行为人为了实施损害商业信誉、商品声誉罪，煽动暴力抗拒法律实施罪编造、故意传播虚假恐怖信息罪等犯罪，在网站或者通讯群组内发布诽谤、侮辱、煽动、恐怖、辱骂等足以危及个人、组织或者其他主体的人身安全、财产安全、国家安全的暴力信息。行为人设立网站、通讯群组的目的是实施违法犯罪活动或者设立后主要用于实施违法犯罪活动，且在网站、通讯群组内发布网络暴力信息，行为人可能构成非法利用信息网络罪，同时也可能构成其他犯罪的预备、未遂或者既遂。例如，行为人为了实施敲诈勒索，在设立的网站内发布网络暴力信息的贴文，并以删除贴文为由敲诈勒索他人，行为人同时构成非法利用信息网络罪和敲诈勒索罪，应当择一重罪处罚。

2. 情节严重的认定

《刑法》第 287 条之一第 1 款规定，利用信息网络实施的行为需要达到情节严重的法定入罪条件。我国刑法中犯罪成立的定量因素“情节”，是指犯罪构成之外的表明行为的社会危害程度而为行为成立犯罪所必须具备的综合性的主客观情况。[①] 情节严重的司法认定应当从案件反映出来的作案人、犯罪事实、行为方式等基本的案件事实要素出发，采取以客观行为的社会危害性和主观内容的人身危险性为判断依据的“双重认定”思路。

一是客观行为的社会危害性。（1）犯罪场域的范围。信息网络犯罪

① 王志祥:《犯罪构成的定量因素论纲》，载《河北法学》2007 年第 4 期。

的跨地域性、非接触性特征使得违法犯罪信息的传播范围更为广泛、违法犯罪信息的实际利用率攀升，这与犯罪行为的社会危害性呈正相关。例如，《新型网络犯罪解释》第10条规定的设立用于实施违法犯罪活动的网站数量、注册账号数量、通讯群组数量、群组成员账号数量、发布有关违法犯罪的信息或者为实施违法犯罪活动发布信息的数量等。网站、账户、发布信息等数量的大小可以直接反映出行为人犯罪场域的范围。实践中，行为人通常为他人实施犯罪设立网站、通讯群组、删除负面信息而收受好处费，其非法牟利数额也可以间接反映行为人的客观行为场域的范围，进而直接判断社会危害性程度。（2）犯罪行为的后果。非法利用信息网络犯罪是犯罪预备行为，是为自己或者他人实施犯罪做准备。例如，行为人为实施诈骗犯罪发布信息，可以实际案发的诈骗案件的数量或者被骗金额的大小评估犯罪行为所造成后果的严重性。

二是主观内容的人身危险性。例如《新型网络犯罪解释》第10条规定的“二年内曾因非法利用信息网络、帮助信息网络犯罪活动、危害计算机信息系统安全受过行政处罚，又非法利用信息网络的”，实际上是从行为人曾经的相关劣迹情况判断行为人的主观恶性。当然，行为人如果曾因信息网络犯罪被判处过刑罚甚至因此构成累犯，其人身危险性会更大。又如最高人民法院、最高人民检察院、公安部、司法部《关于办理实施“软暴力”的刑事案件》第1条规定：“‘软暴力’是指行为人为谋取不法利益或形成非法影响，对他人或者在有关场所进行滋扰、纠缠、哄闹、聚众造势等，足以使他人产生恐惧、恐慌进而形成心理强制，或者足以影响、限制人身自由、危及人身财产安全，影响正常生活、工作、生产、经营的违法犯罪手段。”为谋取不法利益或形成非法影响是行为人的主观心态，也是“软暴力”与网络暴力在主观内容层面差异性表现。

网络暴力犯罪中行为人的主观心态更为复杂，不局限于为谋取不法利益或形成非法影响。可能仅仅出于自身的精神空虚或者追求所谓的“虚假正义”。

三、证据收集与审查要点

（一）“情节严重”的审查认定

如前所述，非法利用信息网络罪的行为模式分为两类，一是设立用于实施违法犯罪活动的网站、通讯群组，二是发布违法犯罪信息或者是为实施犯罪发布信息。司法实务中，行为人均是通过网站、通讯群组等网络媒介发布违法犯罪信息。例如，网络暴力犯罪案件中，行为人通过自媒体平台造谣并传播颠覆国家政权、破坏国家安全和社会稳定的煽动性言论等。情节严重的审查离不开行为人、网络媒介两个层面：审查可以反映网络媒介信息的证据；审查可以反映行为人前科劣迹、违法所得的证据。

包括：（1）网络媒介类证据。网络媒介类证据指的是可以展示网络媒介属性信息以及利用网络媒介发布的信息的具体内容。例如，网站注册用户的信息、网络通讯群组的功能、网站设立目的、网络暴力通讯群组中群组成员的数量信息、发送网络暴力信息的账号数量、网站发布网络暴力信息的条数、社交网络账号的关注度、“人肉搜索”方式获取的他人隐私信息等。（2）行为人相关证据。调取行为人收款账户的交易明细，如微信交易记录、银行卡交易流水等，审查行为人的违法所得数额；对行为人持有的电脑、手机等电子设备进行鉴定，提取、恢复与他人的聊天记录等，审查行为人在案发前的行为轨迹，是否曾因网络暴力犯罪被行政处罚或被判处刑罚等。

（二）主观明知的审查认定

非法利用信息网络罪的主观方面为故意，一方面审查对设立网站、通讯群组的用途是否具有主观明知，另一方面审查对发布信息的内容是否具有主观明知。

包括：一是审查犯罪嫌疑人的供述和辩解。犯罪嫌疑人到案后会对事实经过进行阐述，其中会涉及主观明知的内容，且需要注意犯罪嫌疑人前后供述是否稳定以及相关辩解是否合理等。二是审查证人证言。在网络犯罪趋于链条化发展的情况下，共同犯罪中职责分工更加细化和上下游犯罪关联性更加紧密。如为发布网络暴力违法犯罪信息而设立网站，其中犯罪嫌疑人提供技术支持，另有同案犯负责租用或者出租服务器，通过调取相关证人证言即可审查犯罪嫌疑人是否对特定事项具有主观明知。三是审查通讯记录。通过讯问犯罪嫌疑人，查实确认与其联系的上家或者下家在网络空间的身份信息，如微信号、微信昵称、QQ 号等社交软件的注册账号信息等，从而可以直接检索到与案件有关的通讯信息流等载有主观明知的相关记录。

（三）电子数据的审查认定

非法利用信息网络犯罪案件的证据往往具有体量庞大、类型多样、指向分散的特点，使得案件事实间的印证证明经受法律与技术的双重挑战。行为人在犯罪过程中会在网络空间留下大量的作案痕迹，如网络暴力信息的发布时间以及关联账号、网站等，这些痕迹的客观表现形式是电子数据。

包括:（1）电子数据的合法性。囿于网站、通讯工具的服务器不便于直接扣押、封存，收集网络媒介类电子数据一般通过网络在线提取或者远程勘验的方式。此时，应当审查网络在线提取笔录、远程勘验的形式要件是否合法，如是否明确电子数据提取的时间、地点、方法以及电子数据的来源，是否附电子数据提取固定清单，是否计算完整性校验值，远程勘验是否依法经过报批手续等。（2）电子数据的关联性。此时，一方面，应当注重审查电子数据的来源，如银行卡流水是否附有调取证据通知书、调取证据通知书回执；另一方面，应当审查存储介质的来源，如是否有效建立存储介质与行为人的关联性等。（3）电子数据的客观性。与言词证据相比，电子数据是一种客观存在，更不易受人的主观心态的影响。注重审查行为人发布网络暴力信息使用的手机的照片、扣押笔录、扣押清单、电子数据的勘验、检查笔录以及电子数据的检验、鉴定反映出的存储介质扣押的外观状况、内置属性特征、封存固定情况、数据提取、恢复过程信息的真实性。

（四）证据间的多向审查认定

注重电子数据与其他证据碰撞比对。此处的其他证据指的是法定证据种类中除了电子数据以外的其他证据。印证证明模式功能的发挥不仅需要依赖证据的数量，也仰仗非同源证据指向的一致性。[①] 如果发现证据间指向不一致或者出现矛盾，甚至在整个证据体系中均无法得到检验和回应，就可以认定相关单一证据不具有真实性，而不应被采信。因此，不同证据碰撞和比对在一定程度上是证据采纳和采信规则的融贯升级，即可以采纳的证据不一定被采信，这可以有效防止仅凭单一证据甚至真实性无法得到印证的证据盲目被运用于定罪量刑的僵化局面。

---

① 参见龙宗智:《刑事印证证明新探》，载《法学研究》2017 年第 2 期。

包括:(1)犯罪嫌疑人供述与辩解、证人证言、被害人陈述等言词证据：如犯罪嫌疑人的讯问笔录中会记录犯罪行为的起始时间、不同阶段的参与者、持续过程以及犯罪结果的表现形式，如发布网络暴力信息的账号、非法获利金额、网络暴力行为造成的损失数额等。上述信息与犯罪嫌疑人使用的手机、电脑等提取恢复的聊天记录、转账记录、网站运行日志等进行比对，可以据此认定发生在不同节点的证据的真实性，实现连续节点证据间的指向一致。(2)物证、书证、勘验、检查等笔录、鉴定意见等客观性证据：该组客观性证据在认定原始存储介质的来源、电子证据流转过程的合法性以及电子证据内容的完整性方面能够形成电子数据“证据链”和符合相关印证证明的逻辑体系，以“多元证明+组合证据”的方式实现网络犯罪具体证明的综合判断。

四、实务认定中的其他问题

（一）注意本罪与其他犯罪的区别

因网络暴力信息与违法犯罪信息在内容层面上可能会存在重合的情况，行为人发布网络暴力信息属于非法利用信息网络罪中“发布信息”的内容，可能构成非法利用信息网络罪，但也可能触犯其他罪名。(1)利用网络发布侮辱、诽谤他人的信息可能构成侮辱罪、诽谤罪。《网络诽谤案件解释》第1条规定了三种行为方式：行为人捏造损害他人名誉的事实在网络上散布，或者组织、指使人员在信息网络上散布；将原始信息内容篡改为损害他人名誉的事实在网络上散布，或者组织、指使人员在信息网络上散布；明知是捏造的损害他人名誉的事实而在网络上散布且情节恶劣。(2)曝光公民隐私信息可能构成侵犯公民个人信息罪。行为人一般通过人肉搜索或者其他非法手段获取公民个人信息，持续不断地将关联人员的私人信息发布在网络上，导致被害人的信息被连续曝光，被害人因此受到网民的群体性攻击而无法正常的生活、工作。（3）以删除负面信息为由敲诈勒索公私财物可能构成敲诈勒索罪。《网络诽谤案件解释》第6条规定："以在信息网络上发布、删除等方式处理网络信息为由，威胁、要挟他人，索取公私财物，数额较大，或者多次实施上述行为的，依照刑法第二百七十四条的规定，以敲诈勒索罪定罪处罚。"（4）发布"寻衅滋事"类信息可能构成寻衅滋事罪。根据《网络诽谤案件解释》第5条的规定，发布"寻衅滋事"类信息的行为包括：利用信息网络辱骂、恐吓他人，情节恶劣，破坏社会秩序的；编造虚假信息，或者明知是编造的虚假信息，在信息网络上散布，或者组织、指使人员在信息网络上散布，起哄闹事，造成公共秩序严重混乱的。（5）发布侵害英雄烈士的名誉、荣誉的信息可能构成侵害英雄烈士名誉、荣誉罪。该罪名是《刑法修正案（十一）》新增加的罪名，在《刑法》第299条之一规定："侮辱、诽谤或者以其他方式侵害英雄烈士的名誉、荣誉，损害社会公共利益，情节严重的，处三年以下有期徒刑、拘役、管制或者剥夺政治权利。"（6）发布威胁他人的信息强迫交易可能构成强迫交易罪。最高人民法院、最高人民检察院、公安部、司法部《关于办理利用信息网络实施黑恶势力犯罪刑事案件若干问题的意见》第5条规定："利用信息网络威胁他人，强迫交易，情节严重的，依照刑法第二百二十六条的规定，以强迫交易罪定罪处罚。"（7）通过信息网络有偿提供删除信息或者发布信息服务可能构成非法经营罪。《网络诽谤案件解释》第7条规定："违反国家规定，以营利为目的，通过信息网络有偿提供删除信息服务，或者明知是虚假信息，通过信息网络有偿提供发布信息等服务，扰乱市场秩序，属于非法经营行为'情节严重'，依照刑法第二百二十五条第（四）项的规定，以非法经营罪定罪处罚。”在行为人利用信息网络发布网络暴力信息可能会同时触犯上述多种罪名的情况下，应按照以下分类处理：行为人构成非法利用信息网络罪，同时又构成侮辱罪、诽谤罪、侵犯公民个人信息罪、敲诈勒索罪、寻衅滋事罪、侵害英雄烈士名誉、荣誉罪、强迫交易罪、非法经营罪等，根据《刑法》第287条之一第3款的规定，依照处罚较重的规定定罪处罚；行为人实施了利用信息网络发布侮辱、诽谤、“寻衅滋事”类、公民个人信息等内容，但客观行为尚未达到侮辱罪、诽谤罪、侵犯公民个人信息罪、敲诈勒索罪、寻衅滋事罪等罪名规定等情节严重的入罪条件，可以非法利用信息网络罪定罪处理。

（二）“涉外”网络暴力犯罪证据调取

跨境犯罪与网络暴力犯罪深度融合的趋势不断凸显，跨境网络暴力犯罪案件数量逐渐凸显。面对国内打击网络暴力犯罪的高压态势、专业化司法资源的优化配置、渐趋成熟完善的办案模式体系，不法犯罪分子特别是首要分子、主要成员固定组建形成的犯罪集团逐渐盘踞在境外实施犯罪。以网络暴力犯罪为例，通常情况下，行为人租用境外服务器建立用于实施违法犯罪活动的网站，抑或通过使用境外加密通信软件自带的群聊功能发布侮辱、诽谤信息。涉外证据的取得和应用与有效打击网络暴力犯罪密不可分。依照“数据存储地”的判断模式，涉外证据指的是存储在境外的证据。基于境内外法律体系存在差异、刑事司法协助程序繁冗、国际条约适用产生分歧、隐私权利保障诱发风险，涉外证据的调取存在掣肘，应从以下几个方面加强证据调取：

一是依托司法条约、互助协议、国际组织等开展境外证据调取司法协助工作。依照《中华人民共和国国际刑事司法协助法》（以下简称《刑事司法协助法》）第 9 条、第 10 条，我国办案机关向外国请求刑事司法协助应当根据签署的双边或多边条约制作刑事司法协助请求书，如我国与西班牙签署的《中华人民共和国和西班牙王国关于刑事司法协助的条约》。没有条约或者条约没有规定的，依照《刑事司法协助法》第 13 条的规定提出请求内容，经过最高人民检察院审批同意后由议定的对外联系机构提出协助请求。同时，依照《反电信网络诈骗法》第 37 条，办案机关可以通过国家建立的国际合作机制委托国际组织调取涉外证据。

二是立足国内涉外证据调取规范，依法开展涉外证据单边取证工作。最高人民法院、最高人民检察院、公安部《关于办理信息网络犯罪案件适用刑事诉讼程序若干问题的意见》第 15 条通过国内立法的形式具体规定了涉外证据调取的方式：网络在线提取、网络远程勘验、技术侦查措施。网络在线提取针对境内外公开发布的证据，不会涉及权利人权益保障问题。网络远程勘验和技术侦查措施仅在必要条件下才可进行，尤其是采取的侦查措施需要进行严格的审批，主要考虑到相关手段具有隐匿性和强制性，此类一般会涉及国家间的数据安全甚至国家主权，容易引发外交争端。

三是注重涉外证据来源途径、移交程序的合法性。涉外证据的来源途径的合法性指的是被请求方对证据收集提取的过程在不违背被请求方法律和相关技术的条件下，应符合我国刑事诉讼法和技术规范对证据合法性和真实性的要求，如我国与日本签署的《中华人民共和国和日本国关于刑事司法协助的条约》的有关规定。涉外证据移交程序的合法性是指被请求方提交的证据完整且附带的法律手续齐全、请求方与被请求方之间证据传递链连续有效且证据内容与相关证据清单文书相互印证、被请求方的证据移送程序符合请求方的法律规定。如果因被请求方客观原因的限制或者被请求方与请求方关于调证方面的相关法律体系的分歧，被请求方未就电子数据的程序性内容提供相应材料，也可参考最高人民法院、最高人民检察院、公安部《关于办理电信网络诈骗等刑事案件适用法律若干问题的意见（二）》有关规定，形成以公安机关书面说明的形式来补强证据，以最大效能发挥涉外证据的证明力。

（三）“多维”网络暴力犯罪证据研判

《惩治网络暴力意见》规定，要充分认识网络暴力的社会危害，坚持严惩立场，准确适用法律，依法严惩网络诽谤行为、网络侮辱行为、侵犯公民个人信息行为、线下滋扰行为、借网络暴力事件实施的恶意营销炒作行为以及网络暴力违法行为，依法能动履职，为“网暴”受害人提供充分法律救济，维护公民合法权益，维护社会公众安全感，维护正常网络秩序。网络暴力信息的审查和判断是网络暴力犯罪案件办理的关键。网络暴力信息类证据在审查内容、证据形式、证据固定方面具有“多维”性。

一是不同类型的网络暴力犯罪案件证据的审查内容具有多维性。网络暴力犯罪行为大致可以分为三类：网络侮辱诽谤类、网络“人肉搜索”类、网络寻衅滋事类。关于网络侮辱诽谤类，审查电子设备的MAC地址、网站服务器IP地址、发布信息的网络账号、域名属性等计算机信息系统的识别信息，认定犯罪分子网络身份和现实身份的同一性；关于网络“人肉搜索”类，审查具有资金支付结算资质的第三方支付平台或银行的交易信息、微信等信息传输工具中的聊天记录、网站或者通讯群组内他人的隐私信息等，核实非法获取公民个人信息过程、资金流向及非法获利数额等；关于网络寻衅滋事类，审查网络端服务器地址、网络协议、网络暴力信息的链接、二维码、访问账号密码等与暴力信息侵害痕迹之间的相互关联。

二是网络暴力证据的证据样态具有多维性。网络暴力证据的存在形式、功能属性、系统环境具有多维性。根据存在形式不同，网络暴力信息类证据分为四类：微博、QQ、微信等应用平台发布的消息；账户注册信息、生物识别信息、数字签名等身份认证信息；通话记录、聊天记录、语音消息、手机短信等即时通讯信息；图片、办公文件、计算机代码、木马病毒等。根据功能属性不同，网络暴力证据分为三类：用于认定犯罪行为发生、犯罪行为人、犯罪行为系犯罪行为人实施的证据，如行为人为实施犯罪在持有的软件客户端发布的辱骂、恐吓、威胁他人的暴力信息；用于记录网络暴力的内容信息从产生、传递到存储的过程信息，如智能终端的操作日志、发布网络暴力信息的地理位置信息等；用于认定网络暴力内容信息的完整性和真实性的载体信息，如文档属性、硬件版本中的时间属性信息等。根据网络暴力信息系统的环境不同，网络暴力信息类证据分为两类：网络信息系统中传输的动态信息，如电子邮件、音视频文件、通讯群组记录；非网络信息系统中存储的静态信息，如U盘、内存卡、移动硬盘等介质中存储的电子文档等。

三是网络暴力证据的固定具有多维性。以网络暴力信息的提取和固定为例，网络暴力信息以电子数据的形式存在，但电子数据本身具有脆弱性和易灭失性，其收集、提取、存储过程中也具有易被篡改性，办案机关在司法实践中需要结合技术手段对电子数据证据有效固定，如区块链、哈希值、数字签名等。如区块链技术具有去中心化、不可篡改性、分布式账本、全程留痕等特征，办案机关收集提取电子数据后计算出哈希值，并将该哈希值上传至区块链予以保存。

第八章　帮助信息网络犯罪活动罪

一、罪名概述

本罪是2015年《刑法修正案（九）》增设的罪名。根据修订后的《刑法》第287条之二的规定，帮助信息网络犯罪活动罪是指明知他人利用信息网络实施犯罪，为其犯罪提供互联网接入、服务器托管、网络存储、通讯传输等技术支持，或者提供广告推广、支付结算等帮助，情节严重的行为，本罪只有一档法定刑，为3年以下有期徒刑或者拘役，并处或者单处罚金。本罪的犯罪主体包括单位、自然人。根据《刑法》第287条之二的规定，触犯本罪同时构成其他犯罪的，依照处罚较重的规定定罪处罚。

从刑法设立该罪名的立法沿革来看，帮助信息网络犯罪活动罪规制的主要是为网络犯罪提供非法帮助的行为。司法实践中，网络犯罪带有跨地域、跨领域整合信息、资源用于犯罪的情况，一些犯罪逐渐形成较为完整的产业链，犯罪的实行行为被分为若干个环节，环环相扣，分工逐渐细化，由不同人员完成，却又保持相对独立性，一定意义上不同于传统共犯特征；从犯罪的组织结构看，网络犯罪的帮助行为对于完成网络犯罪起着越来越大的影响力，一些帮助行为的社会危害性甚至超过了实行行为。此外，网络犯罪链条间的共同犯罪故意往往并不一致，没有明确的犯意联络，但网络犯罪的帮助者往往在整体犯罪链条中起着关键作用，危害、获利均较大。[①] 为网络犯罪提供帮助，直接便利了犯罪的实施，这些帮助行为是互联网犯罪链条上不可缺少的环节，使互联网上相关犯罪“社会化分工”，降低了犯罪成本，提高了犯罪效率，增强了罪犯逃避打击的能力，所以专门对这种帮助行为独立进行了刑法规制。如果实施这些帮助行为的人得到了查处，即使实施上游犯罪的犯罪分子没有被抓获，全案没有破获，但是有足够证据证明相关人员实施了非法帮助行为，也可以独立定罪，强化对网络犯罪的全链条打击。[②]

2023 年 4 月，最高人民检察院印发《关于加强新时代检察机关网络法治工作的意见》，提出检察机关要依法严惩“网络暴力”等侵犯公民人身权利相关犯罪，深挖背后的产业链利益链，严厉打击“网络水军”造谣引流、舆情敲诈、刷量控评、有偿删帖等行为涉嫌的相关犯罪，协同整治“自媒体”造谣传谣、假冒仿冒、违规营利等突出问题。对于为网络暴力犯罪提供帮助的行为，可参照现有帮助信息网络犯罪活动罪司法解释等规定进行认定。

如前所述，网络暴力主要有以下三种表现形式，一是网络语言暴力或非法获取公民个人信息侵犯他人人身民主权利，二是故意捏造、传播网络谣言引发社会秩序混乱，三是利用网络舆论侵害特定主体的经济利益或社会公共利益。当相关网络暴力行为构成犯罪时，提供帮助的单位、自然人如果明知他人在实施网络暴力的违法犯罪行为，仍为这些行为提供帮助，达到情节严重的标准时，可以构成帮助信息网络犯罪活动罪。

---

① 参见陈兴良等编：《注释刑法全书》，北京大学出版社 2022 年版，第 1606—1611 页。

② 《法工委解读〈刑法修正案（九）〉涉网络条款》，载全国人大网，http://www.npc.gov.cn/zgrdw/npc/fzgzwyh/2015-11/18/content_1952070.htm。

二、帮助信息网络犯罪活动罪在网络暴力犯罪中的特征

（一）犯罪主体

帮助信息网络犯罪活动罪的主体为一般主体，包括自然人和单位。达到法定年龄、具有刑事责任能力的人实施了犯罪行为，承担刑事责任。《刑法》第30条规定了单位负刑事责任的范围，即公司、企业、事业单位、机关、团体。从司法实践看，构成帮助信息网络犯罪活动罪的单位犯罪主体，多是一些从事信息网络业务相关的公司，为了牟取非法利益而故意实施了相关犯罪行为。为网络暴力犯罪提供帮助的公司、网络账户个人控制者，符合构成要件时可以构成该罪。

（二）主观故意

帮助信息网络犯罪活动罪的主观方面要求为故意。行为人需要明知他人利用信息网络实施犯罪，但不要求该提供帮助的人明知他人实施的具体网络犯罪的种类，提供帮助的人只需要认识到他人利用信息网络实施严重危害社会的行为，不要求知悉上游犯罪的具体行为。例如，提供帮助的人只能认识到他人实施的A类传统犯罪，并为A类传统犯罪提供了帮助，但上游犯罪分子实际上欺骗了提供帮助的人，并实施了B类网络犯罪，这种认识错误一般不会影响认定提供帮助的人构成帮助信息网络犯罪活动罪。

（三）侵犯法益

帮助信息网络犯罪活动罪属于妨害社会管理秩序、扰乱公共秩序的

犯罪。该罪所侵犯的法益是信息网络安全管理秩序。[①] 法律、行政法规规定了信息网络安全管理制度和安全技术措施，信息网络安全关系国家、个人的切身利益，影响网络运行安全与公共财产安全，国家对信息网络进行管理、保障信息网络安全运行形成有条不紊的秩序，而本罪破坏了稳定的信息网络安全管理秩序。

（四）客观行为

帮助信息网络犯罪活动罪需要犯罪主体为帮助他人实施网络犯罪，而实施某种具体的帮助行为，且达到“情节严重”标准。根据《刑法》第 287 条之二规定，帮助信息网络犯罪活动罪所涉帮助，针对的是他人利用信息网络实施“犯罪”，通常情况下，帮助信息网络犯罪活动罪中被帮助对象必须构成犯罪，对此应无异议，但为了体现相关帮助行为的独立法益侵害，《新型网络犯罪解释》第 12 条第 2 款允许在例外情况下，对确因客观条件限制无法查证被帮助对象是否达到犯罪的程度的情形适用本罪，犯罪既可以理解为达到犯罪程度的行为，也可以理解为虽未达到犯罪程度。但为刑法分则规定的行为，如果上游行为无论如何不可能成立犯罪行为，帮助行为不能构成本罪。[②]

共同犯罪的共同行为一般包括实行行为、组织行为、教唆行为、帮助行为，这既可能是行为人共同实施的实行行为，也可能是行为人分别实施的不同行为，共同犯罪行为作为有机整体，都与危害结果之间存在因果关系。[③] 帮助信息网络犯罪活动罪到底是否限于事前、事中的帮助行

---

① 参见高铭暄等主编:《刑法学》，北京大学出版社 2022 年版，第 527 页。

② 喻海松:《帮助信息网络犯罪活动罪的司法限定与具体展开》，载《国家检察官学院学报》2022 年第 6 期。

③ 高铭暄等主编:《刑法学》，北京大学出版社 2022 年版，第 163—164 页。

为，目前还存在争议，但基本达成的共识是：第一，如果行为人、单位与上游犯罪分子事前、事中存在通谋，共同或分工实施了某一具体网络犯罪的实行行为，该行为人、单位应当构成相应罪名的共犯，而不构成帮助信息网络犯罪活动罪。第二，行为人、单位可以提供事前、事中的帮助，如果是事后，还需要注意是否构成掩饰、隐瞒犯罪所得罪等罪名。

三、证据收集与审查要点

（一）上游网络犯罪的审查认定

帮助信息网络犯罪活动罪需要存在上游犯罪行为，或者虽然没有达到犯罪程度，但为刑法分则规定的行为。最高人民法院、最高人民检察院《新型网络犯罪解释》第12条第2款规定了上游犯罪难以查明时的推定规则，对此处规定的“犯罪”只应理解为相关犯罪查证属实，而不能理解为要求经人民法院生效裁判确认。同时，即使被帮助对象的行为符合刑法规定的其他构成要件，但因行为人未达到刑事责任年龄等原因依法未予追究刑事责任的，也不影响帮助信息网络犯罪活动罪的认定。[①]

在为网络暴力提供帮助的犯罪中，需审查网络暴力行为是否构成上游犯罪，再妥善认定提供帮助者的行为定性。2019年最高人民法院、最高人民检察院、公安部、司法部《关于办理利用信息网络实施黑恶势力犯罪刑事案件若干问题的意见》中列举了部分网络暴力的表现形式：对通过发布、删除负面或虚假信息，发送侮辱性信息、图片，以及利用信息、电话骚扰等方式，威胁、要挟、恐吓、滋扰他人；利用信息网络威

① 参见周加海、喻海松：《〈关于办理非法利用信息网络、帮助信息网络犯罪活动等刑事案件适用法律若干问题的解释〉的理解与适用》，载《人民司法》2019年第31期。

胁他人，强迫交易；利用信息网络威胁、要挟他人，索取公私财物；利用信息网络辱骂、恐吓他人，编造虚假信息，或者明知是编造的虚假信息，在信息网络上散布，或者组织、指使人员在信息网络上散布，起哄闹事。《网络暴力治理通知》也规定了网络暴力的相关表现，即针对个人集中发布侮辱谩骂、造谣诽谤、侵犯隐私等违法信息及其他不友善信息，侵害他人合法权益，扰乱正常网络秩序。2023 年 5 月 31 日中央网信办召开优化营商网络环境企业座谈会指出，要进一步加强问题账号等的管理，从严处置恶意首发、胁迫企业开展商业合作的账号，严厉打击雇佣网络水军对企业进行诋毁、抹黑等行为。[①]

对于证明上游犯罪确实发生的证据材料，可参照最高人民检察院《检察机关办理电信网络诈骗案件指引》对于确定电信网络诈骗案件发生的证据要求，如被害人的报案材料、笔录、转账证明，公安机关的受案、立案材料，电子数据等。司法实践中一般要求调取立案决定书、受案登记表、被害人陈述等证据材料作为确认上游犯罪确实发生的依据。

（二）犯罪主体的审查认定

帮助信息网络犯罪活动罪的犯罪主体包括自然人和单位，未对主体身份进行限定。在网络暴力犯罪中，提供帮助行为的主体一般为网络个人用户、团队化运营的关注者众多的公众账户、提供信息网络服务的公司（包括网络服务提供者、电信业务经营者、金融机构等）等。当相关主体为网络暴力犯罪提供了帮助，符合法律规定的相关要件时，即可构成本罪。《新型网络犯罪解释》第 1 条规定了应当认定为《刑法》第 286

① 《中央网信办召开优化营商网络环境企业座谈会》，载中国网信网，http://www.cac.gov.cn/2023-06/01/c_1687265985774122.htm。

条之一第1款规定的“网络服务提供者”的范围：一是互联网技术、硬件设备服务提供者，即信息网络接入、计算、存储、传输服务；二是互联网内容服务提供者，即信息发布、搜索引擎、即时通讯、网络支付、网络购物、网络游戏、广告推广、应用商店等信息网络应用；三是公共服务提供者，即电子政务、通信、能源、交通、水利、金融、教育、医疗等公共服务。

其他涉及可能构成帮助信息网络犯罪活动罪的主体情况，多以列举的形式散见于多个法律规定中。例如，最高人民法院、最高人民检察院、公安部《关于办理电信网络诈骗等刑事案件适用法律若干问题的意见》第三部分“全面惩处关联犯罪”第（八）项，列举了部分主体情况：金融机构、网络服务提供者、电信业务经营者等在经营活动中，违反国家有关规定，被电信网络诈骗犯罪分子利用，使他人遭受财产损失的，依法承担相应责任。构成犯罪的，依法追究刑事责任。国家互联网信息办公室《互联网用户公众账号信息服务管理规定》规定，互联网用户公众账号，是指互联网用户在互联网站、应用程序等网络平台注册运营，面向社会公众生产发布文字、图片、音视频等信息内容的网络账号；公众账号信息服务平台，是指为互联网用户提供公众账号注册运营、信息内容发布与技术保障服务的网络信息服务提供者；公众账号生产运营者，是指注册运营公众账号从事内容生产发布的自然人、法人或者非法人组织。国家互联网信息办公室、工业和信息化部、公安部等七部委联合发布《关于加强网络直播规范管理工作的指导意见》规定，提供互联网直播信息服务的网络直播平台服务提供者，利用网络直播平台开展直播活动的自然人和组织机构，参与直播互动的网络直播用户均应当落实主体责任。在网络犯罪中，具有特定身份的主体如果未尽到合法、合理的义务，或故意给予不法分子特殊的便利等，相比一般主体而言容易造成更大的社会危害性，在符合构成要件时可能构成本罪。

（三）客观行为的审查认定

网络暴力犯罪主要是通过信息网络对他人实施软暴力，通过软暴力进而对他人实现心理强制，在现实生活工作中将暴力具象化，体现出明显的网络犯罪黑灰产交织特点。据不完全统计，互联网黑色产业与灰色产业相互交织特点相当明显。其中，黑色产业的上游产业是“恶意注册和虚假认证”。由于恶意注册和虚假认证行为本身没有直接产生危害后果，系游走在法律边缘，被称为“灰色产业”，且从业者不认为自己的行为违法。如行为人购买了大量手机卡、身份信息，然后用软件批量注册相关网络账户出售牟利；买这些账号的人，用于刷粉、刷榜、刷单、刷佣金，以及电信网络诈骗等。这些灰色产业与黑色产业相互依附、交织，已发展为跨平台、跨行业的集团犯罪链条。手机黑卡、银行卡、身份信息非法买卖，看似灰色产业，如影随形的却是网络诈骗、盗窃、攻击等各类黑色产业。[①] 网络犯罪的灰黑色产业链条分工细化，提供帮助的具体形式繁多，相应地，为网络暴力犯罪提供帮助的行为也存在多种形式。

按照行为人为网络暴力犯罪所提供的帮助形式，帮助信息网络犯罪活动罪主要可以分为五类：

一是提供计算机信息系统技术支持帮助。如提供互联网接入、服务

① 《聚集网络黑灰产业链：规模超千亿 病毒式扩张》，载中国新闻网，http://www.chinanews.com.cn/sh/2015/08-28/7493930.shtml。

器托管、存储、通讯传输、应用封装分发等技术支持；[①] 为网络暴力犯罪提供的技术支持通常有以下表现形式：如提供批量的注册网络账户，通过操纵大批量网络账户为某一话题或言论造势、或通过批量账户对他人发起网络软暴力攻击（如短信、电话骚扰等），提供非法获取的他人网络账户授权码，提供窃取账户数据的程序等。

二是提供广告推广，即常见的“引流”行为，如散播信息的链接、截屏、二维码、访问账号密码或其他引导访问服务；为网络谣言提供帮助的行为人，操纵批量账户发布包含二维码或短链接[②] 的内容信息，引导众多用户访问相关非法内容，以引发网络秩序的严重混乱。当前，有的网络犯罪为了规避调查，常常使用网络社交软件进行“引流”，即行为人将不特定的潜在被害人从 A 聊天软件中诱导至 B 聊天软件中，添加 B 聊天软件中犯罪分子控制的账号，继而对其实施犯罪。如陈某某等人帮助信息网络犯罪活动罪一案，陈某某等人购买大量身份证、手机号注册了大量进行了人脸识别的某社交媒体账号，利用该软件冒充他人、引导不特定网民添加由不法分子实际控制的微信号，引导不特定多数人访问违法信息。[③]

三是提供资金支付结算帮助，常见于为电信网络诈骗犯罪、网络赌

① 《关于办理电信网络诈骗等刑事案件适用法律若干问题的意见》也列举了部分技术手段，如利用电话追呼系统等技术手段，利用“钓鱼网站”链接、“木马”程序链接、网络渗透等隐蔽技术手段，非法使用“伪基站”“黑广播”等。

② 短链接又称短网址，将网站的完整域名压缩成短网址。该类服务需求量大、掩饰性强，其隐藏了真实的域名信息，用户无法直接判断短网址对应的网站性质。免费的短网址服务容易失效，一旦失效即无法通过起获的短网址追踪原始域名。司法实务中发现，企业和个体提供的短网址服务均存在被非法利用的情况，不法分子往往利用这种不稳定的免费服务转换钓鱼网站链接。

③ 参见张志婧、李鹏、郭树正：《电信网络诈骗的源头治理及对策分析》，载《中国信息安全》2022 年第 10 期。

博犯罪提供资金账户、协助通过收款、转账、取现等方式转移涉案钱款。

四是提供可以用于犯罪的工具、材料，如帮助者仅出租、出卖自己的身份证、银行卡、手机卡，提供网暴犯罪者注册用于实施犯罪的网络账户的物料，提供用于操作网络账户的手机等设备；提供网络暴力所需的公民个人信息等行为。

五是将网络暴力转化为现实暴力的，如不法分子通过网络实施软暴力后，又在现实生活中雇佣他人对被害人进行进一步滋扰行为（包括但不限于追逐拦截、强拿硬要、毁坏财物等行为）。

（四）主观明知的审查认定

帮助信息网络犯罪活动罪需要明知他人利用信息网络实施犯罪。2019年10月25日，最高人民法院发布4起非法利用信息网络罪、帮助信息网络犯罪活动罪典型案例，其中“侯博元、刘昱祈等帮助信息网络犯罪活动案”明确了被告人“明知开办的银行卡可能用于实施电信网络诈骗等犯罪行为”，即符合本罪主观故意。这说明本罪的主观明知程度，只要提供帮助的人能够认识到他人可能在实施相对具体的网络犯罪，而不需要达到明知他人在实施的具体网络犯罪种类程度。

现有对于本罪主观明知的判断标准的规定，主要是针对涉电信网络诈骗、网络开设赌场等相关犯罪中，如《新型网络犯罪解释》第11条的规定了帮助信息网络犯罪活动罪的主观明知推定情形：为他人实施犯罪提供技术支持或者帮助，具有下列情形之一的，可以认定行为人明知他人利用信息网络实施犯罪，但是有相反证据的除外：（1）经监管部门告知[①]后仍然实施有关行为的。监管部门不一定通过专门文书进行告知，甚至未必采用书面告知方式，特别是遇到紧急事件时，监管部门往往通过即时通讯群组、电话、短信、电子邮件等多种方式告知，只要有相关证据可以证明已经告知即可，并未限定告知方式。[②]（2）接到举报后不履行法定管理职责的。（3）交易价格或者方式明显异常的。（4）提供专门用于违法犯罪的程序、工具或者其他技术支持、帮助的。（5）频繁采用隐蔽上网、加密通信、销毁数据等措施或者使用虚假身份，逃避监管或者规避调查的。（6）为他人逃避监管或者规避调查提供技术支持、帮助的。（7）其他足以认定行为人明知的情形。

根据最高人民法院刑事审判第三庭、最高人民检察院第四检察厅、公安部刑事侦查局《关于“断卡”行动中有关法律适用问题的会议纪要》（以下简称《纪要二》）关于“断卡行动”涉及帮助信息网络犯罪活动罪“明知他人利用信息网络实施犯罪”规定，认定行为人是否“明知”他人利用信息网络实施犯罪，应当坚持主客观相一致原则，即要结合行为人的认知能力、既往经历、交易对象、与信息网络犯罪行为人的关系、提供技术支持或者帮助的时间和方式、获利情况、出租、出售“两卡”的次数、张数、个数，以及行为人的供述等主客观因素，同时注重听取行为人的辩解并根据其辩解合理与否，予以综合认定。在办案过程中，着

① 监管部门要求的改正措施与告知不等同，告知可以存在多种形式。该司法解释第2条规定了“监管部门责令采取改正措施”：是指网信、电信、公安等依照法律、行政法规的规定承担信息网络安全监管职责的部门，以责令整改通知书或者其他文书形式，责令网络服务提供者采取改正措施。认定“经监管部门责令采取改正措施而拒不改正”，应当综合考虑监管部门责令改正是否具有法律、行政法规依据，改正措施及期限要求是否明确、合理，网络服务提供者是否具有按照要求采取改正措施的能力等因素进行判断。

② 周加海、喻海松：《〈关于办理非法利用信息网络、帮助信息网络犯罪活动等刑事案件适用法律若干问题的解释〉的理解与适用》，载《人民司法》2019年第31期。

重审查行为人是否具有以下特征及表现，综合全案证据，对其构成“明知”与否作出判断：（1）跨省或多人结伙批量办理、收购、贩卖“两卡”的；（2）出租、出售“两卡”后，收到公安机关、银行业金融机构、非银行支付机构、电信服务提供者等相关单位部门的口头或书面通知，告知其所出租、出售的“两卡”涉嫌诈骗、洗钱等违法犯罪，行为人未采取补救措施，反而继续出租、出售的；（3）出租、出售的“两卡”因涉嫌诈骗、洗钱等违法犯罪被冻结，又帮助解冻，或者注销旧卡、办理新卡，继续出租、出售的；（4）出租、出售的具有支付结算功能的网络账号因涉嫌诈骗、洗钱等违法犯罪被查封，又帮助解封，继续提供给他人使用的；（5）频繁使用隐蔽上网、加密通信、销毁数据等措施或者使用虚假身份，逃避监管或者规避调查的；（6）事先串通设计应对调查的话术口径的；（7）曾因非法交易“两卡”受过处罚或者信用惩戒、训诫谈话，又收购、出售、出租“两卡”的等。

对于网络暴力犯罪提供帮助的明知判断标准可综合以下情况认定：提供帮助者的既往经历与认知情况、与上游犯罪分子的关系与联络情况、违法所得情况、提供帮助行为的形式与次数、行为人被以某种形式告知违法后继续提供帮助、被处罚后继续提供帮助、涉案网络账户或用于流转涉案钱款的资金账户被封禁后解封继续提供帮助、采用虚假身份、使用加密通讯工具勾连、存在销毁证据情形。例如，行为人长期从事“网络水军”接受他人指示，帮助他人提高某一话题的热度，或长期发布垃圾信息以使正常信息无法被公众查阅等行为，可以结合其他证据综合推定。再如，在女子取快递被造谣出轨案中检察机关对网络暴力、网络谣言以诽谤罪提起公诉。该谣言于2020年7月产生，2020年8月被认定为谣言后，12月“相关视频材料进一步在网络上传播、发酵”，其间仍存在有人故意传播的情况。这些主体在谣言已被多次辟谣后仍然恶意传播，这种行为已经从客观行为上证明了自己的主观明知，在符合情节严重标准时，可能构成帮助信息网络犯罪活动罪。

在涉及互联网行业的社会生产经营过程中，存在合法业务被非法利用于网络犯罪的情况，这些看似中立的帮助行为能否构成犯罪需要具体分析，不能笼统的以“技术中立”为由免责。例如，电信运营商或其代理商在向外出租“95*”“106*”号段使用权时，相关号段存在被非法客户用于电信网络诈骗犯罪的情形，且出租方对此风险明知，这种中立的帮助行为是否能够认定明知需要分情况讨论。但如果出租方对承租方尽到了合理审查义务，且积极采取了屏蔽等防范措施，[①] 那么相关号段被非法利用时也不能就直接认定出租方明知他人利用信息网络实施犯罪。如果有证据证明出租方对于某一承租方在实施网络违法行为或犯罪行为存在具体的明知，如电信运营商在出租号段过程中，接到他人投诉A客户在实施电话、短信骚扰，或发送涉诈、涉赌等非法内容，而电信运营商却对A客户的行为采取了放任态度，或是积极协助A客户掩饰不法行为，以使电信运营商能够继续从A客户处获利，则此情况可以认定电信运营商符合帮助信息网络犯罪活动罪的明知要求。在涉及网络暴力场合，网络服务提供商为广大网络用户提供服务，在这个过程中也为散布网络谣言的人提供了服务器托管、网络线路提供、平台内容服务等技术支持，如果网络服务提供商在散播谣言的事前或事中，积极向违法用户提供不

① 《中华人民共和国民法典》第1195条、第1196条规定了“避风港规则”，网络服务提供者接到权利人被侵权的通知后，有义务采取必要措施避免损失扩大，否则要就损失的扩大部分与网络用户承担连带责任。该条款同时规定了权利人的通知权利和网络服务提供者的义务。第1197条规定，网络服务提供者知道或者应当知道网络用户利用其网络服务侵害他人民事权益，未采取必要措施的，与该网络用户承担连带责任。

同于一般用户的支持或帮助，或是虽然没有提供违规业务支持，但在谣言传播过程中，推波助澜，或者提供其他帮助的，可能综合能够认定主观明知。反之，如在网络谣言发生后才得知的，难以认定该网络服务提供商明知。总之，不能认为网络服务提供商提供的服务都是中立的帮助行为，应当具体问题具体分析。

（五）“情节严重”的审查认定

犯罪主体在实施了相应客观行为，为网络暴力犯罪提供帮助达到“情节严重”标准时构成帮助信息网络犯罪活动罪。《新型网络犯罪解释》规定了帮助信息网络犯罪活动罪“情节严重”的标准。该解释第12条规定，明知他人利用信息网络实施犯罪，为其犯罪提供帮助，具有下列情形之一的，应当认定为《刑法》第287条之二第1款规定的“情节严重”：

（1）为三个以上对象提供帮助的。根据《纪要二》第2条规定，“为三个以上对象提供帮助”，应理解为分别为三个以上行为人或团伙组织提供帮助，且被帮助的行为人或团伙组织实施的行为均达到犯罪程度。为同一对象提供三次以上帮助的，不宜理解为“为三个以上对象提供帮助”。如“网络水军”长期从事为他人提供通过控制的批量网络账号渲染某一话题热度等帮助，如果存在三个以上构成犯罪的客户（如他人通过购买“网络水军”的服务以散播谣言），则提供帮助的主体可以构成帮助信息网络犯罪活动罪。

（2）支付结算金额20万元以上的。《纪要二》第4条规定，“支付结算”行为一般指的是代为转账、套现、取现、或者为配合他人转账、套现、取现而提供刷脸等验证服务，“金额”一般指的是单个资金账户的单向流入资金金额。为网络犯罪提供支付结算帮助常见于电信网络诈骗、网络开设赌场犯罪中，为网络暴力提供支付结算帮助也可构成犯罪。

（3）以投放广告等方式提供资金五万元以上的。如某一公众号发布了不实信息或软暴力信息，引发广泛关注，该信息中存在特定的广告窗口，该广告的控制者提供的投放资金，相当于变相在提供资金支持网络暴力，无论该广告内容是否合法，该广告的控制者可构成犯罪。

（4）违法所得1万元以上的。《纪要二》第3条规定，“违法所得”应理解为行为人为他人实施信息网络犯罪提供帮助，由此所获得的所有违法款项或非法收入，行为人收卡等“成本”费用无须专门扣除。如帮助他人散播谣言的人收取上游犯罪分子向其支付的所有费用均可认定为“违法所得”，即便提供帮助的人可能实际未获利。

（5）2年内曾因非法利用信息网络、帮助信息网络犯罪活动、危害计算机信息系统安全受过行政处罚，又帮助信息网络犯罪活动的。

（6）被帮助对象实施的犯罪造成严重后果的，如行为人为网络暴力提供帮助后，网络暴力造成被害人或其近亲属自杀、死亡或者精神失常等严重后果。

（7）其他情节严重的情形。

实施前款规定的行为，确因客观条件限制无法查证被帮助对象是否达到犯罪的程度，但相关数额总计达到前款第2项至第4项规定标准5倍以上，或者造成特别严重后果的，应当以帮助信息网络犯罪活动罪追究行为人的刑事责任。

《新型网络犯罪解释》第16条还规定了相关网络犯罪的数量或数额的累计计算规则：“多次拒不履行信息网络安全管理义务、非法利用信息网络、帮助信息网络犯罪活动构成犯罪，依法应当追诉的，或者2年内多次实施前述行为未经处理的，数量或者数额累计计算。”

（六）管辖的审查认定

最高人民法院、最高人民检察院、公安部《关于办理网络犯罪案件适用刑事诉讼程序若干问题的意见》规定，办理网络犯罪坚持以犯罪地管辖为主、被告人居住地管辖为辅的原则。2022 年最高人民法院、最高人民检察院、司法部联合出台的《关于办理信息网络犯罪案件适用刑事诉讼程序若干问题的意见》规定，信息网络犯罪案件由犯罪地公安机关立案侦查，必要时，可以由犯罪嫌疑人居住地公安机关立案侦查，犯罪地包括了用于实施犯罪行为的网络服务使用的服务器所在地、网络服务提供者所在地、被侵害的信息网络系统及其管理者所在地、犯罪过程中犯罪嫌疑人、被害人或者其他涉案人员使用的信息网络系统所在地、被害人被侵害时所在地以及被害人财产遭受损失地等，涉及多个环节的信息网络犯罪案件，犯罪嫌疑人为信息网络犯罪提供帮助的，其犯罪地、居住地或者被帮助对象的犯罪地公安机关都可以立案侦查。

为网络暴力提供帮助的行为，显然属于网络犯罪，可以适用前述网络犯罪管辖的有关规定。如根据上游犯罪（如侮辱罪、诽谤罪、寻衅滋事罪等）或提供帮助者的犯罪地、犯罪嫌疑人居住地、网络数据流经地等，确定帮助信息网络犯罪活动罪的管辖权。

四、实务认定中的其他问题

（一）坚持从一重处罚原则

刑法规定实施帮助信息网络犯罪活动行为，同时构成其他犯罪的，依照处罚较重的规定定罪处罚。如果行为人存在多个不同的犯罪故意，提供了多个帮助行为，应当根据行为人的主观明知内容和实施的具体犯罪行为，确定其行为性质，以确定如何定罪处罚。

《惩治网络暴力意见》列举了部分网络暴力犯罪的情形：在信息网络上制造、散布谣言，贬损他人人格、损害他人名誉，情节严重，可构成诽谤罪。在信息网络上采取肆意谩骂、恶意诋毁、披露隐私等方式，公然侮辱他人，情节严重，可构成侮辱罪。组织“人肉搜索”，违法收集并向不特定多数人发布公民个人信息，情节严重，可构成侵犯公民个人信息罪。基于蹭炒热度、推广引流等目的，利用互联网用户公众账号等推送、传播有关网络暴力违法犯罪的信息，可构成非法利用信息网络罪定罪；网络服务提供者对于所发现的有关网络暴力违法犯罪的信息不依法履行信息网络安全管理义务，经监管部门责令采取改正措施而拒不改正，致使违法信息大量传播或者有其他严重情节，可构成拒不履行信息网络安全管理义务罪。

最高人民法院、最高人民检察院、公安部、司法部《关于办理利用信息网络实施黑恶势力犯罪刑事案件若干问题的意见》规定：利用信息网络威胁他人，强迫交易，可构成强迫交易罪。利用信息网络威胁、要挟他人，索取公私财物，数额较大，或者多次实施上述行为的，可构成敲诈勒索罪。利用信息网络辱骂、恐吓他人，情节恶劣，破坏社会秩序的；编造虚假信息，或者明知是编造的虚假信息，在信息网络上散布，或者组织、指使人员在信息网络上散布，起哄闹事，造成公共秩序严重混乱的，可构成寻衅滋事罪。

此外，通过网络暴力手段侵害社会经济活动正常运转的行为，可构成损害商业信誉、商品声誉罪。长期通过信息网络提供有偿删除信息服务或发布虚假信息的服务，可构成非法经营罪。对于利用信息网络造谣、诽谤或者其他方式煽动颠覆国家政权、推翻社会主义制度的，可构成煽动颠覆国家政权罪。

网络暴力的帮助行为可能实施了帮助上游犯罪，但尚未与上游犯罪达成共同犯罪，其本身行为也不构成其他罪名时，此时可能认定本罪。如 A 明知他人收集公民个人信息可能用于搭建“人肉搜索”平台，但 A 怀着牟利目的仍向他人出售公民个人信息，A 的犯罪情节未达到侵犯公民个人信息罪立案标准，也不成立他人行为共犯，但可能符合帮助信息网络犯罪活动罪的构成要件，以帮助信息网络犯罪活动罪定罪处罚。网络暴力的帮助行为构成帮助信息网络犯罪活动罪的同时，还构成如侵犯公民个人信息罪、侮辱罪、诽谤罪、非法经营罪等其他罪名时，属于想象竞合，应当从一重处罚。

（二）加强行刑衔接

对于帮助信息网络犯罪活动行为尚不构成犯罪的，应当依据治安管理处罚法进行行政处罚，共同违反治安管理的，根据违反治安管理行为人在违反治安管理行为中所起的作用，分别处罚。教唆、胁迫、诱骗他人违反治安管理的，按照其教唆、胁迫、诱骗的行为处罚。

《治安管理处罚法》第 25 条、第 42 条规定了下列违法行为：散布谣言，谎报险情、疫情、警情或者以其他方法故意扰乱公共秩序的；写恐吓信或者以其他方法威胁他人人身安全的；公然侮辱他人或者捏造事实诽谤他人的；捏造事实诬告陷害他人，企图使他人受到刑事追究或者受到治安管理处罚的；对证人及其近亲属进行威胁、侮辱、殴打或者打击报复的；多次发送淫秽、侮辱、恐吓或者其他信息，干扰他人正常生活的；偷窥、偷拍、窃听、散布他人隐私的等。为网络暴力违法行为或犯罪行为提供相关的帮助，在尚不构成犯罪的情况下，应当进行行政处罚；

检察机关在办理相关刑事犯罪时对相关人员作出不起诉决定时，应当依据刑事诉讼法和《人民检察院刑事诉讼规则》提出检察意见，移送行政处罚线索。

（三）提起公益诉讼

最高人民法院、最高人民检察院《关于检察公益诉讼案件适用法律若干问题的解释》规定了人民检察院在履行职责中发现损害国家利益、社会公共利益的，可以提起民事公益诉讼、行政公益诉讼。但是，基于公益诉讼法定领域“等”内探索的稳慎性考虑，目前检察机关虽然和相关互联网平台建立对接机制，但尚无以公益诉讼办理网络暴力案件先例，对网络暴力“生意化”的水军团队和MCN机构等难以有效溯源治理，网络领域社会公共利益保护不足。《惩治网络暴力意见》第16条规定，网络暴力行为损害社会公共利益的，人民检察院可以依法向人民法院提起公益诉讼。为治理网络暴力提起公益诉讼明确了依据。长期、多次、多类型为网络暴力犯罪提供帮助的行为，可以说是网络暴力犯罪能够造成巨大社会危害的土壤，这类帮助行为的社会危害性更甚于网络暴力犯罪本身，该帮助行为严重损害社会公共利益的，人民检察院可以依法向人民法院提起公益诉讼。例如，对于侵犯社会公共利益的“网络水军”行为，就可以提起公益诉讼。

（四）适用禁止令、从业禁止

依据《新型网络犯罪解释》第17条，对于实施本解释规定的犯罪被判处刑罚的，可以根据犯罪情况和预防再犯罪的需要，依法宣告职业禁止；被判处管制、宣告缓刑的，可以根据犯罪情况，依法宣告禁止令。

针对为网络暴力犯罪提供帮助的行为人，当其因涉及网络暴力的情形被以帮助信息网络犯罪活动罪处罚的，可以对其宣告职业禁止或禁止令。

对于为网络暴力犯罪提供帮助的单位犯罪，可以由人民法院宣告对该单位限制经营范围（短期或长期），对主要责任人员宣告职业禁止，同时限制相关主体的信息网络活动；对于个人犯罪，可以限制或禁止其从事与之前提供帮助行为同质化的职业或开展业务，限制其信息网络活动。

第九章　敲诈勒索罪

一、罪名概述

敲诈勒索罪是指以非法占有为目的，对被害人采取威胁、恐吓或其他方法，使其产生心理恐惧，并基于恐惧心理交付财物的行为。《惩治网络暴力意见》中虽然并未直接规定本罪，但也在相关条文中明确指出，依照刑法和司法解释规定，同时构成其他犯罪的，依照处罚较重的规定定罪处罚。同时，《网络诽谤案件解释》第6条规定，“以在信息网络上发布、删除等方式处理网络信息为由，威胁、要挟他人，索取公私财物，数额较大，或者多次实施上述行为的，依照刑法第二百七十四条的规定，以敲诈勒索罪定罪处罚。”

实践中，很多一般性的矛盾纠纷，可能演化为一方当事人以网络曝光、夸大或曲解事实、混淆视听等方式相要挟，强迫被害人接受交付财物等主张，[①] 若被害人不肯，则可能引发网络暴力事件。

二、典型案例

周禄宝敲诈勒索案 [②]

2011年6月下旬，被告人周禄宝至广西壮族自治区阳朔县鉴山寺景区后，以该寺存在假和尚欺骗游客消费等情况，在多个网站论坛发帖，

---

① 支振锋、朱巍：《关于完善网络暴力法律规制的讨论》，载《青年记者》2023年第13期。

② 此案例为《刑事审判参考》第1344号案例。

并向多个政府部门投诉举报施压。后周禄宝以该寺受到欺诈消费以及可以在网上帮助正面宣传、消除影响为名，向该景区负责人索要钱财。该景区迫于舆论压力向周禄宝支付人民币 4 万元。得款后，周禄宝即在网上发布正面宣传鉴山寺的相关文章。后周禄宝至浙江省嘉兴市乌镇修真观景区，以相似理由向该景区负责人索要 6.8 万元，该景区迫于舆论压力支付；周禄宝至江苏省昆山市周庄全福寺景区，以相似理由向该景区负责人索要 8 万元，后因该景区负责人陈某某向公安机关报案而未得逞。

一审法院认为，被告人周禄宝以非法占有为目的，通过在互联网编制并发布或威胁发布被害人（单位）负面信息对被害人（单位）造成网络舆论压力的方式，敲诈勒索他人财物，数额巨大，其行为已经构成敲诈勒索罪。周禄宝在实施部分犯罪过程中，因意志以外的原因而未得逞，系犯罪未遂，依法比照既遂犯从轻处罚。依照法律规定，判决被告人周禄宝犯敲诈勒索罪，判处有期徒刑五年，并处罚金三万元。

一审宣判后，被告人周禄宝向苏州市中级人民法院提起上诉。周禄宝上诉称：其实施的所有行为都是网络维权行为，并非刑事犯罪。其辩护人提出：周禄宝收取有关单位或个人钱款事出有因，投诉无果之后才通过网络发帖揭露有关问题，本质上是一种民事维权行为，不应被认定为犯罪。就原判决认定的犯罪数额而言，对周禄宝判处五年有期徒刑过重。

二审法院认为，关于周禄宝及其辩护人提出其行为系民事维权而非犯罪的辩护意见，审查认为，在旅游过程中遭受不公待遇或者发现违规经营等问题时，向有关部门投诉或者利用网络维权是行为人均可以采取的措施，但周禄宝却以此为生财之道，在短时间内针对类似主体以类似手法多次收取或索取他人出于压力而支付且明显超过其消费金额的钱款，其行为已明显超出了民事维权的范围，社会危害性较大，具有应受刑罚处罚性，应当追究其刑事责任。故对该辩解、辩护意见，不予采纳。最终裁定驳回上诉，维持原判。

本案是利用信息网络实施敲诈勒索行为的典型案例。在第一起犯罪中，周禄宝先在网上发布负面信息，再以删帖、下沉、消除或者减少信息影响相要挟，实施“删帖型”敲诈勒索犯罪。在第二、第三起犯罪中，周禄宝的行为均符合以将要发布负面信息相要挟，索要他人财物的“发帖型”敲诈勒索犯罪。在区分行使权利与敲诈勒索犯罪时，需要综合考虑是否有正当权利请求基础，是否在正当权利的范围内行使，以及行使权利的手段是否具有必要性和相当性等因素。

三、敲诈勒索罪在网络暴力犯罪中的特征

利用信息网络实施敲诈勒索在犯罪空间、犯罪手段上与传统的敲诈勒索行为有一定差异，特别是以暴力手段使得被害人产生恐惧心理的行为较少，但网络敲诈勒索本质上仍然是以非法占有为目的，对被害人进行威胁或者要挟，造成其心理上恐惧和压力，从而勒索财物的行为。典型的行为表现就是网络水军以有组织的形式通过发帖、删帖等方式，利用行为人担心声誉受损、隐私被曝光、社会性死亡等心态，进行索要财物。[①]

（一）客观方面

发帖型敲诈勒索是以将网络信息在网上发布为由进行勒索财物的行为；删帖型敲诈勒索是行为人发布网络信息后，以此要挟被害人支付财物进行删帖。实践中有人以曝光的内容属实，是在举报违法犯罪，行使

① 江溯主编:《网络刑法原理》，北京大学出版社 2022 年版，第 392 页。

舆论监督权为由要求出罪，[①] 也有人以发布企业的商业秘密或者个人隐私为由相要挟。《网络诽谤案件解释》规定的“网络信息”并未对信息的真伪与否、负面与否提出要求，只要能够对被害人形成心理威慑即可。举报违法犯罪行为当然是公民的正当权利，但也要以正当途径行使，“给封口费就不举报”的行为起不到舆论监督的作用，而是企图以一个犯罪行为掩盖另一个犯罪行为。有观点主张，如果行为人没有主动与被害人联系，未实施胁迫、要挟、索要财物的行为，在被害人主动上门联系请求删帖的情况下，以“广告费”“赞助费”“服务费”等名义收取被害人费用的，不认定为敲诈勒索罪。[②] 但是行为人是否主动联系被害人并非认定本罪的关键，要看被害人给付费用是出于何种心态。如果被害人不是出于恐惧，而是出于息事宁人或者其他原因给付财物的，不认定为敲诈勒索罪；[③] 如果网络信息给被害人心理造成极大威胁和恐惧，这种情况下被迫联系行为人给付费用并要求删帖，行为人亦可能构成本罪。

（二）主观方面

本罪的主观方面是故意，且行为人具有非法占有目的，对非法占有目的的审查也是实务中的重点，特别是区分行使权利与敲诈勒索界限的重要内容。主体为一般主体，侵犯法益是公私财产。

---

① 杜薇、刘斌、王平伟：《利用信息网络实施新闻敲诈恶势力案件办理要点——以袁某厚等人敲诈勒索、强迫交易、寻衅滋事案为例》，载《中国检察官》2023 年第 6 期。

② 参见最高人民法院刑事审判第三庭：《〈关于办理利用信息网络实施诽谤等刑事案件适用法律若干问题的解释〉的理解与适用》，载《人民司法》2021 年第 21 期。

③ 杜薇、刘斌、王平伟：《利用信息网络实施新闻敲诈恶势力案件办理要点——以袁某厚等人敲诈勒索、强迫交易、寻衅滋事案为例》，载《中国检察官》2023 年第 6 期。

四、证据收集与审查要点

在办理利用信息网络敲诈勒索的案件中，应当特别注意以下问题：一是对“敲诈行为”的审查认定；二是对“非法占有目的”的审查认定；三是对“被害人基于恐惧心理交付财物”的审查认定。

（一）“敲诈行为”的审查认定

实践中不乏行为人事先收集并发布被害人的负面信息，发布在自己建立和经营的网站上，然后与被害人联系删帖事宜的现象。[①] 要通过审查扣押、封存的原始存储介质是否为犯罪嫌疑人所有、持有或者使用，平台的账户信息、身份认证信息、数字签名、生物识别信息等是否与犯罪嫌疑人身份关联，域名、IP 地址、终端 MAC 地址、通信基站信息等是否能够反映电子设备为犯罪嫌疑人所使用等，证明发帖人与犯罪嫌疑人之间的同一性。要通过审查聊天记录、论坛、贴吧、电子邮件、手机短信记录等电子数据，远程勘验笔录、扣押笔录、扣押物品清单、对手机、电脑存储介质等的司法鉴定意见，证明发布的信息能够达到“威胁、要挟”的程度。对于发帖、删帖型敲诈勒索行为，要通过犯罪嫌疑人供述、被害人陈述、证人证言、书信、电话、电子邮件、聊天记录或者录音等证据证明存在敲诈的行为。

（二）“非法占有目的”的审查认定

对犯罪嫌疑人的非法占有目的，应当结合犯罪嫌疑人的认知能力、专业水平、既往经历、人员关系、行为次数、获利情况等综合认定。要注重

① 刘静坤：《网络敲诈勒索、非法经营案件法律适用问题探讨》，载《法律适用》2013 年第 11 期。

收集审查行为人是否具有正当权利请求基础，通过犯罪嫌疑人供述、被害人陈述、证人证言等言词证据，以及借条、消费记录、收据、资金往来证明、劳动合同等书证，并注重查找相关法律法规，证明行为人与被害人之间的关系，是否存在消费纠纷、借贷关系、雇佣关系或者家庭、恋爱等其他矛盾，行为人索要财物的行为是否具有合法性基础。有些“事出有因”行为看似有因，但实际是人为制造出来的，如“造假买假后要求索赔”，可以考虑定敲诈勒索。[①] 如果行为人具有正当权利请求基础，即便在追讨债务的过程中，有“不给钱就曝光”等威胁性语言或举动，索要的金额一定程度超出正当维权的基础，一般也不认为具有非法占有目的。

（三）“被害人基于恐惧心理交付财物”的审查认定

一是证明被害人因受到威胁、恐吓产生恐惧心理的证据。包括书信、电话、电子邮件、聊天记录或者录音等电子证据或者视听资料，证明犯罪嫌疑人威胁、恐吓的内容足以使被害人产生恐惧心理；犯罪嫌疑人供述、被害人陈述、证人证言等言词证据，以及就诊记录、病历、鉴定意见等证据，证明被害人产生恐惧心理。二是证明被害人因恐惧而交付财物的证据。包括犯罪嫌疑人供述、被害人陈述、银行卡交易明细、账单、价格认定结论书等，证明被敲诈财物的价值。

五、实务认定中的其他问题

（一）行使权利与敲诈勒索的区分

实践中，有的公民因自身权利受到侵害，在与对方协商过程中以

① 刘辰主编:《侵犯财产犯罪办案指引》，中国检察出版社 2022 年版，第 296 页。

“不给钱就曝光”相威胁，以使得对方妥协，为自己争取权利，特别是网络时代“人人都有麦克风”，事件一旦通过互联网曝光，引发的舆论影响往往难以控制，因此也容易成为网络暴力的滋生土壤。对于敲诈勒索与行使权利的区分，有观点认为，如果使用威胁、要挟手段索取的财物明显超出了债权范围，则失去了行使权利的性质，可能成立敲诈勒索罪。[①]实务中多是以行为人是否具有正当维权依据作为认定敲诈勒索罪的关键要素，索赔数额是否合理在认定犯罪中的地位逐步提升，维权手段的不法程度在认定敲诈勒索罪中处于次要作用。[②]也有学者提出，以检举揭发违法犯罪为由逼取财物，原则上属于敲诈勒索行为，例外情况下予以出罪；行使正当财产权利时，其主张不超出财产权利的覆盖范围，即使使用了胁迫手段也不宜认定敲诈勒索罪；若其主张超出财产权利的覆盖范围，以诉讼、举报、媒体或网络曝光等以外的不正当逼迫手段，则可能入罪；虚假的权利胁迫取得财物的，宜进行入罪。[③]在有正当权利请求基础的情况下，以网络曝光负面信息或违法信息相要挟，即使索要财物的数额高于正当财产权利的范围，也不宜认定为敲诈勒索；但若以对方的生命、身体健康相威胁，则手段过当可能构成敲诈勒索；检举揭发违法犯罪行为，若行为人与该违法犯罪行为并未产生事实的关联性，不具备权利请求基础，则可能构成敲诈勒索。若网络曝光行为引发网络暴力等舆情事件，应注重审查发布的信息真实性，只要不是故意捏造事实或者

---

① 刘静坤：《网络敲诈勒索、非法经营案件法律适用问题探讨》，载《法律适用》2013年第11期。

② 徐光华：《消费领域过度维权与敲诈勒索罪的界限：实务考察与理论再塑》，载《政治与法律》2022年第10期。

③ 蔡桂生：《合理行使权利与敲诈勒索罪的区分》，载《国家检察官学院学报》2018年第2期。

明知是捏造事实而故意散布的，或者肆意谩骂、恶意诋毁的，不应当认定为诽谤、侮辱等违法犯罪。

（二）敲诈勒索罪与非法经营罪的区分

行为人利用信息网络以发帖、删帖等方式敲诈勒索他人财物的行为，与违反国家规定进行有偿删帖或者明知是虚假信息而提供发布服务的牟利行为，在行为表现上具有相似性。区分两罪时，一是要把握行为侵犯的法益。敲诈勒索行为通过向被害人施加压力，迫使其给付财物，侵犯被害人的财产权益，非法经营则是破坏有偿提供信息网络服务的市场经济秩序。二是要把握主观目的不同。敲诈勒索行为主观上是非法占有，非法经营主观目的是营利，犯罪所得是提供处理信息服务产生的对价。三是把握两罪中涉及的网络信息。敲诈勒索行为中删除或者发布的信息不要求是虚假的，而通过非法经营行为中发布的信息必须是虚假的，如果行为人不明知发布的信息是虚假信息，即使收取费用，也不认定为非法经营罪。[①]

（三）准确认定网络敲诈勒索的“恶势力”

随着黑恶势力向网络空间蔓延，利用信息网络实施的违法犯罪行为突破了传统犯罪的时空限制，波及范围更广，犯罪链条更为隐蔽，行为方式多以软暴力为主，实施线上与线下相结合或者纯线下的滋扰、威胁行为。最高人民法院、最高人民检察院、公安部、司法部《关于办理黑恶势力犯罪案件若干问题的指导意见》中明确要关注组织或雇佣网络

---

① 刘静坤:《网络敲诈勒索、非法经营案件法律适用问题探讨》，载《法律适用》2013年第11期。

“水军”在网上威胁、恐吓、侮辱、诽谤、滋扰的黑恶势力。但要注意，网络上组织或雇佣水军实施敲诈勒索行为，可能是由一两个人作为固定纠集者，临时招募成员完成任务，当即结清酬金，[①] 并未呈现出严密的组织性特征，而是具有临时性，成员之间关系呈现合作的倾向。对此，有观点认为，如果被临时纠集者都构成犯罪，人数符合刑法所规定的 3 人以上，可以认为达到恶势力犯罪的人数标准，但如果被纠集者属于不明真相的人员除外。[②] 但通说观点认为应该是相对固定的成员为 3 人以上，而包括被临时纠集者，从而避免拔高认定为恶势力的组织特征。

检察机关在办理网络敲诈勒索案件时，要注重充分挖掘网络恶势力犯罪线索，贯彻“不放过不凑数”原则，准确认定网络恶势力犯罪，并依法界定有组织犯罪的成员范围。一是组织特征，有 3 名以上的组织成员，有明显的首要分子，重要成员较为固定，组织成员经常纠集在一起，共同故意实施三次以上恶势力惯常实施的犯罪活动或者其他犯罪活动。二是行为特征，纯线上或线上及线下相结合的方式实施威胁、恐吓、滋扰等“软暴力”犯罪。三是社会危害性特征，在特定区域或行业为非作恶，扰乱经济、社会生活秩序，造成恶劣的社会影响。对于犯罪链条长、层级复杂的涉网黑恶案件，应当注重审查区分犯罪分子地位、作用、参与时间长短与介入程度等，准确区分主从犯，对于从犯，予以从轻或减轻处罚，确保罪刑均衡、罚当其罪。[③]

---

① 樊江涛:《网络黑恶势力组织刑法评价之偏差与匡正》，载《西部法学评论》2021 年第 1 期。

② 陈兴良:《恶势力犯罪研究》，载《中国刑事法杂志》2019 年第 4 期。

③ 沈雪中、王挺、张素蓉:《跨境网络裸聊敲诈案件办理实践及思考——以洪某都等人敲诈勒索案为例》，载《中国检察官》2023 年第 6 期。

第十章　非法经营罪

一、罪名概述

非法经营罪在网络犯罪中表现为违反国家规定，以营利为目的，通过信息网络有偿提供删除信息服务，或者明知是虚假信息，通过信息网络有偿提供发布信息等服务，扰乱市场秩序，情节严重的行为。《网络诽谤案件解释》第7条规定了构成本罪“情节严重”的非法经营数额或违法所得数额。

实践中，网络暴力信息的传播、扩散往往有“网络水军”的参与。一些以营利为目的的“网络公关公司”“网络营销组织”，非法从事删帖服务，或利用信息网络大肆传播虚假信息，严重影响了网络信息服务市场秩序，[①] 造成虚假信息的迅速扩散，并常常成为网络暴力事件的“推波助澜者”，造成严重的社会危害性。因此，在这一背景下解决法律适用的问题，必须要有针对性地细化非法经营罪兜底条款的入罪标准，才能使得刑法更好发挥治理作用。[②]

非法经营罪第4项兜底条款使得本罪一直存在口袋化的倾向，为了避免不当入罪，学者提出“如果在法律、司法解释中没有明确规定，就不得认定为其他严重扰乱市场秩序的非法经营行为”[③]，在司法应用层面适

① 张向东:《网络非法经营犯罪若干问题辨析》，载《法律适用》2014年第2期。

② 滕嘉远:《“互联网+”背景下保留“兜底条款”的必要性分析——以非法经营罪为视角》，载《学术交流》2020年第6期。

③ 陈兴良:《口授刑法学》，中国人民大学出版社2007年版，第765页。

用本罪时必须进行严格限定。但在立法和司法解释层面，需要因时而动、适应网络经济时代的新挑战。有学者指出，立法上设置堵截性条款也有其正当性，处在转型期的中国，经济活动日新月异，成文法难以将所有扰乱市场秩序的经济失范行为进行统一而明确的规定，况且随着时代的变迁，也无法完全预见立法时尚未出现的很多行为。[①] 因此，经充分研判该类行为的社会危害性，《网络诽谤案件解释》对此类行为作出了明确规定。

二、典型案例

北京某有限责任公司、杨某某等非法经营案[②]

北京某有限责任公司于2006年8月24日成立，法定代表人为杨某某（网名“立二拆四”）。该某公司的日常经营管理均由被告人杨某某负责。卢某于2008年1月同北京某有限责任公司签订了劳动合同，后任媒介部主管，主要负责与媒介的联系、发稿、删帖等工作。

2010年杨某某提议其妻王某某同李某某（卢某之夫）成立了某文化传播有限公司。2012年5月，杨某某指示王某某将某公司变更为北京某有限公司，并将法定代表人变更为赵某。杨某某实际控制该公司的日常管理及业务，卢某在该公司负责与媒介的联系、发稿、删帖等工作。

北京某有限责任公司自2008年至2013年，多次通过信息网络有偿提供删除信息服务和发布虚假信息服务，非法经营数额共计人民币531200元。北京某有限公司自2012年5月至2013年，通过信息网络有

① 武良军：《非法经营罪堵截条款异化之研究》，载《环球法律评论》2014年第5期。
② （2014）朝刑初字第1300号判决书。

偿提供删除信息服务，非法经营数额人民币22万余元。

法院经审理认为：北京某有限责任公司、北京某有限公司、杨某某、卢某的行为均已构成非法经营罪。

违反国家规定，为牟取经济利益，通过信息网络有偿提供删除信息服务，并在明知是虚假信息的情况下仍通过信息网络有偿提供发布信息服务，扰乱市场秩序，情节严重的，可能构成非法经营罪。

三、非法经营罪在网络暴力犯罪中的特征

（一）构罪前提

构成本罪的前提是“违反国家规定”。认定网络犯罪中非法经营“违反国家规定”的依据，主要是违反全国人民代表大会常务委员会《关于维护互联网安全的决定》和国务院《互联网信息服务管理办法》。依照《关于维护互联网安全的决定》第5条，利用互联网实施本决定第1条、第2条、第3条、第4条所列行为以外的其他行为，构成犯罪的，依照刑法有关规定追究刑事责任。依照《互联网信息服务管理办法》第3条、第4条，国家对经营性互联网信息服务实行许可制度，未取得许可不得从事互联网有偿信息服务，这也从侧面证明非法经营罪保护的法益是市场准入和许可制度。

（二）主观方面

行为人主观方面为故意，并且有营利的目的。对于个别网民并非专门从事经营活动，只是偶尔一两次帮助他人发帖，并收取一定费用的，即使数额达到了《网络诽谤案件解释》规定的标准，一般也不宜认定为

“以营利为目的”。[①]

（三）行为方式

利用信息网络实施非法经营犯罪的行为方式包括两种：非法提供信息发布服务和非法提供删除信息服务。提供信息发布服务的行为人必须知道或者应当知道是虚假信息，如果并不明知是虚假信息，即使收取了费用，也不宜认定为非法经营罪。[②] 而提供删除信息服务的并未要求针对虚假信息，实践中也有相当一部分删除的是真实信息，比如淘宝上的用户真实评价、网民举报信息等，严重侵害广大网民的知情权，也破坏信息网络服务市场秩序。需要注意的是，对“删除”的理解不宜过分扩大，通过“沉帖”“降低排名与热度”等方式使得搜索困难，但是并未阻止搜索到相关信息可能性的，不宜认定为“删除”信息；但是“屏蔽”却会导致信息被彻底掩盖、隐藏，信息一般无法再被搜索到，起到的效果与删除一致。对于向享有从事互联网信息服务业务经营权限的经营者进行申诉，要求其提供删除、屏蔽信息服务的，如果双方之间不存在共谋从事经营性互联网信息服务的事实，具有经营权的经营者本身负有向上网用户提供良好服务并保证所提供信息内容真实合法的义务，经审核后删除部分不实信息的，申诉人和经营者都不构成非法经营罪。[③]

① 最高人民法院刑事审判第三庭：《〈关于办理利用信息网络实施诽谤等刑事案件适用法律若干问题的解释〉的理解与适用》，载《人民司法》2013 年第 21 期。

② 孙春雨、韩雪、郭俐：《网络犯罪专业化公诉样本》，中国检察出版社 2014 年版，第 170 页。

③ 陈荣土、金泽刚等：《代为申诉请求平台删除网页负面信息如何认定》，载《人民检察》2020 年第 18 期。

（四）入罪门槛

非法经营罪的入罪门槛要达到“情节严重”。《网络诽谤案件解释》规定，利用信息网络进行非法经营的，个人非法经营数额在5万元以上，或者违法所得数额在2万元以上的，单位非法经营数额在15万元以上，或者违法所得数额在5万元以上的，构成“情节严重”。“情节特别严重”的数额标准是“情节严重”数额5倍以上。

四、证据收集与审查要点

在办理利用信息网络非法经营的案件中，应当特别注意以下问题：一是对“经营非法性”的审查认定；二是对“经营数额和违法所得数额”的审查认定。

（一）“经营非法性”的审查认定

要准确掌握相关利用信息网络经营行为违反的具体国家规定，并根据国家相关规定展开证据收集与审查，证明经营行为侵害了特定行业的国家经营许可制度。主要证据包括：公司的工商登记资料、个人的身份信息，开展经营活动的合同、协议，资金流向的交易明细、报销单等书证材料；勘验、检查、扣押经营场所、电子设备的笔录；从非法经营使用的电子设备中提取的存储数据；被告人供述、证人证言证明经营行为的起止时间、提供了哪些服务等。

（二）“经营数额和违法所得数额”的审查认定

实践中可能会遇到非法经营的账目混乱或没有账目的情况，在审查认定时，可以根据双方之间达成的服务合同设定对价，结合犯罪嫌疑人的言词证据、证人证言等相互印证综合认定经营数额。对于违法所得数额认定，要注意排除发布真实信息的犯罪所得，以及并非采取删除、屏蔽，而是通过下沉、降低排名等方式处理信息的获利金额。“仅依靠言词证据对非法经营数额和违法所得数额进行认定的，要严格审查犯罪嫌疑人前后供述的稳定性、一致性，审查其供述与证人证言能否相互印证，对于供述前后不一致，供述与证言不一致的，应当采取就低不就高的原则进行认定。”① 同时，由于本罪自然人与单位犯罪的入罪门槛不同，在审查时特别注意区分是单位犯罪还是个人为进行违法犯罪活动而设立的公司、企业。

五、实务认定中的其他问题

（一）本罪的适用范围不局限于电子商务领域的刷单刷评

有观点认为，《关于维护互联网安全的决定》中与市场秩序有关的条文是第3条，那么如果水军行为只是损害个人的名誉，而与商业信誉、商品声誉、知识产权等无关，那么就并未侵犯市场秩序，也就不构成非法经营罪。② 但是一方面，《关于维护互联网安全的决定》第5条明确了从事所列行为以外的其他行为，也可能构成刑事犯罪，说明并不是仅有列举内容才是有前置法约束的；另一方面，将以营利为目的，组织对他人进行宣传炒作、虚假评论的，解释为《关于维护互联网安全的决定》规定的“通过信息网络有偿提供发布信息等服务”也不存在障碍。

---

① 王文利主编：《破坏社会主义市场经济秩序犯罪办案指引》（下册），中国检察出版社2022年版，第963页。

② 罗翔：《网络水军与名誉权的刑法保护》，载《社会科学辑刊》2019年第4期。

（二）实质判断是否严重扰乱市场秩序

在适用《网络诽谤案件解释》认定互联网领域"其他严重扰乱市场秩序的非法经营行为"时，应当根据相关行为是否具有与《刑法》第225条前3项规定的非法经营行为相当的社会危害性、刑事违法性和刑事处罚必要性进行判断。不能以未经批准登记代替违反国家规定的认定，而是要实质考虑该经营行为是否严重扰乱市场秩序。[①] 检察机关在办理相关案件时，要依法客观审查认定。

① 参见最高人民法院指导案例第97号："王力军非法经营再审改判无罪案"。

中华人民共和国刑法（节选）

（1979年7月1日第五届全国人民代表大会第二次会议通过　1997年3月14日第八届全国人民代表大会第五次会议修订　根据1998年12月29日第九届全国人民代表大会常务委员会第六次会议通过的《全国人民代表大会常务委员会关于惩治骗购外汇、逃汇和非法买卖外汇犯罪的决定》、1999年12月25日第九届全国人民代表大会常务委员会第十三次会议通过的《中华人民共和国刑法修正案》、2001年8月31日第九届全国人民代表大会常务委员会第二十三次会议通过的《中华人民共和国刑法修正案（二）》、2001年12月29日第九届全国人民代表大会常务委员会第二十五次会议通过的《中华人民共和国刑法修正案（三）》、2002年12月28日第九届全国人民代表大会常务委员会第三十一次会议通过的《中华人民共和国刑法修正案（四）》、2005年2月28日第十届全国人民代表大会常务委员会第十四次会议通过的《中华人民共和国刑法修正案（五）》、2006年6月29日第十届全国人民代表大会常务委员会第二十二次会议通过的《中华人民共和国刑法修正案（六）》、2009年2月28日第十一届全国人民代表大会常务委员会第七次会议通过的《中华人民共和国刑法修正案（七）》、2009年8月27日第十一届全国人民代表大会常务委员会第十次会议通过的《全国人民代表大会常务委员会关于修改部分法律的决定》、2011年2月25日第十一届全国人民代表大会常务委员会第十九次会议通过的《中华人民共和国刑法修正案（八）》、2015年8月29日第十二届全国人民代表大会常务委员会第十六次会议通过的《中华人民共和国刑法修正案（九）》、2017年11月4日第十二届全国人民代表大会常务委员会第三十次会议通过的《中华人民共和国刑法修正案（十）》、2020年12月26日第十三届全国人民代表大会常务委员会第二十四次会议通过的《中华人民共和国刑法修正案（十一）》和2023年12月29日第十四届全国人民代表大会常务委员会

第七次会议通过的《中华人民共和国刑法修正案（十二）》修正）[①]

第三十七条之一　【从业禁业】因利用职业便利实施犯罪，或者实施违背职业要求的特定义务的犯罪被判处刑罚的，人民法院可以根据犯罪情况和预防再犯罪的需要，禁止其自刑罚执行完毕之日或者假释之日起从事相关职业，期限为三年至五年。

被禁止从事相关职业的人违反人民法院依照前款规定作出的决定的，由公安机关依法给予处罚；情节严重的，依照本法第三百一十三条的规定定罪处罚。

其他法律、行政法规对其从事相关职业另有禁止或者限制性规定的，从其规定。

第二百二十五条　【非法经营罪】违反国家规定，有下列非法经营行为之一，扰乱市场秩序，情节严重的，处五年以下有期徒刑或者拘役，并处或者单处违法所得一倍以上五倍以下罚金；情节特别严重的，处五年以上有期徒刑，并处违法所得一倍以上五倍以下罚金或者没收财产：

（一）未经许可经营法律、行政法规规定的专营、专卖物品或者其他限制买卖的物品的；

（二）买卖进出口许可证、进出口原产地证明以及其他法律、行政法规规定的经营许可证或者批准文件的；

（三）未经国家有关主管部门批准非法经营证券、期货、保险业务的，或者非法从事资金支付结算业务的；

（四）其他严重扰乱市场秩序的非法经营行为。

第二百四十六条　【侮辱罪】【诽谤罪】以暴力或者其他方法公然侮辱他人或者捏造事实诽谤他人，情节严重的，处三年以下有期徒刑、拘役、管制或者剥夺政治权利。

前款罪，告诉的才处理，但是严重危害社会秩序和国家利益的除外。

通过信息网络实施第一款规定的行为，被害人向人民法院告诉，但提供证据确有困难的，人民法院可以要求公安机关提供协助。

第二百五十三条之一　【侵犯公民个人信息罪】违反国家有关规定，向他人出售或者提供公民个人信息，情节严重的，处三年以下有期徒刑或者拘役，并处或

① 《中华人民共和国刑法修正案（十二）》自 2024 年 3 月 1 日起施行。

者单处罚金；情节特别严重的，处三年以上七年以下有期徒刑，并处罚金。

违反国家有关规定，将在履行职责或者提供服务过程中获得的公民个人信息，出售或者提供给他人的，依照前款的规定从重处罚。

窃取或者以其他方法非法获取公民个人信息的，依照第一款的规定处罚。

单位犯前三款罪的，对单位判处罚金，并对其直接负责的主管人员和其他直接责任人员，依照各该款的规定处罚。

第二百七十四条 【敲诈勒索罪】敲诈勒索公私财物，数额较大或者多次敲诈勒索的，处三年以下有期徒刑、拘役或者管制，并处或者单处罚金；数额巨大或者有其他严重情节的，处三年以上十年以下有期徒刑，并处罚金；数额特别巨大或者有其他特别严重情节的，处十年以上有期徒刑，并处罚金。

第二百八十六条之一 【拒不履行信息网络安全管理义务罪】网络服务提供者不履行法律、行政法规规定的信息网络安全管理义务，经监管部门责令采取改正措施而拒不改正，有下列情形之一的，处三年以下有期徒刑、拘役或者管制，并处或者单处罚金：

（一）致使违法信息大量传播的；

（二）致使用户信息泄露，造成严重后果的；

（三）致使刑事案件证据灭失，情节严重的；

（四）有其他严重情节的。

单位犯前款罪的，对单位判处罚金，并对其直接负责的主管人员和其他直接责任人员，依照前款的规定处罚。

有前两款行为，同时构成其他犯罪的，依照处罚较重的规定定罪处罚。

第二百八十七条之一 【非法利用信息网络罪】利用信息网络实施下列行为之一，情节严重的，处三年以下有期徒刑或者拘役，并处或者单处罚金：

（一）设立用于实施诈骗、传授犯罪方法、制作或者销售违禁物品、管制物品等违法犯罪活动的网站、通讯群组的；

（二）发布有关制作或者销售毒品、枪支、淫秽物品等违禁物品、管制物品或者其他违法犯罪信息的；

（三）为实施诈骗等违法犯罪活动发布信息的。

单位犯前款罪的，对单位判处罚金，并对其直接负责的主管人员和其他直接责任人员，依照第一款的规定处罚。

有前两款行为，同时构成其他犯罪的，依照处罚较重的规定定罪处罚。

第二百八十七条之二 【帮助信息网络犯罪活动罪】明知他人利用信息网络实施犯罪，为其犯罪提供互联网接入、服务器托管、网络存储、通讯传输等技术支持，或者提供广告推广、支付结算等帮助，情节严重的，处三年以下有期徒刑或者拘役，并处或者单处罚金。

单位犯前款罪的，对单位判处罚金，并对其直接负责的主管人员和其他直接责任人员，依照第一款的规定处罚。

有前两款行为，同时构成其他犯罪的，依照处罚较重的规定定罪处罚。

第二百九十三条 【寻衅滋事罪】有下列寻衅滋事行为之一，破坏社会秩序的，处五年以下有期徒刑、拘役或者管制：

（一）随意殴打他人，情节恶劣的；

（二）追逐、拦截、辱骂、恐吓他人，情节恶劣的；

（三）强拿硬要或者任意损毁、占用公私财物，情节严重的；

（四）在公共场所起哄闹事，造成公共场所秩序严重混乱的。

纠集他人多次实施前款行为，严重破坏社会秩序的，处五年以上十年以下有期徒刑，可以并处罚金。

第二百九十九条之一 【侵害英雄烈士名誉、荣誉罪】侮辱、诽谤或者以其他方式侵害英雄烈士的名誉、荣誉，损害社会公共利益，情节严重的，处三年以下有期徒刑、拘役、管制或者剥夺政治权利。

中华人民共和国刑法修正案（十一）（节选）

（2020年12月26日第十三届全国人民代表大会常务委员会第二十四次会议通过　2021年3月1日起施行）

三十五、在刑法第二百九十九条后增加一条，作为第二百九十九条之一："侮辱、诽谤或者以其他方式侵害英雄烈士的名誉、荣誉，损害社会公共利益，情节严重的，处三年以下有期徒刑、拘役、管制或者剥夺政治权利。"

中华人民共和国刑法修正案（九）
（节选）

（2015年8月29日第十二届全国人民代表大会常务委员会
第十六次会议通过　2015年11月1日起施行）

一、在刑法第三十七条后增加一条，作为第三十七条之一："因利用职业便利实施犯罪，或者实施违背职业要求的特定义务的犯罪被判处刑罚的，人民法院可以根据犯罪情况和预防再犯罪的需要，禁止其自刑罚执行完毕之日或者假释之日起从事相关职业，期限为三年至五年。

"被禁止从事相关职业的人违反人民法院依照前款规定作出的决定的，由公安机关依法给予处罚；情节严重的，依照本法第三百一十三条的规定定罪处罚。

"其他法律、行政法规对其从事相关职业另有禁止或者限制性规定的，从其规定。"

十七、将刑法第二百五十三条之一修改为："违反国家有关规定，向他人出售或者提供公民个人信息，情节严重的，处三年以下有期徒刑或者拘役，并处或者单处罚金；情节特别严重的，处三年以上七年以下有期徒刑，并处罚金。

"违反国家有关规定，将在履行职责或者提供服务过程中获得的公民个人信息，出售或者提供给他人的，依照前款的规定从重处罚。

"窃取或者以其他方法非法获取公民个人信息的，依照第一款的规定处罚。

"单位犯前三款罪的，对单位判处罚金，并对其直接负责的主管人员和其他直接责任人员，依照各该款的规定处罚。"

二十八、在刑法第二百八十六条后增加一条，作为第二百八十六条之一："网络服务提供者不履行法律、行政法规规定的信息网络安全管理义务，经监管部门责令采取改正措施而拒不改正，有下列情形之一的，处三年以下有期徒刑、拘役或者管制，并处或者单处罚金：

"（一）致使违法信息大量传播的；

“（二）致使用户信息泄露，造成严重后果的；

“（三）致使刑事案件证据灭失，情节严重的；

“（四）有其他严重情节的。

“单位犯前款罪的，对单位判处罚金，并对其直接负责的主管人员和其他直接责任人员，依照前款的规定处罚。

“有前两款行为，同时构成其他犯罪的，依照处罚较重的规定定罪处罚。”

二十九、在刑法第二百八十七条后增加二条，作为第二百八十七条之一、第二百八十七条之二：

“第二百八十七条之一　利用信息网络实施下列行为之一，情节严重的，处三年以下有期徒刑或者拘役，并处或者单处罚金：

“（一）设立用于实施诈骗、传授犯罪方法、制作或者销售违禁物品、管制物品等违法犯罪活动的网站、通讯群组的；

“（二）发布有关制作或者销售毒品、枪支、淫秽物品等违禁物品、管制物品或者其他违法犯罪信息的；

“（三）为实施诈骗等违法犯罪活动发布信息的。

“单位犯前款罪的，对单位判处罚金，并对其直接负责的主管人员和其他直接责任人员，依照第一款的规定处罚。

“有前两款行为，同时构成其他犯罪的，依照处罚较重的规定定罪处罚。

“第二百八十七条之二　明知他人利用信息网络实施犯罪，为其犯罪提供互联网接入、服务器托管、网络存储、通讯传输等技术支持，或者提供广告推广、支付结算等帮助，情节严重的，处三年以下有期徒刑或者拘役，并处或者单处罚金。

“单位犯前款罪的，对单位判处罚金，并对其直接负责的主管人员和其他直接责任人员，依照第一款的规定处罚。

“有前两款行为，同时构成其他犯罪的，依照处罚较重的规定定罪处罚。”

中华人民共和国刑法修正案（八）（节选）

（2011 年 2 月 25 日第十一届全国人民代表大会常务委员会第十九次会议通过 2011 年 5 月 1 日起施行）

十四、将刑法第七十七条第二款修改为：“被宣告缓刑的犯罪分子，在缓刑考验期限内，违反法律、行政法规或者国务院有关部门关于缓刑的监督管理规定，或者违反人民法院判决中的禁止令，情节严重的，应当撤销缓刑，执行原判刑罚。”

四十二、将刑法第二百九十三条修改为：“有下列寻衅滋事行为之一，破坏社会秩序的，处五年以下有期徒刑、拘役或者管制：

“（一）随意殴打他人，情节恶劣的；

“（二）追逐、拦截、辱骂、恐吓他人，情节恶劣的；

“（三）强拿硬要或者任意损毁、占用公私财物，情节严重的；

“（四）在公共场所起哄闹事，造成公共场所秩序严重混乱的。

纠集他人多次实施前款行为，严重破坏社会秩序的，处五年以上十年以下有期徒刑，可以并处罚金。”

全国人民代表大会常务委员会
关于加强网络信息保护的决定

（2012年12月28日第十一届全国人民代表大会常务委员会第三十次会议通过　2012年12月28日公布并施行）

为了保护网络信息安全，保障公民、法人和其他组织的合法权益，维护国家安全和社会公共利益，特作如下决定：

一、国家保护能够识别公民个人身份和涉及公民个人隐私的电子信息。

任何组织和个人不得窃取或者以其他非法方式获取公民个人电子信息，不得出售或者非法向他人提供公民个人电子信息。

二、网络服务提供者和其他企业事业单位在业务活动中收集、使用公民个人电子信息，应当遵循合法、正当、必要的原则，明示收集、使用信息的目的、方式和范围，并经被收集者同意，不得违反法律、法规的规定和双方的约定收集、使用信息。

网络服务提供者和其他企业事业单位收集、使用公民个人电子信息，应当公开其收集、使用规则。

三、网络服务提供者和其他企业事业单位及其工作人员对在业务活动中收集的公民个人电子信息必须严格保密，不得泄露、篡改、毁损，不得出售或者非法向他人提供。

四、网络服务提供者和其他企业事业单位应当采取技术措施和其他必要措施，确保信息安全，防止在业务活动中收集的公民个人电子信息泄露、毁损、丢失。在发生或者可能发生信息泄露、毁损、丢失的情况时，应当立即采取补救措施。

五、网络服务提供者应当加强对其用户发布的信息的管理，发现法律、法规禁止发布或者传输的信息的，应当立即停止传输该信息，采取消除等处置措施，保存有关记录，并向有关主管部门报告。

六、网络服务提供者为用户办理网站接入服务，办理固定电话、移动电话等入网手续，或者为用户提供信息发布服务，应当在与用户签订协议或者确认提供服务时，要求用户提供真实身份信息。

七、任何组织和个人未经电子信息接收者同意或者请求，或者电子信息接收者明确表示拒绝的，不得向其固定电话、移动电话或者个人电子邮箱发送商业性电子信息。

八、公民发现泄露个人身份、散布个人隐私等侵害其合法权益的网络信息，或者受到商业性电子信息侵扰的，有权要求网络服务提供者删除有关信息或者采取其他必要措施予以制止。

九、任何组织和个人对窃取或者以其他非法方式获取、出售或者非法向他人提供公民个人电子信息的违法犯罪行为以及其他网络信息违法犯罪行为，有权向有关主管部门举报、控告；接到举报、控告的部门应当依法及时处理。被侵权人可以依法提起诉讼。

十、有关主管部门应当在各自职权范围内依法履行职责，采取技术措施和其他必要措施，防范、制止和查处窃取或者以其他非法方式获取、出售或者非法向他人提供公民个人电子信息的违法犯罪行为以及其他网络信息违法犯罪行为。有关主管部门依法履行职责时，网络服务提供者应当予以配合，提供技术支持。

国家机关及其工作人员对在履行职责中知悉的公民个人电子信息应当予以保密，不得泄露、篡改、毁损，不得出售或者非法向他人提供。

十一、对有违反本决定行为的，依法给予警告、罚款、没收违法所得、吊销许可证或者取消备案、关闭网站、禁止有关责任人员从事网络服务业务等处罚，记入社会信用档案并予以公布；构成违反治安管理行为的，依法给予治安管理处罚。构成犯罪的，依法追究刑事责任。侵害他人民事权益的，依法承担民事责任。

十二、本决定自公布之日起施行。

全国人民代表大会常务委员会
关于维护互联网安全的决定

（2000年12月28日第九届全国人民代表大会常务委员会第十九次会议通过　根据2011年1月8日《国务院关于废止和修改部分行政法规的决定》修订）

我国的互联网，在国家大力倡导和积极推动下，在经济建设和各项事业中得到日益广泛的应用，使人们的生产、工作、学习和生活方式已经开始并将继续发生深刻的变化，对于加快我国国民经济、科学技术的发展和社会服务信息化进程具有重要作用。同时，如何保障互联网的运行安全和信息安全问题已经引起全社会的普遍关注。为了兴利除弊，促进我国互联网的健康发展，维护国家安全和社会公共利益，保护个人、法人和其他组织的合法权益，特作如下决定：

一、为了保障互联网的运行安全，对有下列行为之一，构成犯罪的，依照刑法有关规定追究刑事责任：

（一）侵入国家事务、国防建设、尖端科学技术领域的计算机信息系统；

（二）故意制作、传播计算机病毒等破坏性程序，攻击计算机系统及通信网络，致使计算机系统及通信网络遭受损害；

（三）违反国家规定，擅自中断计算机网络或者通信服务，造成计算机网络或者通信系统不能正常运行。

二、为了维护国家安全和社会稳定，对有下列行为之一，构成犯罪的，依照刑法有关规定追究刑事责任：

（一）利用互联网造谣、诽谤或者发表、传播其他有害信息，煽动颠覆国家政权、推翻社会主义制度，或者煽动分裂国家、破坏国家统一；

（二）通过互联网窃取、泄露国家秘密、情报或者军事秘密；

（三）利用互联网煽动民族仇恨、民族歧视，破坏民族团结；

（四）利用互联网组织邪教组织、联络邪教组织成员，破坏国家法律、行政法规实施。

三、为了维护社会主义市场经济秩序和社会管理秩序，对有下列行为之一，构成犯罪的，依照刑法有关规定追究刑事责任：

（一）利用互联网销售伪劣产品或者对商品、服务作虚假宣传；

（二）利用互联网损害他人商业信誉和商品声誉；

（三）利用互联网侵犯他人知识产权；

（四）利用互联网编造并传播影响证券、期货交易或者其他扰乱金融秩序的虚假信息；

（五）在互联网上建立淫秽网站、网页，提供淫秽站点链接服务，或者传播淫秽书刊、影片、音像、图片。

四、为了保护个人、法人和其他组织的人身、财产等合法权利，对有下列行为之一，构成犯罪的，依照刑法有关规定追究刑事责任：

（一）利用互联网侮辱他人或者捏造事实诽谤他人；

（二）非法截获、篡改、删除他人电子邮件或者其他数据资料，侵犯公民通信自由和通信秘密；

（三）利用互联网进行盗窃、诈骗、敲诈勒索。

五、利用互联网实施本决定第一条、第二条、第三条、第四条所列行为以外的其他行为，构成犯罪的，依照刑法有关规定追究刑事责任。

六、利用互联网实施违法行为，违反社会治安管理，尚不构成犯罪的，由公安机关依照《治安管理处罚法》予以处罚；违反其他法律、行政法规，尚不构成犯罪的，由有关行政管理部门依法给予行政处罚；对直接负责的主管人员和其他直接责任人员，依法给予行政处分或者纪律处分。

利用互联网侵犯他人合法权益，构成民事侵权的，依法承担民事责任。

七、各级人民政府及有关部门要采取积极措施，在促进互联网的应用和网络技术的普及过程中，重视和支持对网络安全技术的研究和开发，增强网络的安全防护能力。有关主管部门要加强对互联网的运行安全和信息安全的宣传教育，依法实施有效的监督管理，防范和制止利用互联网进行的各种违法活动，为互联网的健康发展创造良好的社会环境。从事互联网业务的单位要依法开展活动，发现互联网上出现违法犯罪行为和有害信息时，要采取措施，停止传输有害信息，并及时向有关机关报告。任何单位和个人在利用互联网时，都要遵纪守法，抵制各种违法犯罪行为和有害信息。人民法院、人民检察院、公安机关、国家安全机关要各司其职，密切配合，依法严厉打击利用互联网实施的各种犯罪活动。要动员全社会的力量，依靠全社会的共同努力，保障互联网的运行安全与信息安全，促进社会主义精神文明和物质文明建设。

国务院
互联网信息服务管理办法

（2000年9月25日中华人民共和国国务院令第292号公布
根据2011年1月8日《国务院关于废止和修改部分行政法规的规定》修订）

第一条　为了规范互联网信息服务活动，促进互联网信息服务健康有序发展，制定本办法。

第二条　在中华人民共和国境内从事互联网信息服务活动，必须遵守本办法。

本办法所称互联网信息服务，是指通过互联网向上网用户提供信息的服务活动。

第三条　互联网信息服务分为经营性和非经营性两类。

经营性互联网信息服务，是指通过互联网向上网用户有偿提供信息或者网页制作等服务活动。

非经营性互联网信息服务，是指通过互联网向上网用户无偿提供具有公开性、共享性信息的服务活动。

第四条　国家对经营性互联网信息服务实行许可制度；对非经营性互联网信息服务实行备案制度。

未取得许可或者未履行备案手续的，不得从事互联网信息服务。

第五条　从事新闻、出版、教育、医疗保健、药品和医疗器械等互联网信息服务，依照法律、行政法规以及国家有关规定须经有关主管部门审核同意的，在申请经营许可或者履行备案手续前，应当依法经有关主管部门审核同意。

第六条　从事经营性互联网信息服务，除应当符合《中华人民共和国电信条例》规定的要求外，还应当具备下列条件：

（一）有业务发展计划及相关技术方案；

（二）有健全的网络与信息安全保障措施，包括网站安全保障措施、信息安全保密管理制度、用户信息安全管理制度；

（三）服务项目属于本办法第五条规定范围的，已取得有关主管部门同意的文件。

第七条 从事经营性互联网信息服务，应当向省、自治区、直辖市电信管理机构或者国务院信息产业主管部门申请办理互联网信息服务增值电信业务经营许可证（以下简称经营许可证）。

省、自治区、直辖市电信管理机构或者国务院信息产业主管部门应当自收到申请之日起60日内审查完毕，作出批准或者不予批准的决定。予以批准的，颁发经营许可证；不予批准的，应当书面通知申请人并说明理由。

申请人取得经营许可证后，应当持经营许可证向企业登记机关办理登记手续。

第八条 从事非经营性互联网信息服务，应当向省、自治区、直辖市电信管理机构或者国务院信息产业主管部门办理备案手续。办理备案时，应当提交下列材料：

（一）主办单位和网站负责人的基本情况；

（二）网站网址和服务项目；

（三）服务项目属于本办法第五条规定范围的，已取得有关主管部门的同意文件。

省、自治区、直辖市电信管理机构对备案材料齐全的，应当予以备案并编号。

第九条 从事互联网信息服务，拟开办电子公告服务的，应当在申请经营性互联网信息服务许可或者办理非经营性互联网信息服务备案时，按照国家有关规定提出专项申请或者专项备案。

第十条 省、自治区、直辖市电信管理机构和国务院信息产业主管部门应当公布取得经营许可证或者已履行备案手续的互联网信息服务提供者名单。

第十一条 互联网信息服务提供者应当按照经许可或者备案的项目提供服务，不得超出经许可或者备案的项目提供服务。

非经营性互联网信息服务提供者不得从事有偿服务。

互联网信息服务提供者变更服务项目、网站网址等事项的，应当提前30日向原审核、发证或者备案机关办理变更手续。

第十二条 互联网信息服务提供者应当在其网站主页的显著位置标明其经营许可证编号或者备案编号。

第十三条　互联网信息服务提供者应当向上网用户提供良好的服务，并保证所提供的信息内容合法。

第十四条　从事新闻、出版以及电子公告等服务项目的互联网信息服务提供者，应当记录提供的信息内容及其发布时间、互联网地址或者域名；互联网接入服务提供者应当记录上网用户的上网时间、用户账号、互联网地址或者域名、主叫电话号码等信息。

互联网信息服务提供者和互联网接入服务提供者的记录备份应当保存60日，并在国家有关机关依法查询时，予以提供。

第十五条　互联网信息服务提供者不得制作、复制、发布、传播含有下列内容的信息：

（一）反对宪法所确定的基本原则的；

（二）危害国家安全，泄露国家秘密，颠覆国家政权，破坏国家统一的；

（三）损害国家荣誉和利益的；

（四）煽动民族仇恨、民族歧视，破坏民族团结的；

（五）破坏国家宗教政策，宣扬邪教和封建迷信的；

（六）散布谣言，扰乱社会秩序，破坏社会稳定的；

（七）散布淫秽、色情、赌博、暴力、凶杀、恐怖或者教唆犯罪的；

（八）侮辱或者诽谤他人，侵害他人合法权益的；

（九）含有法律、行政法规禁止的其他内容的。

第十六条　互联网信息服务提供者发现其网站传输的信息明显属于本办法第十五条所列内容之一的，应当立即停止传输，保存有关记录，并向国家有关机关报告。

第十七条　经营性互联网信息服务提供者申请在境内境外上市或者同外商合资、合作，应当事先经国务院信息产业主管部门审查同意；其中，外商投资的比例应当符合有关法律、行政法规的规定。

第十八条　国务院信息产业主管部门和省、自治区、直辖市电信管理机构，依法对互联网信息服务实施监督管理。

新闻、出版、教育、卫生、药品监督管理、工商行政管理和公安、国家安全等有关主管部门，在各自职责范围内依法对互联网信息内容实施监督管理。

第十九条　违反本办法的规定，未取得经营许可证，擅自从事经营性互联网信息服务，或者超出许可的项目提供服务的，由省、自治区、直辖市电信管理机构责令限期改正，有违法所得的，没收违法所得，处违法所得3倍以上5倍以下的罚款；没有违法所得或者违法所得不足5万元的，处10万元以上100万元以下的罚款；情节严重的，责令关闭网站。

违反本办法的规定，未履行备案手续，擅自从事非经营性互联网信息服务，或者超出备案的项目提供服务的，由省、自治区、直辖市电信管理机构责令限期改正；拒不改正的，责令关闭网站。

第二十条 制作、复制、发布、传播本办法第十五条所列内容之一的信息，构成犯罪的，依法追究刑事责任；尚不构成犯罪的，由公安机关、国家安全机关依照《中华人民共和国治安管理处罚法》、《计算机信息网络国际联网安全保护管理办法》等有关法律、行政法规的规定予以处罚；对经营性互联网信息服务提供者，并由发证机关责令停业整顿直至吊销经营许可证，通知企业登记机关；对非经营性互联网信息服务提供者，并由备案机关责令暂时关闭网站直至关闭网站。

第二十一条 未履行本办法第十四条规定的义务的，由省、自治区、直辖市电信管理机构责令改正；情节严重的，责令停业整顿或者暂时关闭网站。

第二十二条 违反本办法的规定，未在其网站主页上标明其经营许可证编号或者备案编号的，由省、自治区、直辖市电信管理机构责令改正，处5000元以上5万元以下的罚款。

第二十三条 违反本办法第十六条规定的义务的，由省、自治区、直辖市电信管理机构责令改正；情节严重的，对经营性互联网信息服务提供者，并由发证机关吊销经营许可证，对非经营性互联网信息服务提供者，并由备案机关责令关闭网站。

第二十四条 互联网信息服务提供者在其业务活动中，违反其他法律、法规的，由新闻、出版、教育、卫生、药品监督管理和工商行政管理等有关主管部门依照有关法律、法规的规定处罚。

第二十五条 电信管理机构和其他有关主管部门及其工作人员，玩忽职守、滥用职权、徇私舞弊，疏于对互联网信息服务的监督管理，造成严重后果，构成犯罪的，依法追究刑事责任；尚不构成犯罪的，对直接负责的主管人员和其他直接责任人员依法给予降级、撤职直至开除的行政处分。

第二十六条 在本办法公布前从事互联网信息服务的，应当自本办法公布之日起60日内依照本办法的有关规定补办有关手续。

第二十七条 本办法自公布之日起施行。

国家互联网信息办公室
网络暴力信息治理规定（征求意见稿）

（2023 年 7 月 7 日发布）

第一章　总则

第一条　为了强化网络暴力信息治理，营造良好网络生态，保障公民合法权益，维护社会公共利益，根据《中华人民共和国网络安全法》《中华人民共和国个人信息保护法》等法律、行政法规，制定本规定。

第二条　中华人民共和国境内的网络暴力信息治理活动，适用本规定。

本规定所称网络暴力信息，是指通过网络对个人集中发布的，侮辱谩骂、造谣诽谤、侵犯隐私，以及严重影响身心健康的道德绑架、贬低歧视、恶意揣测等违法和不良信息。

第三条　国家网信部门负责统筹协调全国网络暴力信息治理和相关监督管理工作。

地方各级网信部门负责统筹协调本行政区域内的网络暴力信息治理和相关监督管理工作。

第四条　鼓励相关行业组织加强行业自律，督促指导网络信息服务提供者加强网络暴力信息治理并接受社会监督。

第二章　一般规定

第五条　网络信息服务提供者应当履行信息内容管理主体责任，建立完善网络暴力信息治理机制，健全账号管理、信息发布审核、监测预警、举报救助、网络暴力信息处置等制度。

第六条　网络信息服务提供者应当强化网络用户账号信息管理，防止假冒、仿冒、恶意关联网络暴力事件当事人进行违规注册或发布信息，协助当事人进行个人账号认证。

第七条　网络信息服务提供者应当制定和公开管理规则、平台公约，在用户协议中明确用户制作、复制、发布和传播网络暴力信息应承担的责任，并依法依约履行相应管理职责。

第八条　网络信息服务提供者应当定期发布网络暴力信息治理公告，并在网络信息内容生态治理工作年度报告中，报告相关工作情况。

发现存在网络暴力风险时，网络信息服务提供者应当及时公布治理工作情况，回应社会关切，引导网民理性发声，防范抵制网络暴力行为。

第三章　网络暴力信息监测预警

第九条　网络信息服务提供者应当建立健全网络暴力信息分类标准和典型案例样本库，在区分舆论监督和善意批评的基础上，明确细化网络暴力信息标准，增强识别准确性。

第十条　网络信息服务提供者应当根据历史发布信息、违规处置、举报投诉等情况，动态管理涉网络暴力重点账号，及时采取干预限制措施。

第十一条　网络信息服务提供者应当建立健全网络暴力信息预警模型，综合考虑事件类别、针对主体、参与人数、信息内容、发布频次、环节场景、举报投诉等维度，及时发现预警网络暴力风险。

第四章　网络暴力信息处置

第十二条　网络信息服务提供者发现侮辱谩骂、造谣诽谤、侵犯隐私等网络暴力信息的，应当采取删除屏蔽、断开链接、限制传播等处置措施。对于涉及网络暴力的不良信息，不得在《网络信息内容生态治理规定》第十一条规定的重点环节呈现，防止网络暴力信息扩散传播。

第十三条　网络信息服务提供者应当加强对跟帖评论信息内容的管理，及时处置以评论、回复、留言、弹幕、点赞等方式发布、传播的网络暴力信息。

第十四条　网络信息服务提供者应当加强对网络社区版块、网络群组的管理，不得在词条、话题、超话、群组、贴吧等环节集纳网络暴力信息，禁止创建以匿名投稿、隔空喊话等名义发布导向不良等内容的话题版块和群组账号。

网络社区版块、网络群组的建立者和管理者应当履行管理责任，规范成员网络行为和信息发布，发现用户制作、复制、发布、传播网络暴力信息的，应当依法依约采取移出群组等管理措施。

第十五条　网络信息服务提供者应当强化直播和短视频内容审核，及时阻断涉及网络暴力信息的直播，处置含有网络暴力信息的短视频。

第十六条 互联网新闻信息服务单位应当坚持正确的舆论导向，加强信息内容真实性、合法性审核，不得渲染炒作网络暴力事件，新闻信息跟帖评论实行先审后发。

第十七条 任何组织和个人不得借网络暴力事件实施蹭炒热度、推广引流、故意带偏节奏或者跨平台搬运拼接虚假信息等恶意营销炒作行为。网络信息服务提供者不得为传播网络暴力的账号、机构等提供流量、资金等支持。

第五章　保护机制

第十八条 网络信息服务提供者应当建立完善网络暴力防护功能，提供一键关闭陌生人私信、评论、转发和消息提醒等设置。用户面临网络暴力风险时，应当及时发送系统信息，提示其启动一键防护。

第十九条 网络信息服务提供者应当完善私信规则，允许用户根据自身需要设置仅接收好友私信或拒绝接收所有私信。采取技术措施阻断网络暴力信息通过私信传输。

第二十条 网络信息服务提供者发现以下情况时，应当及时协助当事人启动一键防护，切实强化当事人保护：

（一）网络暴力当事人涉及未成年人、老年人等的；

（二）当事人在公开环节表示遭受网络暴力的；

（三）若不及时采取强制介入措施，可能造成严重后果的其他情形。

第二十一条 网络信息服务提供者应当在显著位置设置专门的网络暴力信息快捷投诉举报入口，开通网络暴力信息投诉举报电话，简化投诉举报程序。

网络信息服务提供者应结合投诉举报内容以及相关证明材料及时受理研判，对明确为网络暴力的情况，依法依规处置并反馈结果，对核实不属于网络暴力的，应当按其他类型举报受理要求予以处理并反馈结果。

第二十二条 网络信息服务提供者应当向用户提供针对网络暴力信息的一键取证等功能，提高证据收集便捷性。依法依规为用户维权，司法机关、有关部门调查取证工作等提供及时必要的技术支持和协助。

第二十三条 坚持最有利于未成年人的原则，加强对于未成年人用户的特殊、优先保护。网络信息服务提供者应当优先处理涉未成年人网络暴力信息举报。发现未成年人用户存在遭受网络暴力风险的，应当立即处置违法违规信息，提供保护救助服务，并向有关部门报告。

第六章　监督管理和法律责任

第二十四条　网信部门依法对网络信息服务提供者网络暴力信息治理工作落实情况进行监督检查。

第二十五条　网信部门会同有关部门建立健全信息共享、会商通报、取证调证、案件督办等工作机制，协同开展网络暴力信息治理工作。

第二十六条　网络信息服务提供者违反本规定的，依照《中华人民共和国网络安全法》《中华人民共和国个人信息保护法》等法律、行政法规的规定予以处罚。

法律、行政法规没有规定的，各级网信部门依据职责给予警告、通报批评，责令限期改正，可以并处一万元以上十万元以下罚款；因处置不及时造成公民生命健康安全等严重后果的，处十万元以上二十万元以下罚款，可责令暂停信息更新。

网络信息服务提供者发起、组织网络暴力或借网络暴力事件实施恶意营销炒作等行为，应当依法从严从重处罚。

第二十七条　对组织、煽动发布网络暴力信息的网络机构，网络信息服务提供者应当依法依规采取警示沟通、暂停商业收益、限制提供服务、入驻清退等处置措施。

第二十八条　网络用户违反本规定的，网络信息服务提供者应当依法依约采取警示提醒、限制账号功能、关闭注销账号等处置措施；对首发、多发、组织、煽动发布网络暴力信息的，采取列入黑名单、禁止重新注册等处置措施。

对借网络暴力事件实施恶意营销、违规营利等行为的，除前款规定外，应当依法依约采取清除新增粉丝、暂停营利权限等处置措施。

网络信息服务提供者应当保存有关记录，并及时向网信等有关主管部门报告。

第二十九条　违反本规定，给他人造成损害的，依法承担民事责任；构成违反治安管理行为的，依法给予治安管理处罚；构成犯罪的，依法追究刑事责任。

第七章　附则

第三十条　本规定由国家互联网信息办公室负责解释。

第三十一条　本规定自 年 月 日起施行。

中央网信办 关于切实加强网络暴力治理的通知

（2022 年 11 月 4 日公布）

各省、自治区、直辖市党委网信办，新疆生产建设兵团党委网信办：

网络暴力针对个人集中发布侮辱谩骂、造谣诽谤、侵犯隐私等违法信息及其他不友善信息，侵害他人合法权益，扰乱正常网络秩序。为切实加大网暴治理力度，进一步压实网站平台主体责任，健全完善长效工作机制，有效保障广大网民合法权益，维护文明健康的网络环境，现通知如下。

一、建立健全网暴预警预防机制

1. 加强内容识别预警。网站平台要建立网暴信息分类标准和典型案例样本库，在区分舆论监督和善意批评的基础上，明确细化涉网暴内容标准，增强识别预警准确性。结合网站平台业务特点和具体处置案例，不断更新分类标准，持续完善样本库。

2. 构建网暴技术识别模型。网站平台要综合考虑事件类别、针对主体、参与人数、信息内容、发布频次、环节场景、举报投诉等维度，建立符合自身特点的网暴行为识别模型，及时发现预警网暴倾向性、苗头性问题。

3. 建立涉网暴舆情应急响应机制。网站平台要组织专门工作力量，及时收集网暴相关热点话题和舆情线索，强化网暴舆情事前预警，做到防微杜渐、防患未然。根据陌生人私信显著增加、相关话题热度迅速攀升、搜索量快速增长、举报频次加大等情况，及时发现网暴异常行为。

二、强化网暴当事人保护

1. 设置一键防护功能。网站平台要根据自身特点，建立完善紧急防护功能，提供一键关闭陌生人私信、评论、转发和 @ 消息等设置。用户遭遇网暴风险时，网站平台要及时发送系统信息，提示其启动一键防护，免受网暴信息骚扰侵害。

2. 优化私信规则。进一步完善私信规则，对接收陌生人私信附加数量、时间、范围等限制，用户可根据自身需要自主设置仅接收好友私信或拒绝接收所有私信。对照网暴信息分类标准，采取技术措施，防范网暴内容通过私信传输。

3. 建立快速举报通道。在网站平台评论、私信等位置设置网暴信息快捷投诉举报入口，简化投诉举报程序，网站平台对于明确为网暴信息的应在第一时间予以处置。向用户提供针对网暴信息的一键取证等功能，方便当事人快速收集证据。坚持最有利于未成年人的原则，优先处理涉未成年人网暴举报。

三、严防网暴信息传播扩散

1. 加强评论环节管理。网站平台要加强对涉网暴风险的新闻、帖文、话题等信息的评论环节管理，及时清理过滤涉网暴违法违规评论，严控涉网暴不友善评论泛化传播，优先展示权威信息。重点网站平台要将用户公共空间发布的评论在本人账号主页进行公开集纳展示，强化公众监督。

2. 加强重点话题群组和版块管理。及时解散网暴信息集中的话题版块，暂停新设相关话题版块。密切巡查以相关事件名称、当事人及相关人员姓名命名的词条、话题、群组、贴吧，及时清理涉网暴内容。排查关闭以匿名投稿、隔空喊话等名义发布导向不良等内容的话题版块和群组账号。

3. 加强直播、短视频管理。加强直播和短视频内容审核，及时关停网暴内容集中的直播间，封禁违规主播，对存在网暴风险的短视频先审后发，清理含有网暴信息的短视频，拦截过滤负面弹幕。密切关注网暴当事人开设的直播间，及时管控诱导逼迫自残自杀等信息。

4. 加强权威信息披露。各地网信部门要密切关注涉网暴舆情和信息动向，督促协调有关部门和地方加强权威信息发布。对于存在网暴风险的热点事件，网站平台要及时转发推送权威信息，引导网民理性发声，共同抵制网暴行为。

四、依法从严处置处罚

1. 分类处置网暴相关账号。一是加强账号发文前警示提醒，对发布不友善信息的账号，提示理性发言。二是对参与网暴的账号进行警示教育，并视情采取禁言、暂停私信功能等措施。三是对首发、多发、煽动发布网暴信息的账号，依法依规采取关闭账号等措施，情节特别严重的，全网禁止注册新账号。四是涉及违法犯罪的，移交相关部门依法追究法律责任。网站平台要强化曝光力度，及时对外公布热点网暴事件处置情况。

2. 严处借网暴恶意营销炒作等行为。坚决打击借网暴事件蹭炒热度、推广引流、故意带偏节奏或者跨平台搬运拼接虚假信息等恶意营销炒作的行为，进一步排查背后 MCN 机构，对 MCN 机构采取警示沟通、暂停商业收益、限制提供服务、入驻清退等连带处置措施。对于将账号名称临时修改为事件相关机构、人员的，网站平台应当加强用户真实身份核验。

3. 问责处罚失职失责的网站平台。对于网暴信息扎堆、防范机制不健全、举报受理处置不及时以及造成恶劣后果的网站平台，依法依规采取通报批评、限期整改、罚款、暂停信息更新、关闭网站等处置处罚措施，从严处理相关责任人。

五、工作要求

1. 提高思想认识。各地网信部门要进一步提高政治站位，充分认识开展网暴问题治理工作的重要意义，进一步细化明确任务要求和工作措施，确保治理工作取得实效。

2. 压实工作责任。指导督促网站平台压实主体责任，对照工作要求，优化各项功能设置，提升技术水平，强化问题发现处置，不断完善工作手段，切实增强网暴问题治理能力和水平。

3. 强化长效治理。各地网信部门要强化任务督导，组织对属地网站平台措施落实情况开展专项检查，督促整改落实。各地各网站平台要及时总结行之有效的经验做法，完善网暴问题治理的长效机制。

最高人民法院、最高人民检察院、公安部、司法部
关于办理利用信息网络实施黑恶势力犯罪
刑事案件若干问题的意见

（2019 年 7 月 23 日公布　2019 年 10 月 21 日施行　法发〔2018〕1 号）

为认真贯彻中央关于开展扫黑除恶专项斗争的部署要求，正确理解和适用最高人民法院、最高人民检察院、公安部、司法部《关于办理黑恶势力犯罪案件若干问题的指导意见》（法发〔2018〕1 号，以下简称《指导意见》），根据刑法、刑事诉讼法、网络安全法及有关司法解释、规范性文件的规定，现对办理利用信息网络实施黑恶势力犯罪案件若干问题提出以下意见：

一、总体要求

1. 各级人民法院、人民检察院、公安机关及司法行政机关应当统一执法思想、提高执法效能，坚持“打早打小”，坚决依法严厉惩处利用信息网络实施的黑恶势力犯罪，有效维护网络安全和经济、社会生活秩序。

2. 各级人民法院、人民检察院、公安机关及司法行政机关应当正确运用法律，严格依法办案，坚持“打准打实”，认真贯彻落实宽严相济刑事政策，切实做到宽严有据、罚当其罪，实现政治效果、法律效果和社会效果的统一。

3. 各级人民法院、人民检察院、公安机关及司法行政机关应当分工负责，互相配合、互相制约，切实加强与相关行政管理部门的协作，健全完善风险防控机制，积极营造线上线下社会综合治理新格局。

二、依法严惩利用信息网络实施的黑恶势力犯罪

4. 对通过发布、删除负面或虚假信息，发送侮辱性信息、图片，以及利用信息、电话骚扰等方式，威胁、要挟、恐吓、滋扰他人，实施黑恶势力违法犯罪的，

应当准确认定，依法严惩。

5. 利用信息网络威胁他人，强迫交易，情节严重的，依照刑法第二百二十六条的规定，以强迫交易罪定罪处罚。

6. 利用信息网络威胁、要挟他人，索取公私财物，数额较大，或者多次实施上述行为的，依照刑法第二百七十四条的规定，以敲诈勒索罪定罪处罚。

7. 利用信息网络辱骂、恐吓他人，情节恶劣，破坏社会秩序的，依照刑法第二百九十三条第一款第二项的规定，以寻衅滋事罪定罪处罚。

编造虚假信息，或者明知是编造的虚假信息，在信息网络上散布，或者组织、指使人员在信息网络上散布，起哄闹事，造成公共秩序严重混乱的，依照刑法第二百九十三条第一款第四项的规定，以寻衅滋事罪定罪处罚。

8. 侦办利用信息网络实施的强迫交易、敲诈勒索等非法敛财类案件，确因被害人人数众多等客观条件的限制，无法逐一收集被害人陈述的，可以结合已收集的被害人陈述，以及经查证属实的银行账户交易记录、第三方支付结算账户交易记录、通话记录、电子数据等证据，综合认定被害人人数以及涉案资金数额等。

三、准确认定利用信息网络实施犯罪的黑恶势力

9. 利用信息网络实施违法犯罪活动，符合刑法、《指导意见》以及最高人民法院、最高人民检察院、公安部、司法部《关于办理恶势力刑事案件若干问题的意见》等规定的恶势力、恶势力犯罪集团、黑社会性质组织特征和认定标准的，应当依法认定为恶势力、恶势力犯罪集团、黑社会性质组织。

认定利用信息网络实施违法犯罪活动的黑社会性质组织时，应当依照刑法第二百九十四条第五款规定的“四个特征”进行综合审查判断，分析“四个特征”相互间的内在联系，根据在网络空间和现实社会中实施违法犯罪活动对公民人身、财产、民主权利和经济、社会生活秩序所造成的危害，准确评价，依法予以认定。

10. 认定利用信息网络实施违法犯罪的黑恶势力组织特征，要从违法犯罪的起因、目的，以及组织、策划、指挥、参与人员是否相对固定，组织形成后是否持续进行犯罪活动、是否有明确的职责分工、行为规范、利益分配机制等方面综合判断。利用信息网络实施违法犯罪的黑恶势力组织成员之间一般通过即时通讯工具、通讯群组、电子邮件、网盘等信息网络方式联络，对部分组织成员通过信息

网络方式联络实施黑恶势力违法犯罪活动，即使相互未见面、彼此不熟识，不影响对组织特征的认定。

11. 利用信息网络有组织地通过实施违法犯罪活动或者其他手段获取一定数量的经济利益，用于违法犯罪活动或者支持该组织生存、发展的，应当认定为符合刑法第二百九十四条第五款第二项规定的黑社会性质组织经济特征。

12. 通过线上线下相结合的方式，有组织地多次利用信息网络实施违法犯罪活动，侵犯不特定多人的人身权利、民主权利、财产权利，破坏经济秩序、社会秩序的，应当认定为符合刑法第二百九十四条第五款第三项规定的黑社会性质组织行为特征。单纯通过线上方式实施的违法犯罪活动，且不具有为非作恶、欺压残害群众特征的，一般不应作为黑社会性质组织行为特征的认定依据。

13. 对利用信息网络实施黑恶势力犯罪非法控制和影响的“一定区域或者行业”，应当结合危害行为发生地或者危害行业的相对集中程度，以及犯罪嫌疑人、被告人在网络空间和现实社会中的控制和影响程度综合判断。虽然危害行为发生地、危害的行业比较分散，但涉案犯罪组织利用信息网络多次实施强迫交易、寻衅滋事、敲诈勒索等违法犯罪活动，在网络空间和现实社会造成重大影响，严重破坏经济、社会生活秩序的，应当认定为“在一定区域或者行业内，形成非法控制或者重大影响”。

四、利用信息网络实施黑恶势力犯罪案件管辖

14. 利用信息网络实施的黑恶势力犯罪案件管辖依照《关于办理黑社会性质组织犯罪案件若干问题的规定》和《关于办理网络犯罪案件适用刑事诉讼程序若干问题的意见》的有关规定确定，坚持以犯罪地管辖为主、被告人居住地管辖为辅的原则。

15. 公安机关可以依法对利用信息网络实施的黑恶势力犯罪相关案件并案侦查或者指定下级公安机关管辖，并案侦查或者由上级公安机关指定管辖的公安机关应当全面调查收集能够证明黑恶势力犯罪事实的证据，各涉案地公安机关应当积极配合。并案侦查或者由上级公安机关指定管辖的案件，需要提请批准逮捕、移送审查起诉、提起公诉的，由立案侦查的公安机关所在地的人民检察院、人民法院受理。

16. 人民检察院对于公安机关提请批准逮捕、移送审查起诉的利用信息网络实

施的黑恶势力犯罪案件，人民法院对于已进入审判程序的利用信息网络实施的黑恶势力犯罪案件，被告人及其辩护人提出的管辖异议成立，或者办案单位发现没有管辖权的，受案人民检察院、人民法院经审查，可以依法报请与有管辖权的人民检察院、人民法院共同的上级人民检察院、人民法院指定管辖，不再自行移交。对于在审查批准逮捕阶段，上级检察机关已经指定管辖的案件，审查起诉工作由同一人民检察院受理。人民检察院、人民法院认为应当分案起诉、审理的，可以依法分案处理。

17. 公安机关指定下级公安机关办理利用信息网络实施的黑恶势力犯罪案件的，应当同时抄送同级人民检察院、人民法院。人民检察院认为需要依法指定审判管辖的，应当协商同级人民法院办理指定管辖有关事宜。

18. 本意见自 2019 年 10 月 21 日起施行。

最高人民法院、最高人民检察院、公安部 关于依法惩治网络暴力违法犯罪的指导意见

（2023 年 9 月 20 日公布并施行　法发〔2023〕14 号）

为依法惩治网络暴力违法犯罪活动，有效维护公民人格权益和网络秩序，根据刑法、刑事诉讼法、民法典、民事诉讼法、个人信息保护法、治安管理处罚法及《最高人民法院、最高人民检察院关于办理利用信息网络实施诽谤等刑事案件适用法律若干问题的解释》等法律、司法解释规定，结合执法司法实践，制定本意见。

一、充分认识网络暴力的社会危害，依法维护公民权益和网络秩序

1. 在信息网络上针对个人肆意发布谩骂侮辱、造谣诽谤、侵犯隐私等信息的网络暴力行为，贬损他人人格，损害他人名誉，有的造成了他人“社会性死亡”甚至精神失常、自杀等严重后果；扰乱网络秩序，破坏网络生态，致使网络空间戾气横行，严重影响社会公众安全感。与传统违法犯罪不同，网络暴力往往针对素不相识的陌生人实施，受害人在确认侵害人、收集证据等方面存在现实困难，维权成本极高。人民法院、人民检察院、公安机关要充分认识网络暴力的社会危害，坚持严惩立场，依法能动履职，为受害人提供有效法律救济，维护公民合法权益，维护公众安全感，维护网络秩序。

二、准确适用法律，依法严惩网络暴力违法犯罪

2. 依法惩治网络诽谤行为。在信息网络上制造、散布谣言，贬损他人人格、损害他人名誉，情节严重，符合刑法第二百四十六条规定的，以诽谤罪定罪处罚。

3. 依法惩治网络侮辱行为。在信息网络上采取肆意谩骂、恶意诋毁、披露隐私等方式，公然侮辱他人，情节严重，符合刑法第二百四十六条规定的，以侮辱

罪定罪处罚。

4. 依法惩治侵犯公民个人信息行为。组织“人肉搜索”，违法收集并向不特定多数人发布公民个人信息，情节严重，符合刑法第二百五十三条之一规定的，以侵犯公民个人信息罪定罪处罚；依照刑法和司法解释规定，同时构成其他犯罪的，依照处罚较重的规定定罪处罚。

5. 依法惩治借网络暴力事件实施的恶意营销炒作行为。基于蹭炒热度、推广引流等目的，利用互联网用户公众账号等推送、传播有关网络暴力违法犯罪的信息，符合刑法第二百八十七条之一规定的，以非法利用信息网络罪定罪处罚；依照刑法和司法解释规定，同时构成其他犯罪的，依照处罚较重的规定定罪处罚。

6. 依法惩治拒不履行信息网络安全管理义务行为。网络服务提供者对于所发现的有关网络暴力违法犯罪的信息不依法履行信息网络安全管理义务，经监管部门责令采取改正措施而拒不改正，致使违法信息大量传播或者有其他严重情节，符合刑法第二百八十六条之一规定的，以拒不履行信息网络安全管理义务罪定罪处罚；依照刑法和司法解释规定，同时构成其他犯罪的，依照处罚较重的规定定罪处罚。

7. 依法惩治网络暴力违法行为。实施网络侮辱、诽谤等网络暴力行为，尚不构成犯罪，符合治安管理处罚法等规定的，依法予以行政处罚。

8. 依法严惩网络暴力违法犯罪。对网络暴力违法犯罪，应当体现从严惩治精神，让人民群众充分感受到公平正义。坚持严格执法司法，对于网络暴力违法犯罪，依法严肃追究，切实矫正“法不责众”的错误倾向。要重点打击恶意发起者、组织者、恶意推波助澜者以及屡教不改者。实施网络暴力违法犯罪，具有下列情形之一的，依法从重处罚：

（1）针对未成年人、残疾人实施的；

（2）组织“水军”、“打手”或者其他人员实施的；

（3）编造“涉性”话题侵害他人人格尊严的；

（4）利用“深度合成”等生成式人工智能技术发布违法信息的；

（5）网络服务提供者发起、组织的。

9. 依法支持民事维权。针对他人实施网络暴力行为，侵犯他人名誉权、隐私权等人格权，受害人请求行为人承担民事责任的，人民法院依法予以支持。

10. 准确把握违法犯罪行为的认定标准。通过信息网络检举、揭发他人犯罪或者违法违纪行为，只要不是故意捏造事实或者明知是捏造的事实而故意散布的，不应当认定为诽谤违法犯罪。针对他人言行发表评论、提出批评，即使观点有所偏颇、言论有些偏激，只要不是肆意谩骂、恶意诋毁的，不应当认定为侮辱违法犯罪。

三、畅通诉讼程序，及时提供有效法律救济

11. 落实公安机关协助取证的法律规定。根据刑法第二百四十六条第三款的规定，对于被害人就网络侮辱、诽谤提起自诉的案件，人民法院经审查认为被害人提供证据确有困难的，可以要求公安机关提供协助。公安机关应当根据人民法院要求和案件具体情况，及时查明行为主体，收集相关侮辱、诽谤信息传播扩散情况及造成的影响等证据材料。网络服务提供者应当依法为公安机关取证提供必要的技术支持和协助。经公安机关协助取证，达到自诉案件受理条件的，人民法院应当决定立案；无法收集相关证据材料的，公安机关应当书面向人民法院说明情况。

12. 准确把握侮辱罪、诽谤罪的公诉条件。根据刑法第二百四十六条第二款的规定，实施侮辱、诽谤犯罪，严重危害社会秩序和国家利益的，应当依法提起公诉。对于网络侮辱、诽谤是否严重危害社会秩序，应当综合侵害对象、动机目的、行为方式、信息传播范围、危害后果等因素作出判定。

实施网络侮辱、诽谤行为，具有下列情形之一的，应当认定为刑法第二百四十六条第二款规定的“严重危害社会秩序”：

（1）造成被害人或者其近亲属精神失常、自杀等严重后果，社会影响恶劣的；

（2）随意以普通公众为侵害对象，相关信息在网络上大范围传播，引发大量低俗、恶意评论，严重破坏网络秩序，社会影响恶劣的；

（3）侮辱、诽谤多人或者多次散布侮辱、诽谤信息，社会影响恶劣的；

（4）组织、指使人员在多个网络平台大量散布侮辱、诽谤信息，社会影响恶劣的；

（5）其他严重危害社会秩序的情形。

13. 依法适用侮辱、诽谤刑事案件的公诉程序。对于严重危害社会秩序的网络侮辱、诽谤行为，公安机关应当依法及时立案。被害人同时向人民法院提起自诉的，人民法院可以请自诉人撤回自诉或者裁定不予受理；已经受理的，应当裁定

终止审理，并将相关材料移送公安机关，原自诉人可以作为被害人参与诉讼。对于网络侮辱、诽谤行为，被害人在公安机关立案前提起自诉，人民法院经审查认为有关行为严重危害社会秩序的，应当将案件移送公安机关。

对于网络侮辱、诽谤行为，被害人或者其近亲属向公安机关报案，公安机关经审查认为已构成犯罪但不符合公诉条件的，可以告知报案人向人民法院提起自诉。

14. 加强立案监督工作。人民检察院依照有关法律和司法解释的规定，对网络暴力犯罪案件加强立案监督工作。

上级公安机关应当加强对下级公安机关网络暴力案件立案工作的业务指导和内部监督。

15. 依法适用人格权侵害禁令制度。权利人有证据证明行为人正在实施或者即将实施侵害其人格权的违法行为，不及时制止将使其合法权益受到难以弥补的损害，依据民法典第九百九十七条向人民法院申请采取责令行为人停止有关行为的措施的，人民法院可以根据案件具体情况依法作出人格权侵害禁令。

16. 依法提起公益诉讼。网络暴力行为损害社会公共利益的，人民检察院可以依法向人民法院提起公益诉讼。

网络服务提供者对于所发现的网络暴力信息不依法履行信息网络安全管理义务，致使违法信息大量传播或者有其他严重情节，损害社会公共利益的，人民检察院可以依法向人民法院提起公益诉讼。

人民检察院办理网络暴力治理领域公益诉讼案件，可以依法要求网络服务提供者提供必要的技术支持和协助。

四、落实工作要求，促进强化综合治理

17. 有效保障受害人权益。办理网络暴力案件，应当及时告知受害人及其法定代理人或者近亲属有权委托诉讼代理人，并告知其有权依法申请法律援助。针对相关网络暴力信息传播范围广、社会危害大、影响消除难的现实情况，要依法及时向社会发布案件进展信息，澄清事实真相，有效消除不良影响。依法适用认罪认罚从宽制度，促使被告人认罪认罚，真诚悔罪，通过媒体公开道歉等方式，实现对受害人人格权的有效保护。对于被判处刑罚的被告人，可以依法宣告职业禁止或者禁止令。

18. 强化衔接配合。人民法院、人民检察院、公安机关要加强沟通协调，统一执法司法理念，有序衔接自诉程序与公诉程序，确保案件顺利侦查、起诉、审判。对重大、敏感、复杂案件，公安机关听取人民检察院意见建议的，人民检察院应当及时提供，确保案件依法稳妥处理。完善行政执法和刑事司法衔接机制，加强协调配合，形成各单位各司其职、高效联动的常态化工作格局，依法有效惩治、治理网络暴力违法犯罪。

19. 做好法治宣传。要认真贯彻“谁执法谁普法”普法责任制，充分发挥执法办案的规则引领、价值导向和行为规范作用。发布涉网络暴力典型案例，明确传导“网络空间不是法外之地”，教育引导广大网民自觉守法，引领社会文明风尚。

20. 促进网络暴力综合治理。立足执法司法职能，在依法办理涉网络暴力相关案件的基础上，做实诉源治理，深入分析滋生助推网络暴力发生的根源，通过提出司法建议、检察建议、公安提示函等方式，促进对网络暴力的多元共治，夯实网络信息服务提供者的主体责任，不断健全长效治理机制，从根本上减少网络暴力的发生，营造清朗网络空间。

最高人民法院、最高人民检察院、公安部
关于办理电信网络诈骗等刑事案件适用法律若干问题的意见（二）

（2021 年 6 月 17 日公布并施行　法发〔2021〕22 号）

为进一步依法严厉惩治电信网络诈骗犯罪，对其上下游关联犯罪实行全链条、全方位打击，根据《中华人民共和国刑法》《中华人民共和国刑事诉讼法》等法律和有关司法解释的规定，针对司法实践中出现的新的突出问题，结合工作实际，制定本意见。

一、电信网络诈骗犯罪地，除《最高人民法院、最高人民检察院、公安部关于办理电信网络诈骗等刑事案件适用法律若干问题的意见》规定的犯罪行为发生地和结果发生地外，还包括：

（一）用于犯罪活动的手机卡、流量卡、物联网卡的开立地、销售地、转移地、藏匿地；

（二）用于犯罪活动的信用卡的开立地、销售地、转移地、藏匿地、使用地以及资金交易对手资金交付和汇出地；

（三）用于犯罪活动的银行账户、非银行支付账户的开立地、销售地、使用地以及资金交易对手资金交付和汇出地；

（四）用于犯罪活动的即时通讯信息、广告推广信息的发送地、接受地、到达地；

（五）用于犯罪活动的“猫池”（Modem Pool）、GOIP 设备、多卡宝等硬件设备的销售地、入网地、藏匿地；

（六）用于犯罪活动的互联网账号的销售地、登录地。

二、为电信网络诈骗犯罪提供作案工具、技术支持等帮助以及掩饰、隐瞒犯罪所得及其产生的收益，由此形成多层级犯罪链条的，或者利用同一网站、通讯群组、资金账户、作案窝点实施电信网络诈骗犯罪的，应当认定为多个犯罪嫌疑

人、被告人实施的犯罪存在关联，人民法院、人民检察院、公安机关可以在其职责范围内并案处理。

三、有证据证实行为人参加境外诈骗犯罪集团或犯罪团伙，在境外针对境内居民实施电信网络诈骗犯罪行为，诈骗数额难以查证，但一年内出境赴境外诈骗犯罪窝点累计时间30日以上或多次出境赴境外诈骗犯罪窝点的，应当认定为刑法第二百六十六条规定的“其他严重情节”，以诈骗罪依法追究刑事责任。有证据证明其出境从事正当活动的除外。

四、无正当理由持有他人的单位结算卡的，属于刑法第一百七十七条之一第一款第（二）项规定的“非法持有他人信用卡”。

五、非法获取、出售、提供具有信息发布、即时通讯、支付结算等功能的互联网账号密码、个人生物识别信息，符合刑法第二百五十三条之一规定的，以侵犯公民个人信息罪追究刑事责任。

对批量前述互联网账号密码、个人生物识别信息的条数，根据查获的数量直接认定，但有证据证明信息不真实或者重复的除外。

六、在网上注册办理手机卡、信用卡、银行账户、非银行支付账户时，为通过网上认证，使用他人身份证件信息并替换他人身份证件相片，属于伪造身份证件行为，符合刑法第二百八十条第三款规定的，以伪造身份证件罪追究刑事责任。

使用伪造、变造的身份证件或者盗用他人身份证件办理手机卡、信用卡、银行账户、非银行支付账户，符合刑法第二百八十条之一第一款规定的，以使用虚假身份证件、盗用身份证件罪追究刑事责任。

实施上述两款行为，同时构成其他犯罪的，依照处罚较重的规定定罪处罚。法律和司法解释另有规定的除外。

七、为他人利用信息网络实施犯罪而实施下列行为，可以认定为刑法第二百八十七条之二规定的“帮助”行为：

（一）收购、出售、出租信用卡、银行账户、非银行支付账户、具有支付结算功能的互联网账号密码、网络支付接口、网上银行数字证书的；

（二）收购、出售、出租他人手机卡、流量卡、物联网卡的。

八、认定刑法第二百八十七条之二规定的行为人明知他人利用信息网络实施犯罪，应当根据行为人收购、出售、出租前述第七条规定的信用卡、银行账户、非银行支付账户、具有支付结算功能的互联网账号密码、网络支付接口、网上银行数字证书，或者他人手机卡、流量卡、物联网卡等的次数、张数、个数，并结合行为人的认知能力、既往经历、交易对象、与实施信息网络犯罪的行为人的关系、提供技术支持或者帮助的时间和方式、获利情况以及行为人的供述等主客观因素，予以综合认定。

收购、出售、出租单位银行结算账户、非银行支付机构单位支付账户，或者电信、银行、网络支付等行业从业人员利用履行职责或提供服务便利，非法开办并出售、出租他人手机卡、信用卡、银行账户、非银行支付账户等的，可以认定为《最高人民法院、最高人民检察院关于办理非法利用信息网络、帮助信息网络犯罪活动等刑事案件适用法律若干问题的解释》第十一条第（七）项规定的“其他足以认定行为人明知的情形”。但有相反证据的除外。

九、明知他人利用信息网络实施犯罪，为其犯罪提供下列帮助之一的，可以认定为《最高人民法院、最高人民检察院关于办理非法利用信息网络、帮助信息网络犯罪活动等刑事案件适用法律若干问题的解释》第十二条第一款第（七）项规定的“其他情节严重的情形”：

（一）收购、出售、出租信用卡、银行账户、非银行支付账户、具有支付结算功能的互联网账号密码、网络支付接口、网上银行数字证书 5 张（个）以上的；

（二）收购、出售、出租他人手机卡、流量卡、物联网卡 20 张以上的。

十、电商平台预付卡、虚拟货币、手机充值卡、游戏点卡、游戏装备等经销商，在公安机关调查案件过程中，被明确告知其交易对象涉嫌电信网络诈骗犯罪，仍与其继续交易，符合刑法第二百八十七条之二规定的，以帮助信息网络犯罪活动罪追究刑事责任。同时构成其他犯罪的，依照处罚较重的规定定罪处罚。

十一、明知是电信网络诈骗犯罪所得及其产生的收益，以下列方式之一予以转账、套现、取现，符合刑法第三百一十二条第一款规定的，以掩饰、隐瞒犯罪所得、犯罪所得收益罪追究刑事责任。但有证据证明确实不知道的除外。

（一）多次使用或者使用多个非本人身份证明开设的收款码、网络支付接口等，帮助他人转账、套现、取现的；

（二）以明显异于市场的价格，通过电商平台预付卡、虚拟货币、手机充值卡、游戏点卡、游戏装备等转换财物、套现的；

（三）协助转换或者转移财物，收取明显高于市场的“手续费”的。

实施上述行为，事前通谋的，以共同犯罪论处；同时构成其他犯罪的，依照处罚较重的规定定罪处罚。法律和司法解释另有规定的除外。

十二、为他人实施电信网络诈骗犯罪提供技术支持、广告推广、支付结算等帮助，或者窝藏、转移、收购、代为销售及以其他方法掩饰、隐瞒电信网络诈骗犯罪所得及其产生的收益，诈骗犯罪行为可以确认，但实施诈骗的行为人尚未到案，可以依法先行追究已到案的上述犯罪嫌疑人、被告人的刑事责任。

十三、办案地公安机关可以通过公安机关信息化系统调取异地公安机关依法制作、收集的刑事案件受案登记表、立案决定书、被害人陈述等证据材料。调取时不得少于两名侦查人员，并应记载调取的时间、使用的信息化系统名称等相关信息，调取人签名并加盖办案地公安机关印章。经审核证明真实的，可以作为证据使用。

十四、通过国（区）际警务合作收集或者境外警方移交的境外证据材料，确因客观条件限制，境外警方未提供相关证据的发现、收集、保管、移交情况等材料的，公安机关应当对上述证据材料的来源、移交过程以及种类、数量、特征等作出书面说明，由两名以上侦查人员签名并加盖公安机关印章。经审核能够证明案件事实的，可以作为证据使用。

十五、对境外司法机关抓获并羁押的电信网络诈骗犯罪嫌疑人，在境内接受审判的，境外的羁押期限可以折抵刑期。

十六、办理电信网络诈骗犯罪案件，应当充分贯彻宽严相济刑事政策。在侦查、审查起诉、审判过程中，应当全面收集证据、准确甄别犯罪嫌疑人、被告人在共同犯罪中的层级地位及作用大小，结合其认罪态度和悔罪表现，区别对待，宽严并用，科学量刑，确保罚当其罪。

对于电信网络诈骗犯罪集团、犯罪团伙的组织者、策划者、指挥者和骨干分子，以及利用未成年人、在校学生、老年人、残疾人实施电信网络诈骗的，依法从严惩处。

对于电信网络诈骗犯罪集团、犯罪团伙中的从犯，特别是其中参与时间相对较短、诈骗数额相对较低或者从事辅助性工作并领取少量报酬，以及初犯、偶犯、未成年人、在校学生等，应当综合考虑其在共同犯罪中的地位作用、社会危害程度、主观恶性、人身危险性、认罪悔罪表现等情节，可以依法从轻、减轻处罚。犯罪情节轻微的，可以依法不起诉或者免予刑事处罚；情节显著轻微危害不大的，不以犯罪论处。

十七、查扣的涉案账户内资金，应当优先返还被害人，如不足以全额返还的，应当按照比例返还。

最高人民法院、最高人民检察院
关于办理非法利用信息网络、帮助信息网络犯罪活动等刑事案件适用法律若干问题的解释

（2019 年 6 月 3 日最高人民法院审判委员会第 1771 次会议、2019 年 9 月 4 日最高人民检察院第十三届检察委员会第二十三次会议通过　2019 年 10 月 21 日公布　2019 年 11 月 1 日施行　法释〔2019〕15 号）

为依法惩治拒不履行信息网络安全管理义务、非法利用信息网络、帮助信息网络犯罪活动等犯罪，维护正常网络秩序，根据《中华人民共和国刑法》《中华人民共和国刑事诉讼法》的规定，现就办理此类刑事案件适用法律的若干问题解释如下：

第一条　提供下列服务的单位和个人，应当认定为刑法第二百八十六条之一第一款规定的“网络服务提供者”：

（一）网络接入、域名注册解析等信息网络接入、计算、存储、传输服务；

（二）信息发布、搜索引擎、即时通讯、网络支付、网络预约、网络购物、网络游戏、网络直播、网站建设、安全防护、广告推广、应用商店等信息网络应用服务；

（三）利用信息网络提供的电子政务、通信、能源、交通、水利、金融、教育、医疗等公共服务。

第二条　刑法第二百八十六条之一第一款规定的“监管部门责令采取改正措施”，是指网信、电信、公安等依照法律、行政法规的规定承担信息网络安全监管职责的部门，以责令整改通知书或者其他文书形式，责令网络服务提供者采取改正措施。

认定“经监管部门责令采取改正措施而拒不改正”，应当综合考虑监管部门责令改正是否具有法律、行政法规依据，改正措施及期限要求是否明确、合理，网络服务提供者是否具有按照要求采取改正措施的能力等因素进行判断。

第三条　拒不履行信息网络安全管理义务，具有下列情形之一的，应当认定为刑法第二百八十六条之一第一款第一项规定的“致使违法信息大量传播”：

（一）致使传播违法视频文件二百个以上的；

（二）致使传播违法视频文件以外的其他违法信息二千个以上的；

（三）致使传播违法信息，数量虽未达到第一项、第二项规定标准，但是按相应比例折算合计达到有关数量标准的；

（四）致使向二千个以上用户账号传播违法信息的；

（五）致使利用群组成员账号数累计三千以上的通讯群组或者关注人员账号数累计三万以上的社交网络传播违法信息的；

（六）致使违法信息实际被点击数达到五万以上的；

（七）其他致使违法信息大量传播的情形。

第四条　拒不履行信息网络安全管理义务，致使用户信息泄露，具有下列情形之一的，应当认定为刑法第二百八十六条之一第一款第二项规定的“造成严重后果”：

（一）致使泄露行踪轨迹信息、通信内容、征信信息、财产信息五百条以上的；

（二）致使泄露住宿信息、通信记录、健康生理信息、交易信息等其他可能影响人身、财产安全的用户信息五千条以上的；

（三）致使泄露第一项、第二项规定以外的用户信息五万条以上的；

（四）数量虽未达到第一项至第三项规定标准，但是按相应比例折算合计达到有关数量标准的；

（五）造成他人死亡、重伤、精神失常或者被绑架等严重后果的；

（六）造成重大经济损失的；

（七）严重扰乱社会秩序的；

（八）造成其他严重后果的。

第五条　拒不履行信息网络安全管理义务，致使影响定罪量刑的刑事案件证据灭失，具有下列情形之一的，应当认定为刑法第二百八十六条之一第一款第三项规定的“情节严重”：

（一）造成危害国家安全犯罪、恐怖活动犯罪、黑社会性质组织犯罪、贪污贿赂犯罪案件的证据灭失的；

（二）造成可能判处五年有期徒刑以上刑罚犯罪案件的证据灭失的；

（三）多次造成刑事案件证据灭失的；

（四）致使刑事诉讼程序受到严重影响的；

（五）其他情节严重的情形。

第六条 拒不履行信息网络安全管理义务，具有下列情形之一的，应当认定为刑法第二百八十六条之一第一款第四项规定的“有其他严重情节”：

（一）对绝大多数用户日志未留存或者未落实真实身份信息认证义务的；

（二）二年内经多次责令改正拒不改正的；

（三）致使信息网络服务被主要用于违法犯罪的；

（四）致使信息网络服务、网络设施被用于实施网络攻击，严重影响生产、生活的；

（五）致使信息网络服务被用于实施危害国家安全犯罪、恐怖活动犯罪、黑社会性质组织犯罪、贪污贿赂犯罪或者其他重大犯罪的；

（六）致使国家机关或者通信、能源、交通、水利、金融、教育、医疗等领域提供公共服务的信息网络受到破坏，严重影响生产、生活的；

（七）其他严重违反信息网络安全管理义务的情形。

第七条 刑法第二百八十七条之一规定的“违法犯罪”，包括犯罪行为和属于刑法分则规定的行为类型但尚未构成犯罪的违法行为。

第八条 以实施违法犯罪活动为目的而设立或者设立后主要用于实施违法犯罪活动的网站、通讯群组，应当认定为刑法第二百八十七条之一第一款第一项规定的“用于实施诈骗、传授犯罪方法、制作或者销售违禁物品、管制物品等违法犯罪活动的网站、通讯群组”。

第九条 利用信息网络提供信息的链接、截屏、二维码、访问账号密码及其他指引访问服务的，应当认定为刑法第二百八十七条之一第一款第二项、第三项规定的“发布信息”。

第十条 非法利用信息网络，具有下列情形之一的，应当认定为刑法第二百八十七条之一第一款规定的“情节严重”：

（一）假冒国家机关、金融机构名义，设立用于实施违法犯罪活动的网站的；

（二）设立用于实施违法犯罪活动的网站，数量达到三个以上或者注册账号数累计达到二千以上的；

（三）设立用于实施违法犯罪活动的通讯群组，数量达到五个以上或者群组成员账号数累计达到一千以上的；

（四）发布有关违法犯罪的信息或者为实施违法犯罪活动发布信息，具有下列情形之一的：

1. 在网站上发布有关信息一百条以上的；

2. 向二千个以上用户账号发送有关信息的；

3. 向群组成员数累计达到三千以上的通讯群组发送有关信息的；

4. 利用关注人员账号数累计达到三万以上的社交网络传播有关信息的；

（五）违法所得一万元以上的；

（六）二年内曾因非法利用信息网络、帮助信息网络犯罪活动、危害计算机信息系统安全受过行政处罚，又非法利用信息网络的；

（七）其他情节严重的情形。

第十一条　为他人实施犯罪提供技术支持或者帮助，具有下列情形之一的，可以认定行为人明知他人利用信息网络实施犯罪，但是有相反证据的除外：

（一）经监管部门告知后仍然实施有关行为的；

（二）接到举报后不履行法定管理职责的；

（三）交易价格或者方式明显异常的；

（四）提供专门用于违法犯罪的程序、工具或者其他技术支持、帮助的；

（五）频繁采用隐蔽上网、加密通信、销毁数据等措施或者使用虚假身份，逃避监管或者规避调查的；

（六）为他人逃避监管或者规避调查提供技术支持、帮助的；

（七）其他足以认定行为人明知的情形。

第十二条　明知他人利用信息网络实施犯罪，为其犯罪提供帮助，具有下列情形之一的，应当认定为刑法第二百八十七条之二第一款规定的“情节严重”：

（一）为三个以上对象提供帮助的；

（二）支付结算金额二十万元以上的；

（三）以投放广告等方式提供资金五万元以上的；

（四）违法所得一万元以上的；

（五）二年内曾因非法利用信息网络、帮助信息网络犯罪活动、危害计算机信息系统安全受过行政处罚，又帮助信息网络犯罪活动的；

（六）被帮助对象实施的犯罪造成严重后果的；

（七）其他情节严重的情形。

实施前款规定的行为，确因客观条件限制无法查证被帮助对象是否达到犯罪的程度，但相关数额总计达到前款第二项至第四项规定标准五倍以上，或者造成特别严重后果的，应当以帮助信息网络犯罪活动罪追究行为人的刑事责任。

第十三条 被帮助对象实施的犯罪行为可以确认，但尚未到案、尚未依法裁判或者因未达到刑事责任年龄等原因依法未予追究刑事责任的，不影响帮助信息网络犯罪活动罪的认定。

第十四条 单位实施本解释规定的犯罪的，依照本解释规定的相应自然人犯罪的定罪量刑标准，对直接负责的主管人员和其他直接责任人员定罪处罚，并对单位判处罚金。

第十五条 综合考虑社会危害程度、认罪悔罪态度等情节，认为犯罪情节轻微的，可以不起诉或者免予刑事处罚；情节显著轻微危害不大的，不以犯罪论处。

第十六条 多次拒不履行信息网络安全管理义务、非法利用信息网络、帮助信息网络犯罪活动构成犯罪，依法应当追诉的，或者二年内多次实施前述行为未经处理的，数量或者数额累计计算。

第十七条 对于实施本解释规定的犯罪被判处刑罚的，可以根据犯罪情况和预防再犯罪的需要，依法宣告职业禁止；被判处管制、宣告缓刑的，可以根据犯罪情况，依法宣告禁止令。

第十八条 对于实施本解释规定的犯罪的，应当综合考虑犯罪的危害程度、违法所得数额以及被告人的前科情况、认罪悔罪态度等，依法判处罚金。

第十九条 本解释自 2019 年 11 月 1 日起施行。

最高人民法院、最高人民检察院
关于办理侵犯公民个人信息刑事案件适用法律若干问题的解释

（2017 年 3 月 20 日最高人民法院审判委员会第 1712 次会议、
2017 年 4 月 26 日最高人民检察院第十二届检察委员会
第 63 次会议通过　2017 年 5 月 8 日公布
2017 年 6 月 1 日施行　法释〔2017〕10 号）

为依法惩治侵犯公民个人信息犯罪活动，保护公民个人信息安全和合法权益，根据《中华人民共和国刑法》《中华人民共和国刑事诉讼法》的有关规定，现就办理此类刑事案件适用法律的若干问题解释如下：

第一条　刑法第二百五十三条之一规定的“公民个人信息”，是指以电子或者其他方式记录的能够单独或者与其他信息结合识别特定自然人身份或者反映特定自然人活动情况的各种信息，包括姓名、身份证件号码、通信通讯联系方式、住址、账号密码、财产状况、行踪轨迹等。

第二条　违反法律、行政法规、部门规章有关公民个人信息保护的规定的，应当认定为刑法第二百五十三条之一规定的“违反国家有关规定”。

第三条　向特定人提供公民个人信息，以及通过信息网络或者其他途径发布公民个人信息的，应当认定为刑法第二百五十三条之一规定的“提供公民个人信息”。

未经被收集者同意，将合法收集的公民个人信息向他人提供的，属于刑法第二百五十三条之一规定的“提供公民个人信息”，但是经过处理无法识别特定个人且不能复原的除外。

第四条　违反国家有关规定，通过购买、收受、交换等方式获取公民个人信息，或者在履行职责、提供服务过程中收集公民个人信息的，属于刑法第二百五十三条之一第三款规定的“以其他方法非法获取公民个人信息”。

第五条　非法获取、出售或者提供公民个人信息，具有下列情形之一的，应当认定为刑法第二百五十三条之一规定的“情节严重”：

（一）出售或者提供行踪轨迹信息，被他人用于犯罪的；

（二）知道或者应当知道他人利用公民个人信息实施犯罪，向其出售或者提供的；

（三）非法获取、出售或者提供行踪轨迹信息、通信内容、征信信息、财产信息五十条以上的；

（四）非法获取、出售或者提供住宿信息、通信记录、健康生理信息、交易信息等其他可能影响人身、财产安全的公民个人信息五百条以上的；

（五）非法获取、出售或者提供第三项、第四项规定以外的公民个人信息五千条以上的；

（六）数量未达到第三项至第五项规定标准，但是按相应比例合计达到有关数量标准的；

（七）违法所得五千元以上的；

（八）将在履行职责或者提供服务过程中获得的公民个人信息出售或者提供给他人，数量或者数额达到第三项至第七项规定标准一半以上的；

（九）曾因侵犯公民个人信息受过刑事处罚或者二年内受过行政处罚，又非法获取、出售或者提供公民个人信息的；

（十）其他情节严重的情形。

实施前款规定的行为，具有下列情形之一的，应当认定为刑法第二百五十三条之一第一款规定的“情节特别严重”：

（一）造成被害人死亡、重伤、精神失常或者被绑架等严重后果的；

（二）造成重大经济损失或者恶劣社会影响的；

（三）数量或者数额达到前款第三项至第八项规定标准十倍以上的；

（四）其他情节特别严重的情形。

第六条 为合法经营活动而非法购买、收受本解释第五条第一款第三项、第四项规定以外的公民个人信息，具有下列情形之一的，应当认定为刑法第二百五十三条之一规定的“情节严重”：

（一）利用非法购买、收受的公民个人信息获利五万元以上的；

（二）曾因侵犯公民个人信息受过刑事处罚或者二年内受过行政处罚，又非法购买、收受公民个人信息的；

（三）其他情节严重的情形。

实施前款规定的行为，将购买、收受的公民个人信息非法出售或者提供的，定罪量刑标准适用本解释第五条的规定。

第七条　单位犯刑法第二百五十三条之一规定之罪的，依照本解释规定的相应自然人犯罪的定罪量刑标准，对直接负责的主管人员和其他直接责任人员定罪处罚，并对单位判处罚金。

第八条　设立用于实施非法获取、出售或者提供公民个人信息违法犯罪活动的网站、通讯群组，情节严重的，应当依照刑法第二百八十七条之一的规定，以非法利用信息网络罪定罪处罚；同时构成侵犯公民个人信息罪的，依照侵犯公民个人信息罪定罪处罚。

第九条　网络服务提供者拒不履行法律、行政法规规定的信息网络安全管理义务，经监管部门责令采取改正措施而拒不改正，致使用户的公民个人信息泄露，造成严重后果的，应当依照刑法第二百八十六条之一的规定，以拒不履行信息网络安全管理义务罪定罪处罚。

第十条　实施侵犯公民个人信息犯罪，不属于“情节特别严重”，行为人系初犯，全部退赃，并确有悔罪表现的，可以认定为情节轻微，不起诉或者免予刑事处罚；确有必要判处刑罚的，应当从宽处罚。

第十一条　非法获取公民个人信息后又出售或者提供的，公民个人信息的条数不重复计算。

向不同单位或者个人分别出售、提供同一公民个人信息的，公民个人信息的条数累计计算。

对批量公民个人信息的条数，根据查获的数量直接认定，但是有证据证明信息不真实或者重复的除外。

第十二条　对于侵犯公民个人信息犯罪，应当综合考虑犯罪的危害程度、犯罪的违法所得数额以及被告人的前科情况、认罪悔罪态度等，依法判处罚金。罚金数额一般在违法所得的一倍以上五倍以下。

第十三条　本解释自2017年6月1日起施行。

最高人民法院、最高人民检察院 关于办理利用信息网络实施诽谤等刑事案件适用法律若干问题的解释

（2013年9月5日最高人民法院审判委员会第1589次会议、2013年9月2日最高人民检察院第十二届检察委员会第9次会议通过 2013年9月6日公布 2013年9月10日施行 法释〔2013〕21号）

为保护公民、法人和其他组织的合法权益，维护社会秩序，根据《中华人民共和国刑法》《全国人民代表大会常务委员会关于维护互联网安全的决定》等规定，对办理利用信息网络实施诽谤、寻衅滋事、敲诈勒索、非法经营等刑事案件适用法律的若干问题解释如下：

第一条 具有下列情形之一的，应当认定为刑法第二百四十六条第一款规定的“捏造事实诽谤他人”：

（一）捏造损害他人名誉的事实，在信息网络上散布，或者组织、指使人员在信息网络上散布的；

（二）将信息网络上涉及他人的原始信息内容篡改为损害他人名誉的事实，在信息网络上散布，或者组织、指使人员在信息网络上散布的；

明知是捏造的损害他人名誉的事实，在信息网络上散布，情节恶劣的，以“捏造事实诽谤他人”论。

第二条 利用信息网络诽谤他人，具有下列情形之一的，应当认定为刑法第二百四十六条第一款规定的“情节严重”：

（一）同一诽谤信息实际被点击、浏览次数达到五千次以上，或者被转发次数达到五百次以上的；

（二）造成被害人或者其近亲属精神失常、自残、自杀等严重后果的；

（三）二年内曾因诽谤受过行政处罚，又诽谤他人的；

（四）其他情节严重的情形。

第三条　利用信息网络诽谤他人，具有下列情形之一的，应当认定为刑法第二百四十六条第二款规定的“严重危害社会秩序和国家利益”：

（一）引发群体性事件的；

（二）引发公共秩序混乱的；

（三）引发民族、宗教冲突的；

（四）诽谤多人，造成恶劣社会影响的；

（五）损害国家形象，严重危害国家利益的；

（六）造成恶劣国际影响的；

（七）其他严重危害社会秩序和国家利益的情形。

第四条　一年内多次实施利用信息网络诽谤他人行为未经处理，诽谤信息实际被点击、浏览、转发次数累计计算构成犯罪的，应当依法定罪处罚。

第五条　利用信息网络辱骂、恐吓他人，情节恶劣，破坏社会秩序的，依照刑法第二百九十三条第一款第（二）项的规定，以寻衅滋事罪定罪处罚。

编造虚假信息，或者明知是编造的虚假信息，在信息网络上散布，或者组织、指使人员在信息网络上散布，起哄闹事，造成公共秩序严重混乱的，依照刑法第二百九十三条第一款第（四）项的规定，以寻衅滋事罪定罪处罚。

第六条　以在信息网络上发布、删除等方式处理网络信息为由，威胁、要挟他人，索取公私财物，数额较大，或者多次实施上述行为的，依照刑法第二百七十四条的规定，以敲诈勒索罪定罪处罚。

第七条　违反国家规定，以营利为目的，通过信息网络有偿提供删除信息服务，或者明知是虚假信息，通过信息网络有偿提供发布信息等服务，扰乱市场秩序，具有下列情形之一的，属于非法经营行为“情节严重”，依照刑法第二百二十五条第（四）项的规定，以非法经营罪定罪处罚：

（一）个人非法经营数额在五万元以上，或者违法所得数额在二万元以上的；

（二）单位非法经营数额在十五万元以上，或者违法所得数额在五万元以上的。

实施前款规定的行为，数额达到前款规定的数额五倍以上的，应当认定为刑法第二百二十五条规定的“情节特别严重”。

第八条　明知他人利用信息网络实施诽谤、寻衅滋事、敲诈勒索、非法经营等犯罪，为其提供资金、场所、技术支持等帮助的，以共同犯罪论处。

第九条 利用信息网络实施诽谤、寻衅滋事、敲诈勒索、非法经营犯罪，同时又构成刑法第二百二十一条规定的损害商业信誉、商品声誉罪，第二百七十八条规定的煽动暴力抗拒法律实施罪，第二百九十一条之一规定的编造、故意传播虚假恐怖信息罪等犯罪的，依照处罚较重的规定定罪处罚。

第十条 本解释所称信息网络，包括以计算机、电视机、固定电话机、移动电话机等电子设备为终端的计算机互联网、广播电视网、固定通信网、移动通信网等信息网络，以及向公众开放的局域网络。

最高人民法院、最高人民检察院
关于办理寻衅滋事刑事案件适用法律若干问题的解释

（2013年5月27日最高人民法院审判委员会第1579次会议、2013年4月28日最高人民检察院第十二届检察委员会第5次会议通过　2013年7月15日公布　2013年7月22日施行　法释〔2013〕18号）

为依法惩治寻衅滋事犯罪，维护社会秩序，根据《中华人民共和国刑法》的有关规定，现就办理寻衅滋事刑事案件适用法律的若干问题解释如下：

第一条　行为人为寻求刺激、发泄情绪、逞强耍横等，无事生非，实施刑法第二百九十三条规定的行为的，应当认定为“寻衅滋事”。

行为人因日常生活中的偶发矛盾纠纷，借故生非，实施刑法第二百九十三条规定的行为的，应当认定为“寻衅滋事”，但矛盾系由被害人故意引发或者被害人对矛盾激化负有主要责任的除外。

行为人因婚恋、家庭、邻里、债务等纠纷，实施殴打、辱骂、恐吓他人或者损毁、占用他人财物等行为的，一般不认定为“寻衅滋事”，但经有关部门批评制止或者处理处罚后，继续实施前列行为，破坏社会秩序的除外。

第二条　随意殴打他人，破坏社会秩序，具有下列情形之一的，应当认定为刑法第二百九十三条第一款第一项规定的“情节恶劣”：

（一）致一人以上轻伤或者二人以上轻微伤的；

（二）引起他人精神失常、自杀等严重后果的；

（三）多次随意殴打他人的；

（四）持凶器随意殴打他人的；

（五）随意殴打精神病人、残疾人、流浪乞讨人员、老年人、孕妇、未成年人，造成恶劣社会影响的；

（六）在公共场所随意殴打他人，造成公共场所秩序严重混乱的；

（七）其他情节恶劣的情形。

第三条 追逐、拦截、辱骂、恐吓他人，破坏社会秩序，具有下列情形之一的，应当认定为刑法第二百九十三条第一款第二项规定的“情节恶劣”：

（一）多次追逐、拦截、辱骂、恐吓他人，造成恶劣社会影响的；

（二）持凶器追逐、拦截、辱骂、恐吓他人的；

（三）追逐、拦截、辱骂、恐吓精神病人、残疾人、流浪乞讨人员、老年人、孕妇、未成年人，造成恶劣社会影响的；

（四）引起他人精神失常、自杀等严重后果的；

（五）严重影响他人的工作、生活、生产、经营的；

（六）其他情节恶劣的情形。

第四条 强拿硬要或者任意损毁、占用公私财物，破坏社会秩序，具有下列情形之一的，应当认定为刑法第二百九十三条第一款第三项规定的“情节严重”：

（一）强拿硬要公私财物价值一千元以上，或者任意损毁、占用公私财物价值二千元以上的；

（二）多次强拿硬要或者任意损毁、占用公私财物，造成恶劣社会影响的；

（三）强拿硬要或者任意损毁、占用精神病人、残疾人、流浪乞讨人员、老年人、孕妇、未成年人的财物，造成恶劣社会影响的；

（四）引起他人精神失常、自杀等严重后果的；

（五）严重影响他人的工作、生活、生产、经营的；

（六）其他情节严重的情形。

第五条 在车站、码头、机场、医院、商场、公园、影剧院、展览会、运动场或者其他公共场所起哄闹事，应当根据公共场所的性质、公共活动的重要程度、公共场所的人数、起哄闹事的时间、公共场所受影响的范围与程度等因素，综合判断是否“造成公共场所秩序严重混乱”。

第六条 纠集他人三次以上实施寻衅滋事犯罪，未经处理的，应当依照刑法第二百九十三条第二款的规定处罚。

第七条 实施寻衅滋事行为，同时符合寻衅滋事罪和故意杀人罪、故意伤害罪、故意毁坏财物罪、敲诈勒索罪、抢夺罪、抢劫罪等罪的构成要件的，依照处罚较重的犯罪定罪处罚。

第八条　行为人认罪、悔罪，积极赔偿被害人损失或者取得被害人谅解的，可以从轻处罚；犯罪情节轻微的，可以不起诉或者免予刑事处罚。

最高人民检察院
人民检察院办理网络犯罪案件规定

（2020 年 12 月 14 日最高人民检察院第十三届检察委员会第五十七次会议通过　2021 年 1 月 22 日公布并施行）

第一章　一般规定

第一条　为规范人民检察院办理网络犯罪案件，维护国家安全、网络安全、社会公共利益，保护公民、法人和其他组织的合法权益，根据《中华人民共和国刑事诉讼法》《人民检察院刑事诉讼规则》等规定，结合司法实践，制定本规定。

第二条　本规定所称网络犯罪是指针对信息网络实施的犯罪，利用信息网络实施的犯罪，以及其他上下游关联犯罪。

第三条　人民检察院办理网络犯罪案件应当加强全链条惩治，注重审查和发现上下游关联犯罪线索。对涉嫌犯罪，公安机关未立案侦查、应当提请批准逮捕而未提请批准逮捕或者应当移送起诉而未移送起诉的，依法进行监督。

第四条　人民检察院办理网络犯罪案件应当坚持惩治犯罪与预防犯罪并举，建立捕、诉、监、防一体的办案机制，加强以案释法，发挥检察建议的作用，促进有关部门、行业组织、企业等加强网络犯罪预防和治理，净化网络空间。

第五条　网络犯罪案件的管辖适用刑事诉讼法及其他相关规定。

有多个犯罪地的，按照有利于查清犯罪事实、有利于保护被害人合法权益、保证案件公正处理的原则确定管辖。

因跨区域犯罪、共同犯罪、关联犯罪等原因存在管辖争议的，由争议的人民检察院协商解决，协商不成的，报请共同的上级人民检察院指定管辖。

第六条　人民检察院办理网络犯罪案件应当发挥检察一体化优势，加强跨区域协作办案，强化信息互通、证据移交、技术协作，增强惩治网络犯罪的合力。

第七条　人民检察院办理网络犯罪案件应当加强对电子数据收集、提取、保全、固定等的审查，充分运用同一电子数据往往具有的多元关联证明作用，综合运用电子数据与其他证据，准确认定案件事实。

第八条　建立检察技术人员、其他有专门知识的人参与网络犯罪案件办理制度。根据案件办理需要，吸收检察技术人员加入办案组辅助案件办理。积极探索运用大数据、云计算、人工智能等信息技术辅助办案，提高网络犯罪案件办理的专业化水平。

第九条　人民检察院办理网络犯罪案件，对集团犯罪或者涉案人数众多的，根据行为人的客观行为、主观恶性、犯罪情节及地位、作用等综合判断责任轻重和刑事追究的必要性，按照区别对待原则分类处理，依法追诉。

第十条　人民检察院办理网络犯罪案件应当把追赃挽损贯穿始终，主动加强与有关机关协作，保证及时查封、扣押、冻结涉案财物，阻断涉案财物移转链条，督促涉案人员退赃退赔。

第二章　引导取证和案件审查

第十一条　人民检察院办理网络犯罪案件应当重点围绕主体身份同一性、技术手段违法性、上下游行为关联性等方面全面审查案件事实和证据，注重电子数据与其他证据之间的相互印证，构建完整的证据体系。

第十二条　经公安机关商请，根据追诉犯罪的需要，人民检察院可以派员适时介入重大、疑难、复杂网络犯罪案件的侦查活动，并对以下事项提出引导取证意见：

（一）案件的侦查方向及可能适用的罪名；

（二）证据的收集、提取、保全、固定、检验、分析等；

（三）关联犯罪线索；

（四）追赃挽损工作；

（五）其他需要提出意见的事项。

人民检察院开展引导取证活动时，涉及专业性问题的，可以指派检察技术人员共同参与。

第十三条　人民检察院可以通过以下方式了解案件办理情况：

（一）查阅案件材料；

（二）参加公安机关对案件的讨论；

（三）了解讯（询）问犯罪嫌疑人、被害人、证人的情况；

（四）了解、参与电子数据的收集、提取；

（五）其他方式。

第十四条 人民检察院介入网络犯罪案件侦查活动，发现关联犯罪或其他新的犯罪线索，应当建议公安机关依法立案或移送相关部门；对于犯罪嫌疑人不构成犯罪的，依法监督公安机关撤销案件。

第十五条 人民检察院可以根据案件侦查情况，向公安机关提出以下取证意见：

（一）能够扣押、封存原始存储介质的，及时扣押、封存；

（二）扣押可联网设备时，及时采取信号屏蔽、信号阻断或者切断电源等方式，防止电子数据被远程破坏；

（三）及时提取账户密码及相应数据，如电子设备、网络账户、应用软件等的账户密码，以及存储于其中的聊天记录、电子邮件、交易记录等；

（四）及时提取动态数据，如内存数据、缓存数据、网络连接数据等；

（五）及时提取依赖于特定网络环境的数据，如点对点网络传输数据、虚拟专线网络中的数据等；

（六）及时提取书证、物证等客观证据，注意与电子数据相互印证。

第十六条 对于批准逮捕后要求公安机关继续侦查、不批准逮捕后要求公安机关补充侦查或者审查起诉退回公安机关补充侦查的网络犯罪案件，人民检察院应当重点围绕本规定第十二条第一款规定的事项，有针对性地制作继续侦查提纲或者补充侦查提纲。对于专业性问题，应当听取检察技术人员或者其他有专门知识的人的意见。

人民检察院应当及时了解案件继续侦查或者补充侦查的情况。

第十七条 认定网络犯罪的犯罪嫌疑人，应当结合全案证据，围绕犯罪嫌疑人与原始存储介质、电子数据的关联性、犯罪嫌疑人网络身份与现实身份的同一性，注重审查以下内容：

（一）扣押、封存的原始存储介质是否为犯罪嫌疑人所有、持有或者使用；

（二）社交、支付结算、网络游戏、电子商务、物流等平台的账户信息、身份认证信息、数字签名、生物识别信息等是否与犯罪嫌疑人身份关联；

（三）通话记录、短信、聊天信息、文档、图片、语音、视频等文件内容是否能够反映犯罪嫌疑人的身份；

（四）域名、IP 地址、终端 MAC 地址、通信基站信息等是否能够反映电子设备为犯罪嫌疑人所使用；

（五）其他能够反映犯罪嫌疑人主体身份的内容。

第十八条　认定犯罪嫌疑人的客观行为，应当结合全案证据，围绕其利用的程序工具、技术手段的功能及其实现方式、犯罪行为和结果之间的关联性，注重审查以下内容：

（一）设备信息、软件程序代码等作案工具；

（二）系统日志、域名、IP 地址、WiFi 信息、地理位置信息等是否能够反映犯罪嫌疑人的行为轨迹；

（三）操作记录、网络浏览记录、物流信息、交易结算记录、即时通信信息等是否能够反映犯罪嫌疑人的行为内容；

（四）其他能够反映犯罪嫌疑人客观行为的内容。

第十九条　认定犯罪嫌疑人的主观方面，应当结合犯罪嫌疑人的认知能力、专业水平、既往经历、人员关系、行为次数、获利情况等综合认定，注重审查以下内容：

（一）反映犯罪嫌疑人主观故意的聊天记录、发布内容、浏览记录等；

（二）犯罪嫌疑人行为是否明显违背系统提示要求、正常操作流程；

（三）犯罪嫌疑人制作、使用或者向他人提供的软件程序是否主要用于违法犯罪活动；

（四）犯罪嫌疑人支付结算的对象、频次、数额等是否明显违反正常交易习惯；

（五）犯罪嫌疑人是否频繁采用隐蔽上网、加密通信、销毁数据等措施或者使用虚假身份；

（六）其他能够反映犯罪嫌疑人主观方面的内容。

第二十条　认定犯罪行为的情节和后果，应当结合网络空间、网络行为的特性，从违法所得、经济损失、信息系统的破坏、网络秩序的危害程度以及对被害人的侵害程度等综合判断，注重审查以下内容：

（一）聊天记录、交易记录、音视频文件、数据库信息等能够反映犯罪嫌疑人违法所得、获取和传播数据及文件的性质、数量的内容；

（二）账号数量、信息被点击次数、浏览次数、被转发次数等能够反映犯罪行为对网络空间秩序产生影响的内容；

（三）受影响的计算机信息系统数量、服务器日志信息等能够反映犯罪行为对信息网络运行造成影响程度的内容；

（四）被害人数量、财产损失数额、名誉侵害的影响范围等能够反映犯罪行为对被害人的人身、财产等造成侵害的内容；

（五）其他能够反映犯罪行为情节、后果的内容。

第二十一条 人民检察院办理网络犯罪案件，确因客观条件限制无法逐一收集相关言词证据的，可以根据记录被害人人数、被侵害的计算机信息系统数量、涉案资金数额等犯罪事实的电子数据、书证等证据材料，在审查被告人及其辩护人所提辩解、辩护意见的基础上，综合全案证据材料，对相关犯罪事实作出认定。

第二十二条 对于数量众多的同类证据材料，在证明是否具有同样的性质、特征或者功能时，因客观条件限制不能全部验证的，可以进行抽样验证。

第二十三条 对鉴定意见、电子数据等技术性证据材料，需要进行专门审查的，应当指派检察技术人员或者聘请其他有专门知识的人进行审查并提出意见。

第二十四条 人民检察院在审查起诉过程中，具有下列情形之一的，可以依法自行侦查：

（一）公安机关未能收集的证据，特别是存在灭失、增加、删除、修改风险的电子数据，需要及时收集和固定的；

（二）经退回补充侦查未达到补充侦查要求的；

（三）其他需要自行侦查的情形。

第二十五条 自行侦查由检察官组织实施，开展自行侦查的检察人员不得少于二人。需要技术支持和安全保障的，由人民检察院技术部门和警务部门派员协助。必要时，可以要求公安机关予以配合。

第二十六条 人民检察院办理网络犯罪案件的部门，发现或者收到侵害国家利益、社会公共利益的公益诉讼案件线索的，应当及时移送负责公益诉讼的部门处理。

第三章 电子数据的审查

第二十七条 电子数据是以数字化形式存储、处理、传输的，能够证明案件事实的数据，主要包括以下形式：

（一）网页、社交平台、论坛等网络平台发布的信息；

（二）手机短信、电子邮件、即时通信、通讯群组等网络通讯信息；

（三）用户注册信息、身份认证信息、数字签名、生物识别信息等用户身份信息；

（四）电子交易记录、通信记录、浏览记录、操作记录、程序安装、运行、删除记录等用户行为信息；

（五）恶意程序、工具软件、网站源代码、运行脚本等行为工具信息；

（六）系统日志、应用程序日志、安全日志、数据库日志等系统运行信息；

（七）文档、图片、音频、视频、数字证书、数据库文件等电子文件及其创建时间、访问时间、修改时间、大小等文件附属信息。

第二十八条 电子数据取证主要包括以下方式：收集、提取电子数据；电子数据检查和侦查实验；电子数据检验和鉴定。

收集、提取电子数据可以采取以下方式：

（一）扣押、封存原始存储介质；

（二）现场提取电子数据；

（三）在线提取电子数据；

（四）冻结电子数据；

（五）调取电子数据。

第二十九条 人民检察院办理网络犯罪案件，应当围绕客观性、合法性、关联性的要求对电子数据进行全面审查。注重审查电子数据与案件事实之间的多元关联，加强综合分析，充分发挥电子数据的证明作用。

第三十条 对电子数据是否客观、真实，注重审查以下内容：

（一）是否移送原始存储介质，在原始存储介质无法封存、不便移动时，是否说明原因，并注明相关情况；

（二）电子数据是否有数字签名、数字证书等特殊标识；

（三）电子数据的收集、提取过程及结果是否可以重现；

（四）电子数据有增加、删除、修改等情形的，是否附有说明；

（五）电子数据的完整性是否可以保证。

第三十一条 对电子数据是否完整，注重审查以下内容：

（一）原始存储介质的扣押、封存状态是否完好；

（二）比对电子数据完整性校验值是否发生变化；

（三）电子数据的原件与备份是否相同；

（四）冻结后的电子数据是否生成新的操作日志。

第三十二条 对电子数据的合法性，注重审查以下内容：

（一）电子数据的收集、提取、保管的方法和过程是否规范；

（二）查询、勘验、扣押、调取、冻结等的法律手续是否齐备；

（三）勘验笔录、搜查笔录、提取笔录等取证记录是否完备；

（四）是否由符合法律规定的取证人员、见证人、持有人（提供人）参与，因客观原因没有见证人、持有人（提供人）签名或者盖章的，是否说明原因；

（五）是否按照有关规定进行同步录音录像；

（六）对于收集、提取的境外电子数据是否符合国（区）际司法协作及相关法律规定的要求。

第三十三条 对电子数据的关联性，注重审查以下内容：

（一）电子数据与案件事实之间的关联性；

（二）电子数据及其存储介质与案件当事人之间的关联性。

第三十四条 原始存储介质被扣押封存的，注重从以下方面审查扣押封存过程是否规范：

（一）是否记录原始存储介质的品牌、型号、容量、序列号、识别码、用户标识等外观信息，是否与实物一一对应；

（二）是否封存或者计算完整性校验值，封存前后是否拍摄被封存原始存储介质的照片，照片是否清晰反映封口或者张贴封条处的状况；

（三）是否由取证人员、见证人、持有人（提供人）签名或者盖章。

第三十五条 对原始存储介质制作数据镜像予以提取固定的，注重审查以下内容：

（一）是否记录原始存储介质的品牌、型号、容量、序列号、识别码、用户标识等外观信息，是否记录原始存储介质的存放位置、使用人、保管人；

（二）是否附有制作数据镜像的工具、方法、过程等必要信息；

（三）是否计算完整性校验值；

（四）是否由取证人员、见证人、持有人（提供人）签名或者盖章。

第三十六条 提取原始存储介质中的数据内容并予以固定的，注重审查以下内容：

（一）是否记录原始存储介质的品牌、型号、容量、序列号、识别码、用户标识等外观信息，是否记录原始存储介质的存放位置、使用人、保管人；

（二）所提取数据内容的原始存储路径，提取的工具、方法、过程等信息，是否一并提取相关的附属信息、关联痕迹、系统环境等信息；

（三）是否计算完整性校验值；

（四）是否由取证人员、见证人、持有人（提供人）签名或者盖章。

第三十七条　对在线提取的电子数据，注重审查以下内容：

（一）是否记录反映电子数据来源的网络地址、存储路径或者数据提取时的进入步骤等；

（二）是否记录远程计算机信息系统的访问方式、电子数据的提取日期和时间、提取的工具、方法等信息，是否一并提取相关的附属信息、关联痕迹、系统环境等信息；

（三）是否计算完整性校验值；

（四）是否由取证人员、见证人、持有人（提供人）签名或者盖章。

对可能无法重复提取或者可能出现变化的电子数据，是否随案移送反映提取过程的拍照、录像、截屏等材料。

第三十八条　对冻结的电子数据，注重审查以下内容：

（一）冻结手续是否符合规定；

（二）冻结的电子数据是否与案件事实相关；

（三）冻结期限是否即将到期、有无必要继续冻结或者解除；

（四）冻结期间电子数据是否被增加、删除、修改等。

第三十九条　对调取的电子数据，注重审查以下内容：

（一）调取证据通知书是否注明所调取的电子数据的相关信息；

（二）被调取单位、个人是否在通知书回执上签名或者盖章；

（三）被调取单位、个人拒绝签名、盖章的，是否予以说明；

（四）是否计算完整性校验值或者以其他方法保证电子数据的完整性。

第四十条　对电子数据进行检查、侦查实验，注重审查以下内容：

（一）是否记录检查过程、检查结果和其他需要记录的内容，并由检查人员签名或者盖章；

（二）是否记录侦查实验的条件、过程和结果，并由参加侦查实验的人员签名或者盖章；

（三）检查、侦查实验使用的电子设备、网络环境等是否与发案现场一致或者基本一致；

（四）是否使用拍照、录像、录音、通信数据采集等一种或者多种方式客观记录检查、侦查实验过程。

第四十一条 对电子数据进行检验、鉴定，注重审查以下内容：

（一）鉴定主体的合法性。包括审查司法鉴定机构、司法鉴定人员的资质，委托鉴定事项是否符合司法鉴定机构的业务范围，鉴定人员是否存在回避等情形；

（二）鉴定材料的客观性。包括鉴定材料是否真实、完整、充分，取得方式是否合法，是否与原始电子数据一致；

（三）鉴定方法的科学性。包括鉴定方法是否符合国家标准、行业标准，方法标准的选用是否符合相关规定；

（四）鉴定意见的完整性。是否包含委托人、委托时间、检材信息、鉴定或者分析论证过程、鉴定结果以及鉴定人签名、日期等内容；

（五）鉴定意见与其他在案证据能否相互印证。

对于鉴定机构以外的机构出具的检验、检测报告，可以参照本条规定进行审查。

第四十二条 行政机关在行政执法和查办案件过程中依法收集、提取的电子数据，人民检察院经审查符合法定要求的，可以作为刑事案件的证据使用。

第四十三条 电子数据的收集、提取程序有下列瑕疵，经补正或者作出合理解释的，可以采用；不能补正或者作出合理解释的，不得作为定案的根据：

（一）未以封存状态移送的；

（二）笔录或者清单上没有取证人员、见证人、持有人（提供人）签名或者盖章的；

（三）对电子数据的名称、类别、格式等注明不清的；

（四）有其他瑕疵的。

第四十四条 电子数据系篡改、伪造、无法确定真伪的，或者有其他无法保证电子数据客观、真实情形的，不得作为定案的根据。

电子数据有增加、删除、修改等情形，但经司法鉴定、当事人确认等方式确定与案件相关的重要数据未发生变化，或者能够还原电子数据原始状态、查清变化过程的，可以作为定案的根据。

第四十五条 对于无法直接展示的电子数据，人民检察院可以要求公安机关提供电子数据的内容、存储位置、附属信息、功能作用等情况的说明，随案移送人民法院。

第四章 出庭支持公诉

第四十六条 人民检察院依法提起公诉的网络犯罪案件，具有下列情形之一的，可以建议人民法院召开庭前会议：

（一）案情疑难复杂的；

（二）跨国（边）境、跨区域案件社会影响重大的；

（三）犯罪嫌疑人、被害人等人数众多、证据材料较多的；

（四）控辩双方对电子数据合法性存在较大争议的；

（五）案件涉及技术手段专业性强，需要控辩双方提前交换意见的；

（六）其他有必要召开庭前会议的情形。

必要时，人民检察院可以向法庭申请指派检察技术人员或者聘请其他有专门知识的人参加庭前会议。

第四十七条 人民法院开庭审理网络犯罪案件，公诉人出示证据可以借助多媒体示证、动态演示等方式进行。必要时，可以向法庭申请指派检察技术人员或者聘请其他有专门知识的人进行相关技术操作，并就专门性问题发表意见。

公诉人在出示电子数据时，应当从以下方面进行说明：

（一）电子数据的来源、形成过程；

（二）电子数据所反映的犯罪手段、人员关系、资金流向、行为轨迹等案件事实；

（三）电子数据与被告人供述、被害人陈述、证人证言、物证、书证等的相互印证情况；

（四）其他应当说明的内容。

第四十八条 在法庭审理过程中，被告人及其辩护人针对电子数据的客观性、合法性、关联性提出辩解或者辩护意见的，公诉人可以围绕争议点从证据来源是否合法，提取、复制、制作过程是否规范，内容是否真实完整，与案件事实有无关联等方面，有针对性地予以答辩。

第四十九条 支持、推动人民法院开庭审判网络犯罪案件全程录音录像。对庭审全程录音录像资料，必要时人民检察院可以商请人民法院复制，并将存储介质附检察卷宗保存。

第五章　跨区域协作办案

第五十条　对跨区域网络犯罪案件，上级人民检察院应当加强统一指挥和统筹协调，相关人民检察院应当加强办案协作。

第五十一条　上级人民检察院根据办案需要，可以统一调用辖区内的检察人员参与办理网络犯罪案件。

第五十二条　办理关联网络犯罪案件的人民检察院可以相互申请查阅卷宗材料、法律文书，了解案件情况，被申请的人民检察院应当予以协助。

第五十三条　承办案件的人民检察院需要向办理关联网络犯罪案件的人民检察院调取证据材料的，可以持相关法律文书和证明文件申请调取在案证据材料，被申请的人民检察院应当配合。

第五十四条　承办案件的人民检察院需要异地调查取证的，可以将相关法律文书及证明文件传输至证据所在地的人民检察院，请其代为调查取证。相关法律文书应当注明具体的取证对象、方式、内容和期限等。

被请求协助的人民检察院应当予以协助，及时将取证结果送达承办案件的人民检察院；无法及时调取的，应当作出说明。被请求协助的人民检察院有异议的，可以与承办案件的人民检察院进行协商；无法解决的，由承办案件的人民检察院报请共同的上级人民检察院决定。

第五十五条　承办案件的人民检察院需要询问异地证人、被害人的，可以通过远程视频系统进行询问，证人、被害人所在地的人民检察院应当予以协助。远程询问的，应当对询问过程进行同步录音录像。

第六章　跨国（边）境司法协作

第五十六条　办理跨国网络犯罪案件应当依照《中华人民共和国国际刑事司法协助法》及我国批准加入的有关刑事司法协助条约，加强国际司法协作，维护我国主权、安全和社会公共利益，尊重协作国司法主权、坚持平等互惠原则，提升跨国司法协作质效。

第五十七条　地方人民检察院在案件办理中需要向外国请求刑事司法协助的，应当制作刑事司法协助请求书并附相关材料，经报最高人民检察院批准后，由我国与被请求国间司法协助条约规定的对外联系机关向外国提出申请。没有刑事司法协助条约的，通过外交途径联系。

第五十八条　人民检察院参加现场移交境外证据的检察人员不少于二人，外方有特殊要求的除外。

移交、开箱、封存、登记的情况应当制作笔录，由最高人民检察院或者承办案件的人民检察院代表、外方移交人员签名或者盖章，一般应当全程录音录像。有其他见证人的，在笔录中注明。

第五十九条　人民检察院对境外收集的证据，应当审查证据来源是否合法、手续是否齐备以及证据的移交、保管、转换等程序是否连续、规范。

第六十条　人民检察院办理涉香港特别行政区、澳门特别行政区、台湾地区的网络犯罪案件，需要当地有关部门协助的，可以参照本规定及其他相关规定执行。

第七章　附则

第六十一条　人民检察院办理网络犯罪案件适用本规定，本规定没有规定的，适用其他相关规定。

第六十二条　本规定中下列用语的含义：

（一）信息网络，包括以计算机、电视机、固定电话机、移动电话机等电子设备为终端的计算机互联网、广播电视网、固定通信网、移动通信网等信息网络，以及局域网络；

（二）存储介质，是指具备数据存储功能的电子设备、硬盘、光盘、优盘、记忆棒、存储芯片等载体；

（三）完整性校验值，是指为防止电子数据被篡改或者破坏，使用散列算法等特定算法对电子数据进行计算，得出的用于校验数据完整性的数据值；

（四）数字签名，是指利用特定算法对电子数据进行计算，得出的用于验证电子数据来源和完整性的数据值；

（五）数字证书，是指包含数字签名并对电子数据来源、完整性进行认证的电子文件；

（六）生物识别信息，是指计算机利用人体所固有的生理特征（包括人脸、指纹、声纹、虹膜、DNA 等）或者行为特征（步态、击键习惯等）来进行个人身份识别的信息；

（七）运行脚本，是指使用一种特定的计算机编程语言，依据符合语法要求编写的执行指定操作的可执行文件；

（八）数据镜像，是指二进制（0101 排序的数据码流）相同的数据复制件，与原件的内容无差别；

（九）MAC 地址，是指计算机设备中网卡的唯一标识，每个网卡有且只有一个 MAC 地址。

第六十三条 人民检察院办理国家安全机关、海警机关、监狱等移送的网络犯罪案件，适用本规定和其他相关规定。

第六十四条 本规定由最高人民检察院负责解释。

第六十五条 本规定自发布之日起施行。

最高人民检察院
检察机关办理侵犯公民个人信息案件指引

（2018 年 8 月 24 日最高人民检察院第十三届检察委员会
第五次会议通过　2018 年 11 月 9 日公布并施行
高检发侦监字〔2018〕13 号）

目　次

根据《中华人民共和国刑法》第二百五十三条之一的规定，侵犯公民个人信息罪是指违反国家有关规定，向他人出售、提供公民个人信息，或者通过窃取等方法非法获取公民个人信息，情节严重的行为。结合《最高人民法院、最高人民检察院关于办理侵犯公民个人信息刑事案件适用法律若干问题的解释》（法释〔2017〕10 号）（以下简称《解释》），办理侵犯公民个人信息案件，应当特别注意以下问题：一是对“公民个人信息”的审查认定；二是对“违反国家有关规定”的审查认定；三是对“非法获取”的审查认定；四是对“情节严重”和

“情节特别严重”的审查认定；五是对关联犯罪的审查认定。

一、审查证据的基本要求

（一）审查逮捕

1. 有证据证明发生了侵犯公民个人信息犯罪事实

（1）证明侵犯公民个人信息案件发生

主要证据包括：报案登记、受案登记、立案决定书、破案经过、证人证言、被害人陈述、犯罪嫌疑人供述和辩解以及证人、被害人提供的短信、微信或QQ截图等电子数据。

（2）证明被侵犯对象系公民个人信息

主要证据包括：扣押物品清单、勘验检查笔录、电子数据、司法鉴定意见及公民信息查询结果说明、被害人陈述、被害人提供的原始信息资料和对比资料等。

2. 有证据证明侵犯公民个人信息行为是犯罪嫌疑人实施的

（1）证明违反国家有关规定的证据：犯罪嫌疑人关于所从事的职业的供述、其所在公司的工商注册资料、公司出具的犯罪嫌疑人职责范围说明、劳动合同、保密协议及公司领导、同事关于犯罪嫌疑人职责范围的证言等。

（2）证明出售、提供行为的证据：远程勘验笔录及QQ、微信等即时通讯工具聊天记录、论坛、贴吧、电子邮件、手机短信记录等电子数据，证明犯罪嫌疑人通过上述途径向他人出售、提供、交换公民个人信息的情况。公民个人信息贩卖者、提供者、担保交易人及购买者、收受者的证言或供述，相关银行账户明细、第三方支付平台账户明细，证明出售公民个人信息违法所得情况。此外，如果犯罪嫌疑人系通过信息网络发布方式提供公民个人信息，证明该行为的证据还包括远程勘验笔录、扣押笔录、扣押物品清单、对手机、电脑存储介质、云盘、FTP等的司法鉴定意见等。

（3）证明犯罪嫌疑人或公民个人信息购买者、收受者控制涉案信息的证据：搜查笔录、扣押笔录、扣押物品清单，对手机、电脑存储介质等的司法鉴定意见等，证实储存有公民个人信息的电脑、手机、U盘或者移动硬盘、云盘、FTP等介质与犯罪嫌疑人或公民个人信息购买者、收受者的关系。犯罪嫌疑人供述、辨认笔录及证人证言等，证实犯罪嫌疑人或公民个人信息购买者、收受者所有或实际控制、使用涉案存储介质。

（4）证明涉案公民个人信息真实性的证据：被害人陈述、被害人提供的原始信息资料、公安机关或相关单位出具的涉案公民个人信息与权威数据库内信息同一性的比对说明。针对批量的涉案公民个人信息的真实性问题，根据《解释》精神，可以根据查获的数量直接认定，但有证据证明信息不真实或重复的除外。

（5）证明违反国家规定，通过窃取、购买、收受、交换等方式非法获取公民个人信息的证据：主要证据与上述以出售、提供方式侵犯公民个人信息行为的证据基本相同。针对窃取的方式如通过技术手段非法获取公民个人信息的行为，需证明犯罪嫌疑人实施上述行为，除被害人陈述、犯罪嫌疑人供述和辩解外，还包括侦查机关从被害公司数据库中发现入侵电脑 IP 地址情况、从犯罪嫌疑人电脑中提取的侵入被害公司数据的痕迹等现场勘验检查笔录，以及涉案程序（木马）的司法鉴定意见等。

3. 有证据证明犯罪嫌疑人具有侵犯公民个人信息的主观故意

（1）证明犯罪嫌疑人明知没有获取、提供公民个人信息的法律依据或资格，主要证据包括：犯罪嫌疑人的身份证明、犯罪嫌疑人关于所从事职业的供述、其所在公司的工商资料和营业范围、公司关于犯罪嫌疑人的职责范围说明、公司主要负责人的证人证言等。

（2）证明犯罪嫌疑人积极实施窃取、出售、提供、购买、交换、收受公民个人信息的行为，主要证据除了证人证言、犯罪嫌疑人供述和辩解外，还包括远程勘验笔录、手机短信记录、即时通讯工具聊天记录、电子数据司法鉴定意见、银行账户明细、第三方支付平台账户明细等。

4. 有证据证明“情节严重”或“情节特别严重”

（1）公民个人信息购买者或收受者的证言或供述。

（2）公民个人信息购买、收受公司工作人员利用公民个人信息进行电话或短信推销、商务调查等经营性活动后出具的证言或供述。

（3）公民个人信息购买者或者收受者利用所获信息从事违法犯罪活动后出具的证言或供述。

（4）远程勘验笔录、电子数据司法鉴定意见书、最高人民检察院或公安部指定的机构对电子数据涉及的专门性问题出具的报告、公民个人信息资料等。证明犯罪嫌疑人通过即时通讯工具、电子邮箱、论坛、贴吧、手机等向他人出售、提供、购买、交换、收受公民个人信息的情况。

（5）银行账户明细、第三方支付平台账户明细。

（6）死亡证明、伤情鉴定意见、医院诊断记录、经济损失鉴定意见、相关案件起诉书、判决书等。

（二）审查起诉

除审查逮捕阶段证据审查基本要求之外，对侵犯公民个人信息案件的审查起诉工作还应坚持“犯罪事实清楚，证据确实、充分”的标准，保证定罪量刑的事实都有证据证明；据以定案的证据均经法定程序查证属实；综合全案证据，对所认定的事实已排除合理怀疑。

1. 有确实充分的证据证明发生了侵犯公民个人信息犯罪事实。该证据与审查逮捕的证据类型相同。

2. 有确实充分的证据证明侵犯公民个人信息行为是犯罪嫌疑人实施的

（1）对于证明犯罪行为是犯罪嫌疑人实施的证据审查，需要结合《解释》精神，准确把握对“违反国家有关规定”“出售、提供行为”“窃取或以其他方法”的认定。

（2）对证明违反国家有关规定的证据审查，需要明确国家有关规定的具体内容，违反法律、行政法规、部门规章有关公民个人信息保护规定的，应当认定为刑法第二百五十三条之一规定的“违反国家有关规定”。

（3）对证明出售、提供行为的证据审查，应当明确“出售、提供”包括在履职或提供服务的过程中将合法持有的公民个人信息出售或者提供给他人的行为：向特定人提供、通过信息网络或者其他途径发布公民个人信息、未经被收集者同意，将合法收集的公民个人信息（经过处理无法识别特定个人且不能复原的除外）向他人提供的，均属于刑法第二百五十三条之一规定的“提供公民个人信息”。应当全面审查犯罪嫌疑人所出售提供公民个人信息的来源、途经与去向，对相关供述、物证、书证、证人证言、被害人陈述、电子数据等证据种类进行综合审查，针对使用信息网络进行犯罪活动的，需要结合专业知识，根据证明该行为的远程勘验笔录、扣押笔录、扣押物品清单、电子存储介质、网络存储介质等的司法鉴定意见进行审查。

（4）对证明通过窃取或以其他非法方法获取公民个人信息等方式非法获取公

民个人信息的证据审查，应当明确“以其他方法获取公民个人信息”包括购买、收受、交换等方式获取公民个人信息，或者在履行职责、提供服务过程中收集公民个人信息的行为。

针对窃取行为，如通过信息网络窃取公民个人信息，则应当结合犯罪嫌疑人供述、证人证言、被害人陈述，着重审查证明犯罪嫌疑人侵入信息网络、数据库时的 IP 地址、MAC 地址、侵入工具、侵入痕迹等内容的现场勘验检查笔录以及涉案程序（木马）的司法鉴定意见等。

针对购买、收受、交换行为，应当全面审查购买、收受、交换公民个人信息的来源、途经、去向，结合犯罪嫌疑人供述和辩解、辨认笔录、证人证言等证据，对搜查笔录、扣押笔录、扣押物品清单、涉案电子存储介质等司法鉴定意见进行审查，明确上述证据同犯罪嫌疑人或公民个人信息购买、收受、交换者之间的关系。

针对履行职责、提供服务过程中收集公民个人信息的行为，应当审查证明犯罪嫌疑人所从事职业及其所负职责的证据，结合法律、行政法规、部门规章等国家有关公民个人信息保护的规定，明确犯罪嫌疑人的行为属于违反国家有关规定，以其他方法非法获取公民个人信息的行为。

（5）对证明涉案公民个人信息真实性证据的审查，应当着重审查被害人陈述、被害人提供的原始信息资料、公安机关或其他相关单位出具的涉案公民个人信息与权威数据库内信息同一性的对比说明。对批量的涉案公民个人信息的真实性问题，根据《解释》精神，可以根据查获的数量直接认定，但有证据证明信息不真实或重复的除外。

3. 有确实充分的证据证明犯罪嫌疑人具有侵犯公民个人信息的主观故意

（1）对证明犯罪嫌疑人主观故意的证据审查，应当综合审查犯罪嫌疑人的身份证明、犯罪嫌疑人关于所从事职业的供述、其所在公司的工商资料和营业范围、公司关于犯罪嫌疑人的职责范围说明、公司主要负责人的证人证言等，结合国家公民个人信息保护的相关规定，夯实犯罪嫌疑人在实施犯罪时的主观明知。

（2）对证明犯罪嫌疑人积极实施窃取或者以其他方法非法获取公民个人信息行为的证据审查，应当结合犯罪嫌疑人供述、证人证言，着重审查远程勘验笔录、手机短信记录、即时通讯工具聊天记录、电子数据司法鉴定意见、银行账户明细、第三方支付平台账户明细等，明确犯罪嫌疑人在实施犯罪时的积极作为。

4. 有确实充分的证据证明“情节严重”或“情节特别严重”。该证据与审查逮捕的证据类型相同。

二、需要特别注意的问题

在侵犯公民个人信息案件审查逮捕、审查起诉中，要根据相关法律、司法解释等规定，结合在案证据，重点注意以下问题：

（一）对“公民个人信息”的审查认定

根据《解释》的规定，公民个人信息是指以电子或者其他方式记录的能够单独或者与其他信息结合识别特定自然人身份或者反映特定自然人活动情况的各种信息，包括姓名、身份证件号码、通信通讯联系方式、住址、账号密码、财产状况、行踪轨迹等。经过处理无法识别特定自然人且不能复原的信息，虽然也可能反映自然人活动情况，但与特定自然人无直接关联，不属于公民个人信息的范畴。

对于企业工商登记等信息中所包含的手机、电话号码等信息，应当明确该号码的用途。对由公司购买、使用的手机、电话号码等信息，不属于个人信息的范畴，从而严格区分“手机、电话号码等由公司购买，归公司使用”与“公司经办人在工商登记等活动中登记个人电话、手机号码”两种不同情形。

（二）对“违反国家有关规定”的审查认定

《中华人民共和国刑法修正案（九）》将原第二百五十三条之一的“违反国家规定”修改为“违反国家有关规定”，后者的范围明显更广。根据刑法第九十六条的规定，“国家规定”仅限于全国人大及其常委会制定的法律和决定，国务院制定的行政法规、规定的行政措施、发布的决定和命令。而“国家有关规定”还包括部门规章，这些规定散见于金融、电信、交通、教育、医疗、统计、邮政等领域的法律、行政法规或部门规章中。

（三）对“非法获取”的审查认定

在窃取或者以其他方法非法获取公民个人信息的行为中，需要着重把握“其他方法”的范围问题。“其他方法”，是指“窃取”以外，与窃取行为具有同等危害性的方法，其中，购买是最常见的非法获取手段。侵犯公民个人信息犯罪作为电信网络诈骗的上游犯罪，诈骗分子往往先通过网络向他人购买公民个人信息，然后自己直接用于诈骗或转发给其他同伙用于诈骗，诈骗分子购买公民个人信息的行为属于非法获取行为，其同伙接收公民个人信息的行为明显也属于非法获取行为。同时，一些房产中介、物业管理公司、保险公司、担保公司的业务员往往与同行通过 QQ、微信群互相交换各自掌握的客户信息，这种交换行为也属于非法获取行为。此外，行为人在履行职责、提供服务过程中，违反国家有关规定，未经他人同意收集公民个人信息，或者收集与提供的服务无关的公民个人信息的，也属于非法获取公民个人信息的行为。

（四）对“情节严重”和“情节特别严重”的审查认定

1. 关于“情节严重”的具体认定标准，根据《解释》第五条第一款的规定，主要涉及五个方面：

（1）信息类型和数量。①行踪轨迹信息、通信内容、征信信息、财产信息，此类信息与公民人身、财产安全直接相关，数量标准为五十条以上，且仅限于上述四类信息，不允许扩大范围。对于财产信息，既包括银行、第三方支付平台、证券期货等金融服务账户的身份认证信息（一组确认用户操作权限的数据，包括账号、口令、密码、数字证书等），也包括存款、房产、车辆等财产状况信息。②住宿信息、通信记录、健康生理信息、交易信息等可能影响公民人身、财产安全的信息，数量标准为五百条以上，此类信息也与人身、财产安全直接相关，但重要程度要弱于行踪轨迹信息、通信内容、征信信息、财产信息。对“其他可能影响人身、财产安全的公民个人信息”的把握，应当确保所适用的公民个人信息涉及人身、财产安全，且与“住宿信息、通信记录、健康生理信息、交易信息”在重要程度上具有相当性。③除上述两类信息以外的其他公民个人信息，数量标准为五千条以上。

（2）违法所得数额。对于违法所得，可直接以犯罪嫌疑人出售公民个人信息的收入予以认定，不必扣减其购买信息的犯罪成本。同时，在审查认定违法所得数额过程中，应当以查获的银行交易记录、第三方支付平台交易记录、聊天记录、犯罪嫌疑人供述、证人证言综合予以认定，对于犯罪嫌疑人无法说明合法来源的用于专门实施侵犯公民个人信息犯罪的银行账户或第三方支付平台账户内资金收入，可综合全案证据认定为违法所得。

（3）信息用途。公民个人信息被他人用于违法犯罪活动的，不要求他人的行为必须构成犯罪，只要行为人明知他人非法获取公民个人信息用于违法犯罪活动即可。

（4）主体身份。如果行为人系将在履行职责或者提供服务过程中获得的公民个人信息出售或者提供给他人的，涉案信息数量、违法所得数额只要达到一般主体的一半，即可认为“情节严重”。

（5）主观恶性。曾因侵犯公民个人信息受过刑事处罚或者二年内受过行政处罚，又非法获取、出售或者提供公民个人信息的，即可认为“情节严重”。

2. 关于“情节特别严重”的认定标准，根据《解释》，主要分为两类：一是信息数量、违法所得数额标准。二是信息用途引发的严重后果，其中造成人身伤亡、经济损失、恶劣社会影响等后果，需要审查认定侵犯公民个人信息的行为与严重后果间存在因果关系。

对于涉案公民个人信息数量的认定，根据《解释》第十一条，非法获取公民个人信息后又出售或者提供的，公民个人信息的条数不重复计算；向不同单位或者个人分别出售、提供同一公民个人信息的，公民个人信息的条数累计计算；对批量出售、提供公民个人信息的条数，根据查获的数量直接认定，但是有证据证明信息不真实或者重复的除外。在实践中，如犯罪嫌疑人多次获取同一条公民个人信息，一般认定为一条，不重复累计；但获取的该公民个人信息内容发生了变化的除外。

对于涉案公民个人信息的数量、社会危害性等因素的审查，应当结合刑法第二百五十三条和《解释》的规定进行综合审查。涉案公民个人信息数量极少，但造成被害人死亡等严重后果的，应审查犯罪嫌疑人行为与该后果之间的因果关系，符合条件的，可以认定为实施《解释》第五条第一款第十项“其他情节严重的情形”的行为，造成被害人死亡等严重后果，从而认定为“情节特别严重”。如涉案公民个人信息数量较多，但犯罪嫌疑人仅仅获取而未向他人出售或提供，则可以在认定相关犯罪事实的基础上，审查该行为是否符合《解释》第五条第一款第三、四、五、六、九项及第二款第三项的情形，符合条件的，可以分别认定为“情节严重”“情节特别严重”。

此外，针对为合法经营活动而购买、收受公民个人信息的行为，在适用《解释》第六条的定罪量刑标准时须满足三个条件：一是为了合法经营活动，对此可以综合全案证据认定，但主要应当由犯罪嫌疑人一方提供相关证据；二是限于普通公民个人信息，即不包括可能影响人身、财产安全的敏感信息；三是信息没有再流出扩散，即行为方式限于购买、收受。如果将购买、收受的公民个人信息非法出售或者提供的，定罪量刑标准应当适用《解释》第五条的规定。

（五）对关联犯罪的审查认定

对于侵犯公民个人信息犯罪与电信网络诈骗犯罪相交织的案件，应严格按照《最高人民法院、最高人民检察院、公安部关于办理电信网络诈骗等刑事案件适用法律若干问题的意见》（法发〔2016〕32号）的规定进行审查认定，即通过认真审查非法获取、出售、提供公民个人信息的犯罪嫌疑人对电信网络诈骗犯罪的参与程度，结合能够证实其认知能力的学历文化、聊天记录、通话频率、获取固定报酬还是参与电信网络诈骗犯罪分成等证据，分析判断其是否属于诈骗共同犯罪、是否应该数罪并罚。

根据《解释》第八条的规定，设立用于实施出售、提供或者非法获取公民个人信息违法犯罪活动的网站、通讯群组，情节严重的，应当依照刑法第二百八十七条之一的规定，以非法利用信息网络罪定罪；同时构成侵犯公民个人信息罪的，应当认定为侵犯公民个人信息罪。

对于违反国家有关规定，采用技术手段非法侵入合法存储公民个人信息的单位数据库窃取公民个人信息的行为，也符合刑法第二百八十五条第二款非法获取计算机信息系统数据罪的客观特征，同时触犯侵犯公民个人信息罪和非法获取计算机信息系统数据罪的，应择一重罪论处。

此外，针对公安民警在履行职责过程中，违反国家有关规定，查询、提供公民个人信息的情形，应当认定为"违反国家有关规定，将在履行职责或者提供服务过程中以其他方法非法获取或提供公民个人信息"。但同时，应当审查犯罪嫌疑人除该行为之外有无其他行为侵害其他法益，从而对可能存在的其他犯罪予以准确认定。

三、社会危险性及羁押必要性审查

（一）审查逮捕

1. 犯罪动机：一是出售牟利；二是用于经营活动；三是用于违法犯罪活动。

犯罪动机表明犯罪嫌疑人主观恶性，也能证明犯罪嫌疑人是否可能实施新的犯罪。

2. 犯罪情节。犯罪嫌疑人的行为直接反映其人身危险性。具有下列情节的侵犯公民个人信息犯罪，能够证实犯罪嫌疑人主观恶性和人身危险性较大，实施新的犯罪的可能性也较大，可以认为具有较大的社会危险性：一是犯罪持续时间较长、多次实施侵犯公民个人信息犯罪的；二是被侵犯的公民个人信息数量或违法所得巨大的；三是利用公民个人信息进行违法犯罪活动的；四是犯罪手段行为本身具有违法性或者破坏性，即犯罪手段恶劣的，如骗取、窃取公民个人信息，采取胁迫、植入木马程序侵入他人计算机系统等方式非法获取信息。

犯罪嫌疑人实施侵犯公民个人信息犯罪，不属于“情节特别严重”，系初犯，全部退赃，并确有悔罪表现的，可以认定社会危险性较小，没有逮捕必要。

（二）审查起诉

在审查起诉阶段，要结合侦查阶段取得的事实证据，进一步引导侦查机关加大捕后侦查力度，及时审查新证据。在羁押期限届满前对全案进行综合审查，对于未达到逮捕证明标准的，撤销原逮捕决定。

经羁押必要性审查，发现犯罪嫌疑人具有下列情形之一的，应当向办案机关提出释放或者变更强制措施的建议：

1. 案件证据发生重大变化，没有证据证明有犯罪事实或者犯罪行为系犯罪嫌疑人、被告人所为的。

2. 案件事实或者情节发生变化，犯罪嫌疑人、被告人可能被判处拘役、管制、独立适用附加刑、免予刑事处罚或者判决无罪的。

3. 继续羁押犯罪嫌疑人、被告人，羁押期限将超过依法可能判处的刑期的。

4. 案件事实基本查清，证据已经收集固定，符合取保候审或者监视居住条件的。

经羁押必要性审查，发现犯罪嫌疑人、被告人具有下列情形之一，且具有悔罪表现，不予羁押不致发生社会危险性的，可以向办案机关提出释放或者变更强制措施的建议：

1. 预备犯或者中止犯；共同犯罪中的从犯或者胁从犯。

2. 主观恶性较小的初犯。

3. 系未成年人或者年满七十五周岁的人。

4. 与被害方依法自愿达成和解协议，且已经履行或者提供担保的。

5. 患有严重疾病、生活不能自理的。

6. 系怀孕或者正在哺乳自己婴儿的妇女。

7. 系生活不能自理的人的唯一扶养人。

8. 可能被判处一年以下有期徒刑或者宣告缓刑的。

9. 其他不需要继续羁押犯罪嫌疑人、被告人的情形。

最高人民检察院
检察机关办理电信网络诈骗案件指引

（2018 年 8 月 24 日最高人民检察院第十三届检察委员会
第五次会议通过　2018 年 11 月 9 日公布并施行
高检发侦监字〔2018〕12 号）

目　次

电信网络诈骗犯罪，是指以非法占有为目的，利用电话、短信、互联网等电信网络技术手段，虚构事实，设置骗局，实施远程、非接触式诈骗，骗取公私财物的犯罪行为。根据《中华人民共和国刑法》第二百六十六条、《最高人民法院、最高人民检察院关于办理诈骗刑事案件具体应用法律若干问题的解释》（法释〔

2011〕7号)(以下简称《解释》)、《最高人民法院、最高人民检察院、公安部关于办理电信网络诈骗等刑事案件适用法律若干问题的意见》(法发〔2016〕32号)(以下简称《意见》),办理电信网络诈骗案件除了要把握普通诈骗案件的基本要求外,还要特别注意以下问题:一是电信网络诈骗犯罪的界定;二是犯罪形态的审查;三是诈骗数额及发送信息、拨打电话次数的认定;四是共同犯罪及主从犯责任的认定;五是关联犯罪事前通谋的审查;六是电子数据的审查;七是境外证据的审查。

一、审查证据的基本要求

(一)审查逮捕

1. 有证据证明发生了电信网络诈骗犯罪事实

(1)证明电信网络诈骗案件发生

证据主要包括:报案登记、受案登记、受案笔录、立案决定书、破案经过、证人证言、被害人陈述、犯罪嫌疑人供述和辩解、被害人银行开户申请、开户明细单、银行转账凭证、银行账户交易记录、银行汇款单、网银转账记录、第三方支付结算交易记录、手机转账信息等证据。跨国电信网络诈骗还可能需要有国外有关部门出具的与案件有关的书面材料。

(2)证明电信网络诈骗行为的危害结果

①证明诈骗数额达到追诉标准的证据:证人证言、被害人陈述、犯罪嫌疑人供述和辩解、银行转账凭证、汇款凭证、转账信息、银行卡、银行账户交易记录、第三方支付结算交易记录以及其他与电信网络诈骗关联的账户交易记录、犯罪嫌疑人提成记录、诈骗账目记录等证据以及其它有关证据。

②证明发送信息条数、拨打电话次数以及页面浏览量达到追诉标准的证据:QQ、微信、skype等即时通讯工具聊天记录、CDR电话清单、短信记录、电话录音、电子邮件、远程勘验笔录、电子数据鉴定意见、网页浏览次数统计、网页浏览次数鉴定意见、改号软件、语音软件的登录情况及数据、拨打电话记录内部资料以及其他有关证据。

2. 有证据证明诈骗行为是犯罪嫌疑人实施的

(1)言词证据:证人证言、被害人陈述、犯罪嫌疑人供述和辩解等,注意审查犯罪嫌疑人供述的行为方式与被害人陈述的被骗方式、交付财物过程或者其他证据是否一致。对于团伙作案的，要重视对同案犯罪嫌疑人供述和辩解的审查，梳理各个同案犯罪嫌疑人的指证是否相互印证。

（2）有关资金链条的证据：银行转账凭证、交易流水、第三方支付交易记录以及其他关联账户交易记录、现场查扣的书证、与犯罪关联的银行卡及申请资料等，从中审查相关银行卡信息与被害人存款、转移赃款等账号有无关联，资金交付支配占有过程；犯罪嫌疑人的短信以及QQ、微信、skype等即时通讯工具聊天记录，审查与犯罪有关的信息，是否出现过与本案资金流转有关的银行卡账号、资金流水等信息。要注意审查被害人转账、汇款账号、资金流向等是否有相应证据印证赃款由犯罪嫌疑人取得。对诈骗集团租用或交叉使用账户的，要结合相关言词证据及书证、物证、勘验笔录等分析认定。

（3）有关信息链条的证据：侦查机关远程勘验笔录，远程提取证据笔录，CDR电话清单、查获的手机IMEI串号、语音网关设备、路由设备、交换设备、手持终端等。要注意审查诈骗窝点物理IP地址是否与所使用电话CDR数据清单中记录的主叫IP地址或IP地址所使用的线路（包括此线路的账号、用户名称、对接服务器、语音网关、手持终端等设备的IP配置）一致，电话CDR数据清单中是否存在被害人的相关信息资料，改号电话显示号码、呼叫时间、电话、IP地址是否与被害人陈述及其它在案证据印证。在电信网络诈骗窝点查获的手机IMEI串号以及其他电子作案工具，是否与被害人所接到的诈骗电话显示的信息来源一致。

（4）其他证据：跨境电信网络诈骗犯罪案件犯罪嫌疑人出入境记录、户籍证明材料、在境外使用的网络设备及虚拟网络身份的网络信息，证明犯罪嫌疑人出入境情况及身份情况。诈骗窝点的纸质和电子账目报表，审查时间、金额等细节是否与被害人陈述相互印证。犯罪过程中记载被害人身份、诈骗数额、时间等信息的流转单，审查相关信息是否与被害人陈述、银行转账记录等相互印证。犯罪嫌疑人之间的聊天记录、诈骗脚本、内部分工、培训资料、监控视频等证据，审查犯罪的具体手法、过程。购买作案工具和资源（手机卡、银行卡、POS机、服务器、木马病毒、改号软件、公民个人信息等）的资金流水、电子数据等证据。

3. 有证据证明犯罪嫌疑人具有诈骗的主观故意

（1）证明犯罪嫌疑人主观故意的证据：犯罪嫌疑人的供述和辩解、证人证言、同案犯指证；诈骗脚本、诈骗信息内容、工作日记、分工手册、犯罪嫌疑人的具体职责、地位、参与实施诈骗行为的时间等；赃款的账册、分赃的记录、诈骗账目记录、提成记录、工作环境、工作形式等；短信、QQ、微信、skype 等即时通讯工具聊天记录等，审查其中是否出现有关诈骗的内容以及诈骗专门用的黑话、暗语等。

（2）证明提供帮助者的主观故意的证据：提供帮助犯罪嫌疑人供述和辩解、电信网络诈骗犯罪嫌疑人的指证、证人证言；双方短信以及 QQ、微信、skype 等即时通讯工具聊天记录等信息材料；犯罪嫌疑人的履历、前科记录、行政处罚记录、双方资金往来的凭证、犯罪嫌疑人提供帮助、协助的收益数额、取款时的监控视频、收入记录、处罚判决情况等。

（二）审查起诉

除审查逮捕阶段证据审查基本要求之外，对电信网络诈骗案件的审查起诉工作还应坚持“犯罪事实清楚，证据确实、充分”的标准，保证定罪量刑的事实都有证据证明；据以定案的证据均经法定程序查证属实；综合全案证据，对所认定的事实均已排除合理怀疑。

1. 有确实充分的证据证明发生了电信网络诈骗犯罪事实

（1）证明电信网络诈骗事实发生。除审查逮捕要求的证据类型之外，跨国电信网络诈骗还需要有出入境记录、飞机铁路等交通工具出行记录，必要时需国外有关部门出具的与案件有关的书面证据材料，包括原件、翻译件、使领馆认证文件等。

（2）证明电信网络诈骗行为的危害结果

①证明诈骗数额达到追诉标准的证据：能查清诈骗事实的相关证人证言、被害人陈述、犯罪嫌疑人供述和辩解、银行账户交易明细、交易凭证、第三方支付结算交易记录以及其他与电信网络诈骗关联的账户交易记录、犯罪嫌疑人的诈骗账目记录以及其它有关证据。

需要特别注意“犯罪数额接近提档”的情形。当诈骗数额接近“数额巨大”“数额特别巨大”的标准（一般掌握在 80% 以上，即达到 2.4 万元、40 万元），根据《解释》和《意见》的规定，具有《意见》第二条第二款“酌情从重处罚”十种情形之一的，应当分别认定为刑法第二百六十六条规定的“其他严重情节”“其他特别严重情节”，提高一档量刑。

②证明发送信息条数、拨打电话次数以及页面浏览量达到追诉标准的证据类型与审查逮捕的证据类型相同。

2. 有确实充分的证据证明诈骗行为是犯罪嫌疑人实施的

（1）有关资金链条的证据。重点审查被害人的银行交易记录和犯罪嫌疑人持有的银行卡及账号的交易记录，用于查明被害人遭受的财产损失及犯罪嫌疑人诈骗的犯罪数额；重点审查犯罪嫌疑人的短信，以及 QQ、微信、skype 等即时通讯工具聊天记录，用于查明是否出现涉案银行卡账号、资金流转等犯罪信息，赃款是否由犯罪嫌疑人取得。此外，对诈骗团伙或犯罪集团租用或交叉使用多层级账户洗钱的，要结合资金存取流转的书证、监控录像、辨认笔录、证人证言、被害人陈述、犯罪嫌疑人供述和辩解等证据分析认定。

（2）有关人员链条的证据。电信网络诈骗多为共同犯罪，在审查刑事责任年龄、刑事责任能力方面的证据基础上，应重点审查犯罪嫌疑人供述和辩解、手机通信记录等，通过自供和互证，以及与其他证据之间的相互印证，查明各自的分工和作用，以区分主、从犯。对于分工明确、有明显首要分子、较为固定的组织结构的三人以上固定的犯罪组织，应当认定为犯罪集团。

言词证据及有关信息链条的证据与审查逮捕的证据类型相同。

3. 有确实充分的证据证明犯罪嫌疑人具有诈骗的主观故意

证明犯罪嫌疑人及提供帮助者主观故意的证据类型同审查逮捕证据类型相同。需要注意的是，由于犯罪嫌疑人各自分工不同，其供述和辩解也呈现不同的证明力。一般而言，专门行骗人对于单起事实的细节记忆相对粗略，只能供述诈骗的手段和方式；专业取款人对于取款的具体细目记忆也粗略，只能供述大概经过和情况，重点审查犯罪手段的同类性、共同犯罪人之间的关系及各自分工和作用。

二、需要特别注意的问题

在电信网络诈骗案件审查逮捕、审查起诉中，要根据相关法律、司法解释等规定，结合在案证据，重点注意以下问题：

（一）电信网络诈骗犯罪的界定

1. 此罪彼罪

在一些案件中，尤其是利用网络钓鱼、木马链接实施犯罪的案件中，既存在虚构事实、隐瞒真相的诈骗行为，又可能存在秘密窃取的行为，关键要审查犯罪嫌疑人取得财物是否基于被害人对财物的主动处分意识。如果行为人通过秘密窃取的行为获取他人财物，则应认定构成盗窃罪；如果窃取或者骗取的是他人信用卡资料，并通过互联网、通讯终端等使用的，根据《最高人民法院、最高人民检察院关于办理妨害信用卡管理刑事案件具体应用法律若干问题的解释》（法释〔2009〕19号），则可能构成信用卡诈骗罪；如果通过电信网络技术向不特定多数人发送诈骗信息后又转入接触式诈骗，或者为实现诈骗目的，线上线下并行同时进行接触式和非接触式诈骗，应当按照诈骗取财行为的本质定性，虽然使用电信网络技术但被害人基于接触被骗的，应当认定普通诈骗；如果出现电信网络诈骗和合同诈骗、保险诈骗等特殊诈骗罪名的竞合，应依据刑法有关规定定罪量刑。

2. 追诉标准低于普通诈骗犯罪且无地域差别

追诉标准直接决定了法律适用问题甚至罪与非罪的认定。《意见》规定，利用电信网络技术手段实施诈骗，诈骗公私财物价值三千元以上的，认定为刑法第二百六十六条规定的“数额较大”。而《解释》规定，“诈骗公私财物价值三千元至一万元以上的，认定为刑法第二百六十六条规定的“数额较大”。因此，电信网络诈骗的追诉标准要低于普通诈骗的追诉标准，且全国统一无地域差别，即犯罪数额达到三千元以上、三万元以上、五十万元以上的，应当分别认定为刑法第二百六十六条规定的“数额较大”“数额巨大”“数额特别巨大”。

（二）犯罪形态的审查

1. 可以查证诈骗数额的未遂

电信网络诈骗应以被害人失去对被骗钱款的实际控制为既遂认定标准。一般情形下，诈骗款项转出后即时到账构成既遂。但随着银行自助设备、第三方支付平台陆续推出“延时到账”“撤销转账”等功能，被害人通过自助设备、第三方支付平台向犯罪嫌疑人指定账户转账，可在规定时间内撤销转账，资金并未实时转出。此种情形下被害人并未对被骗款项完全失去控制，而犯罪嫌疑人亦未取得实际控制，应当认定为未遂。

2. 无法查证诈骗数额的未遂

根据《意见》规定，对于诈骗数额难以查证的，犯罪嫌疑人发送诈骗信息五千条以上，或者拨打诈骗电话五百人次以上，或者在互联网上发布诈骗信息的页面浏览量累计五千次以上，可以认定为诈骗罪中“其他严重情节”，以诈骗罪（未遂）定罪处罚。具有上述情形，数量达到相应标准十倍以上的，应当认定为刑法第二百六十六条规定的“其他特别严重情节”，以诈骗罪（未遂）定罪处罚。

（三）诈骗数额及发送信息、拨打电话次数的认定

1. 诈骗数额的认定

（1）根据犯罪集团诈骗账目登记表、犯罪嫌疑人提成表等书证，结合证人证言、犯罪嫌疑人供述和辩解等言词证据，认定犯罪嫌疑人的诈骗数额。

（2）根据经查证属实的银行账户交易记录、第三方支付结算账户交易记录、通话记录、电子数据等证据，结合已收集的被害人陈述，认定被害人人数及诈骗资金数额。

（3）对于确因客观原因无法查实全部被害人，尽管有证据证明该账户系用于电信网络诈骗犯罪，且犯罪嫌疑人无法说明款项合法来源的，也不能简单将账户内的款项全部推定为“犯罪数额”。要根据在案其他证据，认定犯罪集团是否有其他收入来源，“违法所得”有无其他可能性。如果证据足以证实“违法所得”的排他性，则可以将“违法所得”均认定为犯罪数额。

（4）犯罪嫌疑人为实施犯罪购买作案工具、伪装道具、租用场地、交通工具甚至雇佣他人等诈骗成本不能从诈骗数额中扣除。对通过向被害人交付一定货币，进而骗取其信任并实施诈骗的，由于货币具有流通性和经济价值，该部分货币可以从诈骗数额中扣除。

2. 发送信息、拨打电话次数的认定

（1）拨打电话包括拨出诈骗电话和接听被害人回拨电话。反复拨打、接听同一电话号码，以及反复向同一被害人发送诈骗信息的，拨打、接听电话次数、发送信息条数累计计算。

（2）被害人是否接听、接收到诈骗电话、信息不影响次数、条数计算。

（3）通过语音包发送的诈骗录音或通过网络等工具辅助拨出的电话，应当认定为拨打电话。

（4）发送信息条数、拨打电话次数的证据难以收集的，可以根据经查证属实的日发送信息条数、日拨打人次数，结合犯罪嫌疑人实施犯罪的时间、犯罪嫌疑人的供述等相关证据予以认定。

（5）发送信息条数和拨打电话次数在法律及司法解释未明确的情况下不宜换算累加。

（四）共同犯罪及主从犯责任的认定

1. 对于三人以上为实施电信网络诈骗而组成的较为固定的犯罪组织，应当依法认定为犯罪集团。对于犯罪集团的首要分子，按照集团所犯全部犯罪处罚，并且对犯罪集团中组织、指挥、策划者和骨干分子依法从严惩处。

2. 对于其余主犯，按照其所参与或者组织、指挥的全部犯罪处罚。多人共同实施电信网络诈骗，犯罪嫌疑人、被告人应对其参与期间该诈骗团伙实施的全部诈骗行为承担责任。

3. 对于部分被招募发送信息、拨打电话的犯罪嫌疑人，应当对其参与期间整个诈骗团伙的诈骗行为承担刑事责任，但可以考虑参与时间较短、诈骗数额较低、发送信息、拨打电话较少，认定为从犯，从宽处理。

4. 对于专门取款人，由于其可在短时间内将被骗款项异地转移，对诈骗既遂起到了至关重要的作用，也大大增加了侦查和追赃难度，因此应按其在共同犯罪中的具体作用进行认定，不宜一律认定为从犯。

（五）关联犯罪事前通谋的审查

根据《意见》规定，明知是电信网络诈骗犯罪所得及其产生的收益，通过使用销售点终端机具（POS 机）刷卡套现等非法途径，协助转换或者转移财物等五种方式转账、套现、取现的，需要与直接实施电信网络诈骗犯罪嫌疑人事前通谋的才以共同犯罪论处。因此，应当重点审查帮助转换或者转移财物行为人是否在诈骗犯罪既遂之前与实施诈骗犯罪嫌疑人共谋或者虽无共谋但明知他人实施犯罪而提供帮助。对于帮助者明知的内容和程度，并不要求其明知被帮助者实施诈骗行为的具体细节，其只要认识到对方实施诈骗犯罪行为即可。审查时，要根据犯罪嫌疑人的认知能力、既往经历、行为次数和手段、与他人关系、获利情况、是否曾因电信网络诈骗受过处罚以及是否故意规避调查等主客观因素分析认定。

（六）电子数据的审查

1. 电子数据真实性的审查

（1）是否移送原始存储介质；在原始存储介质无法封存、不便移动时，有无说明原因，并注明收集、提取过程及原始存储介质的存放地点或者电子数据的来源等情况。

（2）电子数据是否具有数字签名、数字证书等特殊标识。

（3）电子数据的收集、提取过程是否可以重现。

（4）电子数据如有增加、删除、修改等情形的，是否附有说明。

（5）电子数据的完整性是否可以保证。

2. 电子数据合法性的审查

（1）收集、提取电子数据是否由二名以上侦查人员进行，取证方法是否符合相关技术标准。

（2）收集、提取电子数据，是否附有笔录、清单，并经侦查人员、电子数据持有人（提供人）、见证人签名或者盖章；没有持有人（提供人）签名或者盖章的，是否注明原因；对电子数据的类别、文件格式等是否注明清楚。

（3）是否依照有关规定由符合条件的人员担任见证人，是否对相关活动进行录像。

（4）电子数据检查是否将电子数据存储介质通过写保护设备接入到检查设备；有条件的，是否制作电子数据备份，并对备份进行检查；无法制作备份且无法使用写保护设备的，是否附有录像。

（5）通过技术侦查措施，利用远程计算机信息系统进行网络远程勘验收集到电子数据，作为证据使用的，是否随案移送批准采取技术侦查措施的法律文书和所收集的证据材料，是否对其来源等作出书面说明。

（6）对电子数据作出鉴定意见的鉴定机构是否具有司法鉴定资质。

3. 电子数据的采信

（1）经过公安机关补正或者作出合理解释可以采信的电子数据：未以封存状态移送的；笔录或者清单上没有侦查人员、电子数据持有人（提供人）、见证人签名或者盖章的；对电子数据的名称、类别、格式等注明不清的；有其他瑕疵的。

（2）不能采信的电子数据：电子数据系篡改、伪造或者无法确定真伪的；电子数据有增加、删除、修改等情形，影响电子数据真实性的；其他无法保证电子数据真实性的情形。

（七）境外证据的审查

1. 证据来源合法性的审查

境外证据的来源包括：外交文件（国际条约、互助协议）；司法协助（刑事司法协助、平等互助原则）；警务合作（国际警务合作机制、国际刑警组织）。

由于上述来源方式均需要有法定的程序和条件，对境外证据的审查要注意：证据来源是否是通过上述途径收集，审查报批、审批手续是否完备，程序是否合法；证据材料移交过程是否合法，手续是否齐全，确保境外证据的来源合法性。

2. 证据转换的规范性审查

对于不符合我国证据种类和收集程序要求的境外证据，侦查机关要重新进行转换和固定，才能作为证据使用。注重审查：

（1）境外交接证据过程的连续性，是否有交接文书，交接文书是否包含接收证据。

（2）接收移交、开箱、登记时是否全程录像，确保交接过程的真实性，交接物品的完整性。

（3）境外证据按照我国证据收集程序重新进行固定的，依据相关规定进行，注意证据转换过程的连续性和真实性的审查。

（4）公安机关是否对境外证据来源、提取人、提取时间或者提供人、提供时间以及保管移交的过程等作出说明，有无对电子数据完整性等专门性问题的鉴定意见等。

（5）无法确认证据来源、证据真实性、收集程序违法无法补正等境外证据应予排除。

3. 其他来源的境外证据的审查

通过其他渠道收集的境外证据材料，作为证据使用的，应注重对其来源、提供人、提供时间以及提取人、提取时间进行审查。能够证明案件事实且符合刑事诉讼法规定的，可以作为证据使用。

三、社会危险性及羁押必要性审查

（一）审查逮捕

符合下列情形之一的，可以结合案件具体情况考虑认定犯罪嫌疑人具有社会危险性，有羁押必要：

1.《最高人民检察院、公安部关于逮捕社会危险性条件若干问题的规定（试行）》（高检会〔2015〕9号）规定的具有社会危险性情节的。

2. 犯罪嫌疑人是诈骗团伙的首要分子或者主犯。对于首要分子，要重点审查其在电信网络诈骗集团中是否起到组织、策划、指挥作用。对于其他主犯，要重点审查其是否是犯意的发起者、犯罪的组织者、策划者、指挥者、主要责任者，是否参与了犯罪的全过程或关键环节以及在犯罪中所起的作用：诈骗团伙的具体管理者、组织者、招募者、电脑操盘人员、对诈骗成员进行培训的人员以及制作、提供诈骗方案、术语清单、语音包、信息的人员可以认定为主犯；取款组、供卡组、公民个人信息提供组等负责人，对维持诈骗团伙运转起着重要作用的，可以认定为主犯；对于其他实行犯是否属于主犯，主要通过其参加时段实施共同犯罪活动的程度、具体罪行的大小、对造成危害后果的作用等来认定。

3. 有证据证明犯罪嫌疑人实施诈骗行为，犯罪嫌疑人拒不供认或者作虚假供述的。

4. 有证据显示犯罪嫌疑人参与诈骗且既遂数额巨大、被害人众多，诈骗数额等需进一步核实的。

5. 有证据证明犯罪嫌疑人参与诈骗的时间长，应当明知诈骗团伙其他同案犯犯罪事实的，但犯罪嫌疑人拒绝指证或虚假指证的。

6. 其他具有社会危险性或羁押必要的情形。

在犯罪嫌疑人罪行较轻的前提下，根据犯罪嫌疑人在犯罪团伙中的地位、作用、参与时间、工作内容、认罪态度、悔罪表现等情节，结合案件整体情况，依据主客观相一致原则综合判断犯罪嫌疑人的社会危险性或者羁押必要性。在犯罪嫌疑人真诚认罪悔罪，如实供述且供述稳定的情况下，有下列情形的可以考虑社会危险性较小：

1. 预备犯、中止犯。

2. 直接参与诈骗的数额未达巨大，有自首、立功表现的。

3. 直接参与诈骗的数额未达巨大，参与时间短的发送信息、拨打电话人员。

4. 涉案数额未达巨大，受雇负责饮食、住宿等辅助工作人员。

5. 直接参与诈骗的数额未达巨大，积极退赃的从犯。

6. 被胁迫参加电信网络诈骗团伙，没有造成严重影响和后果的。

7. 其他社会危险性较小的情形。

需要注意的是，对犯罪嫌疑人社会危险性的把握，要根据案件社会影响、造成危害后果、打击力度的需要等多方面综合判断和考虑。

（二）审查起诉

在审查起诉阶段，要结合侦查阶段取得的事实证据，进一步引导侦查机关加大捕后侦查力度，及时审查新证据。在羁押期限届满前对全案进行综合审查，对于未达到逮捕证明标准的，撤销原逮捕决定。

经羁押必要性审查，发现犯罪嫌疑人具有下列情形之一的，应当向办案机关提出释放或者变更强制措施的建议：

1. 案件证据发生重大变化，没有证据证明有犯罪事实或者犯罪行为系犯罪嫌疑人、被告人所为的。

2. 案件事实或者情节发生变化，犯罪嫌疑人、被告人可能被判处拘役、管制、独立适用附加刑、免予刑事处罚或者判决无罪的。

3. 继续羁押犯罪嫌疑人、被告人，羁押期限将超过依法可能判处的刑期的。

4. 案件事实基本查清，证据已经收集固定，符合取保候审或者监视居住条件的。

经羁押必要性审查，发现犯罪嫌疑人、被告人具有下列情形之一，且具有悔罪表现，不予羁押不致发生社会危险性的，可以向办案机关提出释放或者变更强制措施的建议：

1. 预备犯或者中止犯；共同犯罪中的从犯或者胁从犯。

2. 主观恶性较小的初犯。

3. 系未成年人或者年满七十五周岁的人。

4. 与被害方依法自愿达成和解协议，且已经履行或者提供担保的。

5. 患有严重疾病、生活不能自理的。
6. 系怀孕或者正在哺乳自己婴儿的妇女。
7. 系生活不能自理的人的唯一扶养人。
8. 可能被判处一年以下有期徒刑或者宣告缓刑的。
9. 其他不需要继续羁押犯罪嫌疑人、被告人的情形。

最高人民法院刑事审判第三庭、最高人民检察院第四检察厅、公安部刑事侦查局关于"断卡"行动中有关法律适用问题的会议纪要

（2022年3月22日公布并施行）

各省、自治区、直辖市高级人民法院刑事审判庭、人民检察院刑事检察部、公安厅（局）刑侦局、刑侦（警）总队，新疆维吾尔自治区高级人民法院生产建设兵团分院刑事审判庭、新疆生产建设兵团人民检察院刑事检察部、新疆生产建设兵团公安局刑侦总队：

在国务院打击治理电信网络新型违法犯罪工作部际联席会议办公室的统一部署下，各级人民法院、人民检察院和公安机关认真落实习近平总书记重要指示精神，加强协作配合，积极履职作为，"断卡"行动深入推进，打击整治成效日益明显，有力遏制了电信网络诈骗犯罪持续高发的势头。2021年6月，最高人民法院、最高人民检察院、公安部联合发布《关于办理电信网络诈骗等刑事案件适用法律若干问题的意见（二）》（以下简称"《意见（二）》"），进一步解决了实践中的部分难点重点问题，为打击治理专项工作提供了有力法律保障。

当前，涉"两卡"（即手机卡、信用卡）犯罪形势依旧复杂严峻，犯罪类型多样且不断发展，需要进一步统一认识，明确依据，更好实现打击治理的目的。为此，2021年11月26日和2022年1月7日，最高人民法院刑事审判第三庭、最高人民检察院第四检察厅和公安部刑事侦查局先后召开联席会议，就当前"断卡"行动中各地反映的突出法律适用问题进行研究，就相关问题形成共识。现将会议纪要下发，供各地在办案中参考。

一、关于帮助信息网络犯罪活动罪中"明知他人利用信息网络实施犯罪"的理解适用。认定行为人是否"明知"他人利用信息网络实施犯罪，应当坚持主客观相一致原则，即要结合行为人的认知能力、既往经历、交易对象、与信息网络

犯罪行为人的关系、提供技术支持或者帮助的时间和方式、获利情况、出租、出售“两卡”的次数、张数、个数，以及行为人的供述等主客观因素，同时注重听取行为人的辩解并根据其辩解合理与否，予以综合认定。司法办案中既要防止片面倚重行为人的供述认定明知；也要避免简单客观归罪，仅以行为人有出售“两卡”行为就直接认定明知。特别是对于交易双方存在亲友关系等信赖基础，一方确系偶尔向另一方出租、出售“两卡”的，要根据在案事实证据，审慎认定“明知”。

在办案过程中，可着重审查行为人是否具有以下特征及表现，综合全案证据，对其构成“明知”与否作出判断：（1）跨省或多人结伙批量办理、收购、贩卖“两卡”的；（2）出租、出售“两卡”后，收到公安机关、银行业金融机构、非银行支付机构、电信服务提供者等相关单位部门的口头或书面通知，告知其所出租、出售的“两卡”涉嫌诈骗、洗钱等违法犯罪，行为人未采取补救措施，反而继续出租、出售的；（3）出租、出售的“两卡”因涉嫌诈骗、洗钱等违法犯罪被冻结，又帮助解冻，或者注销旧卡、办理新卡，继续出租、出售的；（4）出租、出售的具有支付结算功能的网络账号因涉嫌诈骗、洗钱等违法犯罪被查封，又帮助解封，继续提供给他人使用的；（5）频繁使用隐蔽上网、加密通信、销毁数据等措施或者使用虚假身份，逃避监管或者规避调查的；（6）事先串通设计应对调查的话术口径的；（7）曾因非法交易“两卡”受过处罚或者信用惩戒、训诫谈话，又收购、出售、出租“两卡”的等。

二、关于《最高人民法院、最高人民检察院关于办理非法利用信息网络、帮助信息网络犯罪活动等刑事案件适用法律若干问题的解释》（以下简称“《解释》”）第十二条第一款第（一）项的理解适用。该项所规定的“为三个以上对象提供帮助”，应理解为分别为三个以上行为人或团伙组织提供帮助，且被帮助的行为人或团伙组织实施的行为均达到犯罪程度。为同一对象提供三次以上帮助的，不宜理解为“为三个以上对象提供帮助”。

三、关于《解释》第十二条第一款第（四）项的理解适用。该项所规定“违法所得一万元”中的“违法所得”，应理解为行为人为他人实施信息网络犯罪提供帮助，由此所获得的所有违法款项或非法收入。行为人收卡等“成本”费用无须专门扣除。

四、关于《关于深入推进“断卡”行动有关问题的会议纪要》（以下简称“《2020 年会议纪要》”）中列举的符合《解释》第十二条规定的“情节严重”情形的理解适用。《2020年会议纪要》第五条规定，出租、出售的信用卡被用于实施电信网络诈骗，达到犯罪程度，该信用卡内流水金额超过三十万元的，按照符合《解释》第十二条规定的“情节严重”处理。在适用时应把握单向流入涉案信用卡中的资金超过三十万元，且其中至少三千元经查证系涉诈骗资金。行为人能够说明资金合法来源和性质的，应当予以扣除。以上述情形认定行为“情节严重”的，要注重审查行为人的主观明知程度、出租、出售信用卡的张数、次数、非法获利的数额以及造成的其他严重后果，综合考虑与《解释》第十二条第一款其他项适用的相当性。

行为人出租、出售的信用卡被用于接收电信网络诈骗资金，但行为人未实施代为转账、套现、取现等行为，或者未实施为配合他人转账、套现、取现而提供刷脸等验证服务的，不宜认定为《解释》第十二条第一款第（二）项规定的“支付结算”行为。

五、关于正确区分帮助信息网络犯罪活动罪、掩饰、隐瞒犯罪所得、犯罪所得收益罪与诈骗罪的界限。在办理涉“两卡”犯罪案件中，存在准确界定前述三个罪名之间界限的问题。应当根据行为人的主观明知内容和实施的具体犯罪行为，确定其行为性质。以信用卡为例:（1）明知他人实施电信网络诈骗犯罪，参加诈骗团伙或者与诈骗团伙之间形成较为稳定的配合关系，长期为他人提供信用卡或者转账取现的，可以诈骗罪论处。（2）行为人向他人出租、出售信用卡后，在明知是犯罪所得及其收益的情况下，又代为转账、套现、取现等，或者为配合他人转账、套现、取现而提供刷脸等验证服务的，可以掩饰、隐瞒犯罪所得、犯罪所得收益罪论处。（3）明知他人利用信息网络实施犯罪，仅向他人出租、出售信用卡，未实施其他行为，达到情节严重标准的，可以帮助信息网络犯罪活动罪论处。

在司法实践中，应当具体案情具体分析，结合主客观证据，重视行为人的辩解理由，确保准确定性。

六、关于《意见（二）》第三条的理解适用。为严厉打击跨境电信网络诈骗团伙犯罪，该条规定，有证据证实行为人参加境外诈骗犯罪集团或犯罪团伙，在境外针对境内居民实施电信网络诈骗犯罪行为，诈骗数额难以查证，但一年内出境赴境外诈骗犯罪窝点累计时间30日以上或多次出境赴境外诈骗犯罪窝点的，以诈骗罪依法追究刑事责任。在司法适用时，要注意把握以下三个要求:（1）有证据证明行为人参加了境外电信网络诈骗犯罪集团或犯罪团伙，且在境外针对境内居民实施了具体的诈骗犯罪行为;(2)行为人一年内出境赴境外诈骗犯罪窝点累计30日以上，应当从行为人实际加入境外诈骗犯罪窝点的日期开始计算时间;(3)诈骗数额难以查证，是指基于客观困难，确实无法查清行为人实施诈骗的具体数额。在办案中，应当首先全力查证具体诈骗数额；在诈骗数额难以查清的情况下，根据《最高人民法院、最高人民检察院关于办理诈骗刑事案件具体应用法律若干问题的解释》和《最高人民法院、最高人民检察院、公安部关于办理电信网络诈骗等刑事案件适用法律若干问题的意见》的规定，还应当查证发送诈骗信息条数和拨打诈骗电话次数，如二者均无法查明，才适用该条规定。

七、关于收购、出售、出租信用卡的行为，可否以窃取、收买、非法提供信用卡信息罪追究刑事责任的问题。《刑法修正案(五)》设立了窃取、收买、非法提供信用卡信息罪，主要考虑是：利用信用卡信息资料复制磁条卡的问题在当时比较突出，严重危害持卡人的财产安全和国家金融安全，故设立本罪，相关司法解释将本罪入罪门槛规定为1张(套)信用卡。其中的“信用卡信息资料”，是指用于伪造信用卡的电子数据等基础信息，如有关发卡行代码、持卡人账户、密码等内容的加密电子数据。在“断卡”行动破获的此类案件中，行为人非法交易信用卡的主要目的在于直接使用信用卡，而非利用其中的信息资料伪造信用卡。故当前办理“断卡”行动中的此类案件，一般不以窃取、收买、非法提供信用卡信息罪追究刑事责任。

八、关于收购、出售、出租信用卡“四件套”行为的处理。行为人收购、出售、出租信用卡“四件套”(一般包括信用卡，身份信息，U盾，网银)，数量较大的，可能同时构成帮助信息网络犯罪活动罪、妨害信用卡管理罪等。“断卡”行动中破获的此类案件，行为人收购、出售、出租的信用卡“四件套”，主要流向电信网络诈骗犯罪团伙或人员手中，用于非法接收、转移诈骗资金，一般以帮助信息网络犯罪活动罪论处。对于涉案信用卡“四件套”数量巨大，同时符合妨害信用卡管理罪构成要件的，择一重罪论处。

九、关于重大电信网络诈骗及其关联犯罪案件的管辖。对于涉案人数超过80人，以及在境外实施的电信网络诈骗及其关联犯罪案件，公安部根据工作需要指定异地管辖的，指定管辖前应当商最高人民检察院和最高人民法院。

各级人民法院、人民检察院、公安机关要充分认识到当前持续深入推进“断卡”行动的重要意义，始终坚持依法从严惩处和全面惩处的方针，坚决严惩跨境电信网络诈骗犯罪集团和人员、贩卖“两卡”团伙头目和骨干、职业“卡商”、行业“内鬼”等。同时，还应当注重宽以济严，对于初犯、偶犯、未成年人、在校学生，特别是其中被胁迫或蒙骗出售本人名下“两卡”，违法所得、涉案数额较少且认罪认罚的，以教育、挽救为主，落实“少捕慎诉慎押”的刑事司法政策，可以依法从宽处理，确保社会效果良好。

各省级人民法院、人民检察院、公安机关要尽快传达并转发本会议纪要，不断提高办案能力，依法准确办理涉“两卡”犯罪案件，确保“断卡”行动深入健康开展。在司法实践中如遇有重大疑难问题，应及时对口上报。

《关于依法惩治网络暴力违法犯罪的指导意见》的理解与适用*

周加海　喻海松　李振华**

2023年9月25日，最高人民法院、最高人民检察院、公安部联合发布《关于依法惩治网络暴力违法犯罪的指导意见》（法发〔2023〕14号，以下简称《意见》）。为便于司法实践中正确理解和适用，现就《意见》的制定背景、起草中的主要考虑和重点内容介绍如下。

一、《意见》的制定背景

网络空间是现实社会的延伸，是亿万民众共同的精神家园。习近平总书记强调："网络空间天朗气清、生态良好，符合人民利益。网络空间乌烟瘴气、生态恶化，不符合人民利益"，[①] 并要求以时代新风塑造和净化网络空间，共建网上美好精神家园。

随着全媒体时代的到来，网络暴力问题日益凸显。在信息网络上针对个人肆意发布谩骂侮辱、造谣诽谤、侵犯隐私等信息的网络暴力行为愈演愈烈，危害越发严重。一方面，网暴信息快速扩散、发酵，形成舆论风暴，令被害人承受巨大的精神压力和痛苦，有的造成"社会性死亡"甚至精神失常、自杀等严重后果，"按键伤人""按键杀人"的悲剧不断；另一方面，相关网暴信息扰乱网络秩序、

* 原文载《中国应用法学》2023年第5期。

** 作者单位：最高人民法院。

① 习近平：《在网络安全和信息化工作座谈会上的讲话》，载《人民日报》2016年4月26日，第2版。

破坏网络生态，致使网络空间戾气横行，严重影响社会公众安全感。互联网虽是虚拟空间，但绝非法外之地。依法维护公民权益和网络秩序，让网暴者付出应有代价，已经成为全社会的共识。

网络暴力行为在刑法上主要适用的罪名为侮辱罪、诽谤罪。司法实践中，对于侮辱、诽谤犯罪通常需要被害人提起刑事自诉，适用公诉程序的情形较少。统计数据显示，近年来，侮辱、诽谤刑事案件增长明显，其中不少是网络侮辱、诽谤案件。以诽谤刑事案件为例，2022 年人民法院一审收案 618 件，较 2013 年（126 件）增长了 390.48%；其中公诉只有 29 件，仅占 4.69%。与案件数量逐年增长形成明显反差的是，作出有罪判决的案件较少。仍以 2022 年诽谤刑事案件为例，当年共审结此类案件 587 件，大致情况如下：不予受理的 271 件，占 46.17%；驳回起诉的 110 件，占 18.74%；准予撤诉的 97 件，占 16.52%；作出判决的只有 79 件，仅占 13.46%，其中，被判决有罪的则仅有 43 人。案件数量逐年增多、有罪判决人数极少的巨大反差，一方面缘于自诉人在确认网络暴力侵害人、收集证据等方面存在现实困难，另一方面也与侮辱、诽谤犯罪案件的公诉标准缺乏细化指引、“门槛过高”有关。依法严惩网络暴力犯罪，关键在于要适应网络侮辱、诽谤的特点、危害，进一步明确法律适用标准，畅通刑事追诉程序，为网暴被害人及时提供有效法律救济，彰显法律威严，让人民群众充分感受到人格权益获得保障、公平正义就在身边。

鉴此，最高人民法院、最高人民检察院、公安部立足执法司法实践，在中央网信办等有关部门的大力支持下，经深入调查研究、广泛征求意见、反复论证完善，共同研究制定了《意见》。《意见》制定过程中，“两高一部”公开向全社会征求意见，广大群众通过线上线下方式踊跃参与，共提出了 5 万余条意见建议，为完善文件规定发挥了重要作用。

2023 年 7 月，习近平总书记对网络安全和信息化工作作出重要指示，强调坚持依法管网、依法办网、依法上网。《意见》是“两高一部”认真学习、深入贯彻习近平总书记重要指示精神，坚持网信为民，坚持走中国特色治网之道，坚持统筹发展和安全，为网信事业高质量发展提供有力司法服务和保障的具体举措。《意见》的发布施行，对于进一步提升网络暴力治理成效，有效维护广大网民人格权益和网络秩序，健全网络综合治理体系，营造清朗网络空间，必将发挥重要作用。

二、《意见》起草中的主要考虑

《意见》坚持以习近平新时代中国特色社会主义思想为指导，深入贯彻习近平法治思想和习近平总书记关于网络强国的重要思想，根据有关法律和司法解释的规定，切实加大对网络暴力违法犯罪的惩治力度，立足执法、司法职能深化网络暴力治理。《意见》起草中，主要有以下四点考虑：

一是坚持依法惩治立场，切实维护网络时代人格权益。当前，网络暴力滋生蔓延，贬损他人人格，损害他人名誉，侵犯他人合法权益。对此，人民群众反映强烈。《意见》坚持以人民为中心，积极回应人民群众关切，聚焦破解受害人维权困境，依法惩治网络暴力违法犯罪，立足执法、司法职责，不断提升广大人民群众在网络空间的获得感、幸福感、安全感。

二是坚持零容忍态度，切实矫正“法不责众”错误倾向。网络暴力事件往往参与人数众多、因果关系复杂，导致在责任认定上存在一定困难。对此，《意见》要求坚持严格执法，依法严肃追究责任，让人民群众充分感受到公平正义。同时明确，要重点打击恶意发起者、组织者、恶意推波助澜者以及屡教不改者；对于构成犯罪的依法追究刑事责任，尚不构成犯罪但符合治安管理处罚法等规定的，依法予以行政处罚。

三是整治互联网乱象，助力营造安全清朗网络空间。有效治理网络暴力，要求进一步压实网络平台的法律责任，依法严厉惩治借网络暴力事件实施的恶意营销炒作行为。对此，《意见》明确，基于蹭炒热度、推广引流等目的，利用互联网用户公众账号等推送、传播有关网络暴力违法犯罪的信息的，以非法利用信息网络罪定罪处罚；同时构成其他犯罪的，依照处罚较重的规定定罪处罚。

四是准确把握行为界限，切实防止不当干预表达自由。广大网民在互联网空间享有言论自由，受宪法和法律保护。惩治网络暴力违法犯罪，绝非限制言论自由，而是明确权利边界，规制越界行为。对此，《意见》在明确依法惩治网络暴力违法犯罪的同时，要求准确把握违法犯罪行为的认定标准，切实防止对正当权利的不当干预。特别是，不能将网络检举、揭发认定为网络暴力，要正确对待网民的评论、批评。

三、《意见》的主要内容

《意见》针对当前执法、司法实践中的新情况新问题，依照刑法、刑事诉讼法以及有关法律、司法解释的规定，从充分认识社会危害、准确适用法律、畅通诉讼程序，以及促进综合治理四个方面，对网络暴力案件的法律适用和政策把握问题作了全面规定。《意见》共20条，主要包括以下十个方面的重点问题。

（一）关于网络暴力行为的罪名适用

根据刑法和相关司法解释规定，立足执法、司法实践，《意见》对当前典型网络暴力行为的罪名适用规则作出规定。具体而言：

1. 关于网络诽谤行为的认定。根据《中华人民共和国刑法》（以下简称《刑法》）第二百四十六条的规定，捏造事实诽谤他人，情节严重的，构成诽谤罪。从司法实践看，当前各类网络暴力行为中，网络诽谤的问题最为突出，此类行为引发的网络舆情及严重后果，广受社会关注，人民群众反映强烈。为依法惩治网络诽谤行为，《意见》第2条结合当前网络诽谤的行为特点及其社会危害，对相关网络暴力行为适用诽谤罪的情形作出指引，规定："在信息网络上制造、散布谣言，贬损他人人格、损害他人名誉，情节严重，符合刑法第二百四十六条规定的，以诽谤罪定罪处罚。"

2. 关于网络侮辱行为的认定。根据《刑法》第二百四十六条规定，以暴力或者其他方法公然侮辱他人，情节严重的，构成侮辱罪。网络空间的匿名性、群体性和即时性，使得网络侮辱的社会危害更加突显，集中表现为相关侮辱信息的传播范围更广、速度更快，对被害人名誉、人格尊严的损害程度更深。为依法惩治网络侮辱行为，《意见》第3条规定："在信息网络上采取肆意谩骂、恶意诋毁、披露隐私等方式，公然侮辱他人，情节严重，符合刑法第二百四十六条规定的，以侮辱罪定罪处罚。"需要注意的是，实践中，对于网络侮辱行为是否达到"情节严重"的程度，应当根据侮辱信息的具体情形、传播范围，以及行为手段、造成危害后果等因素，综合评价对被害人社会评价、人格尊严的损害程度，依法准确作出认定。特别是，考虑到手机等移动网络终端的广泛普及，以及当前互联网海量信息的实际情况，单纯依据相关信息的被点击、浏览次数或者被转发次数入罪应当特别慎重，以切实贯彻罪责刑相适应原则，确保案件办理取得良好效果。

3. 关于对组织"人肉搜索"等行为的处理。通过"人肉搜索""开盒"等，在网络上非法曝光他人隐私、发布公民个人信息，极易使相关个体直接成为海量网络言论的标靶，进而遭受网络暴力的侵害，甚至引发线下滋扰、伤害，对人身权益造成更加严重的损害。例如，有的行为人非法购买他人身份证号码、肖像、工作单位、住址等个人信息，在网络上大肆散布，不仅严重侵害他人的个人信息权益，而且由于真实身份、职业和住址被暴露于公众视野，使得他人在线下也遭受各种滋扰、伤害，人身、财产权益亦被严重侵害。《意见》第4条根据实践情况，对组织“人肉搜索”等公开隐私型网络暴力适用侵犯公民个人信息罪的规则作出指引，规定：“组织‘人肉搜索’，违法收集并向不特定多数人发布公民个人信息，情节严重，符合刑法第二百五十三条之一规定的，以侵犯公民个人信息罪定罪处罚；依照刑法和司法解释规定，同时构成其他犯罪的，依照处罚较重的规定定罪处罚。”

4. 关于对借网络暴力恶意营销炒作行为的处理。当前，网络暴力乱象不止，很大程度上与个别网络用户故意炒作舆论热点、收割流量牟利相关。一些恶意炒作成为助燃网络舆论、引发网络暴力的导火索，甚至有的网络暴力本身就是为了营销炒作而被恶意炮制、煽动而成。炒作者借助网络暴力事件获得海量关注，推广营销、牟取暴利；受害者深陷网暴漩涡，人格受损、无力挣脱、无从对抗。《意见》第5条坚持问题导向，针对此类借助网络暴力恶意营销炒作的行为，明确相应处理规则，规定：“基于蹭炒热度、推广引流等目的，利用互联网用户公众账号等推送、传播有关网络暴力违法犯罪的信息，符合刑法第二百八十七条之一规定的，以非法利用信息网络罪定罪处罚；依照刑法和司法解释规定，同时构成其他犯罪的，依照处罚较重的规定定罪处罚。”

5. 关于拒不履行信息网络安全管理义务罪的适用。根据有关法律法规的规定，网络服务提供者负有相应的信息网络安全管理义务。例如，《中华人民共和国网络安全法》（以下简称《网络安全法》）第四十七条规定：“网络运营者应当加强对其用户发布的信息的管理，发现法律、行政法规禁止发布或者传输的信息的，应当立即停止传输该信息，采取消除等处置措施，防止信息扩散，保存有关记录，并向有关主管部门报告。”毫无疑问，网络服务提供者依法履行信息网络安全管理义务，对及时阻断网暴信息传播和有效遏制网络暴力违法犯罪具有重大意义。实践中，受利益驱动，网络服务提供者对有关网络暴力违法犯罪的信息，不依法履行信息网络安全管理义务的情况仍然存在。为强化网络暴力源头治理，《意见》第6条对拒不履行信息网络安全管理义务罪的相关适用情形作出指引，规定：“网络服务提供者对于所发现的有关网络暴力违法犯罪的信息不依法履行信息网络安全管理义务，经监管部门责令采取改正措施而拒不改正，致使违法信息大量传播或者有其他严重情节，符合刑法第二百八十六条之一规定的，以拒不履行信息网络安全管理义务罪定罪处罚；依照刑法和司法解释规定，同时构成其他犯罪的，依照处罚较重的规定定罪处罚。”

（二）关于网络暴力行政违法行为的处理

网络暴力行为类型复杂多样，危害程度差异较大。有效治理网络暴力，不仅要充分发挥刑法的威慑、教育功能，也要注重行政处罚的惩戒、引导功能。这是贯彻综合治理原则，实现行刑有序衔接的题中之义。为进一步强化对网络暴力违法行为的依法惩治，《意见》第7条规定：“实施网络诽谤、侮辱等网络暴力行为，尚不构成犯罪，符合治安管理处罚法等规定的，依法予以行政处罚。”实践中，对网络暴力违法行为，及时依法予以行政处罚，对制止网络暴力升级，有效净化网络生态，具有重要意义。

（三）关于网络暴力违法犯罪的从重处罚情形

为体现对网络暴力违法犯罪的从严惩治精神，《意见》第8条规定：“坚持严格执法司法，对于网络暴力违法犯罪，依法严肃追究，切实矫正‘法不责众’的错误倾向。”同时，根据实践反映，强调：“要重点打击恶意发起者、组织者、恶意推波助澜者以及屡教不改者。”在此基础上，《意见》结合当前网络暴力的特点，明确了五种依法从重处罚的具体情形，具体而言：

一是针对未成年人、残疾人实施的。在行为对象上，未成年人、残疾人系依法实行特殊保护的群体，实践中，也更容易遭受网暴信息及其精神压力的侵扰，进而酿成身心受损的严重后果，应当依法受到更为严格的法律保护。以未成年人、残疾人为对象实施的网络暴力，社会危害相对更大，依法从重处罚。

二是组织“水军”“打手”或者其他人员实施的。在行为方式上，利用“水军”“打手”或者粉丝群体等其他人员有组织地实施网络暴力，是当前网络空间治理的顽疾，此种情形下网络暴力的强度，以及不良影响的消除难度相对更大，社会危害更加严重，人民群众反映强烈，亦应从重惩治、重点打击。

三是编造“涉性”话题侵害他人人格尊严的。在网暴信息的内容上，炮制、炒作涉性话题具有一定普遍性，此类往往更吸引眼球，对公民人格尊严的侵犯也更加严重，纳入从重处罚的范围，有利于切实维护人格尊严，有效净化网络空间。

四是利用“深度合成”等生成式人工智能技术发布违法信息的。在利用的技术手段上，“深度合成”等生成式人工智能技术可以利用深度学习、合成类算法制作文本、图像、音视频和虚拟场景，具有高度的智能性，在服务用户需求、改进用户体验的同时，也可能被用于“深度伪造”、传播违法信息、破坏网络秩序，潜在风险不容忽视，亟须依法规范利用。2022 年 11 月，国家互联网信息办公室、工业和信息化部、公安部联合发布《互联网信息服务深度合成管理规定》，明确规定:“提供深度合成服务，应当遵守法律法规，尊重社会公德和伦理道德”“任何组织和个人不得利用深度合成服务制作、复制、发布、传播法律、行政法规禁止的信息”。将利用“深度合成”技术实施的网络暴力行为纳入从重处罚的范畴，有利于衔接前置规定，切实防范技术滥用风险，进一步强化涉人工智能网络暴力的预防和治理。

五是网络服务提供者发起、组织的。在行为主体上，就网络信息的传播而言，网络服务提供者无疑具有特殊优势，一旦其组织实施网络暴力违法犯罪，势必造成更加严重的危害后果；且网络服务提供者本身负有信息网络安全管理义务，发起、组织网络暴力的，违法程度和主观恶性更深，依法应予严惩。据此，将网络服务提供者组织、发起的网络暴力亦作为依法从重处罚的情形。

（四）关于网络暴力违法犯罪与正当行为的界限

为确保网络暴力治理工作取得良好效果，切实防止不当干预网民正当权利，需要依法妥当把握网络暴力行为的认定标准，特别是准确把握网络暴力与表达自由、舆论监督的界限。为此，《意见》第 10 条要求准确把握网络暴力违法犯罪行为的认定标准，规定:“通过信息网络检举、揭发他人犯罪或者违法违纪行为，只要不是故意捏造事实或者明知是捏造的事实而故意散布的，不应当认定为诽谤违法犯罪。针对他人言行发表评论、提出批评，即使观点有所偏颇、言论有些偏激，只要不是肆意谩骂、恶意诋毁的，不应当认定为侮辱违法犯罪。”

（五）关于落实公安机关协助取证的法律规定

司法实践中，对于侮辱、诽谤行为通常需要被害人提起自诉，并承担相应的证明责任。就网络侮辱、诽谤而言，由于网络空间的虚拟性和前台账号的匿名性，被害人自己通常难以开展信息溯源、查明扩散路径，甚至无法确认行为人的真实身份，常面临维权困境。针对网络侮辱、诽谤案件自诉人的取证难题，《中华人民共和国刑法修正案（九）》专门在《刑法》第二百四十六条增加第三款，规定："通过信息网络实施第一款规定的行为，被害人向人民法院告诉，但提供证据确有困难的，人民法院可以要求公安机关提供协助。"这一规定对于弥补自诉人取证能力的不足，为被害人提供维权救济具有重要价值。《意见》第11条要求落实公安机关协助取证的法律规定，就协助取证规则作出进一步细化：

1. 明确公安机关协助取证的条件。《意见》规定："根据刑法第二百四十六条第三款的规定，对于被害人就网络侮辱、诽谤提起自诉的案件，人民法院经审查认为被害人提供证据确有困难的，可以要求公安机关提供协助。"落实上述规定，需要注意把握以下三点：（1）准确把握公安机关协助取证的前提条件。根据《意见》的规定，公安机关协助取证的前提是"人民法院经审查认为被害人提供证据确有困难"。如果被害人已经提供了足够证据，或者自行收集有关证据并无困难，则无须由公安机关协助取证。（2）避免将人民法院受理侮辱、诽谤刑事案件的条件与自诉人提起自诉的条件混同。《最高人民法院关于适用〈中华人民共和国刑事诉讼法〉的解释》（法释〔2021〕1号）第三百一十六条规定"有明确的被告人"和"有证明被告人犯罪事实的证据"是人民法院受理自诉案件的条件，但并非自诉人提起自诉的条件，即不能因为确定不了被告人或者缺乏证据而将自诉人挡在刑事自诉程序之外。受制于网络侮辱、诽谤的现实情况，被害人一般能够提供相关网络视频、网页截图等证明网络暴力事实的初步证据材料，但是对于实施网络侮辱、诽谤行为人的真实身份信息，以及相关网暴信息具体转载、阅读数量等证据材料，被害人往往无法完全自行提供。依照传统自诉案件的条件，上述情形难以进入自诉程序，但在网络侮辱、诽谤案件之中，被告人提起自诉的，法院可以根据案件具体情况要求公安机关协助取证。作此处理，可以促使人民法院在第一时间向公安机关提出协助取证要求，最大限度地维护被害人的合法权益和确保证据的完整性。（3）畅通人民法院与公安机关的对接程序。公安机关的立案侦查作为公诉程序的最前端，对网络侮辱、诽谤协助取证制度的真正落地，发挥着不可替代的重要作用。层出不穷的海量网络信息极易掩盖原先的信息，特别是对于相关网络黑灰产深度参与的网络暴力，行为人本身具有一定的反侦查能力，及时协助取证对于顺利锁定行为人、有效收集相关证据材料意义重大。这就要求公安机关强化履职力度，在收到人民法院的通知后迅速启动协助取证程序。

2. 明确公安机关协助取证的对象。《意见》规定："公安机关应当根据人民法院要求和案件具体情况，及时查明行为主体，收集相关侮辱、诽谤信息传播扩散情况及造成的影响等证据材料。"据此，公安机关协助取证的对象，主要包括实施网络侮辱、诽谤的行为主体，相关侮辱、诽谤信息的传播、扩散路径、范围，转载、评论、阅读数量等。征求意见过程中，有意见提出，公安机关协助自诉案件被害人取证，与公安机关立案侦查后取证存在区别，协助取证的权限和程序，特别是对电子数据的收集程序，需要进一步明确。经研究认为，公安机关对网络侮辱、诽谤案件的协助取证在刑事立案之前，而相关侦查取证措施的前提条件是刑事立案。故而，公安机关协助取证不应直接适用刑事侦查取证的相关规定。实际上，协助取证与调查核实均处于刑事立案之前，二者在属性上具有一定相似性，故对协助取证所能采取的措施，可以参照适用调查核实的相关规定。①

3. 明确网络服务提供者依法提供技术支持。网络违法犯罪具有较强的技术性，相关案件取证需要网络服务提供者提供必要的技术支持和协助。对此，法律法规作了相关规定，例如，《网络安全法》第二十八条规定："网络运营者应当为公安机关、国家安全机关依法维护国家安全和侦查犯罪的活动提供技术支持和协助。"《意见》根据相关法律规定，明确："网络服务提供者应当依法为公安机关取证提供必要的技术支持和协助。

（六）关于网络侮辱、诽谤刑事案件的公诉标准

如前所述，侮辱、诽谤刑事案件自诉人取证存在现实困难，加之两罪公诉标准缺乏细化指引、"门槛过高"，形成案件数量逐年增多、有罪判决人数极少的巨大反差，一定程度上制约了公诉程序的功能发挥和网络暴力犯罪的治理成效。深化网络暴力犯罪治理，亟须进一步明确两罪公诉标准，畅通刑事追诉程序，为被害人及时提供有效法律救济。鉴此，《意见》第 12 条坚持问题导向，根据刑法和

① 《公安机关办理刑事案件程序规定》第一百七十四条对初查的相关措施作了明确，规定："对接受的案件，或者发现的犯罪线索，公安机关应当迅速进行审查。发现案件事实或者线索不明的，必要时，经办案部门负责人批准，可以进行调查核实。""调查核实过程中，公安机关可以依照有关法律和规定采取询问、查询、勘验、鉴定和调取证据材料等不限制被调查对象人身、财产权利的措施。但是，不得对被调查对象采取强制措施，不得查封、扣押、冻结被调查对象的财产，不得采取技术侦查措施。"

相关司法解释规定，针对实践突出问题，采用“概括＋列举”方式对网络侮辱、诽谤犯罪的公诉标准作出明确。一方面，对网络侮辱、诽谤犯罪适用公诉程序的一般原则作出明确，规定：“对于网络侮辱、诽谤是否严重危害社会秩序，应当综合侵害对象、动机目的、行为方式、信息传播范围、危害后果等因素作出判定。”另一方面，为便于实践操作把握，进一步细化适用标准，除兜底项外，列举了网络侮辱、诽谤犯罪适用公诉程序的四种具体情形。具体而言：

一是造成被害人或者其近亲属精神失常、自杀等严重后果，社会影响恶劣的。起草过程中，有意见提出“造成被害人或者其近亲属精神失常、自残、自杀等严重后果的”系《最高人民法院、最高人民检察院关于办理利用信息网络实施诽谤等刑事案件适用法律若干问题的解释》（法释〔2013〕21号，以下简称《2013年解释》）规定的诽谤罪入罪条件之一，直接作为网络侮辱、诽谤的公诉条件没有体现社会危害程度上的应有区别和适用情形的适当梯度，存在不妥。经研究认为，《2013年解释》的上述规定，系针对诽谤罪“情节严重”的实体入罪条件，并未在程序上作出自诉还是公诉的区分。一般来说，诽谤罪的入罪条件既包括适用自诉程序的情形，也包括适用公诉程序的情形；不能将诽谤罪的实体人罪条件当然等同于自诉程序的适用条件、理解为只要入罪就一律自诉，这样无疑将不当限缩公诉程序的依法适用。特别是，在当前网络暴力高发的形势下，“入罪即自诉”的主张将进一步加剧被害人的维权困境，不利于有效治理网络暴力、充分救济被害人合法权益。经广泛征求意见，反复研究论证，考虑到造成被害人或者其近亲属精神失常、自杀等严重后果，是网络暴力案件中危害最突出、最极端的情形，对公众安全感的冲击最为强烈，将其规定为“严重危害社会秩序”的认定情形之一，符合立法精神和社会预期，反之则难以为社会公众理解接受、难以发挥刑法相关规定的应有功能。据此，作出上述规定。

二是随意以普通公众为侵害对象，相关信息在网络上大范围传播，引发大量低俗、恶意评论，严重破坏网络秩序，社会影响恶劣的。传统侮辱、诽谤案件，行为人与被害人多在日常工作、生活中相识，不少存在经济、情感等纠纷，相关侮辱、诽谤行为的影响范围相对有限，通过自诉程序追责维权，遭遇的困难也相对较小。与此明显不同的是，当前网络侮辱、诽谤随意选择普通公众作为侵害对象，相关网络信息以“网速”扩散，引发海量网暴舆论，充斥整个网络空间，严重扰乱网络秩序，使网民“人人自危”，损害公众安全感；同时，面对海量网络信息、复杂传播链条和匿名网络账号，被害人取证维权势必更加困难。基于此，将此类随意以普通公众为侵害对象、严重破坏网络秩序、社会影响恶劣的网络侮辱、诽谤案件，纳入公诉范围，符合刑法规定的“严重危害社会秩序”的实质条件，符合有效惩治网络暴力的实践需要，也契合被害人的维权意愿。起草过程中，有意见提出，为便于实务操作，建议本项规定对相关网络信息的数量作出明确。经研究，未采纳这一建议，未设置相关网络信息的量化标准。主要考虑:（1）网络暴力舆论一旦形成，往往规模巨大，相关网络信息被转载、评论、阅读的数量动辄以百万、千万甚至以亿计。设置此类信息的量化标准，在实践中可能形成“重数量”甚至“唯数量”的导向，从而忽视了个案社会危害的实际差异，偏离对“严重危害社会秩序”的实质把握。例如，有的知名网络博主受关注度高，网络账号粉丝多达数百万甚至更多，如通过其账号转载本人遭受网络暴力的信息，被关注、评论、阅读的数量势必更多，但是如果相关信息的违法程度或者对人格权益的损害程度较低，不宜直接因信息数量适用公诉程序；再如，有的行为人在网上肆意散布他人裸照并作出低俗、恶意评论，公然侮辱他人，严重损害他人人格尊严的，则在决定是否适用公诉程序时，对相关网络信息被转载、阅读数量的把握不宜过于严苛。（2）全媒体时代，手机作为移动网络终端广泛普及，目前，我国网民数量、网络流量仍在快速增长中，设置相关网暴信息的量化标准，并以此类信息数量作为网络侮辱、诽谤的公诉门槛，从长远看，难以适应互联网技术及其应用的快速发展，难以保证相关案件的处理效果。

三是侮辱、诽谤多人或者多次散布侮辱、诽谤信息，社会影响恶劣的。此项根据网络侮辱、诽谤的对象人数和行为次数，设置适用公诉程序的标准。相对于初犯、偶犯，针对多人或者多次实施网络侮辱、诽谤行为的社会危害及行为人的主观恶性明显更大，将社会影响恶劣的，作为适用公诉程序的情形，有利于强化对屡教不改者甚至专门从事相关黑灰产、充当“水军”“网络打手”等不法人员的威慑和惩治，切实净化网络生态，维护公民人格权益。

四是组织、指使人员在多个网络平台大量散布侮辱、诽谤信息，社会影响恶劣的。网络暴力得以成势，背后多有职业“水军”等网络黑灰产参与，以搅动舆论漩涡，牟取不法利益，冲击道德、法律底线，亟须依法有效规制。为突出惩治重点，《意见》将“组织、指使人员在多个网络平台大量散布侮辱、诽谤信息，社会影响恶劣的”规定为适用公诉程序的情形之一。实践中，需要注意综合考虑

“组织、指使人员”“多个网络平台”和“大量散布”的适用条件，依法妥当把握“严重危害社会秩序”的刑法规定，对于行为人指使他人在少数网络平台上散布相关信息，没有造成恶劣社会影响的，可以依法自诉。

需要强调的是，《意见》第12条对网络侮辱、诽谤行为“严重危害社会秩序”的情形作了进一步具体规定，相关规定只是落实刑法条文的要求。可以说，对符合条件的网络侮辱、诽谤案件提起公诉，是法定要求。作为规范性文件，《意见》无权、事实上也没有创设新的法律规则，只是对法律规定的细化。

（七）关于网络侮辱、诽谤刑事案件的自诉转公诉程序

根据刑法规定，侮辱罪、诽谤罪告诉的才处理，但是严重危害社会秩序和国家利益的除外。就网络侮辱、诽谤而言，实践中通常由被害人提起自诉，符合“严重危害社会秩序”条件的，适用公诉程序。为进一步畅通诉讼程序，做好相关案件程序协调、转换，《意见》第13条对网络侮辱、诽谤案件的自诉转公诉程序作出指引：（1）明确依法及时立案的要求，规定“对于严重危害社会秩序的网络侮辱、诽谤行为，公安机关应当依法及时立案”。（2）针对符合公诉标准的网络侮辱、诽谤刑事案件，被害人同时向人民法院提起自诉的情形，规定“人民法院可以请自诉人撤回自诉或者裁定不予受理；已经受理的，应当裁定终止审理，并将相关材料移送公安机关，原自诉人可以作为被害人参与诉讼”。（3）对于被害人在公安机关立案前提起自诉的情形，规定“人民法院经审查认为有关行为严重危害社会秩序的，应当将案件移送公安机关”。（4）对于被害人或者其近亲属向公安机关报案，公安机关经审查认为已构成犯罪但不符合公诉条件的情形，明确“可以告知报案人向人民法院提起自诉”。

征求意见过程中，有意见提出，侮辱罪、诽谤罪属亲告罪，对于网络侮辱、诽谤“严重危害社会秩序”，但被害人提起自诉的，应尊重其意愿，优先适用自诉程序。经研究，未采纳这一意见，主要考虑：（1）根据刑法规定，实施侮辱、诽谤犯罪，严重危害社会秩序的，应当依法提起公诉。（2）在公安机关已就同一网络侮辱、诽谤行为立案侦查的情况下，如允许被害人再提起自诉，则不仅增加被害人诉累，还形成就同一行为的双重追诉，于法无据。（3）对于适用公诉程序的网络侮辱、诽谤刑事案件，原自诉人可以作为被害人参与诉讼，其当事人的诉讼权利可以得到充分的程序保障。

（八）关于依法支持针对网络暴力的民事维权

据统计，2022年侮辱、诽谤刑事案件一审收案共1032件；同年，名誉权纠纷民事案件一审收案20086件，接近上述两个罪名的20倍。这从一个侧面反映出，充分发挥民事诉讼功能，对有效救济网络暴力受害人的合法权利，切实追究侵害他人名誉权等网络暴力行为人的法律责任，意义不可低估。为进一步支持网络暴力受害人通过民事手段依法维权，《意见》第9条规定："针对他人实施网络暴力行为，侵犯他人名誉权、隐私权等人格权，受害人请求行为人承担民事责任的，人民法院依法予以支持。"

此外，网络暴力借助信息技术手段实施，其强度及其对被害人合法权益的损害程度，与网暴信息的传播速度、规模直接相关。基于此，阻断网暴信息扩散、发酵往往具有急迫性，需要采取紧急措施，避免对合法权益造成难以弥补的损害。鉴此，《意见》第15条明确对网络暴力依法适用人格权侵害禁令，规定："权利人有证据证明行为人正在实施或者即将实施侵害其人格权的违法行为，不及时制止将使其合法权益受到难以弥补的损害，依据民法典第九百九十七条向人民法院申请采取责令行为人停止有关行为的措施的，人民法院可以根据案件具体情况依法作出人格权侵害禁令。"实践中，在民事侵权诉讼过程中，根据权利人申请，及时依法裁定作出人格权侵害禁令，对制止行为人继续实施侵害名誉权等行为，避免权利人合法权益受到难以弥补的损害，具有重要意义。

（九）关于网络暴力案件的公益诉讼规则

根据未成年人保护法、妇女权益保障法、个人信息保护法等法律的有关规定，侵害未成年人、妇女合法权益或者处理个人信息侵害众多个人的权益，导致社会公共利益受损的，人民检察院可以依法提起公益诉讼。为强化特定群体网络空间权益保护，保障众多网络用户个人信息安全，《意见》第16条衔接相关前置法律规定，对网络暴力案件的公益诉讼规则作出明确：一是规定"网络暴力行为损害社会公共利益的，人民检察院可以依法向人民法院提起公益诉讼"。二是为进一步夯实网络服务提供者的法律责任，规定"网络服务提供者对于所发现的网络暴力信息不依法履行信息网络安全管理义务，致使违法信息大量传播或者有其他严重情节，损害社会公共利益的，人民检察院可以依法向人民法院提起公益诉讼"。三是规定"人民检察院办理网络暴力治理领域公益诉讼案件，可以依法要求网络服务提供者提供必要的技术支持和协助”。

（十）关于网络暴力的诉源治理

《意见》第 17 条至第 20 条专门就网络暴力的诉源治理工作作出规定，涉及受害人权益保障、衔接配合、法治宣传、综合治理等多个方面的内容。

1. 有效保障受害人权益。网络暴力治理的宗旨在于保障公民合法权益。对网络暴力违法犯罪的行为依法追究责任乃至判处刑罚，当然是实现公平正义的重要手段，但并不意味着对被害人权益的维护完全到位。基于此，《意见》基于恢复性司法的要求，在第 17 条专门规定：“针对相关网络暴力信息传播范围广、社会危害大、影响消除难的现实情况，要依法及时向社会发布案件进展信息，澄清事实真相，有效消除不良影响。依法适用认罪认罚从宽制度，促使被告人认罪认罚，真诚悔罪，通过媒体公开道歉等方式，实现对受害人人格权的有效保护。”

2. 促进网络暴力的综合治理。网络暴力的成因十分复杂，综合治理、建立长效机制应当成为网络暴力治理的基本思路，要考虑事后追责，更要考虑事前的防范和事中的救济。在当前网络暴力的蔓延态势尚未得到明显控制的背景下，需要刑法充分发挥威慑作用以守住行为底线，同时也需要各方共同发力，深化网络暴力源头治理、综合治理。基于此，《意见》将促进网络暴力综合治理作为重要内容，要求充分发挥执法办案的规则引领、价值导向和行为规范作用，教育引导广大网民自觉守法，引领社会文明风尚；深入分析滋生助推网络暴力发生的根源，促进对网络暴力的多元共治，从根本上减少网络暴力的发生，营造清朗网络空间。

《关于办理电信网络诈骗等刑事案件适用法律若干问题的意见（二）》的理解与适用 *

李睿懿　陈　攀　王　珂 **

2021 年 6 月 17 日，《最高人民法院、最高人民检察院、公安部关于办理电信网络诈骗等刑事案件适用法律若干问题的意见（二）》（以下简称《意见二》）正式公布。《意见二》针对当前打击电信网络诈骗犯罪工作中存在的新的突出问题，提出了更加明确具体的适用法律标准，可操作性较强，有助于公、检、法机关进一步统一执法尺度，为依法严惩电信网络诈骗犯罪及其关联犯罪，提供了更加有力的法律保障。为便于在司法实践中全面理解和正确适用《意见二》，现结合实践中一年多来办理电信网络诈骗案件的若干新情况新问题，就《意见二》的出台背景、基本原则和主要内容及其适用问题阐述如下。

一、《意见二》的出台背景

进入 21 世纪以来，随着信息技术和经济社会快速发展，我国的犯罪结构发生了重大变化，传统犯罪持续下降，网络犯罪迅猛上升，传统犯罪日益向互联网迁移。其中，电信网络诈骗犯罪成为上升最快、人民群众反映最强烈的突出犯罪。围绕电信网络诈骗犯罪，还产生了一系列黑灰产业，形成大量上下游关联犯罪，成为电信网络诈骗犯罪高发多发的催化剂和助燃剂。

以习近平同志为核心的党中央高度重视打击治理电信网络诈骗违法犯罪工作。习近平总书记多次作出重要指示批示，为打击治理工作指明了方向、提供了根本遵循。国务院打击治理电信网络新型违法犯罪工作部际联席会议部署开展打击治

* 原文载《中国应用法学》2022 年第 6 期。

** 作者单位：最高人民法院。

理专项行动，各地各部门齐抓共管，重拳出击，综合施策，取得显著成效。为解决打击治理的法律保障问题，最高人民法院、最高人民检察院、公安部于2016年12月联合发布了《关于办理电信网络诈骗等刑事案件适用法律若干问题的意见》（以下简称《意见一》），为办理此类案件提供了明确具体的适用法律依据。近年来，全国公安机关、人民检察院、人民法院适用《中华人民共和国刑法》（以下简称《刑法》）、相关司法解释以及《意见一》，侦查、起诉、审理了一大批电信网络诈骗犯罪及其关联犯罪案件，对于有效打击遏制电信网络诈骗犯罪活动发挥了重要作用。

在依法严厉打击下，电信网络诈骗犯罪的手段更加隐蔽，大量犯罪集团、团伙转移至境外作案，关联犯罪特别是非法交易信用卡、手机卡的犯罪日益猖獗。一段时间以来，电信网络诈骗犯罪发案仍居高位且大要案件频发，造成群众财产损失巨大，打击治理工作依然面临严峻挑战，特别是长期存在的防范难、侦查取证难、认定难、追赃难等问题，在《意见一》发布后虽有较大缓解，但尚未彻底解决。

为适应新形势的发展，满足现实惩治新类型犯罪的需要，必须进一步加强法律支撑和保障，进一步明确适用法律标准。根据国务院部际联席会议的部署，最高人民法院、最高人民检察院、公安部坚持问题导向，广泛征求意见，认真研究论证，根据《刑法》和有关司法解释的规定，联合制定了《意见二》。《意见二》立足司法实践，进一步明确了对电信网络诈骗及其关联犯罪，特别是涉"两卡"犯罪的具体法律适用标准。这里需要特别指出的是，《意见二》不是对《意见一》的修订，而是对《意见一》的补充，二者是承继性关系，相辅相成，都是办理电信网络诈骗及其关联犯罪案件的主要规范依据。

二、制定《意见二》的基本原则

为确保《意见二》的内容科学有效，在起草过程中，我们主要考虑和把握了以下几个主要原则：

一是放眼于有效解决实践难题。法律的生命力在于经验而不在于逻辑，[①] 法律

① ［美］小奥利弗·温德尔·霍姆斯：《普通法》，冉昊、姚中秋译，中国政法大学出版社2006年版，第2—4页。

有鲜活的灵魂而非仅仅是枯燥的条文。任何一个国家的法律，无不源于实践、服务于实践。法律要求有稳定性，但不能也不会是静止的，它需要随着社会生活的发展不断更新完善，防止出现严重滞后，进而无法及时有效调整社会关系。电信网络诈骗犯罪作为一种新型犯罪，发展变化极快。从《意见一》出台至《意见二》出台四年多的时间内，司法实践中又出现了一些新的问题，犯罪形势发生了很多大的变化，如跨境电信网络诈骗犯罪案件取证更难、作为电信网络诈骗犯罪滋生土壤的涉"两卡"犯罪案件适用法律依据不明确等，导致办案尺度不一，打击效果难以彰显，亟须通过完善相关法律规定予以明确。《意见二》根据司法实践具体情况，提炼出迫切需要解决的几个突出问题，提出更为明确具体的适用法律依据，确保有效解决实务中的难题，统一尺度，明确标准，便于基层执法办案。

二是立足于始终坚守法治底线。对于电信网络诈骗犯罪坚持从严惩处、全面惩处、准确惩处的方针，必须要求"依法"进行，就是必须依照法律规定、在法律规定的范围内进行，不能突破法律的底线。规范性法律文件的制定，也毫不例外要体现这一要求。《意见二》起草过程中，有一线办案的同志也提出了一些"底线"建议，试图最大限度地便利办案，最大限度为实践服务，但考虑到其不尽符合法律精神，考虑到此类法律文件不属于司法解释，效力不同，不能"越权过线"，所以没有采纳，以确保《意见二》的内容不突破法律和司法解释的规定及精神。

三是着手于继续贯彻总体方针。《意见一》集中反映和规定了当前打击治理电信网络诈骗犯罪的总体方针，即从严惩处、全面惩处、准确惩处和全力追赃挽损。这些方针是中央的要求，是经验的总结，也被实践证明是正确的、全面的和行之有效的，必须一以贯之加以坚持。坚持从严惩处，是基于电信网络诈骗犯罪的严重社会危害性，回应人民群众呼声的首要方针，动摇不得。《意见二》再次重申，对于电信网络诈骗犯罪团伙、集团的组织、指挥者以及骨干成员等，坚决依法从严惩处。《意见二》一些具体条文如对于跨境电信网络诈骗犯罪的新规定，都说明我们坚持从严惩处的基本立场没有任何变化。《意见一》中一些类似规定，如严格控制和严格掌握适用缓刑、就高确定量刑起点和基准刑等，都还继续有效。但《意见二》在此基础上也强调，应当充分贯彻宽严相济刑事政策，坚持做到区别对待，强调宽以济严。特别是对于近年来发现的被犯罪集团蛊惑、利诱的在校大学生、刚毕业大学生等参与电信网络诈骗的，规定应当考虑其在犯罪中的地位层级和作用大小，结合其主观恶性、人身危险性、认罪悔罪表现等情节，依法可以从宽处罚。宽严相济是我国的基本刑事政策，对于电信网络诈骗犯罪从严惩处，是总体从严，并不是完全排斥宽以济严。个案是千差万别的，犯罪嫌疑人和被告人的主观恶性和人身危险性、再犯可能性也是千差万别的。特别是近年来发现的一些参与此类犯罪的特殊群体，如果无差别地一味从重打击处罚，恐社会效果适得其反，会无谓地增加社会对立面和稳定隐患。需要把刑事政策科学地加以运用和体现，最大限度发挥好政策作用。再如，《意见一》专章规定了全面惩处关联犯罪，《意见二》继续体现这一重要方针，根据新情况新特点，特别是考虑信用卡、手机卡即“两卡”是犯罪分子实施电信网络诈骗的必备工具，大量“两卡”被非法交易用于犯罪，成为电信网络诈骗犯罪重要的帮助链条。为斩断该帮助链条，根据《刑法》和相关司法解释的规定，将非法交易信用卡、手机卡相关行为，认定为帮助信息网络犯罪活动罪的“帮助”行为，解决了专项斗争中遇到的这一最突出问题，具有很强的实践价值，也是我们继续坚持全方位、全链条、无死角打击电信网络诈骗犯罪方针的明显例证。

三、《意见二》的主要内容及适用解读

《意见二》全文共十七条，既有实体内容，也有程序内容，还有政策内容。主要包括电信网络诈骗及其关联犯罪案件的管辖、跨境电信网络诈骗犯罪的认定、非法交易“两卡”犯罪的认定、异地办案的取证、刑事政策的贯彻、追赃挽损的要求等。

（一）进一步明确关联犯罪案件的管辖

该部分主要内容集中规定在《意见二》第一条和第二条。其中，第一条规定了电信网络诈骗的关联犯罪案件的管辖地，第二条规定了对电信网络诈骗的关联犯罪案件进行并案处理。

1. 关于电信网络诈骗关联犯罪案件的犯罪地问题。电信网络诈骗犯罪已经突破了传统犯罪的空间概念和范畴，其犯罪空间的无限性与法定地域管辖的有限性之间的矛盾十分突出，实践中管辖争议比较多。对此类案件的办理，往往通过指定管辖来解决问题。但是，指定管辖常态化又与刑事诉讼法规定的法定管辖为主、指定管辖为辅原则相悖，同时由于指定管辖缺乏明确依据，无论是并案审，还是

分案审，到审判阶段辩方经常提出异议，造成办案效率和诉讼效益不高。为此，《意见一》通过列举方式对犯罪地作了细化，[①] 实际上是明文规定实行"一条龙管辖"原则，既减少了指定管辖环节，也方便了执法办案操作，提高了办案效率，对于解决管辖难问题起到了重要作用。

受当时历史条件所限，《意见一》没有充分考虑电信网络诈骗的关联犯罪的管辖问题，客观上解决这个问题在当时的紧迫性和必要性还不十分突出。四年多来，电信网络诈骗犯罪链条化、产业化趋势越来越明显，不仅有海量的"两卡"越来越多地成为电诈犯罪工具，而且微信、QQ、抖音等社交软件以及不断推陈出新的网络硬件设备也越来越多地被用于电诈犯罪。所谓全方位全链条打击，就必须斩断链条，铲除黑灰产，实行一体打击，就得考虑把电信网络诈骗的关联犯罪也纳入"一条龙管辖"的范围之内。比如，公安机关在诈骗实行犯暂时身份不明的情况下，往往以涉案"两卡"为切入点展开侦查。如果"两卡"涉案地不纳入管辖范围，就无法延伸侦查，深挖主要犯罪，不利于有效全面打击。

为填补《意见一》关于管辖规定的不足，确保更加全面高效有力地打击此类犯罪，《意见二》在坚持"大管辖"原则的基础上，进一步丰富了此类犯罪的犯罪地范围，将电信网络诈骗犯罪的上下游关联犯罪一并纳入其中，实行一体管辖。[②]

需要注意的是，根据上述规定，可能导致出现管辖重叠问题，就是说会同时出现多个地方都有管辖权，还可能会发生争议。这种情况如何处理？《意见一》已有明确规定。[③] 此外，我们坚持"一条龙"管辖原则不变，但是对于跨境或者重大疑难复杂电信网络诈骗犯罪案件，公安机关在指定立案侦查前，应当向同级人民检察院、人民法院进行通报。

2. 关于电信网络诈骗关联犯罪案件的并案处理问题。《意见二》第二条规定了对于多个犯罪嫌疑人、被告人实施的电信网络诈骗犯罪的关联性认定规则及其

---

① 《意见一》将拨打地、发送地、到达地、接受地，以及诈骗行为持续发生的实施地、预备地、开始地、途经地、结束地，明确为犯罪行为发生地；将被害人被骗时所在地，以及诈骗所得财物的实际取得地、藏匿地、转移地、使用地、销售地等，明确为犯罪结果发生地。

② 详见《意见二》第一条。

③ 多个公安机关都有权立案侦查的电信网络诈骗等犯罪案件，由最初受理的公安机关或者主要犯罪地公安机关立案侦查；有争议时，按照有利于查清犯罪事实、有利于诉讼的原则协商解决，经协商无法达成一致的，由共同上级公安机关指定立案侦查。

处理，[①] 对《意见一》关于并案处理的内容又作了新的补充。该规定的主要考虑是，无论是为电信网络诈骗犯罪提供作案工具、技术支持的上游关联犯罪，还是为电信网络诈骗犯罪掩饰、隐瞒犯罪所得及其产生的收益等下游关联犯罪，都属于同一犯罪链条的不同环节，且相互交织作用，无法孤立看待，也难以单独成案。而利用同一网站、通讯群组、资金账户、作案窝点实施电诈犯罪已非个别情况，分案处理就显得有些机械和教条。所以，为便于查清全部事实，提高办案效率，方便诉讼活动，可以并案处理，这一规定也符合相关规定的精神。[②]

需要注意的是，该条规定的并案处理是“可以”而非“应当”。司法实践中，公、检、法机关应当根据实际情况，决定是否并案，视情酌定，灵活掌握。有的案件虽然存在关联，但并案的必要性不是很大，或者并案反而加大诉讼成本、拉长诉讼周期的，就不必非得要求并案处理。人民法院在审理案件过程中，要注意核查是否存在关联的案件已经审理完毕或者正在分案审理，特别注意把握总体量刑平衡，不能出现顾此失彼，量刑严重失衡的情况。

（二）进一步完善跨境电信网络诈骗犯罪的相关规定

当前，跨境电信网络诈骗犯罪占比已超过八成。此类犯罪危害性最大，打击难度最大，打击成本最大，打击必要性最大。《意见二》根据一线办案需要，下决心用最大力度解决跨境电信网络诈骗犯罪取证难和认定难的问题。《意见二》第三条、第十四条和第十五条对此作了相应规定。第三条规定了对参加境外诈骗犯罪集团、团伙行为人“以情节定罪”的问题，第十四条、第十五条分别规定了境外取证的证据效力和境外羁押期限折抵刑期等实践难题。

1. 关于跨境电信网络诈骗犯罪数额查证问题。《意见二》第三条对取证问题进

---

① 《意见二》第二条规定：“为电信网络诈骗犯罪提供作案工具、技术支持等帮助以及掩饰、隐瞒犯罪所得及其产生的收益，由此形成多层级犯罪链条的，或者利用同一网站、通讯群组、资金账户、作案窝点实施电信网络诈骗犯罪的，应当认定为多个犯罪嫌疑人、被告人实施的犯罪存在关联，人民法院、人民检察院、公安机关可以在其职责范围内并案处理。”

② 2012 年，最高人民法院、最高人民检察院、公安部、国家安全部、司法部、全国人大常委会法制工作委员会发布的《关于实施刑事诉讼法若干问题的规定》规定，人民法院、人民检察院、公安机关可在职责范围内并案处理。

行了规定，比较好地解决了跨境电信网络诈骗犯罪取证难的问题，[①] 且这一规定没有突破法律的底线。首先，《刑法》第二百六十六条规定的诈骗罪，除第一档法定刑幅度是以“数额较大”为标准外，第二档、第三档法定刑幅度的标准都是“数额加情节”，即“数额巨大或者有其他严重情节”“数额特别巨大或者有其他特别严重情节”。盗窃罪、抢夺罪等侵财性犯罪也是如此规定。从立法精神可知，侵财性犯罪，不再像以前那样单纯以数额为唯一定罪量刑标准，已经演变到数额与情节并行。其次，《最高人民法院、最高人民检察院关于办理诈骗刑事案件具体应用法律若干问题的解释》（以下简称《办理诈骗案件解释》）第五条第二款规定了三种符合《刑法》第二百六十六条规定的“其他严重情节”的情形，即发送诈骗信息五千条以上的、拨打诈骗电话五百人次以上的，特别是第三项诈骗手段恶劣、危害严重的，把数量和手段、后果作为定罪处罚的标准和依据，可以看出，这里既有量化标准，也有质化标准。最后，《意见一》重申了《办理诈骗案件解释》规定的数额标准与数量标准并行原则，也就是既可以根据诈骗数额，也可以根据实际拨打诈骗电话、发送诈骗信息的数量定罪处罚。但没有对《办理诈骗案件解释》第五条第二款第三项进一步具体化。《意见二》根据形势发展需要，作了补充规定，并没有违背上位法律的规定精神。

适用《意见二》第三条规定需要注意如下几个具体问题：第一，行为人必须是“参加境外电信网络诈骗犯罪集团或犯罪团伙，且在境外实施了具体的诈骗犯罪行为”。这是一个基本前提，也是一个基本事实，必须有相应的证据证明。其实，证明这一事实的证据并不难收集，比如在境外诈骗窝点当场抓获行为人，或者有同案人指证行为人在境外窝点参加诈骗，再结合行为人有出境前往诈骗窝点的客观记录等，就可以予以认定。第二，只适用于行为人在境外对境内居民实施电信网络诈骗犯罪，不适用于行为人在境内实施的电信网络诈骗犯罪。第三，诈骗数额难以查证，是指基于客观困难，确实无法查清行为人实施诈骗的具体数额，不能理解为不再需要去查证具体诈骗数额。诈骗罪作为侵财型犯罪，犯罪数额还

---

①《意见二》第三条规定：“有证据证实行为人参加境外诈骗犯罪集团或犯罪团伙，在境外针对境内居民实施电信网络诈骗犯罪行为，诈骗数额难以查证，但一年内出境赴境外诈骗犯罪窝点累计时间30日以上或多次出境赴境外诈骗犯罪窝点的，应当认定为刑法第二百六十六条规定的‘其他严重情节’，以诈骗罪依法追究刑事责任。有证据证明其出境从事正当活动的除外。”

是应当首先考虑的定罪量刑依据。在能够查明诈骗数额的情况下，应当根据查明的数额定罪量刑。只有确实查不清诈骗数额，才适用本条规定。侦查机关查证全部诈骗数额，仍然是一项重要的办案工作和努力的目标。如果诈骗分子涉案数额在 50 万元以上，查实了数额，就可以在十年以上量刑幅度内处理。而未查实数额或者有条件查实却人为不查实，就只能适用该规定在三年到十年量刑幅度内按照未遂处理，必然造成量刑单一化，无法体现罪责刑相适应，无法贯彻从严惩处方针，难以实现法律效果与政治效果、社会效果的有机统一。第四，按照《办理诈骗案件解释》和《意见一》，数额查不清，应当去查证数量，即发送诈骗信息条数、拨打诈骗电话次数，如果数额与数量都查不清，无法适用《意见一》规定的数量标准据以定罪量刑，才能适用这条规定。第五，本条规定的“30 日以上”如何计算？是以被告人护照签证上注明的入境某国的日期开始计算？还是以其实际加入诈骗窝点的日期开始计算？这一点是明确的：应当以其实际加入诈骗窝点的日期计算。后者证明较前者的确难一些，但并非无法证明。可以通过在诈骗窝点查获的出勤表、工资表等书面材料或者电子文档，并结合行为人、同案人的口供综合予以认定。如果存在不确定性，则按照“就低不就高”原则处理。第六，本条规定的“有证据证明其出境从事正当活动的除外”，并不意味着举证责任倒置，让行为人自己或者其辩护人向法庭证明。这个举证责任仍在公安机关和公诉机关。也就是说，行为人可以提出辩解并提供线索，由公安机关查明核实。

2. 关于跨境电信网络诈骗案件境外证据材料审查问题。办理跨境电信网络诈骗案件，受境外司法体制、执法机制、法律规定和国际关系等因素影响，公安机关赴境外取证难度很大，尤其是在一些法治化程度相对较低的国家和地区，存在手机、电脑等重要物证被截留、更换、销毁，证据收集、保管、移交程序不规范等问题，还有一些国家和地区不出具证据移交手续材料，甚至不允许我方对取证、移交过程进行拍照、录像。因此，相当一部分的境外证据材料在形式上不符合我国法律规定。

对此需要注意如下几个方面：第一，对于境外移交的证据材料，即使存在缺陷乃至明显缺陷，包括境外警方未提供相关证据的发现、收集、保管、移交情况等材料的，不宜一概否定其证据效力，也不宜一概作为非法证据排除，要允许公安机关对证据形式进行补证完善，对证据来源、移交过程等作出书面证明，两人以上签名并加盖公安机关印章，经审核能够证明案件事实的，可以作为证据使用。

这不是降低证明标准，而是实事求是，从一个侧面丰富了证据规则的内容。第二，公安机关在境外工作时，应当注意加大协调合作力度，尽力促成境外警方配合我方全面取证、规范取证，尽力及早达到证据合法性要求，最大限度减少“夹生饭”。第三，法院需注意对“能够证明案件事实”这一前提进行审查判定，切实把握和处理好证据合法性和证据客观真实性之间的关系。

3. 关于境外羁押期限折抵刑期问题。相当一部分电信网络诈骗犯罪嫌疑人在被境外警方抓获移送我国公安机关之前，往往在境外已被羁押了一段时间。境外羁押期限是否可以折抵刑期？这一问题一直存在争议。[①] 为此，《意见二》规定，对境外司法机关抓获并羁押的电信网络诈骗犯罪嫌疑人，在境内接受审判的，境外的羁押期限可以折抵刑期。从刑事法理论上观之，在境外被羁押的期间折抵刑期也是符合羁押折抵的原理和基本条件的。[②] 如果不予折抵，则难以在法理上进行合理解释；同时，可能由于被告人因引渡程序持续时间长短而入境接受处理情况各异，造成同罪不同判，量刑失衡。如果不予折抵，还可能造成我国违背在一些双边司法协助条约中同意的相应义务。

对该规定的适用，需要注意如下两个问题：第一，该条规定中的“可以”折抵刑期，指的是以折抵刑期为原则，不折抵刑期为例外。这个例外，主要针对那些故意编造损害国家声誉的借口，恶意规避移送或引渡的犯罪嫌疑人。对这种情形拟定不折抵刑期的，要事先逐级报至最高人民法院同意。第二，如果行为人在国外被羁押时没有相关法律手续，或者未向我方移交羁押法律手续，难以确定行为人的境外羁押时间的，需要公安机关加强与境外警方的协调，全力取得相关证据材料。如果穷尽手段仍无法取得，无法查明行为人在境外羁押实际期限的，法院在量刑时应予酌情考虑。

（三）进一步明确涉“两卡”犯罪的法律适用

涉信用卡、手机卡黑灰产业为电信网络诈骗犯罪推波助澜，必须予以严厉打击。在总结“断卡”行动经验做法的基础上，《意见二》用四个条文明确规定了适用帮助信息网络犯罪活动罪办理涉“两卡”案件。

---

① 刘太宗、赵玮、刘涛：《“两高一部”〈关于办理电信网络诈骗等刑事案件适用法律若干问题的意见（二）〉解读》，载《人民检察》2021 年第 13 期。

② 袁登明：《刑事羁押折抵刑期问题研究》，载《法律适用》2012 年第 7 期。

1. 关于非法交易“两卡”的行为性质问题。《意见二》第七条对非法交易信用卡、手机卡行为的性质作出明确，规定了可以认定为帮助信息网络犯罪活动罪中的两种“帮助”行为。[①] 实践中应当注意，我们所说的“两卡”分为两大类：一是信用卡类，具体包括信用卡、银行账户、非银行支付账户以及其他具有支付结算功能的互联网账号密码、网络支付接口、网上银行数字证书；二是手机卡类，具体包括手机卡、流量卡和物联网卡。对于收购、出售、出租信用卡类的，包括他人的信用卡，也包括本人的信用卡；但对于收购、出售、出租手机卡类的，则仅包括他人的手机卡，不包括本人的手机卡。[②] 之所以这样区分，主要考虑到“两卡”的办卡门槛不一样，二者相比，手机卡更易于从源头加以管控，不必轻易动用刑事手段。对于非法交易手机卡的，重点是打一头，即打击收购、贩卖手机卡团伙，防止打击面无谓扩大。而对于信用卡，则应强化震慑，两头都打。

2. 关于涉“两卡”犯罪案件中行为人主观明知的认定问题。《最高人民法院、最高人民检察院关于办理非法利用信息网络、帮助信息网络犯罪活动等刑事案件适用法律若干问题的解释》（以下简称《帮信罪解释》）第十一条对于本罪主观明知的认定，已列出六项具体情形和一项兜底条款，但没有涵盖涉“两卡”犯罪。主观明知认定历来是司法实践中的难题，《意见二》第八条补充完善了涉“两卡”如何认定帮助信息网络犯罪活动罪主观明知的规定。[③]

《意见二》对于《帮信罪解释》第十一条第七项兜底条款规定的“其他足以认定行为人明知的情形”作了进一步细化。如只要行为人收购、出售、出租单位银行结算卡，就可以认定行为人主观上具有实施帮信罪的明知故意。因为单位银行结算卡是严格禁止交易的，且相较于个人银行卡的开办门槛更高，交易额度也

---

① 一是收购、出售、出租信用卡、银行账户、非银行支付账户、具有支付结算功能的互联网账号密码、网络支付接口、网上银行数字证书的；二是收购、出售、出租他人手机卡、流量卡、物联网卡的。

② 《〈关于办理电信网络诈骗等刑事案件适用法律若干问题的意见（二）〉六大亮点》，载《中国防伪报道》2021 年第 9 期。

③《意见二》第八条第一款规定：“认定刑法第二百八十七条之二规定的行为人明知他人利用信息网络实施犯罪，应当根据行为人收购、出售、出租前述第七条规定的信用卡、银行账户、非银行支付账户、具有支付结算功能的互联网账号密码、网络支付接口、网上银行数字证书，或者他人手机卡、流量卡、物联网卡等的次数、张数、个数，并结合行为人的认知能力、既往经历、交易对象、与实施信息网络犯罪的行为人的关系、提供技术支持或者帮助的时间和方式、获利情况以及行为人的供述等主客观因素，予以综合认定。”

更大。根据常情常理常识，就应该明知交易的非法性质。再如，电信、银行、非银行支付机构的从业人员，如果利用其履行职责或提供服务的便利，非法开办并出售、出租手机卡、信用卡的，可以直接认定其具有明知故意。从特定从业人员身份引申出来其应当具有起码的行业非法行为的认知，是不争的常识。如此规定，也考虑到"内鬼"最容易规避行业内部风险防控和监管，不但方便与不法分子相勾结，为牟取非法利益而大量开办或非法交易手机卡、信用卡，还往往涉及侵犯公民个人信息等犯罪，社会危害性相对更大。此类人员如果以为了公司效益、不知道严重后果为理由进行辩解，显然是不能成立的。

3. 关于涉"两卡"犯罪案件中"其他情节严重的情形"的认定问题。《帮信罪解释》第十二条规定了认定帮信罪"情节严重"的六项具体情形和一项"其他情节严重的情形"的兜底条款。结合"两卡"犯罪特点，《意见二》第九条对《帮信罪解释》中的"其他情节严重的情形"兜底性规定又作了进一步的细化。[①] 需要注意的是，《意见二》第八条、第九条分别是对《帮信罪解释》第十一条和第十二条的兜底性条款进行的细化，在认定行为人是否具有主观明知，以及是否达到"情节严重"时，应该首先适用《帮信罪解释》的相关规定。《意见二》是对司法解释的细化，并不代替司法解释的适用，更不优于司法解释适用。

对于涉"两卡"犯罪案件，《意见一》是这样规定的：明知他人实施电信网络诈骗犯罪，提供信用卡、资金支付结算账户、手机卡、通讯工具的，以共同犯罪论处，但法律和司法解释另有规定的除外。对于电信网络诈骗犯罪案件所涉及的涉手机卡、信用卡犯罪如何处理，以前做法不一。在《帮信罪解释》出台前，多以诈骗罪共犯或者掩饰、隐瞒犯罪所得、犯罪所得收益罪处理。那么这两个罪名与帮助信息网络犯罪活动罪之间究竟如何正确界定和适用？我们认为，需要根据

---

① 《意见二》第九条规定："明知他人利用信息网络实施犯罪，为其犯罪提供下列帮助之一的，可以认定为《最高人民法院、最高人民检察院关于办理非法利用信息网络、帮助信息网络犯罪活动等刑事案件适用法律若干问题的解释》第十二条第一款第（七）项规定的'其他情节严重的情形'：（一）收购、出售、出租信用卡、银行账户、非银行支付账户、具有支付结算功能的互联网账号密码、网络支付接口、网上银行数字证书 5 张（个）以上的；（二）收购、出售、出租他人手机卡、流量卡、物联网卡 20 张以上的。"

行为人的主观明知和其实施的具体犯罪行为，分层次、递进式考虑定性问题。[①]

4. 关于网络经销商的责任义务问题。《意见二》第十条规定了网络经销商的责任义务。根据本条规定，如果公安机关调查案件时，已经明确告知网络经销商其交易的对象涉嫌电信网络诈骗犯罪，但其仍继续与之进行交易，符合《刑法》相关规定时，可以依照帮助信息网络犯罪活动罪追究其刑事责任。当然，网络经销商的行为还可能构成拒不履行信息网络安全管理义务罪，如果其与电诈分子事先有通谋，还可能构成诈骗罪的共犯。故《意见二》第十条还作了“同时构成其他犯罪的，依照处罚较重的规定定罪处罚”的规定，以满足司法实践的需要。

需要注意的是，网络经销商在接到公安机关告知后，并不意味着其要停止与所有人的一切经营行为，而只是不能再与被告知的涉嫌电信网络诈骗犯罪的对象进行交易，其他正常的经营行为仍然受到法律的保护。另外，这里的“告知”需要达到什么程度，我们认为，应以公安机关已立案侦查为前提，但不要求已经查证属实。

（四）进一步明确其他关联犯罪的法律适用

《意见二》除重点对帮助信息网络犯罪活动罪进行规定外，还对其他关联犯罪作了规定，主要体现在第四条、第五条、第六条和第十一条。

1.《意见二》第四条规定，无正当理由持有他人的单位结算卡的，属于“非法持有他人信用卡”，可以按照妨害信用卡管理罪定罪处罚。从功能来看，单位结算卡具备账户查询、转账汇款、现金存取、消费等功能，符合《全国人大常委会关于〈中华人民共和国刑法〉有关信用卡规定的解释》中对于“信用卡”的界定，故认定单位结算卡属于信用卡没有法律障碍。

2. 作为电信网络诈骗的上游犯罪，侵犯公民个人信息犯罪起到极为恶劣的作用，是实施“精准诈骗”的必备条件，应当依法严惩。《意见二》第五条根据新情况，再次进行了强调。考虑到治理此类犯罪的现实需求，并与《中华人民共和国

---

① 需要从三个方面进行判断：第一，明知他人利用信息网络实施犯罪，只是向他人出售了信用卡、手机卡，仅将其一卖了之，未实施其他行为，且达到情节严重标准的，可以帮助信息网络犯罪活动罪定罪处罚。第二，向他人提供信用卡后，在明知是犯罪所得及其收益的情况下，又代为转账、取款并从中收取好处费的，可以掩饰、隐瞒犯罪所得、犯罪所得收益罪定罪处罚。第三，明知他人实施电信网络诈骗犯罪，与之事前通谋，甚至分工负责提供“两卡”的，可以诈骗罪共犯追究刑事责任。

网络安全法》相衔接，《意见二》规定，非法获取、出售、提供具有上述功能的个人生物识别信息，以侵犯公民个人信息罪追究刑事责任。

3. 当前，各种软件往往通过网上注册开通，身份证件的网络认证已成为必不可少的环节。在此过程中，个别不法分子为规避实名制管理，使用他人真实的姓名、身份证号码等信息，替换他人身份证件的相片，采用 AI 换脸等“深度伪造”（Deepfake）技术通过网络验证。此种行为对身份证件通过技术伪造处理，使之实际具备了实体身份证件的功能，不仅危害了他人的合法权益，还严重妨害国家对身份证件的管理秩序，符合伪造身份证件罪的构成要件。因此，《意见二》第六条规定，对此行为可以按照伪造身份证件罪追究刑事责任。

4.《意见一》规定，为电信网络诈骗犯罪分子骗得的赃款进行转账、套现、取现的，以掩饰、隐瞒犯罪所得、犯罪所得收益罪追究刑事责任，还同时规定了转账、套现、取现的五种常见行为方式，采取这五种方式就可以推定行为人具有主观明知，除非有证据证明其确实不知道。随着犯罪手段不断翻新升级，实践中又出现了新的行为方式，《意见一》的规定已难以涵盖。《意见二》根据司法实践中的新情况，在第十一条作出进一步的规定，增加了三种行为方式。[①]

电信网络诈骗犯罪上下游犯罪分子难以同时到案，已成为司法实践的常态。为提高办案效率，确保不轻纵犯罪，《意见二》第十二条规定，诈骗犯罪行为可以确认，但实施诈骗犯罪的行为人尚未到案，可以依法先行追究已到案关联犯罪行为人的刑事责任。需要注意的是，“诈骗犯罪行为可以确认”，是指诈骗犯罪行为确实存在，不要求必须已经由刑事判决确认犯罪。不论诈骗犯罪实行犯是否归案、是否被判处刑罚，均不影响诈骗犯罪事实的成立，也不影响对关联犯罪事实的认定和帮助犯的实际处理。

---

①《意见二》第十一条规定：“明知是电信网络诈骗犯罪所得及其产生的收益，以下列方式之一予以转账、套现、取现，符合刑法第三百一十二条第一款规定的，以掩饰、隐瞒犯罪所得、犯罪所得收益罪追究刑事责任。但有证据证明确实不知道的除外。（一）多次使用或者使用多个非本人身份证明开设的收款码、网络支付接口等，帮助他人转账、套现、取现的；（二）以明显异于市场的价格，通过电商平台预付卡、虚拟货币、手机充值卡、游戏点卡、游戏装备等转换财物、套现的；（三）协助转换或者转移财物，收取明显高于市场的‘手续费’的。实施上述行为，事前通谋的，以共同犯罪论处；同时构成其他犯罪的，依照处罚较重的规定定罪处罚。法律和司法解释另有规定的除外。”

（五）进一步强调贯彻宽严相济刑事政策

《意见二》坚持依法从严惩处方针不动摇，又特别强调了总体从严，区别对待，宽严相济，宽以济严。主要考虑在于，从近年来办理的案件情况看，涉案人员中有相当大比例在团伙中处于较低层级，在跨境电信网络诈骗案件中体现得尤为明显。同时，涉案人员低龄化现象突出，特别是一些未成年人、在校大学生、刚毕业大学生涉案，成为我们打击治理工作中必须予以重视的问题。对电信网络诈骗犯罪坚持从严惩处，重点是针对犯罪集团的组织、指挥者和骨干成员。对于这些人员，要坚决严厉惩处。而对于初犯、未成年人、学生，需要结合具体案情和他们的认罪悔罪情况，综合判断其主观恶性、人身危险性，以教育、感化、挽救为主，依法从宽处罚。

当前，实务部门在办理此类案件过程中反映比较集中的一个问题是：准确认定电信网络诈骗犯罪的主从犯缺乏统一标准，操作较为困难。个案千差万别的，不可能给出一个统一标准，但可以找到带有普遍性的规律。在电信网络诈骗犯罪集团中，成员的地位层级、作用大小各不相同。在集团中起组织、指挥作用的，可认定为首要分子，按照集团实施的全部犯罪处罚。在集团中起主要作用的骨干成员，包括各个业务组、技术组、财务组、后勤组等环节的负责人，原则上认定为主犯。加入犯罪集团时间较短、仅从事辅助性工作的人员，原则上认定为从犯。但是，对于虽然没有担任小组负责人职务，仅在一线拨打诈骗电话的人员，如果其在一线时间较长，经验丰富，甚至当师傅带徒弟的，也可以认定为主犯。

（六）进一步健全追赃挽损机制

电信网络诈骗犯罪直接侵害人民群众的财产权等合法权益，往往导致群众的治病钱、上学钱、养老钱被骗走，容易引发严重次生危害后果。案件侦破后，群众更加关心关切的是被骗的钱能不能追回来，能追回多少。我们在依法严惩犯罪分子的同时，应当尽最大努力挽回被骗群众的经济损失。在《意见一》规定基础上，《意见二》第十七条进一步强调，办理电信网络诈骗犯罪案件时，查扣在案的涉案账户内资金，应当优先返还被害人，如不足以全额返还的，应当按照比例返还。该规定进一步健全电信网络诈骗案件追赃挽损工作机制，明确了具有可操作性的赃款返还规则。

《关于办理电信网络诈骗等刑事案件适用法律若干问题的意见（二）》解读*

刘太宗　赵　玮　刘　涛**

为深入贯彻落实习近平总书记关于打击治理电信网络诈骗犯罪工作的重要指示要求，依法严厉惩治电信网络诈骗犯罪及其上下游关联犯罪，更好地维护人民群众的合法权益和社会和谐稳定，最高人民法院、最高人民检察院、公安部（以下简称“两高一部”）近日联合发布了《关于办理电信网络诈骗等刑事案件适用法律若干问题的意见（二）》（以下简称《意见（二）》）。现就《意见（二）》的制定背景、主要考虑和基本内容介绍如下。

一、制定背景与过程

党中央高度重视打击治理电信网络诈骗犯罪工作。近年来，在党中央的统一领导下，全国各级检察机关全面落实习近平法治思想，加强与相关部门协作配合，坚持惩、防、治并举，积极开展打击治理工作，取得了明显成效。2018 年至 2020 年，检察机关每年分别起诉电信网络诈骗犯罪 4.39 万人、5.71 万人和 7.45 万人，年均增长 30% 以上。

但在信息网络快速发展的时代背景下，电信网络诈骗依然持续高发、高位运行，作案方式逐步由电信诈骗向网络诈骗转变，作案窝点由境内向境外转移，技术手段不断演变升级，已成为当前发展最快、严重影响人民群众安全感的刑事犯罪，也给司法实践带来许多新的难题和挑战。“两高一部”曾于 2016 年 12 月制发《关于办理电信网络诈骗等刑事案件适用法律若干问题的意见》（以下简称《意见》），在实践中发挥了重要作用。但是面对新形势新变化，面对不断出现的新情

* 原文载《人民检察》2021 年第 13 期。

** 作者单位：最高人民检察院。

况新问题,《意见》已难以完全适应当前打击治理的需要。

为此，2020 年 1 月，由国务院打击治理电信网络新型违法犯罪工作部际联席会议办公室（以下简称国务院联席办）牵头，最高检第四检察厅会同最高法刑事审判第三庭和公安部刑事侦查局，启动《意见（二）》研究起草工作。其间，多次征求相关部门意见。在认真研究反馈意见、充分吸收近年来各地打击治理经验做法的基础上，“两高一部”进行了多次会商修改，形成了审议稿。最高检第十三届检察委员会第六十七次会议和最高法审判委员会刑事审判专业委员会 2021 年第四次会议分别审议通过了《意见（二）》。2021 年 6 月，“两高一部”会签后共同向社会发布,《意见（二）》正式实施。

二、起草的基本思路和主要考虑

在起草过程中，我们根据当前电信网络诈骗犯罪案件的新特点，聚焦打击治理此类犯罪的新形势，以问题为导向，注重针对性、规范性和实用性。

一是坚持从严打击总体要求。如前所述，电信网络诈骗犯罪已成为严重影响人民群众安全感和社会和谐稳定的“毒瘤”。公安、司法机关必须始终坚持依法从严惩处的基本方针，织密刑事法网，加大打击力度。《意见（二）》突出体现这一方针，将跨境电信网络诈骗犯罪作为“重中之重”严厉惩处。同时，进一步突出强调，对于犯罪集团中的组织者、策划者、指挥者和骨干分子，包括出资人、实际控制人等，以及利用未成年人、在校学生、老年人等特殊群体实施电信网络诈骗犯罪的，依法从严惩处。

二是聚焦全链条打击。近年来，电信网络诈骗犯罪产业化、链条化趋势明显，成为打击治理的难点重点。同时，随着国内打击力度加大，越来越多的犯罪分子组织人员到境外对境内居民从事诈骗，跨境化趋势日益凸显，带来许多跨境取证等方面的问题。因此，在当前形势下，惩治电信网络诈骗犯罪必须牢固树立系统观念，实现上中下游全链条打击、境内境外一体治理，尽最大可能挤压此类犯罪的生存土壤和发展空间,《意见（二）》有针对性地完善相关司法对策，为打击治理提供法律依据。

三是紧贴办案需求。《意见（二）》共 17 条，均是针对新形势下打击治理电信网络诈骗犯罪出现的新情况、新问题，也是聚焦基层司法人员在办案中遇到的突出困难，解决电信网络诈骗犯罪的管辖连接点完善和并案管辖标准，明确涉“两卡”（即手机卡、信用卡）案件中帮助信息网络犯罪活动罪的适用条件以及境外案件办理的实体和程序问题等。《意见（二）》在充分研究基础上，有针对性地提出相应适用法律意见。

四是吸收实践经验。近年来，公安、司法机关积极开展打击治理电信网络新型违法犯罪专项行动（如“断卡”行动[①]等），成功办理了一批重大案件（如“长城行动”[②]等），取得了积极成效。通过上述工作开展，摸索、总结出不少有益的办案制度和经验做法。《意见（二）》充分吸收这些经验做法，提炼上升为制度规范，为一线办案提供法律支撑。

五是汇聚集体智慧。在《意见（二）》起草过程中，最高检第四检察厅会同最高法、公安部相关部门多次集中商议，多次到各地包括边境办案一线调研办案难点和需求，尽可能全面掌握侦查、审查起诉和审判此类案件的第一手情况，在现行法律框架内提出符合司法规律和办案需求的意见。

三、《意见（二）》的主要内容

《意见（二）》主要包括以下6个方面的内容。

（一）完善电信网络诈骗犯罪案件管辖

案件管辖主要体现在第一条和第二条。其中，第一条适当扩张了电信网络诈骗犯罪案件的管辖地，第二条进一步明确了关联案件并案处理的问题。

1.关于第一条。在《意见》的基础上，《意见（二）》从适应网络犯罪发展趋势，有利于侦查、有利于诉讼的角度，对管辖作出了必要补充和完善，将用于电信网络诈骗犯罪的手机卡、信用卡的开立地、转移地、藏匿地等，即时通讯信息的发送地、达到地等，以及硬件设备的销售地、入网地、藏匿地等认定为电信网

① 2020年10月10日，由国务院联席办牵头，最高人民法院、最高人民检察院、公安部、工业和信息化部和中国人民银行五部门共同参与，在全国范围内部署开展“断卡”行动，重点打击、治理、惩戒非法开办贩卖手机卡、信用卡的违法犯罪行为，斩断电信网络诈骗犯罪的信息流和资金链。

② 2016年7月，公安部通过对多起电信网络诈骗犯罪线索的分析研判，启动针对盘踞在西班牙的电信网络诈骗犯罪窝点的专项打击行动——即“长城行动”。同年12月，公安部与最高检通力合作，加强与西班牙警方司法协作，对马德里、阿里坎特等地10余个窝点同时行动，抓获了数百名犯罪嫌疑人，2018年起陆续引渡回国，依法起诉、审判。

络诈骗犯罪地，纳入刑事管辖范围内。

《意见》对电信网络诈骗犯罪案件的管辖已有较为明确的规定，确立了电信网络诈骗犯罪案件管辖的基本框架。但随着网络犯罪的链条化、产业化、跨境化发展，原有规定已不能完全满足司法实践需要。例如，《意见》规定服务器所在地为犯罪行为发生地，但目前电信网络诈骗窝点70%在境外，服务器也基本在境外，且有不少采用云服务器，实际所在地难以确定，原有规定在实践中难以适用。又如，《意见》规定诈骗电话、短信息、电子邮件等的拨打地、发送地、到达地、接受地为犯罪行为发生地，这主要是针对电信诈骗设置的。但是，当前犯罪分子多是通过网络即时通讯工具（如微信、QQ等）进行联系、实施诈骗，并没有拨打电话、发送短消息的行为，难以据此确定管辖。此外，从侦查实践看，当前，不少案件侦破是从实施诈骗犯罪的信息流、资金流、设备流入手，多是通过查获用于违法犯罪活动的手机卡、信用卡等通讯联络、支付结算工具设备，“顺藤摸瓜”进而查获电信网络诈骗犯罪分子。这些工具设备与电信网络诈骗最终实施密切相关，围绕这些工具设备适当扩张管辖连接点，既符合管辖要义，也适应实践需要。

当然，随着管辖连接点的进一步扩大，往往同时有多个地方对电信网络诈骗犯罪拥有管辖权。在征求意见过程中，有的同志提出第一条的规定可能会导致“沾边就管”的情况，产生管辖冲突。对此，我们认为，这是两个不同层面的问题。适当扩大此类犯罪的管辖连接点，主要是从有利于侦查、有利于诉讼角度考虑，并不必然导致上述情况的发生。而对于上述情况，一是在出现管辖权冲突时，仍要严格按照《意见》的相关规定来理解和处理。多个公安机关都有权立案侦查的电信网络诈骗等犯罪案件，由最初受理的公安机关或者主要犯罪地公安机关立案侦查。有争议的，按照有利于查清犯罪事实、有利于诉讼的原则，协商解决。二是检察机关加强对管辖权的实质审查，对案件涉及的连接点细致审查分析，确保法定管辖原则落到实处。三是无论最终由哪个地方管辖，公安、司法机关都要坚守案件质量底线，依法公正处理。

2. 关于第二条。当前，围绕电信网络诈骗犯罪所形成的上下游关联犯罪链条长、环节多，且相互交织。同时，利用同一网站、通讯群组、资金账户、作案窝点实施电信网络诈骗犯罪的情况越来越多。对上述情况进行并案处理，由同一地公安、司法机关进行侦查、起诉和审判，有利于全面查清犯罪事实，方便诉讼活动，提高诉讼效率，实现全链条、全方位、一体化打击。这也符合2012年最高人民法院、最高人民检察院、公安部、国家安全部、司法部、全国人大常委会法制工作委员会《关于实施刑事诉讼法若干问题的规定》中法院、检察机关、公安机关可在职责范围内并案处理情形的相关规定。

起草过程中，有的同志提出，对于利用同一网站、通讯群组、资金账户、作案窝点实施电信网络诈骗犯罪的，即认定为多个犯罪嫌疑人、被告人实施的犯罪存在关联，是否过于宽泛？我们认为，一方面，作此规定符合司法实践。例如，犯罪分子架设非法第四方支付平台，可能为多个诈骗团伙洗钱，资金之间相互交织，并案处理有利于查清案件事实和推进后续诉讼。另一方面，为了避免过于宽泛的理解，造成将并无实际关联或关联度较弱的案件并案，实践中应当作相对限缩的理解。例如，对于“同一网站”，主要理解为专门用于实施违法犯罪或者设立后主要用于犯罪的网站。需要注意的是，该条明确是“可以”并案，并非“应当”并案。法院、检察机关、公安机关根据实际情况，如案件复杂程度、关联程度、诉讼进程、办案力量等情况，综合评判，决定是否并案处理。

（二）明确境外电信网络诈骗案件办理的法律适用问题

这一问题主要体现在第三条、第十四条和第十五条。其中，第三条进一步完善了参加境外诈骗犯罪团伙但犯罪数额难以查证的行为人的刑事责任追究问题；第十四条对境外取证的证据效力相关问题作出规定；第十五条对境外羁押期限折抵刑期问题予以明确。

1. 关于第三条。在原有诈骗罪司法解释和《意见》的基础上，对诈骗罪“其他严重情节”的适用情节，在实行数额标准和数量标准并行的基础上，予以完善。制定该条，有其特殊的背景和意义。当前电信网络诈骗犯罪窝点主要在境外，对这类案件的打击治理存在客观困难：一是诈骗犯罪集团的金主、主犯基本隐藏在幕后，往往难以将其抓获归案。二是受境外法律规定、执法环境等因素影响，境外取证难度较大，很难将诈骗事实、金额与具体的犯罪嫌疑人完全对应。三是当前诈骗犯罪分子多是使用即时通讯工具、社交软件作为通联工具实施诈骗。诈骗过程中既没有拨打电话，也没有发送短信，更无法统计诈骗网站被浏览次数，《意见》第二部分第四条关于构成诈骗罪的相关规定，难以完全适应新形势需要。鉴于上述原因，《意见（二）》第三条在《意见》相关规定的基础上，进一步加以完善，以更加严密打击境外电信网络诈骗犯罪的刑事法网。

在司法实践中，适用第三条需要注意以下四个方面：一是行为人必须参与境外电信网络诈骗犯罪集团或犯罪团伙，实施具体的诈骗犯罪行为，例如发送诈骗信息、拨打诈骗电话、在诈骗群内烘托气氛或者“养号”等，只是诈骗数额难以查证。二是只适用于行为人在境外对境内居民实施的电信网络诈骗犯罪，不适用于在境内实施的诈骗行为。三是犯罪情节须达到一定的严重程度，即一年内出境赴境外诈骗窝点累计时间30日以上，或者多次出境赴境外诈骗窝点的。之所以如此规定，是考虑出境的时间和次数体现了犯罪嫌疑人参与境外团伙的程度，反映了行为人的主观恶性和社会危害程度。之所以规定为30日，主要是从司法实践看，犯罪分子到达犯罪窝点后，还需要经过一段时间的培训。一般而言，经过30日，犯罪分子已经能够较为熟练掌握电信网络诈骗犯罪基本技巧，并实施了相关诈骗行为，具有较大的社会危害性。对于“多次”的理解，至少是3次。四是允许行为人提出反证，即“有证据证明其出境从事正当活动的除外”。

2. 关于第十四条。近年来，跨境电信网络诈骗案件的办理，受司法体制、执法习惯、法律规定等差异的影响，公安机关赴境外取证成本高、难度大，实践中情况也比较复杂。对于这些境外收集、提取的证据材料，如何审查采信，之前缺乏明确的标准，影响案件办理。为此，《意见（二）》参照近年来办理境外电信网络诈骗案件的有益做法，从有利于惩治犯罪、依法推进诉讼的角度考虑，结合我国刑事诉讼法规定的精神要求，明确对于境外移交的证据，如果境外警方未提供相关证据的发现、收集、保管、移交情况等材料的，并非一律否定其证据效力，而是允许公安机关进行补正，对证据来源、移交过程等作出书面证明并加盖公安机关印章，经审核能够证明案件事实的，可以作为证据使用。

3. 关于第十五条。司法实践中，大部分电信网络诈骗犯罪嫌疑人被境外警方抓获后，在正式移交我国之前，往往在境外已被羁押一段时间。境外羁押期限是否予以折抵刑期的问题，之前一直存在争议。在办理“长城行动”系列专案时，为有效解决这一问题，最高检会同最高法、公安部认真研究，参考我国与多个国家签订的司法协助条约，认为境外羁押期间可以折抵刑期。主要考虑：一是体现我国法治的公平正义和人文关怀。如果不予折抵，对于在境外被同时羁押，但因引渡程序持续时间不同而影响宣告刑期的，难以在法理上进行合理解释，对不同被告人也不够公平。二是有利于国际刑事司法合作的开展。我国与多个国家的双边司法协助条约中均设置了此类规定，[①] 在“长城行动”等案件办理中已经得到实践运用，取得了良好的效果。《意见（二）》第十五条将实践做法上升为制度规定，明确对境外司法机关抓获并羁押的电信网络诈骗犯罪嫌疑人，在境内接受审判的，境外的羁押期限可以折抵刑期。

（三）严密对电信网络诈骗上下游关联犯罪的刑事规制

刑事规制主要体现在第四条至第六条，以及第十一条、第十二条。其中，第四条至第六条主要是对上游关联犯罪行为，包括妨害信用卡管理、侵犯公民个人信息和伪造身份证件行为的刑事规制进行规定；第十一条是对下游非法转移资金的关联犯罪行为的刑事规制进行规定；第十二条主要针对先到案的上下游犯罪嫌疑人、被告人能否先行追究刑事责任问题予以明确。

1. 关于第四条。主要明确“单位结算卡”属于刑法规定的“信用卡”。无正当理由持有他人的单位结算卡，符合《刑法》第一百七十七条之一第一款第（二）项规定的，可以妨害信用卡管理罪追究刑事责任。在“断卡”行动中发现，犯罪分子为迅速接收、转移、套现赃款，除了大量收购他人信用卡外，对公账户和单位结算卡由于可信度高、交易额度大的特点，更为犯罪分子所青睐，在黑灰产市场的价格很高。根据中国人民银行《关于规范单位结算卡业务管理的通知》的相关规定，单位结算卡是指由发卡银行向单位客户发行、与单位银行结算账户相关联，主要具备账户查询、转账汇款、现金存取、消费等功能的支付结算工具。从其功能看，符合全国人大常委会《关于〈中华人民共和国刑法〉有关信用卡规定的解释》中对“信用卡”的规定。当然，要构成本罪，还应当符合相关司法解释关于罪量的规定，即无正当理由持有的数量应达到 5 张以上。

2. 关于第五条。该条包含两款内容，第一款主要针对在实施电信网络诈骗犯罪中侵犯公民个人信息的问题，在传统个人信息种类的基础上，将“具有信息发布、即时通讯、支付结算等功能的互联网账号密码、个人生物识别信息”认定属于公民个人信息。主要基于两点考虑：一是 2011 年最高人民法院、最高人民检察

① 比如，《中华人民共和国和西班牙王国关于移管被判刑人的条约》中规定，对于双方移管的被判刑人应当扣除被判刑人在判刑国境内被羁押的时间；《中华人民共和国和西班牙王国关于刑事司法协助的条约》中规定，对于双方移送在押人员以便作证或者协助调查的，被移送人在请求方被羁押的期间，应当折抵在被请求方判处的刑期。

院《关于办理侵犯公民个人信息刑事案件适用法律若干问题的解释》第一条将传统的“账号密码”列为公民个人信息。但随着网络经济的发展，电信网络诈骗案件中被告人主要利用微信、QQ、支付宝等具有信息发布、即时通讯和支付结算功能的软件工具实施犯罪。对于这些互联网账号密码进行批量注册、贩卖，已成为支撑电信网络诈骗犯罪的黑灰产链条上的重要一环。为此，《意见（二）》将非法获取、出售、提供具有上述功能的互联网账号密码的行为，明确列入侵犯公民个人信息的违法犯罪范围。二是随着信息技术的深入运用，人脸、虹膜、声纹等生物识别信息日益用于网络软件的注册、登录、支付，发挥着与传统的账号密码相同的功能作用。2017 年施行的《网络安全法》第七十六条第（五）项也将个人生物识别信息列入个人信息范围。从实践情况看，非法获取人脸信息等生物识别信息的情形呈现日益增长态势，危害十分严重，人民群众反映强烈。考虑到司法实践发展和需要，并与网络安全法相关规定保持衔接，《意见（二）》明确对于非法获取、出售、提供上述生物识别信息，符合《刑法》第二百五十三条之一规定的，以侵犯公民个人信息罪追究刑事责任。

第二款规定参照 2017 年最高人民法院、最高人民检察院《关于办理侵犯公民个人信息刑事案件适用法律若干问题的解释》第十一条第三款之规定，对批量互联网账号密码、个人生物识别信息的条数，根据查获的数量直接认定，但有证据证明信息不真实或者重复的除外。这里的“除外”是指对于信息不真实或者重复的，应予扣除，不计入信息总条数。

3. 关于第六条。随着网络技术的发展，传统犯罪日益向网络迁移发展，身份证的使用场景也发生了很大变化。随着网络实名制要求的落实和网上申办渠道的开通发展，身份证件网上认证已成为必要环节，个别不法分子为规避实名制管理，通过“深度伪造”技术，以“使用他人真实的姓名、身份证号码等身份证件信息，同时替换他人身份证件相片”的形式通过网上实名验证。此种行为虽未伪造出实体身份证件，但能通过网上认证，已实际具备了实体身份证件的功能，严重妨害了国家对身份证件的管理秩序，符合伪造身份证件罪的构成要件，可以该罪定罪处罚。关于适用该条的入罪门槛把握，目前司法解释关于《刑法》第二百八十条的适用，仅就伪造、变造、买卖机动车行驶证、登记证书的情形规定了 3 本的入罪标准，并没有就伪造其他身份证件行为设定入罪标准。参照最高检法律政策研究室 2016 年《关于〈关于伪造机动车登记证书如何适用法律的请示〉的答复意见》，检察机关在办案中应当根据案件的具体情况处理，注意把握行政处罚与刑事处罚的衔接，注意把握行为的社会危害性。

4. 关于第十一条。该条对与电信网络诈骗犯罪相关的掩饰、隐瞒犯罪所得、犯罪所得收益行为方式作了补充。为有效打击为电信网络诈骗转账、套现、取现等犯罪行为，《意见（二）》在《意见》基础上增加了当前三种常见的方式。即（1）多次使用或者使用多个非本人身份证明开设的收款码、网络支付接口等，帮助他人转账、套现、取现的；（2）以明显异于市场的价格，通过电商平台预付卡、虚拟货币、手机充值卡、游戏点卡、游戏装备等转换财物、套现的；（3）协助转换或者转移财物，收取明显高于市场的“手续费”的。这些行为的共同特征在于其异常性，明显区别于普通的转账行为和正常的市场交易行为，综合案件情况，可以认定构成掩饰、隐瞒犯罪所得、犯罪所得收益罪，但同时允许被告人提出反证。

5. 关于第十二条。主要针对电信网络诈骗犯罪实行犯未到案的情况下，先到案的其他上下游犯罪嫌疑人、被告人刑事责任追究的问题。对此，相关司法文件已有类似规定，[①] 但分散在不同的文件中。《意见（二）》结合打击电信网络诈骗犯罪和“断卡”行动司法实践，对相关内容进一步整合。设置本条规定，主要是基于随着犯罪链条的增长以及诈骗窝点大量转移到国外，要及时、一并查获电信网络诈骗犯罪团伙及上下游关联犯罪的难度很大。实践中，公安机关往往会通过侦查诈骗犯罪的信息流和资金链，先行抓获提供技术支持、广告推广、支付结算等帮助，或者窝藏、转移、收购、代为销售及以其他方法掩饰、隐瞒电信网络诈骗犯罪所得及其产生的收益的犯罪嫌疑人。对此，即使电信网络诈骗犯罪分子未能到案，但诈骗犯罪行为可以确认的，就可以先行追究先到案行为人刑事责任。这里的“诈骗犯罪行为可以确认”是指，有证据证实被帮助的对象行为已经符合电信网络诈骗相关犯罪构成要件，达到了犯罪程度。

---

① 例如，最高人民法院《关于审理掩饰、隐瞒犯罪所得、犯罪所得收益刑事案件适用法律若干问题的解释》第八条规定，认定掩饰、隐瞒犯罪所得、犯罪所得收益罪，以上游犯罪事实成立为前提。上游犯罪尚未依法裁判，但查证属实的，不影响掩饰、隐瞒犯罪所得、犯罪所得收益罪的认定。又如，最高人民法院、最高人民检察院《关于办理非法利用信息网络、帮助信息网络犯罪活动等刑事案件适用法律若干问题的解释》第十三条规定，被帮助对象实施的犯罪行为可以确认，但尚未到案、尚未依法裁判或者因未达到刑事责任年龄等原因依法未予追究刑事责任的，不影响帮助信息网络犯罪活动罪的认定。

（四）进一步明确涉“两卡”案件适用帮助信息网络犯罪活动罪的相关标准

相关标准主要体现在第七条至第十条。主要是基于“断卡”行动以来，公安、司法机关在打击涉“两卡”犯罪中适用帮助信息网络犯罪活动罪的司法实践做法，作了相应的梳理总结。其中，第七条明确非法交易“两卡”行为可以认定为帮助信息网络犯罪活动罪中的“帮助”行为；第八条、第九条结合“断卡”行动实践，进一步完善帮助信息网络犯罪活动罪“主观明知”和“情节严重”认定问题；第十条主要针对不法电信网络经销商为电信网络诈骗犯罪提供帮助行为认定的问题。

1. 关于第七条。该条明确，为他人利用信息网络实施犯罪而具有下列行为，可以认定为《刑法》第二百八十七条之二规定的“帮助”行为：一是收购、出售、出租信用卡、银行账户、非银行支付账户、具有支付结算功能的互联网账号密码、网络支付接口、网上银行数字证书的；二是收购、出售、出租他人手机卡、流量卡、物联网卡的。当前，随着电信网络诈骗犯罪链条化、产业化趋势日益凸显，非法交易的“两卡”被大量用于电信网络诈骗犯罪，发挥着基础设施作用，打击治理涉“两卡”违法犯罪势在必行。为此，2020 年 10 月，国务院联席办部署开展“断卡”行动，集中打击非法交易“两卡”的行为。《意见（二）》在总结“断卡”行动经验做法基础上，将非法交易“两卡”相关行为认定为帮助信息网络犯罪活动罪中的“帮助”行为，予以刑事打击。

需要注意的是，本条对于信用卡、手机卡交易行为作了相应区分。其中，对于信用卡，指向收购、出售、出租本人和他人的信用卡，具体包括信用卡、资金账户、具有支付结算功能的互联网用户账号密码、网络支付接口、网上银行数字证书等；对于手机卡，指向收购、出售、出租他人的电话卡，具体包括手机卡、物联网卡、流量卡等，未将出售自己手机卡的行为纳入犯罪圈。

之所以作出上述区分，主要考虑：一是从地位作用看，信用卡和电话卡都是电信网络诈骗犯罪中的常用工具，但实践中，信用卡多被直接用于转移诈骗资金，此时诈骗行为往往已经既遂，直接危及被害人财产安全。因此，使用非法交易的信用卡与诈骗犯罪的关联度更为紧密，社会危害性更大。而使用非法交易的手机卡，多是用于拨打诈骗电话、发送诈骗短信或是通过即时通讯软件聊天“引流”等，往往是诈骗的预备或者实行行为，是否诈骗成功还有一定的不确定性，相较于信用卡，对合法财产侵害的紧迫程度相对较弱。二是从开办数量看，目前我国基础通讯运营商主要有三家（即移动、电信、联通），每个人能开办的电话卡为每家运营商 5 张，合计最多 15 张。而能开办信用卡的金融机构数量众多，个人能开办的信用卡数量较大。相较于信用卡，对手机卡更易于从源头加强行政管控。《意见（二）》作此规定，既符合刑法谦抑性要求，也给行政执法、信用惩戒预留必要空间。三是与“断卡”行动要求相契合。根据“断卡”行动方案要求，明确非法交易手机卡，主要是打击收购、贩卖团伙，而不是非法出售个人手机卡的个人。

2. 关于第八条。帮助信息网络犯罪活动罪主观明知认定一直是司法实践的难点问题。《意见（二）》对于主观明知认定，一方面，进一步明确要坚持主客观综合认定的思路。要结合出售、出租“两卡”的次数、张数、个数，以及行为人的认知能力、既往经历、交易对象、与信息网络犯罪行为人的关系、提供技术支持或者帮助的时间和方式、获利情况以及行为人的供述等主客观因素，予以综合认定。对于主观明知认定，司法实践中既要防止简单主观归罪，片面倚重犯罪嫌疑人的供述认定明知；也要防止简单客观归罪，仅仅以犯罪嫌疑人出售“两卡”行为直接认定明知。《意见（二）》对此提出总体性要求，进一步明确认定主观明知的标准要求，实践中要根据具体案件情况全面综合把握。

另一方面，在总结司法实践经验基础上，增加了两种可以依法认定为主观明知的具体情形。2019 年最高人民法院、最高人民检察院《关于办理非法利用信息网络、帮助信息网络犯罪活动等刑事案件适用法律若干问题的解释》（以下简称《解释》）第十一条规定了 6 种具体认定主观明知的情形。但随着实践的发展，根据“断卡”行动情况，结合案例综合分析，对于两种相对明确可以认定明知的情形予以规定，即收购、出售、出租单位银行结算账户、非银行支付机构单位支付账户的，以及电信、银行、网络支付等行业从业人员利用履行职责或提供服务便利，非法开办并出售、出租他人手机卡、信用卡、银行账户、非银行支付账户等的，可以认定为《解释》第十一条第（七）项规定的“其他足以认定行为人明知的情形”。

之所以规定这两种情形，主要考虑：一是相较于个人信用卡，单位支付结算账户开办门槛高、交易额度高，因此金融监管机关对于申请开立的用户有着更高的要求和约束。[①] 特别是随着“断卡”行动逐步深入，相关部门进一步加强对申办这类账户的监管和警示提醒。不得随意出租、转借和买卖单位支付结算账户，应当成为申办用户需要遵守的基本要求。从当前司法实践看，非法交易的单位支付结算账户，多是被用于实施电信网络诈骗等违法犯罪行为。甚至一些违法犯罪个人、团伙，专门注册空壳公司、开设单位支付结算账户出租、出售，社会危害很大。综合以上因素，本条规定对于收购、出售、出租单位支付结算账户的行为，可以认定具有帮助信息网络犯罪活动罪的主观明知。二是银行、电信、网络支付等行业从业人员利用履行职责或提供服务便利，从事非法交易“两卡”的行为，突破、规避了行业内部风险防控和监管制度，不仅为诈骗犯罪提供了极大便利，还往往涉及侵犯公民个人信息等犯罪。对这些行业从业人员的要求要高于一般社会公众，对其实施的非法交易“两卡”行为，结合所从事的职业特点及行业监管规定，可以认定行为人主观上明知他人利用信息网络实施犯罪而提供帮助。

3. 关于第九条。《解释》第十二条规定了认定帮助信息网络犯罪活动罪“情节严重”的6种具体情形，但在办理涉“两卡”案件中，对于这6种情形的标准把握不尽相同，且对交易“两卡”数量较大的行为，现有规定难以涵盖。因此，为了更好地解决实践中认定标准不一问题，对于非法交易“两卡”数量较大的，规定了两种情形，符合其中之一的，可以认定为第十二条第一款第（七）项规定的“其他情节严重的情形”：（1）收购、出售、出租信用卡、银行账户、非银行支付账户、具有支付结算功能的互联网账号密码、网络支付接口、网上银行数字证书5张（个）以上的；（2）收购、出售、出租他人手机卡、流量卡、物联网卡20张以上的。

之所以分别规定信用卡5张和手机卡20张的数量标准，主要考虑：一是与《解释》相协调。《解释》第十二条第（四）项规定“违法所得一万元以上的”属于情节严重。结合当前黑灰产市场上“两卡”交易基本价格，《意见（二）》对非

---

① 中国人民银行《关于规范单位结算卡业务管理的通知》规定，发卡银行应严格执行反洗钱规定，加强对单位客户身份资料信息的维护管理，以及大额、可疑交易监测和信息报送。对发现单位客户非实名开卡、持卡人违规用卡，出租、转借和买卖单位结算卡，以单位结算卡进行洗钱、套现等情形的，发卡银行应停止为其办理单位结算卡业务并注销卡片。中国人民银行《银行卡业务管理办法》第二十八条第一款规定：“个人申领银行卡（储值卡除外），应当向发卡银行提供公安部门规定的有效身份证件，经发卡银行审查合格后，为其开立记名帐户。”

法交易信用卡、电话卡的数量分别作了5张、20张的数量要求，与“违法所得一万元以上”保持大体平衡。二是与妨害信用卡管理罪司法解释相协调。根据最高法、最高检《关于办理妨害信用卡管理刑事案件具体应用法律若干问题的解释》第二条之规定，非法持有他人信用卡5张以上不满50张的，应当认定为刑法第一百七十七条之一第一款第二项规定的“数量较大”。因此，对于非法出售5张信用卡的行为，收购人自然属于非法持有他人信用卡“数量较大”，可能构成妨害信用卡管理罪。与之相衔接，对于非法出售信用卡行为人的入罪数量标准也应当以5张为宜。三是与现有的开办卡管理规定相适应。根据现有开办手机卡的规定，单个人最多能办理15张手机卡（即一家运营商开办5张卡），因此如果行为人交易20张手机卡，则基本可认定为职业贩卡人。这既属于当前“断卡”行动打击的重点对象，也与《意见（二）》第七条第（二）项规定的“帮助”行为相对应。四是出租、出售“两卡”的数量在一定程度上反映犯罪情节和危害。从打击治理电信网络诈骗犯罪的实践看，“两卡”多以“四件套”“八件套”[①]的形式成套出售，且大量被用于实施电信网络诈骗和网络赌博等违法犯罪活动，基本没有合法用途，社会危害严重。结合主观因素和客观实践，出租、出售“两卡”的数量在一定程度上反映出行为人帮助他人实施信息网络犯罪的社会危害性。

需要注意的是，一方面，本条主要是设置了帮助信息网络犯罪活动罪情节严重的两种认定情形。实践中，行为人非法交易“两卡”的行为是否构成帮助信息网络犯罪活动罪，不能仅以行为人出租、出售信用卡5张、手机卡20张就直接认定，仍要按照“主观明知+情节严重”的判断思路，结合各方面因素综合认定。同时，要求查实被帮助对象达到信息网络犯罪的程度。例如，非法收购、出租、出售信用卡被用于实施电信网络诈骗的，是否构成帮助信息网络犯罪活动罪，除了要认定非法收购、出租、出售信用卡5张外，还需要查实通过上述信用卡支付结算涉嫌诈骗金额达到犯罪的程度，即3000元以上。另一方面，本条在《解释》第十二条第一款的基础上，增设了两种情节严重的具体认定情形，第十二条规定的6种情形仍然适用，实践中需要根据具体案情综合准确适用。

---

① “四件套”“八件套”是实践中一种约定俗成的称谓，并没有十分严格的定义。一般而言，“四件套”是指：银行卡、U盾、手机卡和身份证。“八件套”是指：对公账户、单位结算卡、U盾、法定代表人身份证、公司营业执照、公司公章、法定代表人印章、对公开户许可证。

4. 关于第十条。实践中，诈骗分子利用电商平台预付卡、虚拟货币、手机充值卡、游戏点卡、游戏装备等转移赃款的情况较为常见。从办案实践看，侦查人员往往通过调查经销商入手追溯诈骗行为，有的经销商以正常经营活动为由，既不配合调查也不终止交易，严重影响案件的办理。为此，对于已被公安机关明确告知交易对象涉嫌电信网络诈骗犯罪，经销商仍与其继续交易，符合帮助信息网络犯罪活动罪构成要件的，可以此罪追究刑事责任。制定过程中，有意见提出对于此种情况也可能构成诈骗犯罪共犯、拒不履行信息网络安全管理义务罪等。考虑到实践中情况较为复杂，故增加规定“同时构成其他犯罪的，依照处罚较重的规定定罪处罚”，以适应具体办案实践，体现规定周延性。

（五）进一步明确宽严相济刑事政策

当前，电信网络诈骗犯罪呈现明显的集团化、团伙化、链条化的特点，往往涉案人员较多，各层级、各环节人员皆有，且地位作用、具体行为、危害程度、获利数额、认罪态度等各不相同，需要更加注重刑事政策的运用，确保罪责刑相适应，实现打击治理“三个效果”的统一。《意见（二）》设置专条（即第十六条）分列三款对在电信网络诈骗犯罪案件办理中如何准确适用刑事政策作了细化明确。主要包括以下三个方面内容：

一是落实宽严相济总体要求。这一要求适用于案件侦查、审查起诉和审判各个环节。公安、司法机关在办理此类案件中，要注意全面收集证明犯罪嫌疑人有罪、罪重和无罪、罪轻证据，依法准确认定案件事实。要重视收集审查证明诈骗犯罪集团、犯罪团伙组织架构、内部分工、利益分配等方面的证据，明确各犯罪嫌疑人的层级地位、具体行为和作用大小。要结合犯罪嫌疑人、被告人的认罪态度、悔罪表现、退赃退赔等情况，准确认定刑事责任，依法定罪量刑，做到罪责刑相适应。

二是突出重点从严打击。对于犯罪集团中的组织者、策划者、指挥者和骨干分子，包括出资人、实际控制人等，依法从严惩处。针对司法实践中，一些犯罪团伙利用未成年人、在校学生、老年人、残疾人等特殊群体实施电信网络诈骗犯罪活动，社会危害更大，也应当依法从严惩处。对于上述人员，结合案件具体情况综合认定犯罪嫌疑人具有社会危险性，该羁押就要予以羁押，一般应提出从重的量刑建议，并严格控制适用缓刑的范围。

三是区分对象从宽处理。准确区分电信网络诈骗犯罪集团、犯罪团伙中的主从犯，对于经应聘入职仅领取少量工作报酬、按照工作指令仅从事辅助性、劳务性工作，参与时间较短、诈骗数额较少、发挥作用较小的从犯，以及初犯、偶犯等，依法从宽处理。对于犯罪嫌疑人中的未成年人、在校学生等，坚持以教育、挽救、惩戒、警示为主，根据其犯罪情节、认罪认罚、退赃退赔、一贯表现等情况，更好教育帮助其认识错误、悔过自新、投入正常学习生活。

（六）其他规定

1. 第十三条主要针对公安机关通过信息化系统异地调取证据的采信问题。电信网络诈骗犯罪跨域性特征明显，之前多是采取异地协作调取、协作地公安机关盖章后邮寄的方式，耗时长、效率低，不适应现实办案需要。近年来，公安机关加大侦查信息化建设，特别是“公安部电信诈骗案件侦办平台”建立后，能够有效确保调取材料的真实性、客观性，在提高办案效率方面发挥了积极作用。为此，参考 2011 年“两高一部”《关于办理流动性团伙性跨区域性犯罪案件有关问题的意见》第六条关于调取犯罪嫌疑人、被告人户籍证明的相关规定，对于公安机关通过信息化系统调取证据材料的证据能力及调取程序规范问题作了相应规定。《意见（二）》明确，调取时不得少于两名侦查人员，并应记载调取的时间、使用的信息化系统名称等相关信息，调取人签名并加盖办案地公安机关印章。同时，规定了司法机关的审核责任，只有经审核证明真实的，才能作为证据使用。

2. 第十七条主要是对涉案财物的追缴和返还提出要求。追赃挽损问题，人民群众十分关注。特别是当前网络犯罪黑灰产业链日益成熟发展，电信网络诈骗资金进入涉案账户后，迅速被分散、转移、取款，甚至转移到境外，追赃挽损难度很大。为此，《意见（二）》第十七条规定，突出强调在办理此类案件时，公安机关、检察机关和法院要坚持把司法办案和追赃挽损紧密结合起来，加大工作力度，及时查封、扣押、冻结和追缴涉案财物及其孳息，并及时返还被害人；如不足以全额返还的，应当按照被害人被骗金额的比例返还，以更好落实以人民为中心的要求。

《关于办理非法利用信息网络、帮助信息网络犯罪活动等刑事案件适用法律若干问题的解释》的理解与适用*

周加海 喻海松**

日前，最高人民法院、最高人民检察院联合发布《关于办理非法利用信息网络、帮助信息网络犯罪活动等刑事案件适用法律若干问题的解释》（法释〔2019〕15号，以下简称《解释》），自2019年11月1日起施行。为便于在司法实践中正确理解与适用，现就《解释》的制定背景、起草中的主要考虑和主要内容介绍如下。

一、《解释》的制定背景与经过

近年来，网络犯罪呈上升趋势，各种传统犯罪日益向互联网迁移，网络犯罪呈高发多发态势，严重危害国家安全、社会秩序和人民群众合法权益。为进一步严惩网络犯罪，维护正常网络秩序，2015年11月1日起施行的《刑法修正案（九）》增设了《刑法》第二百八十六条之一和第二百八十七条之一、之二，规定了拒不履行信息网络安全管理义务罪，非法利用信息网络罪和帮助信息网络犯罪活动罪。《刑法修正案（九）》施行以来，各级公检法机关依据修改后的刑法规定，严肃惩处相关网络犯罪。截至2019年9月，全国法院共审理相关网络犯罪案件260件，判决473人。其中，非法利用信息网络刑事案件159件、223人，帮助信息网络犯罪活动刑事案件98件、247人。

依法严惩网络犯罪，切实维护网络安全，对于维护国家安全、社会秩序和人民群众合法权益，发挥了重要作用。但是，在查办案件过程中，有意见反映，《刑法修正案（九）》新增相关网络犯罪的定罪量刑标准较为原则，不易把握；另有一

---

* 原文载《人民司法（应用）》2019年第31期。

** 作者单位：最高人民法院。

些法律适用问题存在认识分歧，影响了案件办理。鉴此，为保障法律正确、统一适用，依法严厉惩治、有效防范网络犯罪，最高人民法院会同最高人民检察院，在公安部等部门的大力支持下，经深入调查研究、广泛征求意见、反复论证完善，起草了《解释》。2019 年 6 月 3 日最高人民法院审判委员会第 1771 次会议、2019 年 9 月 4 日最高人民检察院第十三届检察委员会第二十三次会议审议通过了《解释》。

二、《解释》起草中的主要考虑

为确保《解释》的内容科学合理，能够适应形势发展、满足实践需要，在起草过程中，我们着重注意把握了以下几点：

第一，贯彻刑法修改精神，依法严惩网络犯罪。网络犯罪不仅严重侵害公民的人身安全和财产安全，而且严重影响社会秩序甚至国家安全，依法有效惩治网络犯罪已经成为当前及未来一段时期的重要任务。基于当前网络犯罪的态势，根据修法精神，《解释》相关条文彰显了对网络犯罪的严惩立场：设置较低的入罪门槛，以适当减小取证工作难度，对网络犯罪“打早打小”；规制为网络犯罪提供技术支持和其他帮助的行为，对网络犯罪全链条惩治；在自由刑的基础上进一步加大职业禁止、禁止令和财产刑的适用力度，防止相关犯罪分子重操旧业。

第二，坚持问题导向，有效解决司法实务问题。从调研情况来看，拒不履行信息网络安全管理义务罪、非法利用信息网络罪、帮助信息网络犯罪活动罪的定罪量刑标准尚不明确，网络服务提供者的范围、经政府有关部门责令采取改正措施而拒不改正的认定、非法利用信息网络罪中“违法犯罪”与帮助信息网络犯罪活动罪中“犯罪”的把握等法律适用问题存在较大争议，亟须通过司法解释加以明确。《解释》相关条文根据司法实践具体情况，全面解决办案实际中的难题，切实提升打击实效。

第三，坚持安全与发展并重，兼顾网络安全和网络服务业发展的需要。网络服务提供者依法切实履行信息网络安全管理义务，是维护网络安全的前提和基础。《解释》明确了拒不履行信息网络安全管理义务罪的入罪标准，以充分发挥刑法的威慑和教育功能，促进网络服务提供者认真履行防止违法信息传播、保护用户信息安全、留存刑事案件证据等义务，切实维护网络安全。同时，《解释》坚持实事求是和刑法谦抑原则，以确保相关刑事责任的追究依法、妥当、合理，确保网络服务业的健康、有序发展。

三、《解释》的主要内容

《解释》依照刑法、刑事诉讼法的规定，对拒不履行信息网络安全管理义务罪、非法利用信息网络罪、帮助信息网络犯罪活动罪的定罪量刑标准和相关法律适用问题作了较为全面、系统的规定，共十九个条文，大致可以归纳为如下8个方面的问题：

（一）拒不履行信息网络安全管理义务罪的主体范围

根据《刑法》第二百八十六条之一的规定，拒不履行信息网络安全管理义务罪的主体是网络服务提供者。因此，明确网络服务提供者的范围，是确保拒不履行信息网络安全管理义务罪准确适用的前提和基础。《网络安全法》第七十六条第（一）项规定："网络，是指由计算机或者其他信息终端及相关设备组成的按照一定的规则和程序对信息进行收集、存储、传输、交换、处理的系统。"第（三）项规定："网络运营者，是指网络的所有者、管理者和网络服务提供者。"可见，"网络"与"信息系统"含义相同，包括联入公共通信网的系统和未联入公共通信网的系统，涵括对外提供服务的系统和不对外提供服务而自用的系统。而刑法第二百八十六条之一使用了"网络服务提供者"，自然不能包括网络安全法规定的网络运营者的所有情形。经研究认为，网络服务提供者包括提供互联网服务的网络运营者，也包括虽然提供内部网络服务、但涉及公共服务的网络运营者。基于此，《解释》第一条规定，提供下列服务的单位和个人，应当认定为《刑法》第二百八十六条之一第一款规定的网络服务提供者：（1）网络接入、域名注册解析等信息网络接入、计算、存储、传输服务；（2）信息发布、搜索引擎、即时通讯、网络支付、网络预约、网络购物、网络游戏、网络直播、网站建设、安全防护、广告推广、应用商店等信息网络应用服务；（3）利用信息网络提供的电子政务、通信、能源、交通、水利、金融、教育、医疗等公共服务。

（二）拒不履行信息网络安全管理义务罪的前提要件

根据《刑法》第二百八十六条之一的规定，构成拒不履行信息网络安全管理义务罪，以"经政府有关部门责令采取改正措施而拒不改正"作为前提要件。根据司法实践情况，为统一司法适用，《解释》第二条对“经政府有关部门责令采取改正措施而拒不改正”的认定作了明确。

1.“监管部门责令采取改正措施”的涵义。网络安全法第八条第一款规定：“国家网信部门负责统筹协调网络安全工作和相关监督管理工作。国务院电信主管部门、公安部门和其他有关机关依照本法和有关法律、行政法规的规定，在各自职责范围内负责网络安全保护和监督管理工作。”据此，《解释》第二条第一款规定：“刑法第二百八十六条之一第一款规定的‘监管部门责令采取改正措施’，是指网信、电信、公安等依照法律、行政法规的规定承担信息网络安全监管职责的部门，以责令整改通知书或者其他文书形式，责令网络服务提供者采取改正措施。”

2.“经监管部门责令采取改正措施而拒不改正”的认定。根据司法实践反映的问题，基于拒不履行信息网络安全管理义务罪系不作为犯的属性，《解释》第二条第二款进一步规定：“认定‘经监管部门责令采取改正措施而拒不改正’，应当综合考虑监管部门责令改正是否具有法律、行政法规依据，改正措施及期限要求是否明确、合理，网络服务提供者是否具有按照要求采取改止措施的能力等因素进行判断。”

（三）拒不履行信息网络安全管理义务罪的入罪标准

《刑法》第二百八十六条之一第一款第（一）项至第（三）项列举了拒不履行信息网络安全管理义务，致使违法信息大量传播、致使用户信息泄露以及致使刑事案件证据灭失的入罪情形，并设置了兜底项“有其他严重情节的”。为统一司法适用，《解释》根据拒不履行信息网络安全管理义务罪的不同情形，对其入罪标准作了明确。

1.致使违法信息大量传播。根据司法实践的情况，《解释》第三条主要从违法信息数量、传播范围等方面明确了“致使违法信息大量传播”的认定标准：根据违法信息的类型不同，第（一）项至第（三）项区分违法视频文件和其他违法信息设置不同标准；根据传播方式的不同，以传播用户账号数、通讯群组和社交网络账号数以及实际被点击数设置不同标准。具体而言，拒不履行信息网络安全管理义务，具有下列情形之一的，应当认定为《刑法》第二百八十六条之一第一款第（一）项规定的致使违法信息大量传播：（1）致使传播违法视频文件200个以上的；（2）致使传播违法视频文件以外的其他违法信息2000个以上的；（3）致使传播违法信息，数量虽未达到前述规定标准，但是按相应比例折算合计达到有关数量标准的；（4）致使向 2000 个以上用户账号传播违法信息的；（5）致使利用群组成员账号数累计 3000 以上的通讯群组或者关注人员账号数累计 3 万以上的社交网络传播违法信息的；（6）致使违法信息实际被点击数达到 5 万以上的；（7）其他致使违法信息大量传播的情形。

2. 致使用户信息泄露，造成严重后果。根据司法实践情况，《解释》第 4 条主要从泄露的用户信息数量、后果严重程度等方面明确了“致使用户信息泄露，造成严重后果”的认定标准。其中，与侵犯公民个人信息罪的入罪标准相协调，区分高度敏感信息、敏感信息、一般信息设置不同标准。具体而言，拒不履行信息网络安全管理义务，致使用户信息泄露，具有下列情形之一的，应当认定为《刑法》第二百八十六条之一第一款第（二）项规定的造成严重后果：（1）致使泄露行踪轨迹信息、通信内容、征信信息、财产信息 500 条以上的；（2）致使泄露住宿信息、通信记录、健康生理信息、交易信息等其他可能影响人身、财产安全的用户信息 5000 条以上的；（3）致使泄露一般用户信息 5 万条以上的；（4）数量虽未达到前述规定标准，但是按相应比例折算合计达到有关数量标准的；（5）造成他人死亡、重伤、精神失常或者被绑架等严重后果的；（6）造成重大经济损失的；（7）严重扰乱社会秩序的；（8）造成其他严重后果的。

3. 致使刑事案件证据灭失，情节严重。根据司法实践的情况，《解释》第五条主要从相关证据所涉案件重要程度、造成证据灭失的次数、对刑事诉讼程序的影响等方面明确了“致使刑事案件证据灭失，情节严重”的认定标准。具体而言，拒不履行信息网络安全管理义务，致使影响定罪量刑的刑事案件证据灭失，具有下列情形之一的，应当认定为《刑法》第二百八十六条之一第一款第（三）项规定的情节严重：（1）造成危害国家安全犯罪、恐怖活动犯罪、黑社会性质组织犯罪、贪污贿赂犯罪案件的证据灭失的；（2）造成可能判处 5 年有期徒刑以上刑罚犯罪案件的证据灭失的；（3）多次造成刑事案件证据灭失的；（4）致使刑事诉讼程序受到严重影响的；（5）其他情节严重的情形。

4. 有其他严重情节。根据司法实践的情况，《解释》第六条主要从拒不履行信息网络安全管理义务的重要程度、前科情况、造成后果等方面对“有其他严重情节”作了明确。具体而言，拒不履行信息网络安全管理义务，具有下列情形之一的，应当认定为《刑法》第二百八十六条之一第一款第（四）项规定的有其他严重情节：（1）对绝大多数用户日志未留存或者未落实真实身份信息认证义务的；

（2）2年内经多次责令改正拒不改正的；（3）致使信息网络服务被主要用于违法犯罪的；（4）致使信息网络服务、网络设施被用于实施网络攻击，严重影响生产、生活的；（5）致使信息网络服务被用于实施危害国家安全犯罪、恐怖活动犯罪、黑社会性质组织犯罪、贪污贿赂犯罪或者其他重大犯罪的；（6）致使国家机关或者通信、能源、交通、水利、金融、教育、医疗等领域提供公共服务的信息网络受到破坏，严重影响生产、生活的；（7）其他严重违反信息网络安全管理义务的情形。

（四）非法利用信息网络罪的客观行为方式

《刑法》第二百八十七条之一多处涉及“违法犯罪”的表述，包括“用于实施诈骗、传授犯罪方法、制作或者销售违禁物品、管制物品等违法犯罪活动的网站、通讯群组”“有关制作或者销售毒品、枪支、淫秽物品等违禁物品、管制物品或者其他违法犯罪信息”“为实施诈骗等违法犯罪活动”等。经研究，《解释》第七条规定：“刑法第二百八十七条之一规定的‘违法犯罪’，包括犯罪行为和属于刑法分则规定的行为类型但尚未构成犯罪的违法行为。”据此，一方面，对《刑法》第二百八十七条之一规定中的“等”，应当做等外的理解，即不只限于该条所明确列举的类型，也包括其他违法犯罪。另一方面，对于刑法未规定、仅在治安管理处罚法或者其他法律法规规定的行政违法行为，即使利用信息网络实施，也不应当构成非法利用信息网络罪。例如，对于买卖驾照计分的行为，目前无法直接追究刑事责任；对于此类行为，即使通过互联网、通信群组发布相关信息的，也不构成非法利用信息网络罪。

《解释》明确了《刑法》第二百八十七条之一第一款第（一）项规定的“用于实施诈骗、传授犯罪方法、制作或者销售违禁物品、管制物品等违法犯罪活动的网站、通讯群组”的认定规则。为区别于用于正常活动的网站、通讯群组，《解释》第八条从网站、群组的设立目的与设立后主要从事的活动两个方面予以明确，规定：“以实施违法犯罪活动为目的而设立或者设立后主要用于实施违法犯罪活动的网站、通讯群组，应当认定为刑法第二百八十七条之一第一款第（一）项规定的‘用于实施诈骗、传授犯罪方法、制作或者销售违禁物品、管制物品等违法犯罪活动的网站、通讯群组’。”

《解释》明确了《刑法》第二百八十七条之一第一款第（二）项、第（三）项规定的发布信息的涵义。实践中，有些行为人为逃避打击，不直接发布信息，而是发布信息的链接地址、截屏，或者将包含信息的文件放到网盘等存储空间后发布访问账号、密码。如在某案中，行为人将大量淫秽视频存入网盘后，在网上发布网盘账号、密码。经研究认为，此种情形与直接发布信息并无差异，应当认定为发布信息。基于此，《解释》第九条规定："利用信息网络提供信息的链接、截屏、二维码、访问账号密码及其他指引访问服务的，应当认定为刑法第二百八十七条之一第一款第（二）项、第（三）项规定的'发布信息'。"

（五）非法利用信息网络罪的入罪标准

根据《刑法》第二百八十七条之一第一款的规定，非法利用信息网络以情节严重作为入罪要件。根据司法实践的具体情况，《解释》第十条主要从设立网站、通讯群组、发布信息的数量，违法所得数额，前科情况等方面明确了情节严重的认定标准。具体而言，非法利用信息网络，具有下列情形之一的，应当认定为《刑法》第二百八十七条之一第一款规定的情节严重：（1）假冒国家机关、金融机构名义，设立用于实施违法犯罪活动的网站的。实践中，不少从事诈骗活动的犯罪分子会假冒国家机关或者金融机构名义设立用于实施违法犯罪活动的网站，如针对工商银行（icbc.com.cn）制作钓鱼网站，犯罪分子将网站内容托管到服务器后申请诸如 lcbc.com、lcbc.cn、icdc.cn 等近似于工商银行域名的虚假域名指向网站后台。基于此，《解释》将此种情形规定为情节严重。（2）设立用于实施违法犯罪活动的网站，数量达到 3 个以上或者注册账号数累计达到 2000 以上的。（3）设立用于实施违法犯罪活动的通讯群组，数量达到 5 个以上或者群组成员账号数累计达到 1000 以上的。（4）发布有关违法犯罪的信息或者为实施违法犯罪活动发布信息，具有下列情形之一的：①在网站上发布有关信息 100 条以上的；②向 2000 个以上用户账号发送有关信息的；③向群组成员数累计达到 3000 以上的通讯群组发送有关信息的；④利用关注人员账号数累计达到 3 万以上的社交网络传播有关信息的。（5）违法所得 1 万元以上的。从实践来看，非法利用信息网络设立网站、通讯群组或者发布信息，可能获取广告费、会员注册费或者其他违法所得。基于此，《解释》将违法所得数额确定为情节严重的认定标准之一。（6）2 年内曾因非法利用信息网络、帮助信息网络犯罪活动、危害计算机信息系统安全受过行政处罚，又非法利用信息网络的。（7）其他情节严重的情形。

（六）帮助信息网络犯罪活动罪的主观明知推定规则

根据《刑法》第二百八十七条之二的规定，帮助信息网络犯罪活动罪以行为人明知他人利用信息网络实施犯罪为前提。经研究认为，对帮助信息网络犯罪活动罪主观明知的认定，应当结合一般人的认知水平和行为人的认知能力、相关行为是否违反法律的禁止性规定、行为人是否履行管理职责、是否逃避监管或者规避调查、是否因同类行为受过处罚，以及行为人的供述和辩解等情况进行综合判断。根据司法实践的情况，《解释》第十一条总结了主观明知的推定情形。具体而言，为他人实施犯罪提供技术支持或者帮助，具有下列情形之一的，可以认定行为人明知他人利用信息网络实施犯罪，但是有相反证据的除外：（1）经监管部门告知后仍然实施有关行为的。随着信息技术的发展，监管部门不一定通过专门文书进行告知，甚至未必采用书面告知方式，特别是遇到紧急事件时，监管部门往往通过即时通讯群组、电话、短信、电子邮件等多种方式告知，只要有相关证据可以证明已经告知即可，故未限定告知方式。（2）接到举报后不履行法定管理职责的。网络服务提供者在为网络应用提供服务的同时也担负相关的管理职责，但现实中服务商不可能对所有服务对象进行相关管理。如网站托管服务商一般只负责网站软硬件环境的建设和维护，对网站内容不予管理，故不能要求服务商主动发现全部违法犯罪行为，但在接到举报后应当履行法定管理职责。例如，网站托管服务商在接到举报某服务对象托管的网站为淫秽色情网站后，仍不依法采取关停、删除、报案等措施，继续为该网站提供服务的，可以认定其主观明知。（3）交易价格或者方式明显异常的。例如，第三方支付平台从一般的支付活动中收取 1.5% 的费用，而在有的赌博案件中第三方支付平台收取超过 10% 的费用。从这一收费明显异常情况，可以看出该第三方支付平台对服务对象从事犯罪活动实际上是心知肚明的，故推定其具有主观明知。（4）提供专门用于违法犯罪的程序、工具或者其他技术支持、帮助的。实践中，随着网络犯罪案件的分工日益细化，滋生出专门用于违法犯罪的活动，如替人开卡，取钱车手，贩卖“多卡合一”（银行卡、电话卡、支付宝账号、微信账号、身份证），解冻被支付宝、微信等支付工具安全策略冻结的未实名账户等服务；此外，还有专门用于违法犯罪活动的程序、工具，如仿冒银行、执法部门网站制作钓鱼网站。可以说，这些活动或者程序、工具并非社会正常活动所需，而系为违法犯罪活动提供帮助的专门服务，故相关从业人员对其服务对象系可能涉嫌犯罪主观上实际是明知的，故将此种情形推定为主观明知。（5）频繁采用隐蔽上网、加密通信、销毁数据等措施或者使用虚假身份，逃避监管或者规避调查的。实践中，一些行为人在帮助信息网络犯罪活动中长期使用加密措施或者虚假身份，对于此类逃避监管或者规避调查的行为，可以推定行为人主观明知。（6）为他人逃避监管或者规避调查提供技术支持、帮助的。（7）其他足以认定行为人明知的情形。实践中还有一些情形可以推断行为人主观明知，如取钱人持有多张户主不同的银行卡或者多张假身份证，无法说明缘由的，亦可以推定其主观明知。

（七）帮助信息网络犯罪活动罪的入罪标准

根据《刑法》第二百八十七条之二的规定，帮助信息网络犯罪活动以情节严重为入罪门槛。根据司法实践的具体情况，《解释》第十二条第一款明确了情节严重的认定标准。具体而言，明知他人利用信息网络实施犯罪，为其犯罪提供帮助，具有下列情形之一的，应当认定为《刑法》第二百八十七条之二第一款规定的情节严重：（1）为3个以上对象提供帮助的；（2）支付结算金额20万元以上的；（3）以投放广告等方式提供资金5万元以上的；（4）违法所得1万元以上的；（5）2年内曾因非法利用信息网络、帮助信息网络犯罪活动、危害计算机信息系统安全受过行政处罚，又帮助信息网络犯罪活动的；（6）被帮助对象实施的犯罪造成严重后果的；（7）其他情节严重的情形。

需要注意的是，考虑到与传统犯罪中帮助行为不同，网络犯罪中帮助者往往为众多对象提供帮助，一一查证被帮助对象是否已构成犯罪存在客观困难，而帮助行为累计的社会危害性严重，《解释》第十二条第二款规定："实施前款规定的行为，确因客观条件限制无法查证被帮助对象是否达到犯罪的程度，但相关数额总计达到前款第（二）项至第（四）项规定标准五倍以上，或者造成特别严重后果的，应当以帮助信息网络犯罪活动罪追究行为人的刑事责任。"适用本款时应当注意：一是此种情形下通常是被帮助对象人数众多，对于帮助单个或者少数对象利用信息网络实施犯罪的，必须以被帮助对象构成犯罪为入罪前提；二是确因客观条件限制无法证实被帮助对象实施的行为达到犯罪程度，但经查证确系刑法分则规定的行为的，如果是一般的违法行为也不能适用这一例外规则；三是情节远高于情节严重的程度，即此种情形下虽然无法查证被帮助对象构成犯罪，但帮助行为本身具有十分严重的社会危害性，达到独立刑事惩处的程度。

此外，根据《刑法》第二百八十七条之二第一款的规定，帮助信息网络犯罪活动罪中被帮助对象的行为必须构成犯罪，但是对此处规定的“犯罪”只应理解为相关犯罪查证属实，而不能理解为要求经人民法院生效裁判确认。同时，即使被帮助对象的行为符合刑法规定的其他构成要件，但因行为人未达到刑事责任年龄等原因依法未予追究刑事责任的，也不应影响帮助信息网络犯罪活动罪的认定。基于此，《解释》第十三条规定：“被帮助对象实施的犯罪行为可以确认，但尚未到案、尚未依法裁判或者因未达到刑事责任年龄等原因依法未予追究刑事责任的，不影响帮助信息网络犯罪活动罪的认定。”

（八）相关网络犯罪的其他问题

根据司法实践的情况，《解释》还对相关网络犯罪的其他问题作了明确：

1. 单位实施相关网络犯罪的定罪量刑标准。《解释》第十四条规定：“单位实施本解释规定的犯罪的，依照本解释规定的相应自然人犯罪的定罪量刑标准，对直接负责的主管人员和其他直接责任人员定罪处罚，并对单位判处罚金。”

2. 相关网络犯罪的认罪认罚从宽规则。考虑到司法实践中的复杂情况，根据认罪认罚从宽制度的要求，《解释》第十五条规定：“综合考虑社会危害程度、认罪悔罪态度等情节，认为犯罪情节轻微的，可以不起诉或者免予刑事处罚；情节显著轻微危害不大的，不以犯罪论处。”

3. 相关网络犯罪的数量数额累计规则。《解释》第十六条规定：“多次拒不履行信息网络安全管理义务、非法利用信息网络、帮助信息网络犯罪活动构成犯罪，依法应当追诉的，或者2年内多次实施前述行为未经处理的，数量或者数额累计计算。”

4. 相关网络犯罪的职业禁止和禁止令适用规则。刑法规定，因利用职业便利实施犯罪的，人民法院可以根据犯罪情况和预防再犯罪的需要，禁止其自刑罚执行完毕之日或者假释之日起从事相关执业，期限为3年至5年；判处管制、宣告缓刑的，可以根据犯罪情况，同时禁止犯罪分子在执行期间从事特定活动。鉴于网络犯罪相当程度存在再犯现象，不少行为人重操旧业的现实情况，《解释》第十七条专门规定：“对于实施本解释规定的犯罪被判处刑罚的，可以根据犯罪情况和预防再犯罪的需要，依法宣告职业禁止；被判处管制、宣告缓刑的，可以根据犯罪情况，依法宣告禁止令。”

5. 相关网络犯罪的罚金刑适用规则。网络犯罪具有明显的牟利性，行为人实施该类犯罪主要是为了牟取非法利益，因此，有必要加大财产刑的适用力度，让行为人在经济上得不偿失，进而剥夺其再次实施犯罪的经济能力。基于此，《解释》第十八条规定："对于实施本解释规定的犯罪的，应当综合考虑犯罪的危害程度、违法所得数额以及被告人的前科情况、认罪悔罪态度等，依法判处罚金。"

《关于办理利用信息网络实施诽谤等刑事案件适用法律若干问题的解释》的理解与适用*

最高人民法院刑事审判第三庭

为保护公民、法人和其他组织的合法权益，维护社会秩序，最高人民法院、最高人民检察院于2013年9月9日联合发布了法释〔2013〕21号《关于办理利用信息网络实施诽谤等刑事案件适用法律若干问题的解释》(以下简称《解释》)。《解释》明确规定了利用信息网络实施诽谤、寻衅滋事、敲诈勒索、非法经营犯罪的认定及处罚问题，对依法准确惩治此类犯罪，提供了较为明确的司法解释依据。为便于司法实践中正确理解与适用，现就《解释》的制定背景、起草过程中的主要考虑、主要内容等问题介绍如下。

一、《解释》的制定背景

随着信息技术的快速发展，以互联网为主体包括通信网、广播电视传输覆盖网在内的信息网络日益普及，并呈现出“三网合一”的趋势。截至2013年6月，我国网民已达5.91亿，手机网民已达4.64亿。信息网络的普及，不仅促进了经济社会快速、平稳发展，也方便了人们的工作、学习和生活，还推动了人民群众依法积极行使表达权和监督权。与此同时，一些不法分子将信息网络作为一种新的犯罪平台，恣意实施诽谤、寻衅滋事、敲诈勒索、非法经营等违法犯罪活动。有人在信息网络上捏造事实恶意诽谤他人，损害他人名誉；有人利用社会敏感热点问题，炮制谣言，误导民众，造成公共秩序混乱，甚至引发群体性事件；有人以在信息网络上发布、删除负面信息相要挟，索取被害人或者被害单位财物，聚敛钱财；还有一些专门从事造谣、炒作、删帖等活动的所谓“网络公关公司”及

* 原文载《人民司法(应用)》2013年第21期。

“网络推手”，违反国家规定，以营利为目的，有偿提供删帖、发帖等服务，牟取巨额非法利益。上述违法犯罪活动侵犯了公民的名誉权、财产权等合法权益，破坏了社会公共秩序和市场管理秩序。广大人民群众深受其害，社会各界对此反映强烈，要求依法惩治利用信息网络实施的各类违法犯罪活动。

近年来，国家为加强信息网络管理，规范信息网络秩序，相继出台了一系列法律法规，如全国人民代表大会常务委员会《关于维护互联网安全的决定》、国务院《互联网信息服务管理办法》等，对促进信息网络健康发展起到了积极作用。但利用信息网络实施的诽谤、寻衅滋事、敲诈勒索、非法经营等犯罪，是伴随着信息网络的飞速发展而出现的新情况、新问题。虽然刑法对采用传统手段实施的上述犯罪早已作出了规定，但对于利用信息网络实施的上述犯罪，尚缺乏有针对性的、明确的、具体的规定，因此在司法实践中存在法律适用不够明确的问题。

为确保法律适用统一，依法惩治、有效防范利用信息网络实施的诽谤等犯罪，最高人民法院会同最高人民检察院对当前群众反映比较强烈的利用信息网络实施的诽谤、寻衅滋事、敲诈勒索、非法经营犯罪的法律适用问题进行了深入调研，广泛征求立法机关、行政机关和专家学者等社会各方面的意见，起草了《解释》。2013 年 9 月 5 日最高人民法院审判委员会第 1589 次会议、2013 年 9 月 2 日最高人民检察院第十二届检察委员会第 9 次会议分别审议通过了《解释》。

二、《解释》起草过程中的主要考虑

为确保《解释》符合刑法规定精神，体现信息网络特点，适应司法实践需要，在起草《解释》过程中，注重把握以下几项原则：

第一，立足保护公民合法权益，维护社会秩序。利用信息网络实施的诽谤、寻衅滋事、敲诈勒索、非法经营等犯罪，有的侵害了公民的名誉权、财产权，有的扰乱了公共秩序和市场管理秩序。网络造谣、传谣活动也妨碍了网民从信息网络上获取真实信息。《解释》通过依法惩治利用信息网络实施的诽谤、敲诈勒索等犯罪，为受害者伸张正义，恢复名誉，保护公民财产权利不受侵犯。同时，网络秩序是现实社会公共秩序的延伸，以法治思维和法治方式规制网络行为，是维护健康、有序的网络秩序的现实需要。《解释》顺应了新时期广大人民群众对依法惩治信息网络犯罪、规范信息网络秩序的普遍期待和迫切要求，严密了刑事法网，依法打击此类犯罪行为，有助于维护社会公共秩序，为广大人民群众创造良好的社会环境。

第二，坚持罪刑法定原则，依法科学解释。利用信息网络实施的诽谤等犯罪，只是诽谤罪等传统犯罪在信息时代的新型表现形式，有现实的社会危害性。《解释》严格依照刑法规定的诽谤罪、寻衅滋事罪、敲诈勒索罪、非法经营罪的犯罪构成要件，针对网络犯罪的行为特征和实际危害，明确了定罪量刑的具体标准。同时，《解释》对相关犯罪“情节严重”的认定标准、共同犯罪的认定标准等也作出明确规定。为依法惩治上述犯罪提供了明确的司法解释依据，有助于统一司法标准，规范司法行为，确保严格依法办案。

第三，明确法律界限，保障公民依法行使表达权和监督权。广大网民通过网络表达意见、关注社会问题、进行舆论监督，是公民行使言论自由权利、参与国家政治生活的重要方式。公民依法在信息网络上发表言论，始终受到我国法律的保护。国家通过网络上的各种信息和评论，能够了解社会情况和群众对公共事务的意见和建议。但网民在行使表达权的同时，不能触及法律底线。任何一个国家的法律都不会允许有诽谤他人的所谓“言论自由”。出台《解释》不是为了“管制”网络言论。《解释》厘清了在信息网络上发表言论的法律边界，也严格区分恶意造谣、恶意传谣行为与不明真相发帖、转帖行为之间的界限，有助于确保公众依法、充分行使宪法赋予的表达权和监督权，最大限度地保护公众的言论自由。

第四，注重教育引导，推动信息网络健康发展。《解释》同时还具有教育、引导作用，有助于促使广大网民自觉规范上网言行，营造健康、积极的网络环境，实现良好的社会效果。同时，《解释》立足当前实际，依法打击公众反映强烈的利用信息网络实施的相关犯罪，有助于促进相关部门加强对信息网络的日常管理，完善网络违法犯罪防范机制，推动信息网络健康、有序发展。

三、《解释》的主要内容

《解释》共十个条文，主要包括以下六个方面的内容：（1）利用信息网络实施诽谤犯罪的行为方式、入罪标准、适用公诉程序的条件；（2）利用信息网络实施寻衅滋事犯罪的行为方式及具体认定；（3）利用信息网络实施敲诈勒索犯罪的行为方式及具体认定；（4）利用信息网络实施非法经营犯罪的行为方式及数额标准；（5）所涉共同犯罪和犯罪竞合的处理；（6）对信息网络的含义进行了明确界定，包括以计算机、电视机、固定电话机、移动电话机等电子设备为终端的计算机互联网、广播电视网、固定通信网、移动通信网等信息网络，以及向公众开放的局域网络。

（一）利用信息网络实施诽谤犯罪的认定

《解释》第1条至第4条分别规定了利用信息网络实施诽谤犯罪“捏造事实诽谤他人”的行为方式，“情节严重”的入罪标准，“严重危害社会秩序和国家利益”时适用公诉程序的条件，以及诽谤信息数量的累计计算等问题。

1.“捏造事实诽谤他人”的认定。《解释》第一条对《刑法》第二百四十六条中的“捏造事实诽谤他人”作出了具体规定，主要包括三种行为方式：

一是“捏造并散布”。即《解释》第一条第一款第（一）项规定的“捏造损害他人名誉的事实，在信息网络上散布，或者组织、指使人员在信息网络上散布的”。是最为典型的网络诽谤行为方式，具体是指行为人捏造损害他人名誉的事实后，由本人在信息网络上散布，或者行为人捏造损害他人名誉的事实后，组织、指使人员在信息网络上散布。后者也包括行为人捏造损害他人名誉的事实后，支付报酬雇用人员在信息网络上散布。

二是“篡改并散布”。即《解释》第一条第一款第（二）项规定的“将信息网络上涉及他人的原始信息内容篡改为损害他人名誉的事实，在信息网络上散布，或者组织、指使人员在信息网络上散布的”。该项规定主要针对“歪曲捏造”的情形。“篡改”是指“用作伪的手段改动或曲解”，也就是“实质性修改”，即故意改变事实。如网络上出现一个原始帖子，称“某被害人在某酒店与异性友人共进晚餐”。原帖内容可能是真实的，或者即使失真，也达不到“损害名誉”的程度。行为人为达到诽谤他人的目的，借题发挥，恶意地将原帖内容歪曲修改为“某被害人与其情妇在某酒店开房过夜”。这就是典型的“篡改”，且“篡改”后的内容已经损害了他人的名誉。实践中除“歪曲捏造”外、还存在故意放大、渲染等情形。对此除非达到“实质性修改”的程度，否则一般不能认定为“篡改”。

三是“明知是捏造而散布”。即《解释》第一条第二款规定的“明知是捏造的损害他人名誉的事实，在信息网络上散布，情节恶劣的，以‘捏造事实诽谤他人’论”。本条前款两项规定是针对造谣者，本款规定针对恶意传谣者。需要强调的是，如果行为人不明知是他人捏造的虚假事实而在信息网络上发布、转发的，即使对被害人的名誉造成了一定的损害，按照主客观相一致的原则，也不构成诽谤罪。实践中要严格区分构成犯罪的恶意诽谤行为和普通网民在不明真相情况下进行的发帖、转帖行为。适用本款规定应注意把握以下问题：

关于“明知”的认定。“明知”在刑法上包括两种情形：一是“知道”，即有证据证明行为人知道特定的事实，例如行为人及其“上家”均承认，行为人明确知道在信息网络上散布的信息系“上家”捏造的损害他人名誉的事实。二是“应当知道”，即行为人虽否认自己知道在信息网络上散布的信息系捏造的损害他人名誉的事实，但基于相关证据，能够推定行为人知道该情况，且行为人对此不能作出合理解释。实践中，认定行为人“应当知道”要依法有据，不能主观指证，必须依据相关证据材料综合判断。在认定“应当知道”时应当特别慎重，要将恶意传谣者与不明真相的无恶意传谣者区别开来。实践中如果把握不准或有争议的，应当本着“就低不就高”“有利行为人”的原则，不认定为“应当知道”。

关于“情节恶劣”的认定。本款不仅要求行为人“明知”是捏造的损害他人名誉的事实，而且要求达到“情节恶劣”的程度，才能以“捏造事实诽谤他人”论。主要考虑是，对于恶意传谣者与造谣者也要区别对待。恶意传谣者不是捏造事实诽谤他人的“源头”，判定其行为性质，也应当注意考察具体情节的恶劣程度。需要说明的是，“情节恶劣”不同于诽谤罪入罪标准的“情节严重”，它指的是恶意传谣者“明知是捏造的事实而在信息网络上传播”行为的恶劣程度，如行为人的动机卑劣、散布的诽谤信息内容恶毒、或者行为人长期诽谤他人等。

2.“情节严重”的认定。根据《刑法》第二百四十六条第一款的规定，行为人捏造事实诽谤他人，必须达到“情节严重”的程度，依法才构成诽谤罪。《解释》第二条采取列举的方式，明确了认定网络诽谤犯罪“情节严重”的具体标准，规定了较为严格的入罪门槛。

一是数量标准。《解释》第二条第（一）项规定，“同一诽谤信息实际被点击、浏览次数达到五千次以上，或者被转发次数达到五百次以上的”，应当认定为诽谤行为“情节严重”。如果一个捏造的损害他人名誉的信息被众多人所点击、浏览而知晓，就说明被害人的名誉已经受到损害，具有现实的社会危害性。《解释》将被点击、浏览次数确定为“五千次”，是依据实证调研的结果，也参考了有关司法解释的先例。将被转发次数确定为“五百次”，与被点击、浏览次数保持一比十的关系，是根据网络传播规律，听取了专业部门意见，进行了技术论证，严格审慎确定的。

需要注意的是，《解释》规定的上述数量标准，是指同一诽谤信息“实际”被点击、浏览或者被转发次数。这就意味着，在计算具体数量时，应当扣除被害人自己点击、浏览或者转发的次数，也应当扣除网站管理人员为维护网站而点击等的次数。此外，还应扣除其他故意虚增而点击等，导致统计失真的次数。

二是危害后果标准。《解释》第二条第（二）项规定，“造成被害人或者其近亲属精神失常、自残、自杀等严重后果的”，应当认定为诽谤行为“情节严重”。如果网络诽谤行为在现实生活中已经造成上述后果，显然具有现实的社会危害性，构成了犯罪。此种情形就不问诽谤信息实际被点击、浏览或者被转发次数，应当认定为“情节严重”。

三是主观恶性标准。《解释》第二条第（三）项规定，“二年内曾因诽谤受过行政处罚，又诽谤他人的”，应当认定为诽谤行为“情节严重”。体现了刑法对行为人主观恶性、人身危险性的重视和评价。对于这种屡教不改，反复恶意诽谤他人的行为人，不论诽谤信息被点击、浏览、转发的次数，也不论是否造成被害人或者近亲属精神失常、自残、自杀等后果，也应当认定为“情节严重”。

3.“严重危害社会秩序和国家利益”的认定

根据《刑法》第二百四十六条第二款的规定，诽谤罪除“严重危害社会秩序和国家利益的”情形外，属于“告诉才处理”的案件。对于“严重危害社会秩序和国家利益”的诽谤案件，应由公安机关立案侦查，人民检察院提起公诉。为了明确网络诽谤刑事案件适用公诉程序的条件，《解释》第三条列举了“严重危害社会秩序和国家利益”的七种情形，既充分尊重当事人的处分权，依法保护被害人的合法权益，也有助于惩治严重危害社会秩序和国家利益的诽谤犯罪。

关于“引发群体性事件的”情形。行为人捏造事实诽谤他人，进而引发了群体性事件，显然属于已经对社会秩序造成了实际的危害。

关于“引发公共秩序混乱的”情形。主要是指妨害国家的公共管理活动，引发生产秩序、生活秩序、学习秩序、工作秩序等公共秩序的混乱。

关于“引发民族、宗教冲突的”情形。民族、宗教问题关系到国家统一、社会稳定、经济社会发展，属于非常重要的国家利益。如果行为人实施诽谤犯罪涉及民族、宗教问题，进而引发民族、宗教冲突，破坏民族团结、宗教政策的，属于对国家利益造成了严重危害。

关于“诽谤多人，造成恶劣社会影响的”情形。主要是考虑到，行为人不间断地恶意诽谤多人，不仅侵犯了各个被害人的名誉权，实际上也已经严重危害了社会秩序。如果对此也适用自诉程序，需要多个被害人分别提起自诉且需要并案处理，不利于切实保护被害人的合法权益。

关于“损害国家形象，严重危害国家利益的”情形。行为人通过诽谤特定的对象，抹黑我国的政治制度，损害我国的国家形象，涉及国家利益，社会危害性大。

关于“造成恶劣国际影响的”情形。主要是指诽谤外国元首和政府首脑等，引发外事交涉、外交抗议等情形。

广大网民利用信息网络进行“网络反腐”，对反腐倡廉工作发挥了积极的作用。一些腐败案件最先就是在网络上曝光，引起有关部门的高度重视，随后得到了及时的处理。对于广大网民通过信息网络检举、揭发他人违法违纪行为的，有关部门应当认真对待，负责任地核实，及时公布调查结果。即使检举、揭发的部分内容失实，只要不是故意捏造事实诽谤他人的，或者不属明知是捏造的损害他人名誉的事实而在信息网络上散布的，就不应以诽谤罪追究刑事责任。但是，对于那些打着“网络反腐”的幌子，恶意捏造事实诽谤他人的行为，尤其是有组织地大肆诽谤他人的行为，事实清楚，证据确实充分，构成犯罪的，就应依法追究刑事责任。司法机关要严格依法办案，严格入罪标准，防止误伤那些积极进行舆论监督、但部分举报内容失实的举报者。

（二）利用信息网络实施寻衅滋事犯罪的认定

信息网络既是工作、生活、学习的重要途径和手段，也是公众沟通交流的主要媒介和平台，体现出较强的“工具性”和“公共性”特征。《解释》第5条结合信息网络的上述两种属性，明确了利用信息网络实施寻衅滋事犯罪的两种行为方式。

1. 利用信息网络辱骂、恐吓他人的认定及处理。《解释》第五条第一款规定，利用信息网络辱骂、恐吓他人，情节恶劣，破坏社会秩序的，以寻衅滋事罪定罪处罚。该款规定反映出信息网络的工具性特征。实践中需要把握以下两点：一是如果利用信息网络辱骂特定的个人，则可能存在寻衅滋事罪与侮辱罪的竞合。如果辱骂他人情节恶劣，破坏社会秩序的，应按照《解释》第九条的规定，依照处罚较重的罪即寻衅滋事罪定罪处罚。二是要严格入罪标准。辱骂、恐吓行为必须达到“情节恶劣”的程度，同时对社会秩序造成了现实的破坏。

对于一些网民在网络上发泄不满，辱骂他人的，要重在教育，强化管理，一般不要轻易适用本款规定按犯罪处理。

2. 在信息网络上编造、散布虚假信息，起哄闹事的认定。《解释》第五条第二款规定："编造虚假信息，或者明知是编造的虚假信息，在信息网络上散布，或者组织、指使人员在信息网络上散布，起哄闹事，造成公共秩序严重混乱的，依照刑法第二百九十三条第一款第（四）项的规定，以寻衅滋事罪定罪处罚。"

信息网络具有明显的公共属性和社会属性。网络社会已经与现实社会融为一体，成为现实社会的重要组成部分。网络信息必然会对现实社会产生直接的、实实在在的影响。显而易见，编造虚假信息并在信息网络上散布，起哄闹事，进而造成公共秩序严重混乱，此类行为具有现实的社会危害性，应当以寻衅滋事罪追究刑事责任。实践中需要把握以下两点：一是该款规定的"虚假信息"，不是针对特定的自然人而捏造的虚假事实，而是针对不特定的自然人或者单位、公共事件而编造的虚假信息。如果针对特定的自然人，捏造损害其名誉的虚假事实，并在网络上散布的，应当适用《解释》第一条的规定处理。二是"造成公共秩序严重混乱"，主要是指导致现实社会公共秩序严重混乱。网络空间是现实社会的组成部分，行为人在信息网络上散布虚假信息，起哄闹事，在导致网络秩序混乱的同时，往往会导致现实社会公共秩序的混乱，甚至引发群体性事件等。对此以寻衅滋事罪定罪处罚，于法有据。

（三）利用信息网络实施敲诈勒索犯罪的认定

《解释》第六条明确规定了利用信息网络实施敲诈勒索犯罪的行为方式。

1. 利用信息网络实施敲诈勒索犯罪的行为方式。《解释》第六条规定，"以在信息网络上发布、删除等方式处理网络信息为由，威胁、要挟他人，索取公私财物，数额较大，或者多次实施上述行为的，依照刑法第二百七十四条的规定，以敲诈勒索罪定罪处罚。"实践中，主要表现为"发帖型"敲诈勒索和"删帖型"敲诈勒索两种方式。"发帖型"敲诈勒索，是指行为人通过各种途径收集到有关被害人的负面信息，然后主动联系被害人，以在信息网络上发布相关负面信息为由，威胁、要挟被害人，进而索取财物。而"删帖型"敲诈勒索，是指行为人通过各种途径收集到有关被害人的负面信息后，先在信息网络上发布，然后主动联系被害人，以删除上述负面信息为条件威胁、要挟被害人，进而索取财物。与"发帖型”敲诈勒索相比，“删帖型”敲诈勒索通常要借助一定的网络平台。例如行为人自己建立或者经营所谓的“维权网站”，收集不利于被害人的负面信息后，发布在该网站，然后与被害人联系并告知该网站上有不利于被害人的负面信息，要求对方将特定数额的钱款存入指定的账户，否则就要继续在网络上发布或者炒作相关的负面信息。由此达到索取财物的非法目的。

2. 利用信息网络实施敲诈勒索犯罪罪与非罪的界限。《解释》第六条采用了“索取”的表述，意味着认定敲诈勒索罪，要求行为人必须有主动向被害人实施威胁、要挟并索要财物的行为。尤其是对于“删帖型”敲诈勒索，如果行为人没有主动与被害人联系删帖事宜，未实施威胁、要挟，而是在被害人主动上门联系请求删帖的情况下，以“广告费”“赞助费”“服务费”等名义收取被害人费用的，不认定为敲诈勒索罪。如果被害人主动上门联系请求删帖，但并不同意支付费用，而行为人以不支付费用，或者不支付指定数额的费用就不删帖甚至将对负面信息进一步炒作为由，威胁、要挟被害人，进而索取费用的，可以认定为敲诈勒索罪。此外，《解释》第六条采用的是“信息”而非“虚假信息”的表述。行为人威胁将要在信息网络上发布、删除的涉及被害人的负面信息即使是真实的，但只要其出于非法占有的目的，以发布、删除该负面信息为由索取公私财物，仍然构成敲诈勒索罪。

（四）利用信息网络实施非法经营犯罪的认定

利用信息网络实施的非法经营犯罪，反映出当前网络犯罪的非法牟利特征突出，组织链条明显。《解释》第七条规定了利用信息网络实施非法经营犯罪的行为方式和数额标准等问题。

1. “违反国家规定”的理解。《解释》第七条规定的认定行为人“违反国家规定”的依据，主要是指违反全国人民代表大会常务委员会《关于维护互联网安全的决定》和国务院《互联网信息服务管理办法》的相关规定。依照《关于维护互联网安全的决定》的规定，利用互联网实施该决定第一条、第二条、第三条、第四条所列行为以外的其他行为，构成犯罪的，依照刑法有关规定追究刑事责任。依照《互联网信息服务管理办法》，国家对经营性互联网信息服务实行许可制度，对非经营性互联网信息服务实行备案制度，未取得国家有关部门的许可，不得从事互联网有偿信息服务。当前，一些“网络公关公司”以营利为目的提供非法删帖服务，或者明知是虚假信息而提供发布信息等服务，扰乱了信息网络服务市场管理秩序，属于未经国家许可，“通过互联网向上网用户有偿提供信息或者网页制作等服务活动”中“等服务活动”的情形。

2.“以营利为目的”的认定。当前，一些“网络公关公司”“营销公司”通过在信息网络上进行信息炒作、发布不实信息等方式，吸引公众关注，进而牟取非法利益。这种以营利为目的，通过信息网络向他人有偿提供删除信息服务，或者明知是虚假信息，通过信息网络有偿提供发布信息等服务的行为，实际上是为诽谤、敲诈勒索、寻衅滋事等违法犯罪提供了传播虚假信息的手段、平台，扩大了信息网络上虚假信息的影响范围。不仅扰乱网络秩序，而且破坏了市场管理秩序，是当前信息网络上种种乱象的重要推手，具有较大的社会危害性，应当以非法经营罪定罪处罚。对于个别网民并非专门从事经营活动，只是偶尔一两次帮助他人发帖，并收取一定费用的，即使数额达到了《解释》规定的标准，一般也不宜认定为“以营利为目的”。

3. 利用信息网络实施非法经营犯罪的行为方式。《解释》第七条规定了利用信息网络实施非法经营犯罪的两种行为方式：一是通过信息网络有偿提供删除信息服务；二是明知是虚假信息，通过信息网络有偿提供发布信息等服务。对于通过信息网络向他人有偿提供删除信息服务的，《解释》不要求行为人明知所删除的信息为虚假信息。当前一些“网络公关公司”的主要业务是“删帖”业务，但删除的信息中有相当一部分是广大网民发布的真实信息。国家依法保护网络用户合法的信息交流活动，这属于信息网络服务市场管理秩序的重要组成部分。行为人以营利为目的，有偿删除信息网络用户发布的真实信息，其行为既侵犯了广大网民的合法权益，也破坏了信息网络服务市场管理秩序，应当以非法经营罪定罪处罚。对于通过信息网络向他人有偿提供发布信息等服务的，《解释》明确规定，必须以行为人明知所发布的信息是虚假信息为前提。如果行为人通过信息网络有偿提供发布信息服务，但发布的信息是真实的，即使收取了一定数额的费用，也不应认定为非法经营罪。

4. 非法经营犯罪数额的认定。《刑法》第二百二十五条规定的非法经营罪，要求达到“情节严重”的程度，才构成犯罪。“情节严重”的标准在实践中主要体现为非法经营数额或者违法所得数额。《解释》第七条第一款明确了个人和单位通过信息网络实施非法经营犯罪“情节严重”的数额标准，即：个人非法经营数额在五万元以上，或者违法所得数额在二万元以上；单位非法经营数额在十五万元以上，或者违法所得数额在五万元以上。此外，《解释》第二款还明确了个人和单位通过信息网络实施非法经营犯罪“情节特别严重”的数额标准，分别是“情节严重”标准的五倍以上。符合该数额标准的，应依法处五年以上有期徒刑，并处违法所得一倍以上五倍以下罚金或者没收财产。

（五）共同犯罪的认定和犯罪竞合的处理

1. 共同犯罪的认定。利用信息网络实施诽谤等犯罪，行为人在实践中可能面临资金、场所、技术等方面的困难，进而寻求他人的帮助，从而涉及共同犯罪问题。《解释》第八条规定：“明知他人利用信息网络实施诽谤、寻衅滋事、敲诈勒索、非法经营等犯罪，为其提供资金、场所、技术支持等帮助的，以共同犯罪论处。”实践中对于共同犯罪的认定，必须以行为人明知他人利用信息网络实施诽谤、寻衅滋事、敲诈勒索、非法经营等犯罪为前提。如果不明知他人利用信息网络实施相关犯罪活动，即使客观上提供了资金、场所、技术等帮助，也不能认定为共同犯罪。

2. 犯罪竞合的处理。利用信息网络实施诽谤、寻衅滋事、敲诈勒索、非法经营犯罪，可能同时构成《刑法》第二百二十一条规定的损害商业信誉、商品声誉罪，第二百七十八条规定的煽动暴力抗拒法律实施罪，第二百九十一条之一规定的编造、故意传播虚假恐怖信息罪等犯罪。针对司法实践的具体情况，《解释》第九条规定，对于上述情形依照处罚较重的规定定罪处罚。

《关于办理利用信息网络实施诽谤等刑事案件适用法律若干问题的解释》解读*

最高人民检察院法律政策研究室

2013年9月9日，最高人民法院、最高人民检察院联合发布了《关于办理利用信息网络实施诽谤等刑事案件适用法律若干问题的解释》（以下简称《解释》）。为便于深入理解和准确适用《解释》，现对其主要内容解读如下：

一、制定《解释》的背景、原则及过程

随着计算机、电信网络技术的快速发展，特别是近年来互联网、通信网、广电网推进“三网合一”，信息交流传递速度更快、影响更大，信息网络及其服务已融入人们的工作、学习和生活中。据有关部门统计，截至2013年6月，我国网民规模已达5.91亿。信息网络的快速发展，不仅对经济社会发展起到了积极的推动作用，方便了人们工作、学习和生活，也推动了公民依法积极行使表达权和舆论监督权，对依法行政、公正执法、抵制不正之风、遏制腐败等起到了良好的监督作用。但与此同时，一些不法分子却把信息网络当成了“虚拟世界”和“法外之地”，利用信息网络具有公共性、匿名性、便捷性等特点，将信息网络作为新的犯罪平台，恣意实施诽谤、寻衅滋事、敲诈勒索、非法经营等犯罪。随着信息网络技术和规模的不断发展和壮大，利用信息网络实施的违法犯罪活动也日渐增多，社会危害也日益凸显。举例来说，有的在网络上捏造事实诽谤他人，侵犯他人名誉权；有的以在信息网络发布、删除负面信息相要挟，向被害人或者被害单位索取财物；有的借社会敏感热点问题炮制谣言，误导群众；有的披着“反腐维权”的外衣，无中生有，起哄闹事。此外，还出现了专门从事造谣、炒作、“删帖”等进行营利活动的所谓“网络公关公司”“策划营销组织”及网络“推手”等。他们

* 原文载《人民检察》2013年第23期。

以营利为目的，违反国家规定，为他人提供“发帖”“删帖”等信息网络服务，牟取巨额非法利益，对利用信息网络违法犯罪活动起到推波助澜的作用。上述这类行为，不仅严重扰乱社会秩序，侵害公民合法权益，而且妨害社会经济发展，甚至危害到国家安全，已严重影响了社会的和谐稳定。广大人民群众深受其害，社会各界对此反映强烈，一致要求依法严厉惩治利用信息网络实施的造谣诽谤等违法犯罪活动。

《解释》针对有关网络犯罪的新情况新特点，严格按照法律规定和立法精神，进一步明确了有关犯罪的定罪量刑标准。主要遵循了以下原则：第一，立足保护公民合法权益，维护社会秩序。利用信息网络实施的诽谤、寻衅滋事、敲诈勒索、非法经营等犯罪，只是传统犯罪在信息网络时代呈现出的新形式。《解释》根据新形势下惩治犯罪的时代要求，针对信息网络新特点，对这些犯罪的司法认定作了科学的解释，为保护公民的名誉权、公私财产权，维护正常的公共秩序和市场管理秩序提供了有力法律武器。第二，坚持罪刑法定原则，依法进行解释。《解释》严格依照刑法规定的诽谤罪、寻衅滋事罪、敲诈勒索罪、非法经营罪等犯罪的构成要件进行解释，明确了这些犯罪定罪量刑的具体标准。第三，立足司法实际，强调可操作性。鉴于“两高”2013 年 4 月《关于办理敲诈勒索刑事案件适用法律若干问题的解释》、7 月《关于办理寻衅滋事刑事案件适用法律若干问题的解释》对敲诈勒索、寻衅滋事罪的定罪量刑已有规定，《解释》除定性问题之外，只对利用信息网络实施的诽谤罪和非法经营罪的定罪量刑标准，根据司法实践和调研情况作出了具体规定。第四，贯彻宽严相济的刑事政策，注重法律和社会效果。《解释》在坚持依法打击犯罪与保护公民合法权益并重的同时，注意充分发挥刑罚手段在预防、规范、教育、指引方面的积极作用，督促相关部门加强信息网络的管理，建立和完善网络违法犯罪预防机制，促进广大网民自觉规范网上言行，为整个社会营造积极、健康的网络环境。

2012 年以来，最高人民法院和最高人民检察院有关部门对利用信息网络实施诽谤等犯罪有关法律适用问题，进行了深入调研，全面收集了各种情况，对存在的问题进行了系统梳理，广泛征求了立法机关、行政机关、地方司法机关、专家学者和社会各方面的意见，并借鉴了其他国家通行的法律规制原则，经反复研究论证，不断修改完善，形成了解释的审议稿。该《解释》于 2013 年 9 月 5 日由最高人民法院审判委员会第 1589 次会议、2013 年 9 月 2 日由最高人民检察院第十二届检察委员会第9次会议通过，自2013年9月10日起施行。

二、《解释》的主要内容及说明

《解释》共十条，主要规定了以下六个方面的内容：一是利用信息网络实施诽谤罪的司法认定，包括“捏造事实诽谤他人”“情节严重”“严重危害社会秩序和国家利益”及数量累计问题；二是利用信息网络实施寻衅滋事罪的司法认定；三是利用信息网络实施敲诈勒索罪的司法认定；四是利用信息网络实施非法经营罪的司法认定；五是利用信息网络实施上述犯罪的共同犯罪、犯罪竞合及处断原则；六是关于信息网络范围的界定。

（一）关于利用信息网络实施诽谤罪的行为方式，即“捏造事实诽谤他人”的认定问题

《解释》第一条分两款对《刑法》第二百四十六条诽谤罪的行为方式，即“捏造事实诽谤他人”的司法认定作了明确规定，包括三种行为类型，即第一款规定的“捏造并散布”“篡改并散布”和第二款规定的“明知捏造而散布”。

第一款分两项明确规定“捏造并散布”“篡改并散布”应当认定为《刑法》第二百四十六条第一款规定的“捏造事实诽谤他人”。根据该款规定，可以进一步细化为四种情形：一是捏造损害他人名誉的事实，在信息网络上散布的；二是捏造损害他人名誉的事实，组织、指使人员在信息网络上散布的；三是将信息网络上涉及他人的原始信息内容篡改为损害他人名誉的事实，在信息网络上散布的；四是对信息内容进行篡改，组织、指使人员在信息网络上散布的。只要符合上述情形之一的，就应当认定为“捏造事实诽谤他人”。这里的“篡改”，是指以对原有信息进行歪曲捏造等方式进行实质性的修改。实践中，除了“歪曲捏造”的方式外，还存在故意放大、渲染等方式，对此必须把握“实质性的修改”的原则，否则一般不能认定为“篡改”。

第二款规定了“明知捏造而散布”，且“情节恶劣”的，以“捏造事实诽谤他人”论处的情形。根据该款规定，如果行为人明知是捏造的损害他人名誉的事实，在信息网络上散布，情节恶劣的，就可以“捏造事实诽谤他人”论处。这里需注意两个问题：一必须是“明知”，二必须是“情节恶劣”。第二款以“捏造事

实诽谤他人”论处实际采取了“行为”+“情节”的方式予以认定，强调行为人明知是捏造的损害他人名誉的事实而故意在信息网络上散布，其主观上具有侵犯他人名誉权的故意，客观上对他人的名誉造成了实际损害，同时必须是达到“情节恶劣”的，才能以诽谤罪定罪处罚。

征求意见过程中，有观点认为第二款关于“明知捏造而散布”的规定与刑法关于诽谤罪的规定不相符合。经研究，《解释》针对司法实践需要，根据刑法规定作出这一款规定。理由如下：一是因为网络环境下，网民不再单纯是信息的接受者，而可以成为任意发布信息的信息源头。特别是一些名人、“大V”的博客、微博关注人数多，影响大，某种意义上掌握着网络上的话语权。实践中，不乏“大V”故意或者以“求辟谣”的名义转发虚假信息，成为虚假信息传播的重要中继站，这些“大V”虽然有的不具有新闻调查的能力，但其对所转发信息是否有可能是假的，以及广泛传播后将产生什么样的后果，都是大体能够把握的。因此，如果某些别有用心的人利用他人发布的虚假信息，明知该信息系捏造，出于毁损特定人名誉的目的，在信息网络上加以广泛散布，由于行为人主观上具有侵犯他人名誉权的故意，客观上也对他人的名誉造成了实际损害，其本质与“捏造事实诽谤他人”并无二致。二是该款出于刑法谦抑性和宽严相济刑事政策考虑，规定必须是“明知是捏造的损害他人名誉的事实，而在信息网络上散布”，并且“情节恶劣的”，才能以“捏造事实诽谤他人”论。这两个条件缺一不可。如果行为人不是明知捏造的损害他人名誉的事实而在信息网络上散布的，或者虽然明知是捏造的损害他人名誉的事实而在信息网络上散布，但没有达到“情节恶劣”程度的，均不能以“捏造事实诽谤他人”论处。三是虽然此类行为通常是作为共犯处理，但是司法解释单独为其规定定罪量刑标准，亦有先例，且更有利于打击犯罪。如“两高”2010年《关于办理利用互联网、移动通讯终端、声讯台制作、复制、出版、贩卖、传播淫秽电子信息刑事案件具体应用法律若干问题的解释（二）》第六条规定，“电信业务经营者、互联网信息服务提供者明知是淫秽网站，为其提供互联网接入、服务器托管、网络存储空间、通讯传输通道、代收费等服务，并收取服务费，具有下列情形之一的，对直接负责的主管人员和其他直接责任人员，依照刑法第三百六十三条第一款的规定，以传播淫秽物品牟利罪定罪处罚”。

这里要重点强调的是，随着国家民主法治建设的不断推进，人民群众的法治意识和政治参与意识不断增强，一些群众从不同角度提出批评、建议，是行使民主权利的表现。部分群众对一些社会消极现象发牢骚、吐怨气，甚至发表一些偏激言论，在所难免。如果将群众的批评、牢骚以及一些偏激言论视作侮辱、诽谤，使用刑罚或治安处罚的方式解决，不仅于法无据，而且可能激化矛盾。实践中，需要司法机关和办案人员在办案中认真研究和正确区分正当批评与侵犯名誉权、批评失实与恶意诽谤之间的法律界限，依法、审慎作出处理和决定，严格区分罪与非罪的界限。当前，广大网民利用信息网络进行“网络反腐”“微博反腐”，对于反腐倡廉工作发挥了积极的作用。网民通过信息网络检举、揭发他人违法违纪行为的，有关部门应当认真对待，负责任地核实，及时公布调查结果。即使检举、揭发部分内容失实，只要不是故意捏造事实诽谤他人，或者不属明知是捏造的损害他人名誉的事实而在信息网络上散布的，就不是“捏造事实诽谤他人”，更不能追究其刑事责任。特别是不能将群众对个别领导干部工作能力、工作绩效的批评、指责甚至过激言论认定为诽谤犯罪，应依法保护公民的言论自由和批评建议权。

（二）关于利用信息网络实施诽谤行为的入罪标准，即“情节严重”的认定问题

《刑法》第二百四十六条第一款规定，行为人捏造事实诽谤他人，必须是情节严重的，才构成诽谤罪。《解释》第二条对诽谤罪构成要件中的“情节严重”，主要采用数量标准、危害后果标准和主观恶性标准作了列举式的规定。第（一）项是关于数量标准的规定，即“同一诽谤信息实际被点击、浏览次数达到五千次以上，或者被转发次数达到五百次以上的”，应认定为诽谤行为“情节严重”，为诽谤罪设定了严格的量化的入罪标准。第（二）项是关于后果标准的规定，即“造成被害人或者其近亲属精神失常、自残、自杀等严重后果的”，应当认定为诽谤行为“情节严重”。上述危害后果如果在现实生活中发生，则不问诽谤信息实际被点击、浏览或者被转发次数，即可直接认定为“情节严重”，依法予以刑事处罚。第（三）项是关于主观恶性标准的规定，即“二年内曾因诽谤受过行政处罚，又诽谤他人的”，也认定为诽谤行为“情节严重”，体现了刑法对行为人主观恶性、人身危险性的重视和评价。第（四）项是兜底条款，以应对信息网络技术的不断发展，同时为司法机关留下必要的合理裁量空间。总体上看，《解释》对利用信息网络实施诽谤行为构成诽谤罪的标准，规定了较为严格的“门槛”。如果行为人只是实施了诽谤行为，但不符合《解释》规定的“情节严重”情形的，不能认定

为诽谤罪。

第二条需要重点说明的是第（一）项，即诽谤罪入罪门槛的数量标准问题。征求意见过程中，有观点认为被转发次数达到五百次以上的规定，数字过于僵硬，有“客观归罪”之嫌，对于认定“情节严重”来说并不妥当。经研究认为，正确适用该项规定要坚持主客观相一致的原则，不能简单认为“被点击、浏览次数达到五千次以上，或者被转发次数达到五百次以上的”就构成犯罪。之所以规定此项，主要考虑：一是发布者将诽谤言论公开发布于网上，其主观上希望、放任这种信息扩大散布，被转发五百次证明其受到广泛关注，其信息的恶性、渲染力更强，社会危害性相应也更大。转发的次数是相对能客观反映诽谤行为的社会危害性的量化指标，也是公安部门根据司法实践，结合大量现实案例而提出的，如果没有这样一个明确的标准，在司法实践中很难具体操作。二是以数量来界定犯罪情节严重的标准，亦有先例。如本条规定的点击、浏览“五千次”就是参照了“两高”2010年《关于办理利用互联网、移动通讯终端、声讯台制作、复制、出版、贩卖、传播淫秽电子信息刑事案件具体应用法律若干问题的解释（二）》第一条第二款第（四）项的规定。三是不能简单地认为“被点击、浏览次数达到五千次以上，或者被转发次数达到五百次以上的”就构成犯罪。认定为犯罪需要坚持主客观相一致的原则，主观上要具有诽谤的故意，客观上实施了侵害他人名誉的诽谤行为。《解释》特别强调“实际”被点击、浏览及转发次数，其目的也是强调行为的现实社会危害性。如果被害人自己点击或者故意雇佣他人点击、浏览、转发，则不应认定为“实际”被点击、浏览及转发数。司法机关适用《解释》应当根据个案具体情况予以认定，不能机械理解。

（三）关于利用信息网络实施诽谤犯罪适用公诉程序条件，即“严重危害社会秩序和国家利益”的认定问题

《刑法》第二百四十六条第二款规定，诽谤罪告诉的才处理，但是严重危害社会秩序和国家利益的除外。因此，根据刑法规定，诽谤罪一般情况下属于“告诉才处理”的自诉案件，被害人如果没有主动向人民法院提起诉讼，要求追究行为人刑事责任，人民法院不能对实施诽谤的行为人定罪处刑；只有那些属于“严重危害社会秩序和国家利益的”诽谤刑事案件才由公安机关立案侦查，由检察机关提起公诉。《解释》第三条分七项规定了利用信息网络实施诽谤犯罪案件自诉转公

诉程序的条件。根据本条规定，对于符合以下情形之一的诽谤刑事案件，可以适用公诉程序，即（1）引发群体性事件的；（2）引发公共秩序混乱的；（3）引发民族、宗教冲突的；（4）诽谤多人，造成恶劣社会影响的；（5）损害国家形象，严重危害国家利益的；（6）造成恶劣国际影响的；（7）其他严重危害社会秩序和国家利益的。

关于“引发群体性事件的”，行为人捏造事实诽谤他人，进而引发了群体性事件，显然属于已经对社会秩序造成了实际危害。关于“引发公共秩序混乱的”，主要是指妨害国家的公共管理活动，引发正常生产、生活、学习、工作等公共秩序的混乱。关于“引发民族、宗教冲突的”，由于民族、宗教问题关系国家统一和社会稳定，属于重大国家利益，行为人捏造事实诽谤他人，进而引发民族、宗教冲突，显然是对国家利益造成重大危害。关于“诽谤多人，造成恶劣社会影响的”，主要是考虑到行为人诽谤多人或多次诽谤他人，不仅主观恶性大，而且严重危害了社会秩序，对此如不加区分地一律按照告诉才处理，既不利于节约司法成本，也不利于对被害人合法权益的保护。关于“损害国家形象，严重危害国家利益的”，主要考虑是有人通过诽谤特定对象，企图达到抹黑我国政治制度，损害我国国家形象的目的，涉及国家利益，社会危害性大。关于“造成恶劣国际影响的”，主要是指诽谤外国元首和政府首脑等，引发外事交涉、外交抗议等情形。关于“其他严重危害社会秩序和国家利益的”，是兜底性规定，实践中适用该项规定应当特别慎重，可以根据相当性原则参照其他六项规定的内容和精神。

关于诽谤案件适用公诉程序条件问题，需要强调的是，虽然当前对部分危害严重的诽谤犯罪适用公诉程序是打击利用信息网络实施诽谤犯罪的现实需要，但对于什么情况属于“严重危害社会秩序和国家利益”，还是应当从严掌握，慎用公权力，严格区分自诉与公诉案件，严格依法适用公诉程序。既要有利于依法保护和尊重当事人的处分权，维护被害人合法权益，同时也要有利于依法打击那些严重危害社会秩序和国家利益的诽谤犯罪。

（四）关于多次实施诽谤行为数量累计计算的原则

《解释》第四条规定“一年内多次实施利用信息网络诽谤他人行为未经处理，诽谤信息实际被点击、浏览、转发次数累计计算构成犯罪的，应当依法定罪处罚”。实践中，有的诽谤行为人单独实施一次诽谤行为尚未达到“情节严重”的数量标准，但其在一段时间内连续实施诽谤行为，主观恶性深，具有相当的社会危害性，对其应予惩处。本条规定对这种情况予以明确，即诽谤信息实际被点击、浏览、转发次数可以累计计算，数量累计计算构成犯罪的，应当依法定罪处罚。这里的“累计计算”，应当同时具备两个条件：一是时间限定为“一年内”；二是多次实施的利用信息网络诽谤他人行为“未经处理”。

（五）关于利用信息网络实施寻衅滋事罪的司法认定

《解释》第五条分两款，规定了利用信息网络实施寻衅滋事犯罪的法律适用问题。当前，一些不法分子把网络当作“虚拟空间”“法外之地”，在网络上肆意侮辱、发帖谩骂他人；无中生有，散布虚假信息，起哄闹事，严重扰乱社会秩序。这些行为已经严重扰乱了社会管理秩序，具有严重的社会危害性，应当依法惩处。《解释》征求意见过程中，有观点认为，对于利用信息网络编造、故意传播虚假信息起哄闹事的行为，以寻衅滋事罪定罪处罚违反了罪刑法定原则。经研究认为，通过信息网络编造、故意传播虚假信息起哄闹事的行为，是伴随着信息网络快速发展出现的新情况、新问题，有必要通过司法解释予以明确。当前“公共信息网络”已成为公共场所的一种新的形式和载体，应当将利用信息网络编造、故意传播虚假信息并造成公共秩序严重混乱的行为适用《刑法》第二百九十三条第（四）项规定，即“在公共场所起哄闹事，造成公共场所秩序严重混乱”以寻衅滋事罪定罪处罚。理由：一是网络社会作为一种特殊的“虚拟空间”，实际上也是现实社会的一部分，网络公共秩序也是社会公共秩序的重要组成部分。特别是随着信息技术的快速发展和信息网络的普及，信息网络与人们的工作、生活、生产、经营活动已经密不可分、融为一体，成为现实生活的重要延伸和组成部分，互联网门户网站、公共微博平台等网络空间同样具有“公共场所”属性。二是从字面含义来看，公共场所是指属于社会的、公共公有的场所。公共场所既可以包括现实社会真实存在的“车站、码头、民用航空站、商场、公园、影剧院、展览会、运动场”等场所，也可以包括门户网站、面向公众开放的论坛等互联网上开放性的电子信息交流“场所”。将微博、门户网站等开放性的网络公共平台作符合信息社会形势变化的解释，没有超出刑法用语可能具有的含义，也未超出社会民众的预测可能性。三是司法解释有先例。“两高”《关于办理利用互联网、移动通讯终端、声讯台制作、复制、出版、贩卖、传播淫秽电子信息刑事案件具体应用法律若干问题的解释》对“淫秽物品”这一传统的物化概念作了信息化解释。对于“淫秽物品”，若根据刑法规定时的字面含义，只能是淫秽书刊、影片、录像带、录音带、图片等制品，但该解释将信息网络上的“视频文件、音频文件、电子刊物、图片、文章、短信息”等淫秽电子信息以及声讯台淫秽语音信息均解释为“淫秽物品”。

本条第一款规定了利用信息网络辱骂、恐吓他人构成寻衅滋事罪，适用《刑法》第二百九十三条第一款第（二）项的情形。根据本款规定，利用信息网络辱骂、恐吓他人构成寻衅滋事罪必须同时具备两个条件，一是破坏社会秩序，二是情节恶劣。实践中，一是要注意与侮辱罪、诽谤罪的区分。按照刑法规定，侮辱罪、诽谤罪是针对个人实施的犯罪；寻衅滋事罪属于扰乱公共秩序的犯罪。因此，如果行为人利用信息网络侵害的是公民个人权益，如公然侮辱他人，或者捏造事实诽谤他人，情节严重的，应当依法以侮辱罪、诽谤罪定罪处罚；如果行为人利用信息网络实施的有关行为针对的是不特定对象，侵害的是社会秩序，则应当依法以寻衅滋事罪定罪处罚；如果行为人利用信息网络辱骂、诽谤特定的个人，但同时破坏了社会秩序，则还可能存在寻衅滋事罪与侮辱罪、诽谤罪的竞合问题，对此应当按照本《解释》第九条规定，依照处罚较重的罪即寻衅滋事罪定罪处罚。二是要注意严格掌握入罪标准。行为人利用信息网络辱骂、恐吓他人，必须是达到“情节恶劣”程度，同时必须是对社会秩序造成了现实的破坏才可入罪。这里的“情节恶劣”，可以根据“两高”《关于办理寻衅滋事刑事案件适用法律若干问题的解释》相关规定予以认定。

本条第二款规定了利用信息网络起哄闹事，造成公共秩序严重混乱构成寻衅滋事罪适用《刑法》第二百九十三条第一款第（四）项的情形。根据本款，行为人编造虚假信息，或者明知是虚假信息，在信息网络上散布，或者组织、指使人员在信息网络上散布虚假信息，起哄闹事，造成公共秩序严重混乱的，应当以寻衅滋事罪定罪处罚。如前所述，信息网络具有明显的公共属性和社会属性。网络社会已融入现实社会，成为人们现实生活的重要组成部分。网络信息必然会对现实生活和社会造成直接、客观的影响。利用信息网络编造、故意传播虚假信息并造成公共秩序严重混乱的行为具有现实的社会危害性，构成犯罪的，应当以寻衅滋事罪追究刑事责任。

（六）关于利用信息网络实施敲诈勒索罪的司法认定

《解释》第六条规定了利用信息网络实施敲诈勒索犯罪的法律适用问题。该条规定，“以在信息网络上发布、删除等方式处理网络信息为由，威胁、要挟他人，索取公私财物，数额较大，或者多次实施上述行为的，依照刑法第二百七十四条的规定，以敲诈勒索罪定罪处罚。”这里的“在信息网络上发布、删除等方式处理网络信息”，主要是指利用信息网络发帖、删帖，或者将有关信息“置顶”“下沉”。实践中，行为人通过信息网络实施敲诈勒索犯罪，通常表现为两种行为类型：一是“发帖型”，即以将要发布负面信息为由相要挟，向被害人索取财物；二是“删帖型”，即先在信息网络上散布有关被害人的虚假或者负面信息，再主动联系被害人，以帮助被害人“删帖”为由，威胁、要挟被害人并索取财物。这两种行为方式就其本质而言，都是以非法占有为目的，通过对被害人实行精神强制，使其产生恐惧心理，不得已而交出公私财物。因此，利用信息网络实施敲诈勒索，数额较大或者多次实施敲诈勒索行为的，应以敲诈勒索罪追究刑事责任。具体的定罪量刑标准应当适用“两高”《关于办理敲诈勒索刑事案件适用法律若干问题的解释》的相关规定。

（七）关于利用信息网络实施非法经营罪的司法认定

《解释》第七条分两款规定了利用信息网络实施非法经营犯罪的法律适用问题。实践中，有一些个人和单位以营利为目的，以网络策划营销等为幌子，长期提供非法网络信息服务，包括提供“删帖”、发布虚假信息等服务，从而谋取巨额非法利益，既严重侵害了他人合法权益，又严重扰乱市场秩序，应依法予以打击。

本条第一款规定，“违反国家规定，以营利为目的，通过信息网络有偿提供删除信息服务，或者明知是虚假信息，通过信息网络有偿提供发布信息等服务，扰乱市场秩序，具有下列情形之一的，属于非法经营行为‘情节严重’，依照刑法第二百二十五条第（四）项的规定，以非法经营罪定罪处罚：（一）个人非法经营数额在五万元以上，或者违法所得数额在二万元以上的；（二）单位非法经营数额在十五万元以上，或者违法所得数额在五万元以上的。”这里应当注意两点：一是考虑到以营利为目的，通过信息网络向他人有偿提供发布信息、转发信息、发表评论、删除信息等服务，通常是以公司、企业等形式组织开展经营活动的，故本条规定了单位犯罪。二是“删帖”和“发帖”的内容在认定犯罪时有所区别。通过信息网络向他人有偿提供发布信息等服务，构成非法经营罪的，必须以行为人明知所发布的信息是虚假信息为前提。如果行为人不明知所发布的信息为虚假信息，即使收取了一定的费用，也不应认定为非法经营罪。但对于通过信息网络向他人有偿提供删除信息服务的，《解释》不要求行为人明知所删除的信息是“真实信息”或者是“虚假信息”。

本条第二款规定了第二档法定刑的量刑标准，即实施前款规定的行为，数额达到前款规定的数额五倍以上的，应当认定为《刑法》第二百二十五条规定的“情节特别严重”。

（八）关于利用信息网络实施有关犯罪的共同犯罪认定问题

《解释》第八条规定“明知他人利用信息网络实施诽谤、寻衅滋事、敲诈勒索、非法经营等犯罪，为其提供资金、场所、技术支持等帮助的，以共同犯罪论处”。

这里需要强调的是，为贯彻落实宽严相济刑事政策，做到罚当其罪，防止扩大打击面，本条明确规定，追究提供资金、场所、技术支持等帮助行为人的刑事责任，要求其主观上必须是“明知”。一是行为人主观上明知他人利用信息网络实施诽谤、寻衅滋事、敲诈勒索、非法经营等犯罪；二是明知的内容必须是实施某一种具体犯罪行为，而不是笼统地知道他人可能会从事违法犯罪活动。行为人如果对他人利用信息网络实施相关犯罪活动不是明知，即使客观上起到了帮助作用，也不构成共同犯罪。

（九）关于利用信息网络实施诽谤、寻衅滋事、敲诈勒索、非法经营犯罪与其他犯罪竞合及处罚原则

《解释》第九条规定了利用信息网络实施诽谤、寻衅滋事、敲诈勒索、非法经营犯罪与其他犯罪的竞合问题和处断原则，即“利用信息网络实施诽谤、寻衅滋事、敲诈勒索、非法经营犯罪，同时又构成刑法第二百二十一条规定的损害商业信誉、商品声誉罪，第二百七十八条规定的煽动暴力抗拒法律实施罪，第二百九十一条之一规定的编造、故意传播虚假恐怖信息罪等犯罪的，依照处罚较重的规定定罪处罚”。

（十）关于信息网络范围的界定

《解释》第十条对信息网络的概念和范围作出了规定。即本解释所称信息网络，包括以计算机、电视机、固定电话机、移动电话机等电子设备为终端的计算机互联网、广播电视网、固定通信网、移动通信网等信息网络，以及向公众开放的局域网络。

《关于办理寻衅滋事刑事案件适用法律若干问题的解释》理解与适用 *

陈国庆　韩耀元　侯庆奇 **

2013年7月15日，最高人民法院、最高人民检察院联合公布了《关于办理寻衅滋事刑事案件适用法律若干问题的解释》(以下简称《解释》)。《解释》针对依法惩治寻衅滋事犯罪中遇到的法律适用问题，进一步明确了寻衅滋事罪的定罪量刑标准以及与其他犯罪的关系等法律适用问题。这是最高人民法院、最高人民检察院加大打击寻衅滋事犯罪力度，维护社会秩序，保障人民群众人身财产权利，促进社会和谐稳定的重要举措。为便于深入理解和掌握《解释》的基本精神和主要内容，现就《解释》的有关问题解读如下。

一、制定《解释》的背景和过程

寻衅滋事罪是一种常见多发犯罪。1997年刑法修订时，将1979年刑法规定的流氓罪分解为强制猥亵、侮辱妇女罪，聚众斗殴罪和寻衅滋事罪。1997年《刑法》第二百九十三条规定:“有下列寻衅滋事行为之一，破坏社会秩序的，处五年以下有期徒刑、拘役或者管制:(一)随意殴打他人，情节恶劣的;(二)追逐、拦截、辱骂他人，情节恶劣的;(三)强拿硬要或者任意损毁、占用公私财物，情节严重的;(四)在公共场所起哄闹事，造成公共场所秩序严重混乱的。”为进一步严厉打击寻衅滋事犯罪，2011年2月《刑法修正案(八)》对《刑法》第二百九十三条作了完善：一是在第二项“追逐、拦截、辱骂”之后增加“恐吓”他人的行为；二是增加了第二款规定“纠集他人多次实施前款行为，严重破坏社会秩序的，处五年以上十年以下有期徒刑，可以并处罚金”，增加了寻衅滋事罪的量刑档次和

* 原文载《人民检察》2013年第20期。

** 作者单位：最高人民检察院。

罚金刑。从以往司法实践的情况来看，寻衅滋事罪的法律适用主要有以下几个问题亟待解决：一是如何准确界定寻衅滋事罪的入罪标准，确保刑法适用的谦抑性；二是如何避免将寻衅滋事罪作为其他犯罪的兜底罪名，确保刑法适用的明确性；三是如何准确区分寻衅滋事罪与相关个罪，确保刑法适用的准确性。

为科学设定寻衅滋事罪的定罪量刑标准，确保既能依法严厉惩治、有效防范寻衅滋事犯罪，又能充分贯彻宽严相济刑事政策，适当控制打击面，实现行政处罚和刑事处罚的有效衔接，保证法律的正确统一适用，最高人民法院、最高人民检察院（以下简称“两高”）共同启动了寻衅滋事刑事案件司法解释的研究起草工作，经调研讨论形成了《解释》初稿。2013 年 1 月，“两高”分别在全国法院系统、检察院系统内征求意见；2 月，征求了全国人大常委会法工委、公安部、司法部等有关单位的意见和建议；3 月，进一步征求了有关专家学者和社会有关方面的意见。经综合各方面意见，多次研究修改，形成《解释》审议稿。《解释》于 2013 年 5 月 27 日由最高人民法院审判委员会第 1579 次会议、2013 年 4 月 28 日由最高人民检察院第十二届检察委员会第 5 次会议通过，自 2013 年 7 月 22 日起施行。

二、《解释》的主要内容及适用

《解释》共八条，主要规定了寻衅滋事的认定原则，细化了寻衅滋事行为成立犯罪的认定标准，并明确了有关法律适用问题。第一条明确了认定寻衅滋事罪的一般原则。第二条明确了随意殴打他人“情节恶劣”的认定标准。第三条明确了追逐、拦截、辱骂、恐吓他人“情节恶劣”的认定标准。第四条明确了强拿硬要或者任意损毁、占用公私财物“情节严重”的认定标准。第五条明确了在公共场所起哄闹事“造成公共场所秩序严重混乱”的认定标准。第六条明确了纠集他人多次寻衅滋事的认定处理问题。第七条明确了实施寻衅滋事犯罪同时构成其他犯罪的处理原则。第八条明确了寻衅滋事罪的从宽处罚情节。

（一）认定寻衅滋事罪的一般原则

《解释》第一条明确规定寻衅滋事罪的认定，应当坚持主客观相统一的原则。寻衅滋事罪规定在刑法分则第六章妨害社会管理秩序罪的第一节扰乱公共秩序罪中，行为人主观上是否有寻衅动机，行为客观上是否破坏社会秩序，是认定有关行为是否属于寻衅滋事、是构成寻衅滋事罪还是其他犯罪的关键。需要注意的是，虽然构成寻衅滋事罪要求行为人主观上必须具有寻衅动机，但寻衅动机的认定关键不是事出有因或者无因的问题，无论是有因还是无因，均可认定为具有寻衅动机，关键在于其所谓的原因是否能为一般社会大众所接受。《解释》第一条根据实践中寻衅滋事犯罪的不同情况，将寻衅动机分为无事生非和借故生非两种类型。

第一款规定的是无事生非类型的寻衅滋事。寻衅滋事罪规定的行为方式与刑法分则规定的其他犯罪的行为方式存在一定的重合和交叉，而社会秩序是十分抽象的概念，外延非常广泛，仅从客观行为方式上难以区分寻衅滋事罪与其他犯罪，寻衅动机作为寻衅滋事罪的责任要素，具有限定寻衅滋事罪的成立范围和区分寻衅滋事罪与其他犯罪界限的意义。行为人为寻求刺激、发泄情绪、逞强耍横等，无事生非，实施《刑法》第二百九十三条规定的行为的，应当认定为寻衅滋事。

第二款规定的是借故生非类型的寻衅滋事。行为人在实施寻衅滋事行为前，通常会为自己寻找理由或者原因，作为其实施犯罪行为的借口。因此，不能仅根据是否事出有因来判断行为人是否具有寻衅动机。行为人因日常生活中的偶发矛盾纠纷，如与他人发生口角等，借故生非，实施《刑法》第二百九十三条规定的行为，虽然事出有因，但小题大做，借题发挥，行为明显超出了合理的纠纷解决方式，应当认定其具有寻衅动机。同时，对事出有因也应区别对待，如果矛盾系由被害人故意引发，或者被害人对矛盾激化负有主要责任的，不应认定行为人具有寻衅动机，不以寻衅滋事罪论处，符合其他犯罪构成条件的，依照其他犯罪处理。

第三款规定了寻衅动机的一般阻却事由，进一步明确了寻衅滋事的认定。实践中，对于行为人因婚恋、家庭、邻里、债务等纠纷，特别是基于积怨，进而实施殴打、追逐、拦截、辱骂、恐吓他人，或者损毁、占用他人财物的行为的，原因与结果之间具有明确的因果关系，不宜认定为寻衅滋事。但是，不能将婚恋、家庭、邻里、债务纠纷作为寻衅滋事罪的绝对阻却事由。基于婚恋、家庭、邻里、债务纠纷实施殴打、追逐、拦截、辱骂、恐吓他人，或者损毁、占用他人财物的行为，经有关部门批评制止或者处理处罚后，行为人仍继续实施前列行为的，已经充分表明行为人轻率实施不法行为、借故滋事的寻衅动机，客观上的不法行为不仅侵害了他人的人身安全、自由、财产等权益，也侵害了社会秩序，可以认定为寻衅滋事。

（二）随意殴打他人“情节恶劣”的认定标准

刑法规定寻衅滋事罪的四项罪状中，随意殴打他人在寻衅滋事刑事案件中占绝对比重，成为司法实践中区分寻衅滋事罪与非罪的关键。随意殴打他人，表明行为人是基于耍威风、逞强斗狠、发泄情绪、寻求精神刺激等不良动机实施殴打行为，殴打的理由、对象或者场所一般明显违背社会公序良俗，不能为社会大众理解或者接受，侵害了与公民个人安全相关的社会秩序或者公共秩序。随意殴打他人“情节恶劣”的认定应当根据行为人实施殴打的手段、对象、次数、造成的危害后果以及发生场所等进行判断。实践中，随意殴打他人致人轻伤、轻微伤的比重相对较大，成为寻衅滋事罪与非罪认定的交汇地带，经综合考虑，将“致一人以上轻伤或者二人以上轻微伤”作为随意殴打类型寻衅滋事行为入罪的标准。此外，寻衅滋事罪作为妨害社会管理秩序和侵犯公民人身财产安全的犯罪，随意殴打他人“情节恶劣”不以造成他人伤害为限。引起他人精神失常、自杀等严重后果；多次随意殴打他人；持凶器随意殴打他人；随意殴打精神病人、残疾人、流浪乞讨人员、老年人、孕妇、未成年人，造成恶劣社会影响；在公共场所随意殴打他人，造成公共秩序严重混乱等几种情形都可以反映出行为人的主观恶性和行为的社会危害性程度，也应当认定为“情节恶劣”。对此，《解释》第二条作出了明确规定。

（三）追逐、拦截、辱骂、恐吓他人“情节恶劣”的认定标准

从司法实践来看，在寻衅滋事罪规定的四项罪状中，追逐、拦截、辱骂、恐吓他人在寻衅滋事刑事案件中所占比重较小。根据司法实践中的具体情况，《解释》第三条将多次追逐、拦截、辱骂、恐吓他人，造成恶劣社会影响；持凶器追逐、拦截、辱骂、恐吓他人；追逐、拦截、辱骂、恐吓精神病人、残疾人、流浪乞讨人员、老年人、孕妇、未成年人，造成恶劣社会影响；引起他人精神失常、自杀等严重后果；严重影响他人的工作、生活、生产、经营等情形规定为“情节恶劣”。《解释》未将“追逐、拦截、辱骂、恐吓多人”的情形规定为“情节恶劣”，主要考虑：一是实践中，仅仅是一个人单次追逐、拦截、辱骂、恐吓多人，不足以对被害人形成足够的危险，精神正常的人也很少有人实施此种行为，可以不作为犯罪考虑；二是伙同他人追逐、拦截、辱骂、恐吓多人，未造成严重后果或者不具备其他严重情节的，也不宜作为犯罪考虑。

（四）强拿硬要或者任意损毁、占用公私财物“情节严重”的认定标准

强拿硬要或者任意损毁、占用公私财物是否达到“情节严重”的程度，应当根据行为人取得、毁损或者占用财物的数额、行为的次数、针对的对象、造成的危害后果等作出判断。根据司法实践中的具体情况，《解释》第四条将强拿硬要公私财物价值一千元以上，或者任意损毁、占用公私财物价值二千元以上；多次强拿硬要或者任意损毁、占用公私财物，造成恶劣社会影响；强拿硬要或者任意损毁、占用精神病人、残疾人、流浪乞讨人员、老年人、孕妇、未成年人的财物，造成恶劣社会影响；引起他人精神失常、自杀等严重后果；严重影响他人的工作、生活、生产、经营等情形规定为情节严重。需要说明的是本条第一项关于强拿硬要或者任意损毁、占用公私财物数额标准的规定，2008年最高人民检察院、公安部《关于公安机关管辖的刑事案件立案追诉标准的规定（一）》第三十七条将“强拿硬要或者任意损毁、占用公私财物价值二千元以上”作为寻衅滋事罪的立案追诉标准。《解释》规定“强拿硬要公私财物价值一千元以上”的应当认定为“情节恶劣”，降低了入罪标准，有利于进一步加大对此类寻衅滋事行为的打击力度。此外，考虑到强拿硬要与任意损毁、占用行为在主观恶性和社会危害性方面存在一定差异，对公共秩序的侵害程度也有所区别，本条在认定“情节恶劣”的数额标准上采取了不同标准，强拿硬要的数额标准是一千元以上，任意损毁、占用公私财物的数额标准是二千元以上，二者之间为二倍的倍数关系。

（五）在公共场所起哄闹事“造成公共场所秩序严重混乱”的认定标准

从司法实践来看，在寻衅滋事罪规定的四项罪状中，在公共场所起哄闹事在寻衅滋事刑事案件中所占比重也较小。本条主要从两个方面对在公共场所起哄闹事“造成公共场所秩序严重混乱”的认定标准作了规定：一是以列举的方式，将“公共场所”界定为“车站、码头、机场、医院、商场、公园、影剧院、展览会、运动场或者其他公共场所”。二是对“造成公共场所秩序严重混乱”的认定，强调应当综合考虑公共场所的性质、公共活动的重要程度、公共场所的人数、起哄闹事的时间、公共场所受影响的范围与程度等因素进行综合分析判断。例如，在

预防、控制突发传染病疫情等灾害期间在公共场所起哄闹事，妨害预防、控制突发传染病疫情等灾害的；聚集多人在学校、医院等公共场所起哄闹事，严重影响正常的教学、医疗秩序的；在影剧院、公园、车站等人员密集的公共场所起哄闹事，引起群众恐慌、逃离等混乱局面的情形都应当认定为“造成公共场所秩序严重混乱”。

（六）纠集他人多次寻衅滋事的认定处理问题

《解释》第六条对《刑法》第二百九十三条第二款的法律适用问题作了明确规定。这里的“纠集”，一般是指共同犯罪中的首要分子或主犯，有目的地将其他人联合、召集在一起。根据本条规定，适用《刑法》第二百九十三条第二款的规定应当满足以下三个条件：一是实施的寻衅滋事行为次数必须为三次以上；二是每次寻衅滋事行为都未经处理，包括行政处理和刑事处理；三是每次实施的寻衅滋事行为均构成犯罪。实践中，对于《刑法》第二百九十三条第二款规定的纠集他人多次实施寻衅滋事行为是否要求每次寻衅滋事行为都构成犯罪存在争议。有意见认为，行为人多次实施《刑法》第二百九十三条列举的寻衅滋事行为，虽然有的行为本身未达到寻衅滋事罪要求的情节恶劣、情节严重的程度，不构成犯罪，但只要寻衅滋事行为达到了三次以上，就可以认定为情节加重犯，处五年以上十年以下有期徒刑。《解释》第六条明确规定“纠集他人三次以上实施寻衅滋事犯罪”，要求每次实施的寻衅滋事行为均构成犯罪，主要考虑是：符合《刑法》第二百九十三条第二款规定的行为“处五年以上十年以下有期徒刑，可以并处罚金”，从法定刑配置来看属于社会危害性相当大的行为，应当严格掌握，在司法实践中慎重适用。如果纠集他人实施三次以上的寻衅滋事行为，每次行为的社会危害性都不大，未达到犯罪程度，虽然行为具有密集性，但危害性量变到质变的体现不明显，不具有严重的社会危害性，不应认定为《刑法》第二百九十三条第二款规定的情节加重犯。对于此种多次实施寻衅滋事行为的，可以认定为符合寻衅滋事罪的基本犯罪构成，在五年有期徒刑以下处刑。

（七）实施寻衅滋事犯罪同时构成其他犯罪的处理原则

《解释》第七条规定了寻衅滋事罪和其他犯罪竞合的处理原则，即“从一重罪处断”。如前所述，寻衅滋事罪客观方面规定的四种行为方式，与其他犯罪的客观方面存在重合或者交叉，如寻衅滋事罪中的殴打行为与故意伤害罪中的伤害行为，辱骂行为与侮辱罪中的侮辱行为，恐吓行为与敲诈勒索罪中的威胁行为，强拿硬要行为与抢劫罪中以暴力、胁迫为手段实施的抢劫行为，任意毁损行为与故意毁坏财物罪中的毁坏行为，在公共场所起哄闹事行为与聚众扰乱公共场所秩序、交通秩序罪中的扰乱行为等。行为人实施的寻衅滋事行为，同时符合寻衅滋事罪和故意杀人罪、故意伤害罪、故意毁坏财物罪、敲诈勒索罪、抢夺罪、抢劫罪等罪的构成要件的，实质属于竞合犯，应当根据竞合犯的处罚原则，依照处罚较重的犯罪定罪处罚。

（八）寻衅滋事罪的从宽处罚情节

《解释》第八条对办理寻衅滋事刑事案件从宽处理的情形作了规定。犯罪嫌疑人、被告人认罪、悔罪，积极赔偿被害人损失或者取得被害人谅解的，反映其主观恶性和社会危害性较小，可以从轻处罚；对于犯罪情节轻微的，可以不起诉或者免予刑事处罚。

《关于办理寻衅滋事刑事案件适用法律若干问题的解释》的理解与适用*

周加海　喻海松**

为依法惩治寻衅滋事犯罪，维护社会秩序，最高人民法院、最高人民检察院联合发布了《关于办理寻衅滋事刑事案件适用法律若干问题的解释》（以下简称《解释》），自2013年7月22日起施行。为便于司法实践中正确理解和适用，现就《解释》的制定背景、主要内容介绍如下。

一、《解释》的制定背景

1997年修订刑法时，将流氓罪分解为强制猥亵、侮辱妇女罪，聚众斗殴罪，聚众淫乱罪和寻衅滋事罪四种犯罪。1997年《刑法》第二百九十三条规定："有下列寻衅滋事行为之一，破坏社会秩序的，处五年以下有期徒刑、拘役或者管制：（一）随意殴打他人，情节恶劣的；（二）追逐、拦截、辱骂他人，情节恶劣的；（三）强拿硬要或者任意损毁、占用公私财物，情节严重的；（四）在公共场所起哄闹事，造成公共场所秩序严重混乱的。"

针对实践中寻衅滋事违法犯罪出现的新情况，2011年2月25日通过的《刑法修正案（八）》对《刑法》第二百九十三条作了进一步完善：一是在原第二项"追逐、拦截、辱骂"后增加了"恐吓"他人的行为；二是增加一款纠集他人多次实施寻衅滋事严重破坏社会秩序的行为，规定对此种行为"处五年以上十年以下有期徒刑，可以并处罚金"。

寻衅滋事罪系司法实践中的常见多发犯罪，在人民法院受理的刑事案件中占有相当比例。为准确、统一适用法律，依法严惩寻衅滋事犯罪，最高人民法院会

---

* 原文载《人民司法（应用）》2013年第23期。

** 作者单位：最高人民法院。

同最高人民检察院在深入调研的基础上，对迫切需要解决的法律适用问题进行了认真梳理，经广泛征求意见、反复研究论证，起草了《解释》。2013 年 5 月 27 日最高人民法院审判委员会第 1579 次会议、2013 年 4 月 28 日最高人民检察院第十二届检察委员会第 5 次审议通过了《解释》。

二、《解释》的主要内容

《解释》共八条，明确了以下八个方面问题：

（一）关于寻衅滋事的认定

寻衅滋事罪的四种表现形式与刑法规定的其他犯罪，如故意伤害罪，故意毁坏财物罪，强制猥亵、侮辱妇女罪，抢劫罪等罪在行为方式上存在重合与交叉。准确界定“寻衅滋事”，是正确区分有关行为是构成寻衅滋事罪还是其他犯罪，或者只是一般违法行为的关键。而从实践情况看，目前对这一问题的认识和把握还不尽准确、统一，影响了相关案件的依法及时处理。为规范、统一法律适用，准确把握罪与非罪、此罪与彼罪的界限，有必要首先对何谓“寻衅滋事”作出明确。此外，明确何谓“寻衅滋事”，是准确认定本罪的共性问题、基础性问题。如不对此作出明确，则在解释“随意殴打他人，情节恶劣”“追逐、拦截、辱骂、恐吓他人，情节恶劣”“强拿硬要或者任意损毁、占用公私财物，情节严重”等内容时，均需对这一问题作出规定，这将使解释条文明显重复。鉴此，《解释》第一条首先对“寻衅滋事”的认定作了一般性规定。

第一款规定：“行为人为寻求刺激、发泄情绪、逞强耍横等，无事生非，实施刑法第二百九十三条规定的行为的，应当认定为‘寻衅滋事’。”该款规定的是“无事生非型”寻衅滋事。对此类行为应当认定为“寻衅滋事”，在理论上、实践中没有不同认识。

第二款规定：“行为人因日常生活中的偶发矛盾纠纷，借故生非，实施刑法第二百九十三条规定的行为的，应当认定为‘寻衅滋事’，但矛盾系由被害人故意引发或者被害人对矛盾激化负有主要责任的除外。”该款规定的是“小题大做型”寻衅滋事。传统刑法理论认为，寻衅滋事只能表现为无事生非。这一观点有失妥当。从实践看，“无事生非型”寻衅滋事已极为少见，甚至从极端意义上讲并不存在，如认为只有“无事生非”才属于寻衅滋事，将极大地不当限缩寻衅滋事罪的成立范围。在日常生活中偶发矛盾纠纷，如与他人无意碰撞后，即小题大做、借题发挥，实施随意殴打他人或者任意毁损他人财物等行为的，明显不属于解决纠纷的合理方式，明显超出解决纠纷的合理限度，尽管事出有因，也可认为是借故寻衅，也破坏社会秩序，应当认定为“寻衅滋事”。当然，如矛盾系由被害人故意引发或者被害人对矛盾激化负有主要责任的（如被害人的车挡住了行为人的路，经行为人请求，被害人拒绝挪动，甚至辱骂行为人，从而引起双方冲突的），则不应认定为“寻衅滋事”；构成其他犯罪的，可以其他犯罪论处。

第三款规定：“行为人因婚恋、家庭、邻里、债务等纠纷，实施殴打、辱骂、恐吓他人或者损毁、占用他人财物等行为的，一般不认定为‘寻衅滋事’，但经有关部门批评制止或者处理处罚后，继续实施前列行为，破坏社会秩序的除外。”该款规定了因婚恋、家庭、邻里、债务等纠纷实施相应行为构成寻衅滋事的标准。行为人因婚恋、家庭、邻里、债务等纠纷，特别是基于积怨，实施殴打、辱骂、恐吓他人或者损毁、占用他人财物等行为的，由于行为人并非“寻衅”，一般不应以寻衅滋事论处；但是，行为人经有关部门批评制止或者处理处罚后，拒不改正，继续实施前列行为，破坏社会秩序的，也可认定为“寻衅滋事”。需要特别强调的是，根据刑法和《解释》规定，对此种情形以“寻衅滋事”论处，必须以行为人的行为“破坏社会秩序”为条件。寻衅滋事是扰乱公共秩序罪，根据《刑法》第二百九十三条规定，实施寻衅滋事行为，破坏社会秩序的，才能构成寻衅滋事罪。如行为人因婚恋、家庭等纠纷实施的有关行为并未破坏社会秩序，则即使其此前曾受有关部门批评制止或者处理处罚，依法也不能认定为“寻衅滋事”。

（二）关于随意殴打他人情节恶劣的认定标准

从实践看，在寻衅滋事罪的四种表现形式中，“随意殴打他人”占绝对比重。经对某地 2010 年至 2012 年审结的寻衅滋事案件的抽样调查，随意殴打他人的案件共 701 件，占案件总量的 89.07%。因此，准确界定随意殴打他人“情节恶劣”的认定标准，意义重大。

《解释》第二条明确，随意殴打他人，破坏社会秩序，具有下列情形之一的，应当认定为《刑法》第二百九十三条第一款第一项规定的“情节恶劣”：（1）致一人以上轻伤或者二人以上轻微伤的；（2）引起他人精神失常、自杀等严重后果的；（3）多次随意殴打他人的；（4）持凶器随意殴打他人的；（5）随意殴打精神病人、残疾人、流浪乞讨人员、老年人、孕妇、未成年人，造成恶劣社会影响的；（6）在公共场所随意殴打他人，造成公共场所秩序严重混乱的；（7）其他情节恶劣的情形。需注意的是，并非所有随意殴打精神病人、残疾人等特殊人员以及在公共场所随意殴打他人的行为均属于“情节恶劣”，均构成寻衅滋事罪。如实施上述行为，未造成恶劣社会影响或造成公共场所秩序严重混乱的，属于违反治安管理处罚法的一般违法行为。

（三）关于追逐、拦截、辱骂、恐吓他人情节恶劣的认定标准

《解释》第三条明确，追逐、拦截、辱骂、恐吓他人，破坏社会秩序，具有下列情形之一的，应当认定为刑法第二百九十三条第一款第（二）项规定的“情节恶劣”：（1）多次追逐、拦截、辱骂、恐吓他人，造成恶劣社会影响的；（2）持凶器追逐、拦截、辱骂、恐吓他人的；（3）追逐、拦截、辱骂、恐吓精神病人、残疾人、流浪乞讨人员、老年人、孕妇、未成年人，造成恶劣社会影响的；（4）引起他人精神失常、自杀等严重后果的；（5）严重影响他人的工作、生活、生产、经营的；（6）其他情节恶劣的情形。

（四）关于强拿硬要或者任意损毁、占用公私财物“情节严重”的认定标准

2008年最高人民检察院、公安部《关于公安机关管辖的刑事案件立案追诉标准的规定（一）》第三十七条第（三）项规定，“强拿硬要或者任意损毁、占用公私财物价值二千元以上”，属于“情节严重”。经研究认为，这一规定不尽妥当。一是根据2002年最高人民法院《关于审理抢夺刑事案件具体应用法律若干问题的解释》的规定，抢夺公私财物价值人民币五百元至二千元以上的，为“数额较大”。如规定“强拿硬要”二千元以上的，才属于“情节严重”，将导致相关犯罪的入罪标准有失平衡。二是强拿硬要与任意损毁、占用，两种行为的社会危害程度存在差异，不宜适用同一数额标准。

《解释》第四条明确，强拿硬要或者任意损毁、占用公私财物，破坏社会秩序，具有下列情形之一的，应当认定为《刑法》第二百九十三条第一款第（三）项规定的“情节严重”：（1）强拿硬要公私财物价值一千元以上，或者任意损毁、占用公私财物价值二千元以上的；（2）多次强拿硬要或者任意损毁、占用公私财

物，造成恶劣社会影响的；（3）强拿硬要或者任意损毁、占用精神病人、残疾人、流浪乞讨人员、老年人、孕妇、未成年人的财物，造成恶劣社会影响的；（4）引起他人精神失常、自杀等严重后果的；（5）严重影响他人的工作、生活、生产、经营的；（6）其他情节严重的情形。

（五）关于在公共场所起哄闹事造成公共场所秩序严重混乱的认定标准

《解释》第五条对在公共场所起哄闹事"造成公共场所秩序严重混乱"的认定标准作了规定，明确在车站、码头、机场、医院、商场、公园、影剧院、展览会、运动场或者其他公共场所起哄闹事，应当根据公共场所的性质、公共活动的重要程度、公共场所的人数、起哄闹事的时间、公共场所受影响的范围与程度等因素，综合判断是否"造成公共场所秩序严重混乱"。

（六）关于纠集他人多次寻衅滋事的认定

根据《刑法》第二百九十三条第二款的规定，纠集他人多次实施寻衅《刑法》第二百九十三条第一款行为，严重破坏社会秩序的，处五年以上十年以下有期徒刑，可以并处罚金。实践中对于该规定的具体理解存在不同认识，主要集中在如下三个问题：（1）应否有时间跨度的限制；（2）每次实施的寻鲜滋事行为是否须构成犯罪；（3）每次寻衅滋事行为是否须未经处理。经研究，《解释》第六条规定："纠集他人三次以上实施寻衅滋事犯罪，未经处理的，应当依照刑法第二百九十三条第二款的规定处罚。"据此，对寻衅滋事行为依照《刑法》第二百九十三条第二款的规定"处五年以上十年以下有期徒刑，可以并处罚金"，应当同时满足以下两个条件：一是每次实施的寻鲜滋事行为均构成犯罪。二是每次寻衅滋事行为未经处理，包括行政处理和刑事处理。至于多次寻鲜滋事行为的时间跨度，《解释》未作限制，只要未超过法定的追诉时限期限，均可计入。

（七）关于寻衅滋事罪与其他犯罪竞合时的处理规则

《解释》第七条明确了寻衅滋事罪与其他犯罪竞合时的处理规则，即"从一重处断"，规定实施寻衅滋事行为，同时符合寻衅滋事罪和故意杀人罪、故意伤害罪、故意毁坏财物罪、敲诈勒索罪、抢夺罪、抢劫罪等罪的构成要件的，依照处罚较重的犯罪定罪处罚。

（八）关于寻衅滋事刑事案件的从宽处理

《解释》第八条对寻衅滋事刑事案件的从宽处理作了规定，明确行为人认罪、悔罪，积极赔偿被害人损失或者取得被害人谅解的，可以从轻处罚；犯罪情节轻微的，可以不起诉或者免予刑事处罚。

《人民检察院办理网络犯罪案件规定》的理解与适用*

郑新俭　赵　玮　纪敬玲**

2021年1月22日，最高人民检察院发布《人民检察院办理网络犯罪案件规定》（以下简称《规定》）。《规定》的出台，对于指导和规范检察机关网络犯罪案件办理，维护国家安全、网络安全、社会公共利益，保护公民、法人和其他组织的合法权益，具有重要意义。为便于理解与适用，现就有关问题解读如下。

一、《规定》起草的背景和过程

当前，网络犯罪不断滋生蔓延，严重损害人民群众合法权益，威胁国家安全和社会稳定。新型网络犯罪层出不穷，加大了检察机关的办案难度，也对检察人员的专业能力和水平提出了更高要求。从调研了解的情况看，检察机关在办案理念、办案能力、办案机制上，还不能完全适应惩治网络犯罪的形势需要。特别是对于电子数据的审查运用，不少检察人员存在能力短板和本领恐慌，较多依赖于侦查机关的审查结论。面对新型网络犯罪，不敢办、不愿办、不会办的情况一定程度存在。

近年来，办理网络犯罪的相关规定陆续出台，如2014年最高人民法院、最高人民检察院、公安部《关于办理网络犯罪案件适用刑事诉讼程序若干问题的意见》（以下简称《意见》），2016年最高人民法院、最高人民检察院、公安部《关于办理刑事案件收集提取和审查判断电子数据若干问题的规定》（以下简称《电子数据规定》），以及2019年公安部《公安机关办理刑事案件电子数据取证规则》（以下简称《取证规则》），但这些规定主要是面向公检法三机关的全面规定，对于检察

* 原文载《人民检察》2021年第5期。

** 作者单位：最高人民检察院。

办案特别是案件审查环节缺乏细化的规范指引。因此，制定并发布《规定》，是因应基层检察官的办案需要。

2020年4月，最高人民检察院成立由12个部门组成的惩治网络犯罪、维护网络安全研究指导组，把制定《规定》作为重要任务。2020年6月，《规定》起草工作正式启动，最高人民检察院第四检察厅成立由四级检察机关的办案人员和技术人员共同组成的起草小组，深入开展调研，经反复修改，并经2020年12月14日最高检第十三届检察委员会第五十七次会议审议通过，于2021年1月22日发布。

二、《规定》起草的主要思路

为确保《规定》的针对性、规范性和实用性，在起草过程中，起草组注重把握以下几点：

一是突出维护网络安全和人民合法权益。《规定》坚持以习近平总书记重要论述为指引，将“维护国家安全、网络安全、社会公共利益，保护公民、法人和其他组织的合法权益”作为制定的根本目的，强调加强全链条惩治、专业化惩治和一体化惩治，加大法律监督力度，建立捕、诉、监、防一体的办案机制，更加精准惩治网络犯罪。在惩治网络犯罪的同时，更加重视对于网络空间被害人权益的保护。

二是坚持问题导向、需求导向。《规定》围绕当前检察机关办理网络犯罪案件中存在的突出问题，有针对性地安排章节、设置条款。特别是对于引导取证、案件审查、电子数据审查和跨区域协作办案等重点问题，专设章节进行规定。对于其他的一般办案程序问题，《规定》不再专门设置条款，而是适用刑事诉讼法、最高检《人民检察院刑事诉讼规则》等规定。

三是突出网络犯罪案件特点。《规定》以司法办案为中心，以刑事诉讼程序为主线，对检察机关办理网络犯罪案件引导取证、审查逮捕、审查起诉、出庭支持公诉等分别作出规定。在具体条款设置上，对现有刑事法律规定在网络犯罪案件办理中的适用进行细化，增强其可操作性。

四是充分关注司法办案与技术要素的融合。考虑到网络犯罪案件办理的专业性和技术性，《规定》既注重面向办案人员，对于各环节办案审查提出规范指引；又注重面向技术人员，对于各环节技术支持办案提出基本要求。同时，考虑到

《规定》涉及不少技术性专业问题，为使相关的专业技术表述便于理解，对于行业内固定用语，在附则中设置用语说明；对于其他专业性用语，在不影响原意的前提下，进行适当调整，使其在内容上更加适应办案要求，表述上更加符合法律用语习惯。

五是注重借鉴吸收各方有益成果和建议。《规定》制定过程中，先后几轮征求各方意见，充分考虑吸收了近年来各地检察机关办案中的有益经验做法，安排一线检察官和检察技术人员参与研究制定，邀请互联网企业专家逐条研提意见，努力使《规定》贴近互联网行业发展和基层办案实际。

三、《规定》的主要内容

《规定》共七章六十五条，主要包括一般规定、引导取证和案件审查、电子数据的审查、出庭支持公诉、跨区域协作办案、跨国（边）境司法协作、附则等内容。

（一）网络犯罪范围

关于网络犯罪范围，《规定》通过两个条款进行界定：一是《规定》第二条规定，网络犯罪是指针对信息网络实施的犯罪，利用信息网络实施的犯罪，以及其他上下游关联犯罪。其中，针对信息网络实施的犯罪，如破坏计算机信息系统罪、非法侵入计算机信息系统罪等直接危害信息网络安全的犯罪；利用信息网络实施的犯罪，如当前常见的利用信息网络实施的诈骗、赌博、开设赌场、非法集资等犯罪；其他上下游关联犯罪，典型表现在为上述两类犯罪提供软件工具、公民个人信息资料、资金通道等犯罪行为，常见罪名如帮助信息网络犯罪活动罪、非法利用信息网络罪、侵犯公民个人信息罪等。

与《意见》所称网络犯罪案件相比，《规定》作了适当扩展，主要体现在上下游关联犯罪上。主要考虑是：当前网络犯罪链条化、产业化态势明显，已经构建起完整的网络黑灰产业链。越来越多违法犯罪的产业、工种都“吸附”在这一链条上，为下游犯罪持续“输血供粮”，成为网络犯罪多发高发的重要原因。同时，网络黑灰产业链随着网络犯罪发展而不断延伸拓展，可以说，网络犯罪发展到哪，网络黑灰产业链就跟进到哪。因此，以网络黑灰产业链为主线来界定网络犯罪范围，符合网络犯罪发展的趋势。

二是《规定》第六十二条第一款关于信息网络的含义解释，在传统计算机互联网、广播电视网、固定通信网、移动通信网等信息网络的基础上，增加了局域网络的规定。局域网络安全是整个网络安全的重要组成部分，而且由于局域网的私密性，对其保护要更加重视。涉及局域网的犯罪，无论是犯罪手段方法还是案件侦办方式、证据审查要求，与其他网络犯罪并无实质不同，实践中也有相关案例。因此，《规定》将局域网纳入信息网络范围，将涉及局域网的犯罪纳入网络犯罪的范围。

（二）引导取证

引导取证对于检察机关发挥审前主导，进一步完善以证据为核心的刑事指控体系具有积极作用。在办理网络犯罪案件中，引导取证往往具有更加重要的意义。一方面，考虑到电子数据的易变、易失性，检察机关必要的介入可以引导侦查机关准确把握案件侦查方向，及时、全面、规范地收集提取、分析研判证据特别是电子数据证据，防止因证据缺陷影响案件办理，产生诉讼风险。另一方面，检察机关通过引导取证，同步引导侦查机关对涉案财物提出处置意见，阻断涉案财物移转链条，防止涉案财物价值贬损，从而为之后的追赃挽损提供条件。当前，部分地方检察机关积极开展网络犯罪案件引导取证工作，取得了积极成效，得到了基层公安机关的认可。基于上述情况，《规定》根据《人民检察院刑事诉讼规则》有关规定，结合地方司法实践，在第二章设置了五个条款（即第十二条至第十六条）规范引导取证。主要有以下内容：

1. 引导取证的启动。《规定》第十二条明确提出包括三个条件：（1）经公安机关商请；（2）根据追诉犯罪的需要；（3）针对重大、疑难、复杂网络犯罪案件可以派员适时介入，提出引导取证的意见。规定这些启动条件，既是尊重公安机关的侦查活动，防止不适当介入；同时也是增强检察机关引导取证的针对性和必要性，提高案件办理效果。

2. 引导取证的方式。《规定》第十二条细化了提出引导取证意见的主要事项，包括：案件的侦查方向及可能适用的罪名；证据的收集、提取、保全、固定、检验、分析等；关联犯罪线索；追赃挽损工作以及其他需要提出意见的事项。同时，为了更好地提出引导取证意见，《规定》第十三条列举了检察机关了解案件办理情况的具体方式，包括：查阅案件材料；参加公安机关对案件的讨论；了解讯（询）

问犯罪嫌疑人、被害人、证人的情况；了解、参与电子数据的收集、提取，以及其他方式。

3. 引导取证的意见。《规定》第十五条根据办案实践，规定了六款具体的取证意见，主要可归结为三个方面：一是对于存储介质设备，注意引导能够扣押、封存原始存储介质的，要及时扣押、封存；扣押可联网设备，注重引导及时采取信号屏蔽、信号阻断或者切断电源等方式。对此，《取证规则》第十条、第十一条也提出了相应要求，《规定》从检察机关角度进行了回应。需要指出的是，有的办案人员往往只提取相关电子数据而未扣押原始存储介质，一旦出现提取过程不规范或提取数据不全面，反过来再去扣押原始存储介质时，往往存储介质已找不到，或者存储在里面的数据已被删除更改。还有的涉案联网设备如手机，办案人员扣押时未及时关机或设置为飞行模式，导致核心数据被远程删除，无法恢复提取。对此，检察机关在引导取证时要特别注意。二是对于电子数据，注意引导侦查机关及时提取电子设备（如手机、电脑等）、账户密码（包括网络账户如邮箱、云盘等，应用软件账户如微信、支付宝等的账户密码），以及存储于其中的聊天记录、电子邮件、交易记录等数据；注意引导侦查机关及时提取动态数据，包括内存、缓存、网络连接数据。这些数据随着软件程序运行而变化，动态记录着系统运行状况和行为人的行动轨迹；注意引导侦查机关及时提取依赖于特定网络环境的数据，包括局域网、虚拟专线网络中的数据等，以防止脱离特定网络环境后无法提取。三是对于书证、物证等客观证据，同步引导侦查机关提取，便于与电子数据相互印证。

（三）案件审查

《规定》根据网络犯罪案件的特点，分别从行为主体、客观行为、主观方面、情节和后果四个方面规定了案件审查的要点。

1. 行为主体的审查。与传统犯罪通过照片辨认、视频比对、指纹比对等方式直接认定行为人不同，网络犯罪多借助电子设备实施，往往生成大量电子数据。审查犯罪主体时，首先要认定电子设备是否为行为人所有、持有或使用；同时，行为主体在网络空间多通过网络注册身份来实施犯罪，因此，还要建立行为人网络身份与现实身份之间的同一关联。前者称之为“人机同一性审查”，后者称之为“身份同一性审查”。只有对两种同一性进行全面审查，才能综合认定网络犯罪的主体。

《规定》第十七条对行为主体提出了需要注重审查的内容：首先，对于人机同一性，可以通过审查存储介质中所包含的信息内容（如通话记录、聊天信息、文档、图片、语音等文件内容），判断该存储介质是否为行为人所有、持有或使用；也可以通过审查域名、IP 地址、终端 MAC 地址、通信基站信息等网络标识信息，综合言词证据与其他证据，证明行为人与存储介质之间的对应关系。如，在办理某网络盗窃案件中，办案人员通过服务器中记载的 IP 地址、终端 MAC 地址等证明作案电子设备系某公司内部员工工位上的电脑，再结合言词证据、监控录像等证明案发时电脑系其本人使用。其次，对于身份同一性，可通过审查行为人网络账户、应用软件账户的注册信息（如手机号码、身份证号码等）及账户内记载的物流、支付结算、生物识别信息（人脸、声纹、指纹等）等，与行为人的网络行为轨迹等进行比对，再结合其他证据，判断网络身份和现实身份的相互对应。

2. 客观行为的审查。《规定》第十八条对网络犯罪客观行为，主要规定了三个方面的审查内容：一是审查网络犯罪作案工具，主要包括电子设备、软件、程序等。在审查时，既要审查电子设备的运行情况，又要注重审查软件、程序的功能及其实现方式，综合认定行为实施的“全貌”。如，行为人为实施敲诈勒索制作“勒索病毒”[①] 植入被害人手机，对此，一方面，要注重审查被植入病毒手机的运行状态是否异常；另一方面，还要注重审查植入的“勒索病毒”是否具有对设备内存文件进行加密、限制手机持有人自由查看的功能，以此来综合认定犯罪行为。二是审查反映行为人行为轨迹的电子数据，包括系统日志、域名、IP 地址、WiFi 信息、地理位置信息等。三是审查反映行为内容的电子数据，包括操作记录、网络浏览记录、物流信息、交易结算记录、即时通信信息等。物流交易、支付结算、即时通信等都是常见的网络行为，这些行为所记录的信息都直接反映行为具体内容。

3. 主观方面的审查。网络犯罪是一种非接触性犯罪，加之其产业链长且分工精细，如何审查行为人主观方面是办案的难点。《规定》第十九条对此作出规定。一方面，要坚持综合认定原则，结合行为人的认知能力、专业水平、既往经历、

① 勒索病毒，是指通过锁屏、加密文件等方式劫持用户文件并以此敲诈用户钱财的恶意软件。网络黑客利用系统漏洞或者网络钓鱼等方式，向被害人的设备植入病毒，进而加密硬盘上的关键文档甚至整个硬盘，被害人支付赎金后才可以解密。

人员关系、行为次数、获利情况等综合认定，不能只通过行为人的供述或涉案数额、造成损失等简单推定。另一方面，应注重审查以下三方面内容：一是审查聊天记录、发布内容、浏览记录等能够直接反映行为人主观故意的内容。二是审查犯罪工具是否具有违法性，包括行为人制作、使用或者向他人提供的软件程序是否主要用于违法犯罪活动。三是审查行为人是否明显违背网络空间正常行为规则和交易习惯。具体包括，其一，行为人行为是否明显违背系统提示要求和正常操作流程。如，行为人以提供好友验证、人脸识别等方式帮助受限微信号解封。在解封过程中，微信平台提示账户被封系涉嫌违法犯罪，但行为人仍为其解封。对此，可以判断行为人对自身行为违法性具有明确认识。其二，行为人支付结算的对象、频次、数额等是否明显违反正常的交易习惯。如，行为人通过获取的个人收款二维码、银行卡账户搭建非法支付结算平台，提供给网络赌博、电信诈骗等犯罪集团，进行资金转移。办案人员可通过该账户短时间内频繁与陌生人账户交易，以及非正常流转大额资金等情况，来判断行为人对自身行为的违法性认识。其三，行为人是否频繁采用隐蔽上网、加密通信、销毁数据等措施或者使用虚假身份。如，实施诈骗犯罪的行为人通过阅后即焚的即时通信软件与上游提供信息资料或下游提供资金转移通道的人联系；或是通过购买他人的电话卡、银行卡，以虚假身份信息在网上实施诈骗行为，规避网络实名制的追踪，办案人员可将此作为判断行为人犯罪故意的依据。

4. 情节和后果的认定。《规定》第二十条对于如何审查网络犯罪行为的情节和后果进行了规定，主要设置了四种常见的审查情形：一是审查行为人的违法所得、获取和传播数据及文件的性质、数量等。二是审查行为对网络空间秩序产生的影响，包括账号数量、信息被点击次数、浏览次数、被转发次数等。三是审查行为对网络运行造成的影响程度，包括受影响的计算机信息系统数量、服务器日志信息中记录的系统受攻击情况等。四是审查行为对被害人的人身、财产造成侵害的内容，包括被害人数量、财产损失数额等。

（四）电子数据的审查

《规定》在第一章第七条设置了原则性审查规定，同时专设第三章“电子数据的审查”进行具体规定。

1. 电子数据的形式。《电子数据规定》第一条指出，电子数据是案件发生过程中形成的，以数字化形式存储、处理、传输的，能够证明案件事实的数据，并列举了四类常见的电子数据形式。《规定》沿用了这一概念，同时对电子数据形式进行了拓展和调整。《电子数据规定》发布以来，随着网络空间和信息技术的发展，电子数据的形式发生了较大变化。有的电子数据在实践中适用空间逐步缩小，如博客、贴吧等平台发布的信息；有的属于近年来新出现的电子数据形式，如生物识别信息等；有的电子数据形式需进一步细化，原有的概括性描述难以全面展现，如原先的“计算机程序”在实践中类型越来越多样化，表现为“恶意程序、工具软件、网站源代码、运行脚本”等；有的电子数据在办案中越来越被重视，但《电子数据规定》未专门设置，如系统运行信息、文件附属信息等。为此，《规定》第二十七条根据实践发展和办案需要，梳理归纳了七类电子数据形式：（1）网页、社交平台、论坛等网络平台发布的信息；（2）网络通讯信息，包括手机短信、电子邮件、即时通信、通讯群组等；（3）用户身份信息，包括用户注册信息、身份认证信息、数字签名、生物识别信息等；（4）用户行为信息，包括电子交易记录、通信记录、浏览记录、操作记录、程序安装、运行、删除记录等；（5）行为工具信息，包括恶意程序、工具软件、网站源代码、运行脚本等；（6）系统运行信息，包括系统日志、应用程序日志、安全日志、数据库日志等；（7）电子文件及其附属信息，其中电子文件包括文档、图片、音频、视频、数字证书、数据库文件等，附属信息包括文件创建时间、访问时间、修改时间、大小等。

2. 电子数据审查的总体要求。一是注重审查电子数据的客观性、合法性、关联性。《规定》第三十条至第三十三条，参照《电子数据规定》的相关条款，分别对“三性”审查作了具体规定。首先，客观性审查包括真实性和完整性两方面审查。由于电子数据容易变化，办案人员在审查电子数据时，既要关注其本身是否客观真实，也要关注电子数据在收集提取之后是否被增加、删除、修改，也就是电子数据的完整性。如果被增加、删除、修改，则电子数据的客观真实也难以保证。所以，完整性审查具有独立而重要的意义。其次，合法性审查包括：电子数据的收集、提取、保管方法和过程是否规范，取证法律手续是否齐全，取证人员及其他参与人是否符合规定，取证记录是否完备，是否按照规定同步录音录像，境外电子数据收集提取是否符合国（区）际司法协助及其相关法律规定的要求等。最后，关联性审查包括：电子数据与案件事实之间的关联性，电子数据及其存储介质与当事人之间的关联性。

二是注重挖掘同一电子数据往往具有的多元关联证明作用。由于电子数据记录信息的丰富性，一份电子数据往往可以证明多方面的案件事实。以一份完整的微信聊天记录为例，通过审查微信账号的昵称、注册信息等，可能发现反映行为人身份的信息；通过审查微信聊天的对话内容，可能发现反映行为人主观方面和行为内容的信息；通过审查微信聊天的附属信息如生成时间等，可能发现反映行为人作案时间的信息。因而，审查电子数据时，要注重从多个角度挖掘电子数据与案件事实的多元关联，充分发挥电子数据的证明作用。

三是注重加强电子数据与其他证据的相互印证。电子数据的广泛出现加之其具有的多元关联证明作用，为办案提供了更多的证明支持。在办理网络犯罪案件中，要转变传统的证据理念，更加重视电子数据的收集提取和审查运用，强化电子数据在网络犯罪证据体系中的关键作用。加强电子数据和其他证据之间的相互支撑、相互补强，拓展案件证据收集范围，拓宽证据审查视角，丰富证据运用方式，构建更加完整、细化的指控网络犯罪的证据链。

四是注重加强对瑕疵电子数据的审查。《规定》第四十三条参照《电子数据规定》第二十七条“对瑕疵证据经补正或者合理解释的，可以采用”的规定，设置了四种补正或合理解释后可采用的情形；同时规定“不能补正或作出合理解释的，不得作为定案的根据”。《规定》第四十四条参照《电子数据规定》第二十八条，对电子数据不得作为定案根据的情形进行了规定，包括电子数据系篡改、伪造、无法确定真伪，或者有其他无法保证电子数据客观、真实的两种情形。对于电子数据有增加、删除、修改等情形的，在征求意见和研究讨论时，有同志提出，应当客观分析、区别对待，不宜一概排除。对于经过正当程序，能够证明其中重要数据未发生变化，或能够恢复数据原始状态的，仍可考虑作为证据使用。《规定》第四十四条第二款结合司法实践，吸收了上述意见，规定对于经司法鉴定、当事人确认等方式确定与案件相关的重要数据未发生变化，或者能够还原电子数据原始状态、查清变化过程的，可以作为定案的根据。

3. 不同形式电子数据的审查要求。在电子数据审查总体要求的基础上，《规定》对扣押原始存储介质、数据镜像、线下提取的电子数据、在线提取的电子数据、冻结的电子数据、调取的电子数据、检查和侦查实验报告、鉴定意见等分别提出需要注重审查的内容。这里重点说明对数据镜像、鉴定意见的审查。

第一，关于数据镜像的审查。数据镜像是指从原始存储介质复制生成的一个或一组文件，经还原后与原文件内容无差别。随着大数据、云计算等信息技术的发展，当前不少电子数据存储在云服务器中，无法扣押原始存储介质，也不宜冻结电子数据，直接提取海量电子数据的难度较大。实践中，往往通过数据镜像的方式复制电子数据，保证数据不被篡改和灭失。《规定》第三十五条在总结司法实践的基础上，提出对数据镜像应当注重审查四个方面的内容：一是为查明数据镜像的来源，要审查是否记录原始存储介质的基本信息、存放位置以及使用人、保管人等；二是为查明数据镜像的客观性，要审查制作数据镜像的工具、方法、过程等；三是为验证数据镜像的完整性，要查看数据镜像是否计算完整性校验值；四是为查明数据镜像的合法性和规范性，要审查取证人员、见证人、持有人（提供人）等参与制作镜像的人员是否已签名或盖章。

第二，关于鉴定意见的审查。《规定》第四十一条具体梳理了对于鉴定意见需要注重审查的内容：一是鉴定主体的合法性，包括审查鉴定机构、鉴定人员的资质，鉴定事项是否符合鉴定机构的业务范围和鉴定人员是否存在回避等情形。二是鉴定材料的客观性，包括鉴定材料是否真实、完整、充分，取得方式是否合法，是否与原始电子数据一致。三是鉴定方法的科学性，是否符合国家、行业标准等。四是鉴定意见的完整性。五是鉴定意见与其他在案证据能否相互印证。鉴定意见虽然专业，但其只是案件审查的重要依据之一，仍然需要与其他证据相互印证，构建完整的证据链，以更加精准指控犯罪。

（五）出庭支持公诉

《规定》第四章规定了网络犯罪案件出庭支持公诉的相关内容，有两个方面需要重点说明。

1. 庭前会议。庭前会议旨在促进信息共享、明确争点、梳理证据、解决程序性的争议，提高庭审效率，保证庭审质量。最高法《关于适用〈中华人民共和国刑事诉讼法〉的解释》第二百二十六条规定了法院可以决定召开庭前会议的四种情形：（1）证据材料较多，案情重大复杂的；（2）控辩双方对事实、证据存在较大争议的；（3）社会影响重大的；（4）需要召开庭前会议的其他情形。根据上述情形，结合网络犯罪案件跨国（边）境、跨区域、涉众性、技术性强等特点，《规定》第四十六条细化设置了六种可以建议法院召开庭前会议的具体情形，包括：（1）案情疑难复杂的；（2）跨国（边）境、跨区域案件社会影响重大的；（3）犯罪嫌疑人、被害人等人数众多、证据材料较多的；（4）控辩双方对电子数据合法性存在较大争议的；（5）案件涉及技术手段专业性强、需要控辩双方提前交换意见的；（6）其他有必要召开庭前会议的情形。针对庭前会议涉及的技术性问题，检察机关必要时，可以向法庭申请指派检察技术人员或者聘请其他有专门知识的人分析解答。

2. 法庭举证。与其他证据相比，电子数据具有特殊的属性，如技术性强、相对抽象、数量众多等，这就要求法庭举证时，应采取合适的举证方式，突出举证重点，全面、直观展示电子数据，精准有力指控犯罪。《规定》第四十七条根据电子数据的特性，对网络犯罪案件法庭举证工作提出具体要求。一是考虑到电子数据技术性强，涉及不同的专业领域，需要专门的说明解读，出庭检察官自身专业背景往往难以胜任。《规定》提出，必要时，可以向法庭申请指派检察技术人员或者聘请其他有专门知识的人进行相关技术操作，并就专门性问题发表意见。二是考虑到电子数据具有抽象性，须通过特定的网络环境和电子设备等载体来展现。实践中多采取多媒体演示的方式举证。《规定》借鉴实践做法，提出公诉人出示证据可以借助多媒体示证、动态演示等方式进行。三是考虑到电子数据往往数量众多有时还是海量级，对于公诉人而言，出示电子数据时，既要做到“读得懂”，让参加庭审人员了解电子数据的基本情况；又要做到“说得清”，从众多的电子数据中梳理出案件脉络，展示行为轨迹和案件争议焦点。因此，为解决上述问题，《规定》提出，公诉人在出示电子数据时，应当从电子数据的来源、形成过程；电子数据所反映的犯罪手段、人员关系、资金流向、行为轨迹等案件事实；电子数据与被告人供述、被害人陈述、证人证言、物证、书证等的相互印证情况，对电子数据进行针对性地说明。

（六）办案与技术融合

当前，网络犯罪专业化程度越来越高。如何做到“魔高一尺、道高一丈”，仅靠办案部门自身提升能力远远不够，必须把技术深度融入办案之中，提升办案专业化水平。《规定》立足办案与技术融合的理念，进行重点规定，主要体现在三个方面。

1. 检察技术人员参与办案。2018 年最高人民检察院《关于指派、聘请有专门知识的人参与办案若干问题的规定（试行）》规定，有专门知识的人是指，运用专门知识参与检察机关的办案活动，协助解决专门性问题或者提出意见的人，但不包括以鉴定人身份参与办案的人。有专门知识的人一般包括检察技术人员和检察机关以外的其他有专门知识的人。办理网络犯罪案件要注重发挥这两类人员的专业支持。实践中，检察机关以外的有专门知识的人主要参与重大、疑难、复杂的案件，而大量普通案件的专业辅助，案件全流程的参与，更多需要检察技术人员的支持参与。

《规定》设置了七个条款强化检察技术支持参与办案。在参与方式上，《规定》第八条提出，建立检察技术人员参与网络犯罪案件办理制度。根据案件办理需要，吸收检察技术人员加入办案组辅助案件办理。需要指出的是，如果检察技术人员以鉴定人身份参与办案，为保持鉴定人身份的中立性，其不能再作为办案组成员参与办案。在参与环节上，《规定》第十二条、第二十三条、第二十五条、第四十六条、第四十七条，分别从引导取证、案件审查、自行侦查、庭前会议、庭审等环节，对检察技术支持参与办案进行了全流程规定。

2. 其他有专门知识的人参与办案。由于网络犯罪案件专业技术问题涉及领域广、程度深，有的还比较前沿，在重视发挥检察技术专业支持的同时，还要加强外智借助，根据案件涉及的具体问题，聘请相关领域专家专业辅助办案。为此，《规定》提出建立其他有专门知识的人参与网络犯罪案件办理制度，并在多个诉讼环节中，对其参与辅助办案进行了规定。

3. 运用前沿先进技术辅助办案。《规定》第八条提出，积极探索运用大数据、云计算、人工智能等信息技术辅助办案，提高网络犯罪案件办理的专业化水平。实践中，各地加强智慧借助，积极把前沿先进技术运用到司法办案中，取得了积极效果。《规定》提出引导性要求，鼓励各地探索运用。

（七）跨区域协作办案

相较于其他犯罪，网络犯罪的一个突出特征就是跨域性。《规定》参照公安部相关要求，设立“跨区域协作办案”专章，主要包括以下四个问题：第一，关于办案机制。面对网络犯罪跨域化态势，检察机关要改变传统的办案方式，充分发挥检察一体化优势，推动建立常态化的跨区域协作办案机制。《规定》第六条、第五十条指出，对跨区域网络犯罪案件，上级检察机关应当加强统一指挥和统筹协调，相关检察机关应当加强办案协作，强化信息互通、证据移交、技术协作，增强惩治网络犯罪的合力。第二，关于人员调配。《规定》第五十一条提出，上级检察机关根据办案需要，可以统一调用辖区内检察人员参与办理网络犯罪案件。需要指出的是，这里的检察人员既包括检察官、检察官助理，也包括检察技术人员。第三，关于案情互通。《规定》第五十二条提出，办理关联网络犯罪案件的检察机关可以相互申请查阅卷宗材料、法律文书，了解案件情况。被申请的检察机关应当予以协助。第四，关于证据调取。《规定》第五十三条、第五十四条分别对自行调取和代为调取提出了要求。对于代为调取，《规定》第五十四条提出，承办案件的检察机关需要异地调查取证的，可以将相关法律文书及证明文件传输至证据所在地的检察机关，请其代为调查取证。被请求协助的检察机关应当予以协助、及时反馈。同时，承办案件的检察机关在法律文书中应当注明具体的取证对象、方式、内容和期限等，以确保取证的规范性和针对性。此外，《规定》第五十五条对远程询问提出了相关要求，在这方面，检察机关疫情防控期间办案时积累了较为丰富的经验，办理网络犯罪案件时可以充分借鉴、广泛运用。

（八）被害人权利的保护

由于网络空间的广延性和技术传播的快捷性，网络犯罪行为受众面更广、传播力更强、隐蔽性更深，对被害人造成的财产和精神损失也更大。《规定》研究审议之时，正值“浙江杭州女子取快递被造谣出轨案”在网络上持续发酵，检察机关如何主动作为、充分履职，有力维护网络空间被害人的合法权益，值得认真思考。对此，《规定》在最后修改中，加强了这方面内容的规定，主要体现在三个方面：一是高度重视追赃挽损。《规定》第十条提出，要把追赃挽损贯穿始终，主动加强与有关机关协作，保证及时查封、扣押、冻结涉案财物，阻断涉案财物移转链条，督促涉案人员退赃退赔，切实维护被害人的财产利益。二是确定管辖时充分考虑被害人权益维护。《规定》第五条第二款提出，网络犯罪有多个犯罪地的，在确定管辖地时除了应按照有利于查清犯罪事实、保证案件公正处理的传统原则外，增加了有利于保护被害人合法权益的要求，更加合理确定案件管辖地。三是注重对被害人人身、财产损失的审查。《规定》第二十条提出，认定网络犯罪行为的情节和后果，要注重审查被害人数量、财产损失数额、名誉侵害的影响范围等能够反映犯罪行为对被害人的人身、财产等造成侵害的内容。需要指出的是，检察机关在审查时要充分考虑网络空间的特点，不仅要注重审查被害人的财产损失，还要审查其人身、精神损害；不仅要审查犯罪行为对被害人本人造成的损害，还要由点及面注重审查犯罪行为对网络空间秩序的影响，从而准确认识行为的社会危害性，依法精准指控犯罪。